한반도는 아프다
적대적 공생의 비극

이 도서의 국립중앙도서관 출판시도서목록(CIP)은 서지정보유통지원시스템 홈페이지(http://seoji.nl.go.kr)와 국가자료공동목록시스템(http://www.nl.go.kr/kolisnet)에서 이용하실 수 있습니다. (CIP제어번호 : CIP2013017428)

한완상 지음

한반도는 아프다

적
대
적

공
생
의

비
극

육필 일기.
교수 시절부터 15년간의 공직생활을 거쳐 현재까지 써온 일기와 1993년 문민정부 출범 때부터 기록하기 시작한 업무일지 노트를 토대로 하여 이 비망록이 만들어졌다.

발악發惡에서 '발선發善'으로,
전쟁에서 평화로 나아가려면

국가공직은 역사에 책임지는 직이다. 그것은 공익을 추구·실현하고, 그 일에 책임지는 공공의 직책이다. 그래서 그것은 일종의 성직聖職이기에 결코 사사로운 자리일 수가 없다.

1993년 2월 말 나는 문민정부에서 초대 부총리 겸 통일원 장관이라는 공직을 맡게 되었다. 그 후 국민의 정부에서 부총리 겸 교육인적자원부 장관에 임명되었다. 참여정부에서는 국가공무원 직분은 아니지만 어느 국가공직 못지않게 공익적이고 인류 평화와 봉사라는 공공적 가치 구현에 헌신해야 할 적십자 총재로 선출되었다. 대한적십자 총재의 역할은 2007년 12월에 끝났다. 그러니까 1993년 2월에서 2007년 12월까지 나는 한반도 평화와 구조적으로 관련된 공공적 임무에 헌신하도록 소명을 받은 셈이다. 그러기에 이 기간 내가 공인으로서 겪었던 온갖 애환은 한낱 사사로운 내 개인의 애환이 아니었다. 그것은 후손과 역사에게 책임져야 할 무거운 과업이었고, 소명이기도 했다. 바로 이 기간에 나는 엄청난 무게로 나를 짓눌렀던 아픔을 겪었다. 그것은 적어도 지난 20세기 내내 부당하게 우리 민족이 겪어야만 했던 역사적 고통과 구조적 고난에 잇대어 있었기 때문이다.

나는 그전에도 얼마간 그렇게 느꼈지만, 1993년 2월에서 2013년인 오늘에 이르기까지 더욱 아프게 이 민족의 고통을 느끼며 살아왔다. 한마디로 지금도 한반도는 앓고 있고, 신음하고 있다. 이 아픔에서 태연하게 자유로울 수 없는 나 자신을 매일 체험한다. 한반도가 아파하는 데는 깊은 역사적 까닭이 있다. 이 역사적 요인들을 모르면, 오늘 일본의 극우 정치인들이 그토록 오만하고 비이성적으로 우리 민족의 아픔을 더 아리게 하는 비아냥 소리의 부당함을 제대로 이해하기 힘들 것이다. 그리고 핵문제로 우리 민족이 지금 겪고 있는 이 고통의 뿌리를 이해하지 못할 것이다.

20세기에 들어서자 조국 한반도는 아프기 시작했다. 19세기 말 청일전쟁에서 승리한 일본제국주의는 승리의 전리품으로 대만을 식민지로 삼켰다. 그 후 10년 뒤 일본제국주의 정부는 러일전쟁에서 승리하자, 그 전리품으로 한반도를 저들의 식민지로 삼키려 했다. 1905년 을사늑약은 바로 우리 민족과 국가의 외교권을 강탈하는 고통을 안겨주었다. 이때 세계의 강대국으로 부상하려고 했던 미국 정부는 일본의 이런 야욕을 적어도 묵인하였다. 우리는 이것을 잊지 않고 있다. 1910년 일본의 한반도 병탄은 본격적으로 한반도를 옥죄며 우리 민족을 아프게 하였다. 국권상실의 아픔은 그 후 36년간 식민지 한반도에서 심화·확대되었다. 이 기간 우리 문화 속에, 사회·정치제도 속에, 우리 혼과 정신 속에, 그리고 우리의 창자와 뼛속까지 그 아픔이 스며들게 되었다. 그렇게 아팠기에 1919년 3월에 3·1 만세운동이 밑으로부터 뜨겁게 터져 나온 것이다. 그리고 한반도 안팎에서 독립운동이 끊이지 않고 이어졌던 것이다.

1941년 12월 초, 일본의 제국주의적 확장욕은 마침내 태평양전쟁을 일으키고 만다. 이 전쟁 기간, 우리 민족의 아픔은 한반도에서 더욱 깊어지고 더욱 확산되었다. 경제적 수탈, 정치적 억압, 사회문화적 차별은 더욱 가혹해졌다. 심지어 민족의 혼인 언어와 이름까지 말살하려 했다. 그만큼 우리 민족의 고통은 깊어지고 고난의 길은 더욱 험난해졌다.

　그런데 참으로 억울한 아픔은 역설적으로 일본제국의 패전으로부터 시작되었다. 태평양 전쟁에서 패배한 일본이 전범국으로서 마땅히 받아야 할 징벌이 일본에게는 떨어지지 않고, 너무나 억울하게도 우리 민족 머리 위에 바로 떨어진 것이다. 일반적으로 패전국은 종전과 더불어 그 영토가 분할되거나 잘려나가기 마련이다. 저 히틀러의 독일을 생각해보라. 그런데 전범국 일본은 패전 후 오히려 통일된 자유 국가로 남게 된다.

　그뿐이랴, 일제에 의해 이미 36년간 식민지로 온갖 고난을 겪었던 우리 민족이 전후 동북아 지역으로 몰려온 강대국 간의 힘의 확장 과정에서 억울하게 분단의 아픔을 겪게 되었다. 전쟁범죄는 일본이 저지르고, 그 대가는 우리 민족이 치르게 된 셈이다. 그런데 희한하고 야릇하게도 이 분단 고통의 그 억울함을 지금까지 한반도에 살고 있는 우리 민족이 제대로 깨닫지 못하고 있다는 점, 바로 이것이 우리의 아픔을 더 아리게 하는 우리의 어리석음이 아니겠는가.

　타율적으로 분단된 한반도와 한민족은 서로 맞싸우는 비극적 상황에 맞닥뜨리게 되었다. 그리고 미국과 소련 두 진영의 대리전에 우리 민족이 휘말리게 되었다. 1950년 6월 25일. 마침내 북한의 남침으로 피 튀기는 열전이 터졌다. 수백만의 인명이 살상되었다. 한반도는 벼락 맞듯 초토화되었다. 이에 따른 경제적 궁핍, 정치적 부패, 사회적 절망은 우리 민족의 숨통을 죄었다.

더욱 기가 막힌 것은 다름 아닌 일본의 경제적 횡재였다. 한국 전쟁 3년 간 동족상잔의 죽음과 죽임이 한반도에서 처절하게 펼쳐질 때 우리를 식민지로 수탈·억압했던 일본은 미국의 지원하에 군수물자 생산에 박차를 가했다. 우리의 동족상잔이 더욱 치열해지는 만큼 일본의 경제 부흥은 눈부시게 추진되었다. 우리는 더욱 처참하게 가난해지고 더욱 후진국으로 뒷걸음치며 절망하고 있을 때 일본은 경제대국으로 벌떡 일어서게 된 것이다. 6·25가 우리 민족에게는 저주였으나, 옆 나라 일본에게는 축복이었다. 그래서 아베 수상의 외조부 기시 노부스케가 한국 전쟁을 신이 일본에 내린 축복이라고 하지 않았던가.

1953년 7월 27일 한국 전쟁은 일단 휴전체제로 들어갔다. 결코 전쟁 종식이 아니었다. 단지 싸움을 일시적으로 중단했을 뿐이다. 이후 남북은 새롭고 더 피곤한 전쟁 상태로 돌입하게 되었다. 그것이 바로 냉전이다. 2013년인 올해로 휴전체제 아래 냉전 60주년을 우리는 맞고 있다. 냉전이 열전에 견주어 비용과 고통이 줄어든 전쟁이라고 결코 단정해서는 안 된다. 냉전비용은 열전에 못지않게 비싸고 피곤하다. 고통은 그만큼 크다. 그런데 우리 민족을 정작 열전과 냉전 속으로 몰아갔던 강대국들은 서로 화해 국면으로 들어간 지 꽤 오래되었다. 그런데도 우리 민족은 아직도 냉전과 부분적 열전에 열을 올리며 대결하며 싸우려 한다. 참으로 기가 막힌 이례적 상황이 아닐 수 없다. 이 억울한 아픔을 아직도 한반도 남북은 계속 지속시키고 강화시키고 있다. 확대 재생산시키고 있다. 참으로 가슴 아프게 어리석기도 하다.

지난 60년간 분단이 열전과 냉전 속에서 고착되면서 민족의 평화와 통일을 어렵게 하는 또 하나의 비극이 우리 속에서 잉태되고 자라게 되었다. 이것이 바로 남북 간의 불신과 대결, 증오와 긴장을 부추기는 '적대적 공생관계'의 작동이다. 이 비극적 공생관계야말로 교묘하게도 우리 민족을 너무나 아프게 하고 있다. 이 관계가 한반도와 한민족의 고통 총량을 고약하게 증가시키고 있다. 도대체 어떻기에 그러한가?

이것은 바로 내가 1993년 초 통일원의 책임자로 임명되면서 내 머리로, 내 가슴으로, 내 창자로, 내 뼈로 직접 느끼고 체험했던 비극의 현실이었다. 그렇다면 도대체 적대적 공생관계란 무엇인가? 이 정체를 나는 이 비망록과 회고록에서 드러내 보이고 싶은 것이다. 『한반도는 아프다』는 바로 이 기괴한 '적대적 공생관계'의 실제적 효력을 드러내 보여줄 것이다. 그렇다면 그 특징은 무엇인가? 도대체 이 비극적 관계가 증폭되면 어떻게 남북 대결이 첨예화되면서 그 비용도 그만큼 무거워지게 되는가를 알아야 한다. 그래서 이 관계가 갖는 비극적 특징에 우리는 주목해야 한다.

첫째, 남북 간의 대결이 심화되는 것은 양 체제 안의 권력주체가 극단주의적 정책을 선호하기 때문이다. 대체로 남쪽에 극우 수구세력이 집권하고 북쪽의 극좌 군부가 주도권을 장악하게 되면, 남북 간 냉전 대결은 극단으로 치닫게 마련이다. 즉 남북 간의 극단적 대결은 각 체제 안의 권력주체가 갖는 극단주의 정체와 연결되어 있다는 사실이다. 극단적으로 호전적 권력주체는 체제 안보의 이름으로 다른 체제와의 긴장과 대결을 부추기고 합리화한다.

둘째로, 남북 양 체제의 권력주체는 안으로 정치적 위기에 봉착하게 될 때마다, 곧 그들의 권력이 체제 안에서 도전을 받거나 위협에 직면하게 될 때마다, 이 위기를 관리하고 극복하기 위해 짐짓 상대방 체제로부터의 위협을 심각한 것으로 각색하고 과장한다. 북은 남을, 남은 북을 자기 체제의 위협으로 낙인찍음으로써, 체제 간 갈등과 긴장을 짐짓 조장시킨다. 그렇게 함으로써 체제 내적 위협을 통제하려 한다. 이때 극단권력은 체제 내

위협세력을 체제 밖의 위협세력과 부당하게 연루시킨다. 남에서는 반정부세력을 '친북 좌파·주사파'로 몰아 제거하려 하고, 북에서는 '친남·친미·주자파' 세력으로 매도하려 한다. 다시 말하면, 반정부·반체제를 이데올로기의 적으로 범죄화하여 그들의 인권을 박탈한다. 그만큼 양 체제는 반민주적·반인권적 정권으로 퇴행하게 된다. 그만큼 민족과 국가 둘다 잃게 된다.

셋째 특징에 주목해야 한다. 양 체제의 강경·극단 권력은 체제 간 긴장을 고조시킴으로써 그들의 권력기반을 더욱 강화시키려 한다고 했다. 남북 간 긴장은 바로 남북 안의 강경권력이 호전적 극단주의 정책을 선택함으로써 더욱 고조된다고 했다. 그러기에 다른 식으로 말하자면, 극단세력이 집권하게 되면 두 체제 간 모순·갈등은 각 권력주체에 필요한 것이 되고 만다. 여기에 하나의 심각한 정치적 위선이 있다. 공식적으로는, 그리고 겉으로는 상대방 체제의 권력주체를 미워하고 악마화하면서도, 결과적으로는 양 체제의 극단세력은 서로 도와준다는 기막힌 역설과 위선을 우리는 여기서 확인하게 된다. 극우권력은 극좌권력을 그들의 의도와는 관계없이 결과적으로 도와주는 꼴이 되고 만다. 바로 이것이 세 번째 특징이다. 남한의 강경 냉전권력은 북한의 교조적 지배세력을 공식적으로는 그토록 규탄하고 악마화하면서, 결과적으로 그리고 역설적으로는 지배세력의 지배력을 강화시켜준다. 그러니 남쪽의 극우는 북쪽의 극좌 모험주의 세력을 도와주고 있다. 그 반대도 사실이다. 이것이 바로 오늘 한반도에서 놓쳐서는 안 될 가장 심각한 모순이요, 비극이요, 아픔이다. 이것이 바로 적대적 공생관계의 비극이다. 한마디로, 남북 관계가 악화될수록 이것을 빌미로 이득을 보는 세력이 있다. 곧 남북의 극단적 반민주세력이다. 여기서 나오는 아픔은 참으로 아리다.

나는 바로 이 같은 한반도의 아픔을 지난 20년간 머리로만 아니라 가슴으로, 창자로, 뼛속까지 느껴왔다. 그래서 그 아픔, 그 아쉬움, 그 분노, 그 좌절을 비망록으로 적어놓았다. 그중 일부는 책으로 세상에 내놓고 싶었다. 작년(2012년) 봄부터 연말까지 《한겨레》의 요청으로 "햇볕 따라, 평화 따라" 제하에 이 같은 나의 체험을 시리즈로 독자들에게 알릴 수 있었다. 나는 이 요청을 역사의 또 다른 소명으로 받아들였다. 내가 원래 썼던 글의 분량이 다소 방대했던지, 《한겨레》는 그것의 3분의 1 정도만 추려서 162회에 걸쳐 독자에게 알렸다. 『한반도는 아프다』는 바로 이 3분의 1 분량의 기록이기도 하다. 이 책에 실리지 않은 나의 공적 증언의 전체는 내년쯤 별도로 세상에 내놓고 싶다.

나는 이 역사의 증언을 쓰면서 두 가지 전혀 다른 소리를 끊임없이 내 안에서 듣게 되었다. 이 두 다른 소리 때문에 때론 곤혹스럽기도 했고 부끄럽기도 했다. 첫 번째 소리는 이런 것이었다. '회고록이나 비망록을 쓸 때 실명을 거론해야 하므로, 조심하면서 적당히 써야 한다.' 이런 소리는 '좋은 게 좋으니까 가능한 한 부드럽게 언급하고 두루뭉술하게 넘어가야 한다'는 소리로 이어졌다. 그렇다. 나는 이 유혹에 여러 번 넘어갈 뻔했다. 실제로 넘어갔다. 사실대로 쓰기가 쉽지 않았다. 내 일기나 비망록을 보면, 내 감정이 격해 있는 모습이 뚜렷하게 나타난다. 그 격했던 내 모습이 실상이다. 그것이 공직에 있던 공인의 격분이기에 역사적인 성격을 띠는 공적 반응인데도, 그 격함에 연루된 사람들을 배려하지 않을 수 없었다. 그래서 그 부분을 삭제하든가 아니면 적당하게 부드럽게 고쳐 쓰기도 했다. 이럴 때마다 내 양심은 불편했다.

이런 불편을 느낄 때마다 들려오는 또 다른 소리는 이러했다. '역사를 지우지 말라. 너는 사사롭게 네가 편해지려고 역사를 짐짓 흐리게 기록하

거나 지우려 하지 말라. 참지식인은 정직한 증언을 소중히 여겨야 한다.'
이런 소리를 들을 때마다 정직한 증언은 용기가 필요하다는 것을 새삼 절
감했다. 이런 올곧은 소리를 들으면서 나는 공적 경험을 그래도 정직하게
표현해보려고 노력했으나 여전히 부끄러웠음을 고백하지 않을 수 없다.
이 비망록이 결단코 사사로운 내 개인의 넋두리가 아니라고 스스로 다짐
했고, 제대로 된 증언이 되게 하기 위해서는 보다 정직한 용기가 필요하다
고 스스로 다짐했다. 그리고 이 용기는 내일을 밝게 하고 맑게 할 수 있다
고 다짐했다. 그럼에도 이 비망록은 부족하다고 나는 느끼고 있다. 그러기
에 이 증언으로 독자들과 후손들이 조금이라도 그 어떤 깨달음을 얻는 데
도움이 된다면, 그것은 나에게 커다란 기쁨과 보람이 아닐 수 없다.

　이 책을 세상에 내놓으려는 요즈음, 남북 관계는 마치 롤러코스터를 타
듯 출렁이고 있다. 이명박 정부 5년 내내 남북 관계가 최악으로 치닫고 있
었기에 그만큼 새로 등장한 박근혜 정부에게 거는 기대가 컸다. 박근혜 대
통령은 이명박 정부와 다른 정책을 펼칠 것이며, 특히 대북정책은 달라질
수밖에 없다고 기대했었다. 바로 그런 기대를 독자들에게 전달하고 후손
들에게 남기기 위해서 나는 올해 들어 세 차례 가졌던 인터뷰를 부록에 실
었다. 경향신문과의 인터뷰(1월 2일) "2013년을 말한다"와 한겨레의 "한완
상 부총리 - 그레그 대사 대담"(3월 8일), 그리고 프레시안의 "'박근혜 독트
린', 역사적 행운을 놓치지 마라"(4월 7일)가 바로 그것이다. 세 번째는 김
민웅 교수와 대담한 것인데, 이것은 이 비망록 전체를 조망한다. 남북 간
평화를 갈망하는 우리의 소망을 펼쳐내면서 특별히 박 대통령에게 평화의
정치와 정책을 주문한 것이다. 취임 후 첫 미국 방문에서 박 대통령이 오
바마 대통령에게 건의할 비전을 내 나름대로 펼쳐보았다. 한반도의 평화
체제를 세워야 할 절박한 시간이 바로 올해임을 상기시키면서 궁극적으로

는 남북 간의 적대적 공생관계를 청산해주기를 바랐다.

그런데 박 대통령의 방미 결과에 나는 너무나 실망했다. 윤창중 씨 추문은 내가 실망한 이유 중 지극히 작은 부분일 뿐이다. 내 실망의 실체는 박 대통령이 한반도 평화 세우기에는 관심이 없고, 오로지 한미동맹의 강화만을 강조한 것에 있다. 올해가 한미군사동맹의 60주년 되는 해이긴 하나 더 중요한 것은 올해가 정전 60주년 되는 해라는 사실이다. 군사력으로 세계를 지배하려다가 지금도 망신당하고 있는 부시 전 대통령조차도 그의 임기 제2기에서는 북·미 관계 개선에 힘을 쏟으려고 했다. 그러나 너무 늦었다. 그는 십자군적인 치기 어린 깃발을 쳐들고 세계를 지배하려다가 늦게야 그 잘못을 깨닫고 그의 임기 끝자락에 이르러서 한국 전쟁 종식을 공식적으로 선언하고 싶어 했다. 너무 늦었다. 그런데 박 대통령은 마땅히 부시에게 해야 할 안보강화 얘기를 오바마에게 한가롭게 한 것 같다. 한반도 아픔을 제거하기 위해 오바마 대통령이 마땅히 해야 할 일들에 대해 제대로 얘기 못한 듯해 내 마음은 참으로 공허하다. 그러나 아직 시간은 있다. 인내심을 가지고 기다려야겠지.

다만 개성공단 재개를 위한 남북 당국 간 대화가 시작되었으니 마음이 놓인다. 이것이 금강산 관광 재개로 이어지고 나아가 남북 간 경제공동체의 길을 열어놓기 바란다. 한편 적대적 공생관계로 이득을 보는 세력들이 우리 주변에 너무 시퍼렇게 살아 부산히 움직이는 듯하여 내 마음은 여전히 아프다.

이 부끄러운 비망록을 선뜻 출판하겠다고 나서준 도서출판 한울의 김종수 대표님께 감사드린다. 시장에서 당장에 잘 팔리는 책보다 도서관에 꽂혀 있는 책들을 꾸준히 찾아보려는 생각 깊은 독자들을 위한 책을 내놓고 싶다는 그의 말에 나는 존경을 표하고 싶다. 다소 방대한 비망록을 간추려

내느라 수고한 한겨레 김경애 님에게도 감사드린다. 한반도를 아프게 하는 '적대적 공생관계'의 비극을 종식시키는 일에 어제도 힘썼고, 오늘도 애쓰며, 내일도 헌신할 모든 분들에게 이 책을 바치고 싶다.

적대적 공생이라는 이 비극이 한반도의 권력 주역들을 발악發惡시켜, 죽음을 향한 악순환을 거칠게 작동시킨다는 비극적 사실을 나는 슬퍼한다. 그리고 발악하는 행위는 항상 극단주의자들의 주특기임을 나는 서글퍼한다. 그러기에 내 속에 있는 악함과 상대방 속에 있는 악함이 서로 손잡고 함께 악을 키우는 발악을 중단시키기 위해서도 상대방이 비록 주적이라 하더라도 그 속에는 반드시 선함이 있음에 유의해야 할 것이다. 그리고 내 속의 착함과 주적 속의 착함이 악수할 수 있는 공간과 기회를 마련하는 일, 이것이 바로 나라와 민족 공직자들이 먼저 해야 할 공적이고 역사적인 사명이 아니겠는가. 내 속의 선이 주적 속의 선과 악수하여 평화를 향한 선순환을 만들어내는 것이 바로 발선發善이요, 그 발선의 힘이야말로 가장 공공적·공익적 힘이 아니겠는가. 이 책이 바로 이 같은 발선發善의 힘과 그 기회를 심화·확장시키는 계기가 되길 바랄 뿐이다.

한강, 그것이 평화의 큰 강물이 되어
남북으로도 흐르는 날들을 바라며
한강 가에서 한민 한완상
2013. 9. 1

차례

20

|제1부|

개혁과 통일의 꿈
(1993.1~1998.2)

어떤 동맹국도
민족보다 나을 수 없다

〉 신한국 창조의 비전을 밝히는 연설문을 작성하다

1993년 1월 1일, 나는 두려운 마음으로 새해를 맞았다. 내 인생만이 아니라 나라와 민족의 운명에 새로운 가능성을 열 수 있는 해라고 여겼기 때문이다. 전해 12월 14대 대선에서 김영삼 후보는 예상대로 대통령에 당선되었다. 나는 대통령 당선에 깊이 개입했기에 반드시 새 시대를 열어야 한다는 일종의 강박의식을 갖고 있었다.

1월 8일쯤 김영삼 대통령 당선인은 내게 취임 연설문을 작성해달라고 부탁했다. 나는 역사에 남을 만한 내용과 듣는 이를 감동시킬 힘이 있는 메시지를 연설문에 담고자 했다.

그즈음 세계는 새로운 질서와 패러다임을 요구하고 있었다. 1989년 베를린 장벽이 무너짐으로써 세계적 냉전체제도 막을 내렸다. 그런데 유독 한반도만 여전히 냉전체제에 묶여 있었다. 새 대통령은 두 가지 심각한 역사적 도전 앞에 서 있었다. 하나는 세계적 탈냉전 흐름에 적극 대응하여 민족 화해와 평화, 궁극적으로는 통일로 나아가는 물꼬를 트는 일이었다. 다른 하나는 이 땅에서 민주화를 전면 확대하고 심화하여 새로운 대한민국의 모습을 세계에 보여주는 일, 바로 '신한국 창조의 비전' 제시와 그 실천이었다.

1993년 1월 8일께 김영삼 대통령 당선인의 요청을 받고 취임 연설문 작성에 들어간 나는 신한국의 비전과 절차를 네 가지로 압축해 담고자 했다.

첫째, '우리'의 깨어짐에 주목했다. 민족과 국가, 사회 안에서 공동체적 유대를 맺고 있는 '우리'라는 끈끈한 관계가 심각하게 약화되거나 와해되고 있다고 생각했기 때문이다. 계급갈등·지역갈등·세대갈등·이념갈등으로 '우리 됨'의 공동체적 유대가 깨지는 상황에서 새 정부는 이런 구조적 갈등을 극복할 정책적 의지와 비전을 보여주어야 한다.

둘째, 땀 흘린 만큼 보상받는 사회의 건설이다. 실력 있는 사람은 출신 학교나 출생 지역에 관계없이 성공할 수 있는 제도적 장치를 확충해야 한다. 분배정의를 통한 번영을 이룩하겠다는 의지와 비전이 있어야 한다.

셋째, 누구나 올곧은 소리를 거침없이 표현할 수 있어야 한다는 점이다. 두려운 마음으로 주위를 두리번거리지 않고 소신을 펼칠 수 있는 열린사회를 구현해야 한다. 신바람 나게 자유로운 사회라야 국민들이 창의력을 마음껏 발휘할 수 있기 때문이다.

넷째는 자유가 넘치는 통일조국 실현이다. 임진강 나룻배로 남녘과 북녘의 형제자매가 함께 노를 저으며 왕래하고, 대동강에서 서울과 평양의 어린이가 함께 어울려 놀고, 낙동강에서 함흥 할머니와 부산 할머니가 함께 뱃노래를 부르는 새 세상의 비전을 담아내야 한다.

나는 이런 비전을 이루기 위한 개혁의 방향도 제시했다.

무엇보다 지도층의 자정 노력이 필요하다. 이를 나는 '윗물 맑히기 운동'

이라고 표현했다. 앞으로 다시는 총구에서 권력이 나오지 못하게 해야 하고, 돈으로 권력을 사거나 유지할 수 없게 해야 한다. 국민 앞에 항상 자신을 투명하게 개방하고 국민과 소통하는 정치지도자들이 집권할 수 있는 새로운 정치제도와 정치문화를 만들어야 한다. 그러려면 우리 사회 상층부의 편법주의라는 '한국병' 치유가 시급하다.

청렴한 정부만이 강력한 민주정부가 될 수 있다. 대통령중심제에서 부정부패는 언제나 대통령 주변에서 일어나기 쉬운 만큼 청와대에서는 비상한 처방을 내놓아야 한다. 청와대를 개방하자. 국민들에게 대통령이 무슨 일을 하는지 투명하게 보여준다는 상징이 될 수 있다. 그런 의미에서 군대식 명칭인 '청와대' 이름도 바꾸자. 전신인 경무대나 청와대의 '대臺'는 모두 국민 위에 군림하고 감독하는 특권의 자리 또는 군대 사열대라는 의미가 강했다. 나는 백성을 편안하게 인도하는 목자의 정치를 뜻하는 '목민관牧民館'을 새 이름으로 제안했다.

대통령은 청와대 안방에서 나와 민생 현장에 있어야 한다. 국민이 당하는 고통을 항상 함께 아파하는 대통령이 되어야 한다. 친구 같은 대통령, 사랑받는 대통령의 모습을 보여주어야 한다. 국민, 특히 서민과 동고同苦하는 대통령이 모습을 볼 수 있어야 한다.

취임사 작성 팀에는 내가 추천한 몇 사람과 대선 때 김영삼 후보를 도운 이명현·김정남·오인환·이경제·차동세 씨 등이 도와주었다. 당선인의 둘째아들 현철 씨가 추천한 전병민 씨는 첫 모임 이후 참석하지 않았다. 내가 다소 냉랭하게 대한 것도 작용한 듯싶다. 김영삼 후보 비서실장으로 수고했던 최창윤 박사(훗날 총무처 장관)가 뒷바라지를 맡아주었다.

작성 팀은 일주일에 한 번씩 모였다. 프랭클린 루스벨트, 존 F. 케네디 등 세계적으로 유명한 미국 대통령의 취임 연설문도 두루 참고했다. 초안을 잡고 나서는 당선인과 함께 여러 번 독회를 했다.

2월 즈음 나는 당선인에게 '신한국 창조'를 위해 취임 전에 국무위원 후보들을 모아 오리엔테이션을 하자고 제안했다. 신한국의 비전이 무엇이고, 왜 그 비전이 국정의 기본원리가 되어야 하는지 함께 토론하자고 했다. '윗물 맑히기 운동'처럼 개혁이 위에서부터 시작되어야 한다면, 국무위원부터 솔선수범해야 한다고 생각했기 때문이다. 그러나 당선인은 펄쩍 뛰며 반대했다. 조각 인선이 미리 알려지면 언론에서 흠집을 내어 새정부가 출범하기도 전에 곤욕을 치르게 된다는 염려 때문이었다. '깜짝쇼'를 벌이듯 각료를 임명해야만 하는 현실이 못내 아쉽고 못마땅했다. 솔직히 이때만 해도 나는 한국 언론의 입방아가 얼마나 대단한 위력이 있는지 실감하지 못하고 있기도 했다.

) 비서실장 제안에 겁이 덜컥

2월 1일, 김영삼 당선인은 단둘이 만난 자리에서 대통령 비서실장을 맡아달라고 했다. 당선인은 노태우 정부 때 안기부장을 지낸 서동권 씨가 나를 포함해 세 사람을 추천했다며 그 이유를 들려줬다.

우선 새 정부를 청와대 중심으로 강력하게 끌고 가려면 최병렬 씨를 기용하라고 했단다. 그의 추진력과 박력을 높이 평가했던 것이다. 반대로 청와대를 부드럽게 관리하면서 정부를 이끌려면 인간관계가 원만하고 유연한 이홍구 씨가 적임자라고 했단다. 그리고 마지막으로 임기 5년간 개혁에 박차를 가할 생각이라면 내가 적임자라고 추천했단다. 아마도 당선인은 서 부장의 의견을 존중했기에 나에게 비서실장을 맡으라고 했던 것 같다.

당선인은 이어 25일 취임식 직후 국회로부터 총리와 감사원장 임명 동의를 얻고, 26일 국무위원을 임명하자마자 오후에 국무회의를 열어 대사면을 결의해 새 정부 출범과 함께 국민 대통합의 기운을 진작시키자는 얘기를 했다.

덜컥 겁이 났다. 무엇보다 내가 잘할 수 있을지 걱정이 되었다. 비서실장은 행정부와 원만한 관계를 유지하면서 힘차게 개혁을 추진해야 하는 한편, 국회 및 정치권과도 소통의 문을 활짝 열어놓은 상태에서 개혁을 잘 관철시켜야 한다. 국민에게 희망과 인내를 동시에 요구하면서 개혁을 추진할 수 있도록 대통령을 보좌하는 일이 얼마나 두려운 일인가. 그래서 나보다 적격이라 여긴 세 사람을 추천했다. 야당 시절 오랫동안 그의 곁에서 동고동락한 김덕룡 의원, 전략적 사고에 능하고 경제문제를 제대로 파악해 정책 자문이 가능한 황병태 씨, 그리고 '이기택계'의 박관용 씨였다.

그러나 당선인은 한마디로 거절했다. "5년간 줄기차게 개혁하려면 한 박사하고 함께 일해야지!" 그러면서 오늘 오간 이야기는 당분간 비밀에 부치라고, 심지어 아내에게도 알리지 말라고 했다. 그날부터 나는 혼자 속병을 앓았다. 누구와도 마음을 터놓고 의논할 수 없는 상태에서 막중한 직책을 잘해낼 수 있을지 고심할 수밖에 없었다.

그렇게 속앓이를 하고 있을 때, 당선인의 가신그룹인 상도동 쪽에서 '비서실장 내정'의 낌새를 감지한 듯 최형우 의원이 나를 찾아왔다. 우리는 점심을 함께하며 당선인이 개혁에 성공하는 대통령이 되도록 힘을 보태자고 뜻을 모았다. 하지만 나는 끝내 그의 궁금증을 풀어주지는 않았다.

속앓이를 했던 이유는 또 있었다. 연초 신년모임에서 만난 당선인의 맏사위 이창해 씨가 장인어른을 잘 보필해달라며 '마닐라 봉투'를 건네주었던 것 때문이었다.

〉 '마닐라 봉투'에 든 YS 맏사위의 세심한 지침

　별생각 없이 받아두었던 그 봉투를 비서실장 제의를 받은 뒤 열어보니 새삼 중압감이 느껴졌다. 그 안에는 '대통령 친인척 관리에 대한 지침서'가 들어 있었다.

　지난해 말 상도동 가족모임에서 이창해 씨와 둘째아들 현철 씨 사이에 '정치 참여'를 두고 심각한 언쟁이 있었다는 이야기를 전해 들은 뒤이기도 했다. 지난 연말 성탄절은 독실한 기독교 장로로서 대통령이 된 만큼 당선인 가족에게 어느 때보다 감사와 축하의 자리가 됐을 터였다. 그런데 듣자 하니 그 자리에 긴장감이 감돌았다고 했다. 선거 때 월권에 가까운 차남 현철 씨의 행동을 지켜본 가족들이 진솔한 충고를 했는데, 현철 씨가 이에 격분하는 바람에 서로 유쾌하지 않은 말을 주고받았다는 것이다. 특히 이창해 씨와 손아래 처남인 현철 씨 사이에 격한 감정이 오간 모양이었다.

　당시 당선인은 2남 3녀를 모두 출가시켜 사위가 셋 있었다. 연세대를 나온 큰딸 혜영 씨와 결혼한 이창해 씨는 무역회사를 다니다 야당 정치인을 장인으로 둔 죄 아닌 죄로 탄압을 피해 미국으로 이민을 떠났다. 지난 대선 때는 잠시 귀국해 장인의 대통령 당선을 위해 드러나지 않게 헌신했다. 그러나 그는 어떤 '논공행상'도 바라지 않고 연초 다시 미국으로 조용히 떠나는 길에 나를 만나 봉투를 주며 부탁을 했던 것이다. 그날 이후 지금껏 그를 다시 만난 적은 없다.

　2월 중순까지 취임사를 준비하면서 나는 작성팀원들에게도 비서실장 제의에 대해 절대 침묵했다. 당시 나는 한 가지 문제에 몰두하고 있었다. '새 정부가 개혁에 성공하려면 새 술은 반드시 새 부대에 담아야 한다. 새 술이 신한국 개혁의 비전과 정책이라면, 새 부대는 비전과 정책을 실행에 옮기는 인물이다.' 당선인이 국무위원을 비롯한 새 정부 핵심 인사에 어떤 인물을 기용할지, 그들이 과연 새 술을 담아낼 수 있을지 나는 솔직히 염려되었다. 그래서 당선인과 통화할 기회가 있을 때마다 강조했다. "새 술은 새 부대에 담아야 합니다. 술이 아무리 새로워도 헌 부대에 담으면 줄줄 세기 때문에 개혁은 성공할 수 없습니다." 그런 만큼 당선인이 인선을 두고 누구와 의논하는지는 몰랐지만 신중하게 인재를 등용할 거라고 내심 기대했다.

나는 '신한국'의 새 술은 우선 취임사에서 윤곽이 드러날 것이라고 믿었고, 문제는 새 부대의 질에 달려 있다고 생각했다.

〉새벽에 통일부총리 통보 전화를 받고

1993년 2월 17일 새벽, 당선인이 새벽 조깅을 나가기 전에 내게 전화를 했다. 그날 오전 발표할 청와대 비서실 인사에서 내 이름은 빠질 것이라고 말했다. 갑작스런 통지에 수화기를 들고 잠시 아무 대꾸도 않고 있으니 그는 "한 박사는 부총리직 중 하나를 맡게 될 것"이라고 했다. 내가 평소 관심을 기울여온 통일 및 평화 문제를 담당하는 통일부총리 자리라는 말을 듣고 나는 얼떨떨해서 겨우 "알겠습니다" 하고 대답했다.

지난 2주일 사이 당선인에게 어떤 심경 변화가 일어난 것일까. 짐작은 갔지만 굳이 알려고 하지는 않았다. 다만, 신한국호가 참신한 개혁의 깃발을 올리고 새로운 민주정치와 평화정치로 가는 험난한 항해를 힘차게 해나갈 수 있을지가 염려되었다. 과연 이 인선이 개혁의 새 부대가 될 수 있을지 일말의 불안을 떨칠 수 없었다. 한편으로는 무거운 짐이 일순간 사라지는 듯해서 심신이 가뿐하기도 했다.

그날 소공동 롯데호텔에서 청와대 보좌진 주요 인사들이 모였다. 그 모임의 면면을 보면서 나는 '대통령 친인척 관리지침'을 건네며 당부하던 이창해 씨의 얼굴이 새삼 떠올랐다. 비서실장에는 박관용 의원이 임명되었다. 이는 내가 추천했던 세 사람 중 하나였으니 놀랄 일은 아니었다. 그런데 청와대 수석비서관으로 유력했던 이명현 교수가 빠져 있었고 뜻밖에도 전병민 씨가 사회문화수석으로 임명되었다. 현철 씨의 입김이 작용했음을 직감했다. 이창해 씨의 지침서는 둘째 처남 현철 씨의 행보와 권력남용을 걱정했기에 그런 일이 벌어지지 않도록 미리 막아달라는 의미였음을 헤아릴 수 있었기 때문이다.

앞으로 새 정부 출범을 즈음해 정부 내 고위직 인사 및 제2이동통신사업자 선정, 경부고속전철 사업자 선정 등 대형 이권사업이 추진될 것이므로 유력한 친인척에 대한 로비가 치열할 것으로 전망된다. 친인척 관리 문제는 새 정부의 개혁 의지를 시험하는 시금석이 될 것이다.

창해 씨가 지침에 적어놓은 내용이다. 새 정부를 겨냥한 반개혁적 유혹의 가능성을 정확하게 예견하면서 국내외의 권력형 비리 사례를 상세하게 짚었다. 이후 이 구절이 자꾸 떠오를 수밖에 없는 상황을 맞이하게 될 것을 그때까진 구체적으로 상상하지 못하고 있었다.

권력의 정통성이 취약했던 5공화국의 전두환 정권은 과감한 부정부패 척결로 민심을 얻으려 했으나 1982년 6월 터진 '장영자 사건'으로 결국 국민의 불신만 깊어졌다. 동생 전경환을 비롯한 친인척의 세도도 물의를 일으켰다. 전두환 대통령 자신도 대전 순방 때 기관장 회식에 사촌형인 전순환 씨를 참석시켜 잘 도와주라고 당부하기도 했다. 바로 전 6공화국에서도 '황태자'로까지 불린 측근과 실세들의 이권개입에 대한 사회적 비판을 적시했다. 이창해 씨의 지침에는 대통령에 대한 경계도 밝혀놓았다.

이러한 친인척 문제는 자신의 본분을 망각하고 부당하게 권력을 행사한 당사자의 책임이 가장 크나, 그러한 영향력 행사를 가능하게 한 대통령의 마음 자세에도 못지않은 책임이 있다고 본다.

한편으로, 그는 법적 근거 없이 친인척의 정상적인 사회 활동을 직간접으로 규제하는 일도 없어야 한다고 주장했다. 공식적인 언로가 막혀 있을 때는 친인척이 대통령에게 정확하고 정직하게 민심의 동향을 직언하는 임무를 맡아야 한다는 제언도 잊지 않았다. 그는 이런 신중하면서도 엄격한 관리가 궁극적으로 퇴임 뒤 친인척의 불행한 사태를 막는 장치라고 여겼다.

이는 '영일대군'이니 '영포라인'이니 대통령 측근 비리로 어지러운 요즘 세태에도 매우 유효한 지침이란 점에서 다시금 살펴보고자 한다. 특히 친인척 관리의 세 가지 원칙과 함께 제시해놓은 세부시행방안은 다음에 올 모든 정부에도 참신한 참고가 될 만하다.

첫째, 친인척의 자제를 호소한다. '친인척 스스로 일체의 공직 인사나 이권에 개입하지 않겠다는 의지를 공표할 것, 대통령은 친인척에게 청탁을 하지 않도록 대국민 협조 담화를 발표할 것, 공직자들에게도 친인척의 청탁을 거부하도록 지시할 것, 민간 기업을 상대로 한 친인척 빙자 사기행각은 관계기관에 신고하고 엄격하게 처벌할 것, 청와대에 친인척 비리 신고 창구를 개설할 것, 해마다 친인척의 재산도 공개할 것'이 그 방안이다.

둘째, 친인척은 공직에서 배제해야 한다. '대통령 당선 이전부터 공직에 종사하지 않은 친인척을 새로 등용하지 않는 원칙을 천명할 것, 기존 공직의 친인척도 요직에 중용하거나 서열을 무시한 채 승진시키지 않도록 할 것, 친인척의 현실정치 참여는 집권 초기보다는 개혁 의지가 상당 수준 구현된 이후 필요성을 고려해 판단할 것'이다.

셋째, 친인척의 정상적인 사회 활동을 보장한다. '친인척은 대통령의 후광을 이용할 생각을 하지 말 것, 가까운 친인척은 집권 초기 한시적으로 외유를 하거나 일체의 공식사회 활동을 중단할 것, 소외되고 불우한 친인척일수록 적절한 지원으로 돌출 행동 가능성을 사전에 막을 것, 친인척은 가감 없는 민생 정보를 대통령에게 전달하되 공직 인사에 관한 대화는 금기로 할 것'이다.

나는 그때 새 대통령이 보배 같은 사위를 두었다는 생각을 했다. 동시에 이미 실세로 떠오른 현철 씨의 행보가 염려스러웠다. 만약 그때 내가 비서실장이 되었다면 이 지침을 강력히 추진하려고 애썼을 것이다.

그러나 가장 중요한 것은 대통령의 마음과 의지였다. 맏아들에 대한 기대를 일찍 접은 당선인이 둘째에게서 정치적 자질을 보았다면, 그런 아버지의 판단을 백분 활용하려는 둘째아들을 냉정하게 관리했어야 했다.

〉 동고 정치의 비전

1993년 2월 25일, 텔레비전으로 김영삼 대통령의 취임식을 지켜보면서 나는 이제부터 이 땅에 인간적 정치, 따뜻한 정치, 체휼體恤의 정치가 이뤄지길 바랐다.

흔히 김 대통령을 두고 '감의 정치인'이라고들 했다. 머리를 굴리는 정치인이 아니라 가슴의 느낌을 중시하고 포용하는 정치인이라고 말이다. 나는 그의 감이 고통을 함께하는 동고심同苦心의 정치로 표출되기를 간절히 바랐다. 군사정부에서는 권위는 없고 권위주의만 판치는 슬픈 정치가 펼쳐졌다. 국민들에게는 무서운 밤의 정치로만 군림해왔다. 이에 새 대통령은 "이 땅에 다시는 정치적 밤은 없을 것입니다"라고 선언했다.

취임사를 작성하면서 내가 가장 소중히 여긴 대목은 통일과 평화에 관한 내용이었다. 그 메시지는 듣는 이에게 새로운 깨달음을 줄 만큼 감동적이어야 한다고 생각했다. 특히 김일성 주석에게 직접 던지는 메시지를 담았다.

칠천만 국내외 동포 여러분, 저는 역사와 민족이 저에게 맡겨준 책무를 다하여 민족의 화해와 통일에 전심전력을 다하겠습니다. 그러나 이 시점에서 우리에게 필요한 것은 감상적인 통일지상주의가 아닙니다. 통일에 대한 국민적 합의입니다. 김일성 주석에게 말합니다. 우리는 진심으로 서로 협력할 자세를 갖추지 않으면 안 됩니다. 세계는 대결이 아니라 평화와 협력의 시대로 나아가고 있습니다. 다른 민족과 국가 사이에도 다양한 협력이 이루어지고 있습니다. 그러나 어느 동맹국도 민족보다 더 나을 수 없습니다. 어떤 이념이나 어떤 사상도 민족보다 더 큰 행복을 가져다주지 못합니다. 김 주석이 참으로 민족을 더 중요하게 생각한다면, 그리고 남북한 동포의 진정한 화해와 통일을 원한다면, 이를 논의하기 위하여 우리는 언제 어디서라도 만날 수 있습니다. 따뜻한 봄날 한라산 기슭에서도 좋고, 여름날 백두산 천지 못가에서도 좋습니다. 거기서 가슴을 터놓고 민족의 장래를 의논해봅시다. 그때 우리는 같은 민족이라는 원점에 서서 모든 문제를 풀어갈 수 있을 것입니다.

이날 취임사에서 전 세계, 특히 한반도 주변의 강대국들은 바로 이 대목, 새 정부의 대북 정책에 주목했을 것이다. 평양 당국도 김일성 주석에게 직접 던진 평화통일 메시지, '민족 당사자 원칙'이라는 새로운 시각에서 정상 회담을 과감하고 신선하게 제의한 것에 비상한 관심을 기울였을 것이다. 남과 북에서 완고하게 기득권을 유지하고 있던 냉전수구 세력 역시 그들 나름대로 이 메시지를 듣고 우려하지 않을 수 없었을 것이다.

'어느 동맹국도 민족보다 나을 수 없다'는 선언에서 '동맹국'은 중국과 러시아를 염두에 둔 표현이었다. 어제 북한의 동맹국이었던 러시아와 중국이 오늘 대한민국의 우방으로 바뀌고 있는 엄연한 현실에 주목하라는 뜻이었다. 민족의 화해와 통일이 절박한 역사적 과제임을 상기시킨 것이다. 따라서 남쪽의 냉전보수 인사들이 이 '동맹국'을 미국과 일본으로 속단하고, 북한을 미국과 일본보다 소중한 국가적 실체로 선포한 것이라고 비난한 것은 분명 왜곡이 아닐 수 없다.

또 김 주석에게 만나자고 제안한 것은 핵 문제야말로 칠천만 민족에게 심각한 타격을 줄 수 있는 참으로 중대한 사안이므로, 남북 당사자가 가슴을 활짝 열고 우선적으로 대화하고 협의해 해결하자는 뜻이었다.

돌이켜 보면, 바로 이 부분 때문에 오늘까지도 내게 악의에 찬 오해와 비난이 쏟아지는 것 같다. 그러나 나는 그러한 비난을 절대로 두려워하지 않는다. 오히려 당당한 신념으로 이러한 평화의 열정을 더욱 키워가고 싶다. 다만 당시에는 새 대통령이 그 열정을 포기하지 않기를 바랄 뿐이었다.

그날 아침 일찍 박관용 비서실장이 이력서와 사진을 보내달라고 했다. 내일 부총리 겸 통일원장관 임명장 수여를 위해 필요하다고 했다. 2월 26일 초대 통일부총리로 취임했다. 그 며칠 지나 김영삼 대통령의 취임사에 대한 평양의 반응이 흥미롭게도 김 대통령(장로)이 속해 있는 복음주의 개신교단에 속한 원로목사를 통해서 전달되었다. 대한예수교장로회 합동 측 교회에서 목회를 하다 미국으로 건너가 통일운동에 몸을 던진 조동진 목사가 김 주석을 직접 만나서 받은 메시지를 가지고 서울에 왔다. 이 이야기는 나중에 다시 자세히 하기로 하자.

〉 대통령과 첫 독대에서 새 정부 이름 짓다

3월 2일, 나는 김영삼 대통령과 청와대에서 조찬 독대를 했다. 취임식 이튿날인 2월 26일에 통일부총리 임명장을 받은 이후 첫 독대였다. 총리에 앞서 내가 먼저 대통령과 독대하게 되니 마음이 편치는 않았다. 그러나 이날 나는 대통령과 크게 두 가지 문제를 놓고 진솔하게 의견을 나누었다.

첫째는 새 정부의 명칭이었다. 언론에서 새 정부를 '7공화국' 또는 '6.5공화국'이라고 하는데 어떻게 하면 좋겠느냐고 대통령이 물었다. 그래서 이제 정부에 숫자를 붙이는 일은 그만둬야 한다고 대답했다. 이때 '김영삼 정부'라는 표현이 처음 나왔다. 대통령은 선뜻 내켜하지 않았다. 나는 새 정부가 기나긴 군사권위주의 시대를 종식시키고 민주화를 구현하는 민주 정부임을 선언하는 뜻에서 '문민정부'로 부르자고 제안했다.

둘째는 통일 정책과 대북 정책의 기조에 관해 말씀드렸다. 북한이 우리의 눈을 치고 우리의 이를 때리더라도, 우리가 그들을 껴안을 수 있을 만큼 강해졌다는 사실을 강조했다. 주적인 북한을 증오하기보다는 껴안음으로써 남북 간 적대관계의 악순환을 극복할 수 있다고 이야기했다. 자신감을 갖고 북을 껴안기 위한 특별조치로 리인모 노인 북송을 제의했다.

대통령과의 독대 자리에서 나는 비전향 장기수 리인모 씨의 송환을 둘러싼 안기부와 통일원의 견해차를 진솔하게 이야기했다. 당시 안기부는 리인모 씨를 당장 송환하는 것에 반대했다. 반대 이유는 크게 네 가지였다. '이산가족 상봉과 고향 방문을 바라는 국민들의 정서를 고려해야 한

1993년 3월 2일, 김영삼 대통령과의 독대.

다, 비전향 장기수 400명 가운데 송환을 희망하는 175명을 모두 보낼 수는 없다, 북송이 국내 좌경 세력을 고무시킨다, 북한 당국이 정치적 선전으로 악용할 것이다.'

그러나 통일원의 생각은 달랐다. 새 정부의 평화 지향적 대북 포용 정책 원칙에 맞게, 이미 반신불수 증세가 있는 리인모 씨를 인도주의 원칙으로 가급적 이른 시일 안에 북송해야 한다고 보았다. 이는 인권을 존중하는 새 정부의 개혁 지향과도 일치하며 교착상태에 빠진 남북 대화에 돌파구를 마련하고 이산가족 문제를 해결하는 데도 도움이 될 것이라고 판단했다.

대통령은 조용히 듣기만 했다. 이날의 조찬 독대 내용 중 새 정부의 명칭에 관한 것은 다음날 짤막하게 언론에 보도되었다. 김영삼 개혁정부의 깃발이 높이 세워지는 듯했다. 그러나 새 정부 안팎에서 새 깃발이 휘날릴수록 불안해하고 불편해하는 세력이 강고하게 숨죽이고 있다는 것도 알 수 있었다.

02

리인모 씨 북송과
북한의 NPT 탈퇴

〉 노태우 정부로부터 이월된 핵 문제

2월 26일에 초대 부총리 겸 통일원 장관으로 취임할 즈음 나는 통일 정책과 통일원의 상황에 대한 내 나름의 판단을 바탕으로 의욕에 넘쳐 있었다. 그러나 3월 중순 이런 의욕과 사명감은 냉혹한 국제정치의 현실 앞에서 심각한 도전을 받았다. 3월 12일, 북한이 핵확산금지조약NPT 탈퇴를 선언한 것이다.

이 위기상황을 제대로 이해하려면 앞서 2월 26일부터 3월 12일까지 열흘간 있었던 일련의 사건을 먼저 이해할 필요가 있다. 그러려면 노태우 정부로부터 이월된 '통일' 관련 현안부터 살펴보아야 한다. 북한의 핵확산금지조약 탈퇴와 불가분의 관계가 있기 때문이다.

첫째 현안은 북한 핵 개발과 관련된 한·미 합동 팀스피릿 훈련 중단 문제였고, 둘째는 비전향 장기수 리인모 씨 북한 송환 문제였다.

먼저 북한의 핵 개발 경위를 간략히 살펴보자. 1962년 북한은 영변에 원자력연구소를 세웠다. 이듬해 6월에는 소련으로부터 소규모 연구용 원자로(IRT-2000)를 도입했다. 이후에 1974년 9월 국제원자력기구IAEA에 가입했다. 당시 북한은 핵확산금지조약 회원국이 아니었기에 국제원자력기구와 '전면적 안전조치 협정'이 아닌 '부분적 안전조치 협정'을 맺었다. 그런데 남한의 원전 개발에 자극을 받은 북한은 이때부터 경수로 도입을 모색하기 시작했다. 1985년 12월에 이르러 소련과 원자력발전소 건설을 위한 경제기술협정을 맺으면서 북한은 440메가와트MWe급 소형 경수로 원전 4기를 도입하려고 했다. 이때 소련이 핵확산금지조약에 가입해야 한다는 조건을 달았고, 이에 북한은 바로 가입했다.

문제는 여기에서 발생했다. 조약에 가입하면 18개월 안에 전면적 안전조치 협정을 의무적으로 체결해야 하는데 북한은 이를 계속 미뤘다. 이에 핵확산금지조약은 당연히 북한이 핵 개발을 숨기려는 것이 아닌지 의심하게 되었다. 그런 와중에 1991년 12월 소련체제가 붕괴하는 바람에 북한의 경수로 도입도 중단되고 말았다.

이와 별도로 1989년 9월 프랑스의 상업위성에서 영변 핵 단지를 촬영한 사진이 공개되면서 북한의 핵 개발에 대한 국제사회의 의혹과 우려가 증폭되었다. 사진에는 북한이 1987년부터 자체 개발한 5메가와트급 실험용 흑연감속로뿐 아니라 50메가와트와 200메가와트 흑연감속로 시설, 그리고 방사화학실험실로 알려진 핵재처리 시설 건설 모습이 담겨 있었다. 이에 1990년 2월 원자력기구 이사회는 북한에 하루빨리 전면적 안전조치 협정을 맺고 사찰을 수용하라고 촉구하고 있었다.

그 무렵 남북한은 고위급 회담을 통해 남북 대화를 활발히 진행하고 있었다. 노태우 정부는 남북 간의 냉전 대결을 유지하고 강화해온 '3각 동맹'의 해체를 겨냥한 듯한 한국식 북방 정책을 시도했다. 그 하나가 남북한 교차승인 추진이었다. 남한은 러시아·중국과, 북한은 미국·일본과 관계를 정상화하자는 정책이었다. 노태우 정부는 북한과 남북 기본합의서를 체결했다. 국제적으로 불거진 북한 핵 문제를 남북 관계 개선이라는 새로운 흐름 속에서 풀 수 있는 계기를 마련했던 셈이다. 높이 평가할 만한 일이었다.

이런 한반도의 훈풍은 미국 조지 부시 대통령(아버지 부시)의 탈냉전 정책 덕분이기도 했다. 1991년 3월 27일, 부시 대통령은 해외 전술핵무기를 철수하기로 결정했다. 이에 노태우 정부는 1991년 11월 8일 '한반도 비핵화와 평화구축을 위한 선언'을 발표했다. 이어 남과 북은 판문점에서 3차에 걸쳐 핵협상을 벌인 끝에 1991년 12월 31일 '한반도 비핵화 공동선언'에 이르렀다. 그 한 달 뒤인 1992년 1월 30일, 북한은 마침내 원자력기구와 핵안전 조치 협정에 서명했다.

1992년 1월 7일, 우리 정부는 북한이 그토록 반대해온 팀스피릿 군사훈련을 중지한다고 발표했다. 보름 뒤인 1월 22일에는 미국이 처음으로 뉴욕에서 차관급 북·미 고위급 접촉을 시도했다. 1992년 1월 19일, '한반도 비핵화 공동선언'이 발효되자 한·미는 남북 간 상호사찰을 추진하기로 했다. 이때는 미국도 '한반도 문제의 당사자 해결 원칙'을 존중한 셈이다.

1992년 3월 19일, 남북은 1차 핵통제공동위원회를 열고 상호사찰의 범위와 방법, 절차 등을 논의했다. 그 뒤 본회의를 13회, 위원 접촉을 8회 했으나 진전이 없었다. 북한이 이른바 의심 시설에 대한 사찰을 완강히 거부했기 때문이다. 이유는 한결같았다. 의심 시설이 핵시설이 아니라 군사시설이라는 것이었다. 끝내 북한은 남한이 주장했던 특별사찰마저 거부했다.

❭ 남북 간 현안으로 떠오른 리인모 씨 문제

1992년은 한국의 대통령 선거가 있는 해였다. 이 시기에 북한은 비전향 장기수 리인모 씨 북송과 1993년도 팀스피릿 한·미 합동 군사훈련 중지를 끈질기게 요구했다. 국제원자력기구IAEA와 핵사찰 줄다리기를 하며 남북 간 핵사찰 문제도 해결되지 않은 상황에서 북한의 이런 요구는 남북 관계의 긴장을 유지시키는 구실을 했다. 특히 리인모 씨 송환 문제는 제8차 남북 고위급 회담(총리 회담)의 주요 의제였다. 그해 9월 14일 고위전략회의에서 노태우 대통령은 이산가족 상봉에 대한 열망을 토로하면서 북한이 끈질기게 리인모 씨 송환을 요구한다면 우리도 다음 세 가지를 요구하되 협상 상황에 따라 융통성 있게 대처하는 방안을 제시했다. 첫째는 남북이 산가족방문단 사업의 정례화, 둘째는 판문점에 이산가족 면회소와 우편물 교환소 설치 및 상설 운영, 셋째는 동진호 선원의 송환이었다.

특히 첫째와 둘째 사항이 관철되면 리인모 씨 송환 문제도 전향적으로 대응하기로 했다. 9월 15~18일에 평양에서 고위회담이 열렸고 정원식 총리가 수석대표로 참석했다. 임동원·이동복 등 7명도 회담대표로 참석했다. 이때 북쪽은 공개적으로 핵 문제 전제조건 철회와 리인모 씨 송환이라는 두 가지 조건이 선행돼야만 이산가족 노부모 방문이 실현될 수 있다고 주장했다.

그러나 북은 비공식적으로는 남쪽이 리인모 씨 북송을 약속해주면 이산가족 방문과 남북면회소 연내 설치 문제도 풀릴 수 있다고 시사했다. 9월 17일에는 동진호 문제와 관련해 선원들이 자진 월북했음을 강조하면서 이산가족 문제와 연계시키는 것을 거부했다. 그러나 다음날에는 다소 융통성 있는 안을 내놓았다. 면회소 설치 운영 문제를 먼저 논의한 다음 리인모 씨 송환을 협의하고 그다음에 노부모 방문단 문제를 협의하자는 것이었다. 이에 대해 우리 쪽은 동진호 문제도 함께 풀어야 한다고 주장했다. 이 과정에서 이른바 훈령 조작 사건이 일어났던 것이다. 이 사건은 훗날 문제가 됐을 때 자세히 설명하기로 하자.

아무튼 그렇게 리인모 씨 송환 문제가 핵 문제와 함께 새 정부로 넘어왔다. 이때 나는 새로운 발상과 패러다임으로 국내외 정책을 펼친다는 취지에서 좀 더 유연하고 자신감 있게 이 문제에 접근해야 한다고 판단했다. 새 정부가 들어설 즈음 북한 당국은 이른바 남조선혁명전략을 실현하기에 어려워진 상황을 예리하게 인식하고 있었다. 대남적화전략의 비현실성을 직시하는 한편, 내심 남한에 의해 흡수되는 상황이 벌어질까 봐 오히려 두려워했다. 한마디로 북한은 방어 대책을 모색해야 할 처지였다.

남북 간의 경제력 차이가 현격히 벌어졌고, 소련과 동구권이 몰락함에 따라 국제적으로 고립된 북은 더욱 수세적 처지에 놓이게 되었다. 사실상 평양 당국은 이때 '하나의 조선 정책'을 포기한 것 같다. 이는 1991년 9월 남북이 유엔에 동시 가입한 데서 잘 드러난다. 1991년 신년사에서 김일성 주석은 '2정부 2제도 방식'의 연방제 통일안을 제시했다. 남한의 냉전근본주의자들은 북한의 연방제 통일 방안이 적화통일이라고 주장하지만, 사실은 전일적 적화통일이 현실적으로 불가능하다는 뼈아픈 현실 인식에서 나온 수정안이라고 봐야 한다. 남북 기본합의서 1조와 4조도 남북 상호체제의 인정과 존중, 내정 불간섭, 비방·중상·파괴·전복 행위 금지를 규정하고 있는데, 이 역시 북한의 방어적 입장에서 나온 것이고 두 개의 국가 논리를 인정한 것이다.

이런 현실론적 인식에서 북한은 '전국적 범위에서의 통일', 곧 한반도 전체를 적화한다는 정치 공세를 1992년 4월 헌법 개정 때 삭제하고, 남북 간 경제협력에 적극적으로 나서기 시작했다. 이어 10월에는 외국인 투자법·합작법 등 경제 관련 법률도 제정했다. 그뿐만 아니라 비교적 실용적인 기술 관료들을 정부 주요 부서에 발탁했다. 강성산 총리, 김달현 국가기획위원장, 김용순 등이 대표적이다. 앞서 그해 7월에는 부총리가 된 김달현 씨가 7박 8일간 서울을 방문했다. 이렇게 부드러운 흐름이 형성되고 있었지만, 핵 문제를 비롯해 팀스피릿 훈련, 리인모 씨 송환 문제가 이 흐름을 언제 뒤틀리게 할지도 모를 상황이었다. 이런 상황에서 김영삼 정부가 들어서게 된 것이다. 뭔가 변화가 요청되는 기회의 시간Kairos이었다.

〉 핵에 발목 잡힌 김우중의 남포공단 합작공장

1993년 3월 11일의 리인모 씨 북송 발표와 바로 이튿날 터진 북한의 핵확산금지조약NPT 탈퇴 발표로 새 정부의 대북 정책은 만만찮은 시험대에 올랐다. 이런 돌발사태의 경과를 이해하기 위해서는 그즈음 나라 안팎의 분위기를 먼저 살펴봐야 한다.

통일부총리 취임 직후인 2월 말 나는 KBS와 진행한 첫 인터뷰에서 남북 관계의 개선을 조심스럽게 전망했다. 새 정부에서 핵사찰과 리인모 씨 송환 문제가 타결되면 1993년 금년 안에 남북 정상이 만날 수도 있을 것이라고 낙관했다. 남북 간에 깊어질 대로 깊어진 불신은 정상이 만나 격의 없는 대화를 나눔으로써 해소될 수 있다고 생각했다. 3월 말에 팀스피릿 군사훈련까지 끝나면 북한도 국제원자력기구IAEA와 사찰 문제를 풀어갈 수 있을 거라고 예견했다.

당시 새 정부의 통일·외교·안보팀은 모두 북한 핵 문제가 남북 관계를 너무 오래 교착시키고 있는 상황을 깊이 우려하고 있었다. 그런데 청와대

외교수석이 평소 소신대로 남북 관계 교착에 대한 이런 우려를 표명하자, 안팎에서 호된 비난 여론이 쏟아졌다. 그는 깜짝 놀란 듯했다. '핵 문제 해결 없이는 경제협력도 있을 수 없다'는 냉전적 적대주의 분위기가 여전히 팽배해 있었다.

그즈음 이미 북한과 경제교류를 추진하던 대기업이 몇몇 있었다. 대표적인 인물이 대우 김우중 회장이다. 김 회장은 1991년 5월 대한축구협회 회장 자격으로 '제6회 청소년축구대회' 단일팀 평가전에 참가하고자 북한을 방문했다. 이듬해 1월에도 그는 김달현 부총리의 초청을 받아 북한을 다녀왔다. 대우는 남포공단의 합작공장 건설과 흑연·아연·무연탄 등 자원개발 사업 추진에도 합의했다. 이뿐 아니라 1만 명에서 2만 명가량 북한의 싼 노동력을 활용해 리비아·파키스탄·이란·수단 등 해외 건설 사업에 남북이 공동 진출하는 문제까지 북한 당국과 협의했다. 김 회장은 연형묵 총리와 김일성 주석도 면담한 뒤 김달현 부총리와 여러 번 만나서 경협 문제를 협의했다. 9월과 10월에는 김달현 부총리가 '선 핵 문제 후 경제협력'이라는 남한 정부의 방침을 존중해 대우로부터 기계 설비를 현금으로 구매하여 임가공 형태로 추진하는 방안을 제의하기도 했다. 그런 와중에 핵 문제에 발목이 잡혀 대우의 남포공단 경공업공장 건설은 시작도 하지 못하고 있었다.

이런 상황에서 새 정부가 출범하니 핵 문제와 별개로 남북 경협을 추진하는 데 우려를 표하고 저지하려는 보수 쪽의 움직임이 정부 안팎에서 드러났다. 1993년 3월 2일에는 미국 《워싱턴 타임스》가 보수 쪽의 이런 염려를 담아 한국 대기업들이 새 정부 출범을 계기로 북한과 경제교류를 추진하고 있다고 보도했다. 많은 기업가와 전문가들이 "한완상 부총리 겸 통일원 장관과 김덕 안기부장에게 남북 간에 정치·안보 분야의 대화 진전이 없더라도 북한과의 경제교류를 허용해줄 것을 희망하고 있다"는 내용이었다. 《워싱턴 타임스》는 반공 이념을 표방하는 신문으로 통일교가 경영하는 미국 언론이다. 새 정부가 핵 문제와 별개로 북한과 경제협력을 추진할까 봐 염려한 보수 쪽에서 이를 견제하고자 이런 정보를 퍼뜨린 것이다.

3월 8일 오전에는 주한 미국 부대사가 내 집무실을 찾아왔다. 대사는 아직 부임하지 않아 공석인 때였다. 《중앙일보》는 이날 부대사가 마치 새 정부의 대북 경제교류 추진을 만류하고자 나를 만난 것처럼 보도했다. 그러나 사실 노태우 정부 말기부터 이미 많은 대기업이 정부보다 더 적극적으로 대북경협을 추진하고 있었다. 어쩌면 보수 언론은 새 정부의 대북 정책이 대기업들보다 앞서 나갈까 봐 두려워한 것인지도 모른다.

레이먼드 버그하트 부대사는 그날 내게 새 정부의 대규모 대북경협 가능성을 신중하게 타진했다. 그동안 이뤄진 경제교류 정도는 괜찮지만 새로 대규모 경협을 추진하는 것은 염려하는 듯했다. 당시 클린턴 정부가 새 정부를 견제하려고 부대사를 나에게 보냈다거나 나의 민족주의적 성향을 염려했다는 일부의 기사(《중앙일보》)는 명백한 왜곡보도였다.

〉 건국 이래 최대 사면, 문익환 목사의 격려

1993년 3월 12일 북한의 핵확산금지조약NPT 탈퇴라는 '돌발 폭탄'이 터지기 며칠 전인 3월 6일에는 기쁜 소식이 있었다. 지난해 연말 대통령 당선 직후 약속했던 대로 새 정부 취임 기념으로 대사면을 단행한 것이다. 그때까지 정부 수립 이후 최대 규모인 무려 4만 1,886명이 형을 면제받아 풀려나거나 사면되었다. 그중에는 국가보안법 위반 등 시국사범 5,800여 명도 포함돼 있었고, 그 가운데 144명은 구속집행정지 등으로 가석방되었다. 애초부터 새 정부의 통일 정책을 우려했던 수구 세력과 달리, 이들은 대체로 김영삼 정부의 출범을 축하하고 축복해준 민주인사들이었다.

특히 그날 안동교도소에서 풀려난 문익환 목사는 새 정부에 대한 기대와 함께 아쉬움을 온몸으로 표현했다. 1989년 4월 방북 사건으로 구속되었다가 1990년 10월 1년 6개월 만에 병환으로 형집행정지 처분을 받아 가석방됐던 그는 그해 5월 집행정지 취소로 재수감된 상태였다. 범민련 남측본부 결성을 주도하고 이른바 '분신정국'에서 강경대 열사 장례위원장 등을 맡아 정부를 비판했다는 이유였다.

생애 마지막이자 여섯 번째 옥살이를 마치고 나온 문 목사는 그날 정오께 안동문화회관에서 열린 석방 기자회견에서 맨 먼저 "사면의 폭이 좁아 장기수를 비롯한 많은 양심수가 석방되지 못한 것이 가슴이 찢어질 정도로 아프다"고 말했다. 그리고 새 정부 안에 남아 있는 반통일·반민주 공안 세력에 대한 불안감을 표현했다. 그들과 함께하는 개혁이 과연 제대로 추진될 수 있을지 비관했다.

그러나 김영삼 대통령에 대해서는 "한때는 민주화 대열에 함께 섰고 지금도 민주 열정이 남아 있다고 믿는 사람 가운데 한 분"(《한겨레》 3월 7일 치)이라고 말했다. 나아가 "역대 대통령들은 모두 실패했는데 김영삼 씨까지 실패하는 대통령으로 만들 수 없다"(《국민일보》 3월 6일치)고 새 정부에 대한 애정과 기대를 표명했다. 그리고 나를 통일부총리로 기용한 것은 매우 환영할 일이라면서 새 정부에 남북 관계 개선을 주문했다. "그 어느 때보다 남북 민중의 통일 열기가 높은 이때 새 정부는 공안 세력의 방해를 뚫고 국민 대중의 자주적 통일운동에 기대어 남북 관계를 크게 개선해주길 바란다"(《한겨레》 3월 7일치).

나는 내심 그 격려가 고마웠다. 문 목사는 앞서 1987년 13대 대통령 선거 때 '양 김'으로 갈라졌던 민주 세력 중에서 김대중 씨를 지지한 재야의 대표 지도자였다. 그런 문 목사가 김영삼 정부의 출범을 축하하고 새 정부가 추진하는 통일 정책이 실패하지 않게 해야 한다고 말한 것이다. 그의 외침은 곧 나의 소망이요 외침이기도 했다. 새 부대가 아닌 헌 부대에 새 술을 제대로 담아낼 수 있을지 깊이 염려하고 있었던 까닭에 그의 말에 공감한 것이다. 공안 세력·냉전 세력이라는 헌 부대에 과연 열린 통일 정책이라는 새 술을 담아낼 수 있을지 나는 여전히 불안했다.

이어 3월 10일 오전, 나는 통일원 장관으로서 새 정부 출범 이후 첫 통일관계장관회의를 주재했다. 서울 삼청동 남북 대화 사무국에서 외무·내무·재무 등 17개 부처 장관들이 참석했다. 현안은 당연히 북한 핵 사찰 문제와 리인모 씨 북송 문제였다. 북의 핵 개발 추진으로 한반도에서 핵 불균형이 생길 수 있다고 염려하는 이야기가 오갔고, 북한 당국이 국제원자력기구IAEA 특별사찰을 수용하도록 합리적으로 노력해야 한다는 데 각료들의 의견이 모아졌다. 남북 경제협력에 대해서도 논의했다. 이때까지 미국은 북한에 대한 대규모 투자나 원조에는 비판적이었지만, 남북이 그간 진행해온 직교역, 특히 임가공 교역은 반대하지 않았다. 이때만 해도 남한은 북한의 4대 교역국이었다.

관계장관회의에서 나는 이 점을 상기시키고 경제인의 방북을 융통성 있게 허용하는 방안에도 긍정적인 의견을 제시했다. 그러나 리인모 씨 북송 문제에 대해서는 자세한 토의를 하지 않았다. 대신 통일관계장관 전략회의를 구성해 논의한 뒤 차후에 대책을 발표하기로 했다. 그런데 사실 이때는 이미 김영삼 대통령 특유의 '깜짝 발표'로 비상사태가 발생한 상황이었다.

〉 '리인모 씨 송환' 깜짝 발표에 모두 놀라

1993년 3월 8일, 레이먼드 버그하트 주한 미 부대사가 통일원을 예방하자 언론에서는 일제히 리인모 씨 북송 문제에 대해 물었다. 나는 대변인을 통해 '현재 송환을 추진하고 있지 않다'고 발표했다.

그런데 바로 다음날인 9일 밤 9시쯤, 최형우·김덕룡 의원과 저녁을 함께하고 있던 시내의 한 식당으로 박관용 비서실장이 헐레벌떡 들어왔다. 그는 내게 귓속말로 깜짝 놀랄 얘기를 전했다. 조금 전 청와대에서 중앙 일간지 편집국장들과의 만찬 자리에서 김영삼 대통령이 '리인모 씨 북송 허용'을 발표했다는 것이다.

그 자리에서 편집국장들은 대통령의 지지도가 90%를 넘을 정도로 굉장히 높다는 사실을 전하면서 기분을 돋우었다고 했다. 안가를 허물고 청와대를 개방하며 과감하게 개혁을 추진하는 모습에 국민들이 아낌없는 지지를 보낼 때였다. 그러자 대통령은 뭔가 선물을 주고 싶었던 모양이었다. 기자들에게 가장 큰 선물은 특종 아니겠는가. 그래서 그 선물로 리 씨 북송을 언급한 것이다. 그 순간 깜짝 놀란 박 실장은 일단 '엠바고(한시적 보도금지 약속)'를 요청한 뒤 나를 수소문해서 찾아왔던 것이다.

나 역시 혼비백산했다. 물론 3월 2일 조찬 때 리인모 씨 송환을 새 정부의 대북 정책 변화를 보여주는 강력한 신호로 활용하자고 진언하긴 했지만, 체계도 없는 이런 '깜짝 발표'는 민주적인 대통령에게 어울리지 않는 처사라고 생각했다. 이렇게 중요한 정책은 충분히 논의한 뒤 신중히 결정하는 것이 순리였다. 그런데 대통령이 불쑥 터뜨렸으니 수습할 일이 난감했다. 그래서 3월 10일 열린 첫 통일관계장관회의에서 나는 리인모 씨 북송 문제를 전략회의로 넘기기로 했던 것이다.

3월 11일 아침 일찍 서울 소공동 롯데호텔에 있는 안기부장 전용실에서 통일 관계 전략회의를 소집했다. 이때까지 참석자들은 내가 왜 그렇게 이른 시간에 회의를 소집했는지 모르고 있었다. 나는 박 비서실장이 도착하자 9일 저녁 청와대 만찬 때 일을 보고하라고 눈짓을 보냈다. 하지만 그는 짐짓 모른 체했다. 결국 내가 먼저 '리인모 씨 북송 방침'을 밝혔다. 예상대로 모두 놀라며 냉담한 반응이었다. 그동안 북쪽에서 리인모 씨 송환을 끈질기게 요구했지만 노태우 정부에서 조건을 달아 반대해왔다는 것을 잘 아는 사람들이니 당연한 일이었다. 나는 다시금 박 실장 쪽으로 '왜 갑자기 지금 논의해야 하는지' 그 배경을 설명해주라는 눈짓을 보냈으나 그는 여전히 침묵을 지켰다. 할 수 없이 또 내가 모든 사실을 털어놓았다.

모두들 너무 놀라 말이 없었다. '엠바고' 효력이 언제까지 갈지 몰라 전략회의 도중 나는 오인환 공보처 장관에게 직접 전화를 걸었다. 《한국일보》 편집국장과 주필 출신인 그는 그날 오후 3시를 넘기지 말라고 했다.

그래서 우리는 그날 오후 3시 이전에 송영대 통일원 차관을 통해 '리인모 씨의 조건 없는 북송 허용'을 발표하기로 결정했다. 또 송환이라는 용어는 쓰지 않기로 했다. '송환'이라 하면 전쟁포로의 신분임을 인정하는 것이기 때문이다. 대신 '방북 허용'이라는 중립적 표현을 하기로 했다.

곧바로 통일원으로 돌아온 나는 리인모 씨 방북 관련 기본 계획안을 작성해 정식으로 대통령의 재가를 얻는 절차에 착수했다.

먼저 배경을 설명했다. "새 정부 출범에 따른 민족화합 차원에서, 남북 관계를 우리가 주도한다는 통치권자의 정치적 결단에서 리인모 씨의 방북을 허용한다. 이는 대통령 취임사에서 밝힌 과감한 통일 의지와 민족 당사자 원칙에도 부합한다." 추진 방침은 이랬다. "리인모 씨의 건강과 희망을 고려한 인도주의적 차원에서 조건 없이 방북을 허용하되 방북 통로는 판문점을 활용한다. 당국 간 접촉을 통해 실무 절차를 협의하고 방북 안내는 적십자사에서 주관한다. 또 '남북교류협력에 관한 법률' 절차에 따라 빠른 시일 안에 실현되도록 한다. 새 정부의 남북 관계 개선에 대한 전향적 의지가 부각될 수 있도록 홍보 대책을 강구한다." 방북 일자는 '3월 22일'을 복안으로 정했다.

리인모 씨 북송 관련 모든 업무는 내가 직접 지휘하기로 했다. 종전 관례로는 안기부가 접촉 창구였으나 이번엔 통일원이 맡기로 했다. 다만 우방에 알리는 일은 외무부가 담당하기로 했다. 안기부와 경찰청은 민간단체들의 환송식이나 반대시위 같은 불상사가 생기지 않도록 관리하도록 했다. 필요하다면 풀기자단을 구성해 보도에 협조하도록 공보처에 요청했다. 나는 이를 통해 갓 출범한 통일원의 새로운 위상을 조용히 그러나 확실히 보여주고 싶었다.

〉 북 NPT 탈퇴 선언에 해빙 꿈 깨지고

1993년 3월 11일, 봄기운은 완연한데 남북 관계는 여전히 두터운 냉전의 빙벽으로 막혀 있었다. 리인모 씨의 북송 허용이 긴 냉전의 겨울을 깨고 평화의 봄을 알리는 소식으로 되돌아올까. 이런 생각을 비웃는 듯, 바로 다음날 북한의 핵확산금지조약NPT 탈퇴 선언이 나를 흔들어 깨웠다.

3월 12일은 개인적으로 결혼 27돌 기념일이기도 했다. 그간 고생한 아내에게 봄옷이나 한 벌 사 입으라고 돈을 주었다. 아내는 어린아이처럼 좋아했다. 나 역시 기분 좋게 청사로 출근했다. 그런데 오전 10시 반쯤 북한의 탈퇴 소식이 들어왔다.

'세상에 어떻게 이럴 수 있나? 북한이 그토록 끈질기게 요구해온 리인모 씨의 송환을 새 정부가 아무런 조건 없이 과감하게 허용했는데 발표 24시간도 지나지 않아 이렇게 물벼락을 쏟을 수 있단 말인가?' 물론 북한의 결정은 전날 우리의 발표와는 전혀 관계없는 일이었다. 하지만 이것을 단순한 오비이락으로 보지 않는 주변 사정을 생각할 때 비탄해하지 않을 수 없었다. 김일성 주석이 강경한 군부를 제대로 관리하지 못하고 있는 것은 아닌가 하는 의심마저 들었다. 그리고 김영삼 정부의 통일 정책이 앞으로 순탄치 않을 거라는 불길한 예감이 들었다. 그러나 이런 때일수록 침착하고 합리적이어야 한다고 나는 스스로 마음을 다독여야 했다.

그날 낮 나는 한승주 외무장관과 점심을 함께하며 전날 발표한 리인모 씨의 북송과 오늘 나온 북의 핵확산금지조약 탈퇴 선언은 별개의 문제라고 말했다. 그도 동의하는 듯했다. 나는 북의 태도를 면밀히 주시했다. 탈퇴 발표와 함께 나온 북한 총리의 팀스피릿 한·미 합동 군사훈련에 대한 비난은 퍽 강경했다. 그러나 5분 뒤에 나온 북의 공식 입장은 조금 더 유연했다. 특히 한반도 비핵화 선언의 정신은 계속 지켜나가겠다는 뜻을 분명히 했다. 국제원자력기구IAEA를 뒤에서 조종한다고 비난해온 미국을 일차적으로 겨냥한 것이지 남쪽과 대화 통로를 차단하려는 것은 아님을 에둘러 밝히는 듯했다.

이어 오후 5시 40분께 나는 남북회담 사무국에서 통일관계장관 전략회의를 긴급하게 소집했다. 김덕 안기부장은 내가 이 회의를 기자들에게 알렸다고 불편해했다. 과거 이런 긴급 상황은 거의 예외 없이 안가의 밀실에서 논의해왔으니 그럴 만도 했다. 그러나 지금은 새 정부에서 새롭게 안보관련 문제들을 다룰 수 있고 다루어야 하지 않겠는가. 게다가 박관용 비서실장은 회의실에 들어서자마자 '평양 당국이 (우리의) 뺨을 때린 행위'라며 격분했다. 핵확산금지조약 탈퇴 결정이 리인모 씨 북송에 대한 북의 공식 반응이라며, 남북 기본합의서가 무효화되었다며 남북한 비핵화 선언마저도 무효가 아니냐는 것이었다. 그러자 한승주 외무장관이 차분한 목소리로 "그건 아닌데요"라고 반론을 폈다. 나는 이런 때일수록 비정상적 체제의 비정상적 국가 행위에 대해 정상적이고 합리적으로 침착하게 대응해야 한다는 소신을 분명히 했다.

리인모 씨 북송이나 북의 핵확산금지조약 탈퇴 선언에 자극을 받은 냉전원리주의자들이 새 정부의 통일 정책을 끈질기게 비난하고 옥죄어 올 것이라는 나의 염려는 그날 회의에서 이미 현실로 나타났다. 특히 박 실장이 앞장서서 강경한 반응을 내놓는 것을 보고 적잖이 놀라기도 했다. 그때까지만 해도 나는 그가 합리적으로 사고하는 정치인이라 여겼기 때문이다. 한 외무장관은 북의 핵확산금지조약 탈퇴가 전쟁 발발과 같은 극단적 위기상황은 아니기 때문에 국민을 안심시키는 방향에서 의연하게 대처해야 한다고 강조했다. 내가 박 실장에게 기대했던 반응이 이런 것이었다. 대담하고도 유연한 대북 정책을 시행하려 했던 나의 노력이 이제 안에서부터 견제와 반발에 직면하게 될 거라는 느낌이 강하게 들었다.

문제는 대통령의 개혁과 평화 의지가 얼마나 확고한가에 달려 있었다. "세계는 대결이 아니라 평화와 협력의 시대로 가고 있다. 북한을 고립시켜서는 안 된다"고 취임사에서 밝혔던 대통령의 의지가 과연 핵확산금지조약 탈퇴로 고조된 한반도 안팎의 긴장 국면에서도 계속 이어질 것인지가 문제였다. 따라서 대통령 주변에 어떤 인물이 있는지가 중요했다.

〉 국회로 간 '리인모 씨 송환', 여야 뒤바뀐 공방

1993년 3월 15일은 통일원의 청와대 첫 업무보고와 국회 상임위원회(외

1993년 3월 15일 통일원 첫 업무보고를 위해 청와대 회의장에 들어서고 있다.

무통일위) 첫 출석으로 취임 이래 가장 분주한 날이었다. 오전 청와대에 도착해 국무회의실로 가는 복도에서 대통령에게 가볍게 안부를 물었다.

"청와대 들어오신 지 2주일이 넘었는데 어떠신지요? 좀 답답하시지요?"
"아, 감옥처럼 답답하구먼." 특유의 솔직하고 담백한 대답이었다.

통일원의 업무보고는 당시 위기 국면에서도 30분 이내에 부드럽고 간결하게 끝냈다. 이어 대통령은 리인모 씨 북송에 대해 "16일 판문점에서 열린 연락관 회담이 잘되면 16일 오후에라도 즉각 보낼 수 있도록 하라. … 이것이 인도주의 원칙에 맞는 것이고 남북한 신뢰회복 차원에서도 옳은 조치"라고 말했다.

북의 핵확산금지조약NPT 탈퇴의 충격 속에서도 대통령은 인도주의적 대북 정책의 타당성을 인식하고 있었다. 적어도 이때까지는 그랬다. 그러나 남북 정상회담은 착실히 통일을 준비하는 과정에서 자연스럽게 이뤄져야 한다고 신중한 태도를 보였다. 본격적인 남북 경제협력도 북핵 문제가 해결된 다음이라고 했다. 그러나 인도주의 사안은 핵 문제의 테두리를 벗어나게 되었다. 이때까지만 해도 대통령은 수구 세력의 영향력을 적절하게 관리하는 듯했다.

이날 오후 국무위원으로서 첫 국회 상임위 출석을 앞두고 서둘러 통일원으로 돌아온 나는 질문공세에 대비하려 했지만 시간이 별로 없었다. 마치 훈련도 안 받은 채 곧바로 전투현장에 투입되는 군인처럼 무거운 긴장감이 짓눌렀다.

이윽고 의원들의 질의가 시작되었다. 희한하게도 여당 의원들은 비장할 정도로 비우호적인 표정이었고 야당 의원들은 느긋하고 다소 우호적이었다. 안기부장을 지낸 안무혁 의원과 통일원 장관 출신의 이세기 의원은 잔뜩 벼르고 있는 듯했고, 반대로 야당의 이우정·남궁진·조순승 의원은 우호적이고 평온한 모습이었다.

예상대로 첫 질의자로 나선 안 의원은 "북핵 문제가 심각한데 리인모 씨를 조건 없이 북송하는 것은 상호주의 원칙을 무시하는 일이다. … 지난 2월 말 부총리의 KBS 인터뷰 내용은 지나치게 낙관적인 사견이 아닌가"라고 포문을 열었다.

나는 북한이 핵확산금지조약NPT 탈퇴 선언을 그렇게 빨리 할 것이라고 예측하지 못했다고 솔직히 시인하고, "꾸짖으시면 배우는 사람의 자세로 그 충고를 받아들이겠다"고 겸손하게 대답했다. 그러나 리인모 씨 북송에 대해서는 새 정부의 인도주의적 특례 조치라고 밝히고, 인도주의는 조건을 붙이는 상호주의와는 본질적으로 다르다는 점을 명확히 했다.

이어 야당의 조 의원이 여당 쪽을 비판했다. "리인모 씨 북송은 우리 당

차원에서 전적으로 찬성하고 있다. 지금 한 장관이 말하듯이 인도적인 문제이기 때문에 그야말로 잘한 조처다. 이를 통해 남북 간의 문제가 조그마한 실마리라도 풀린다면 이는 일보 전진하는 것이다."

그러자 이세기 의원이 '리인모 씨 북송 결정 시기가 적절했느냐, 이것이 북한 개방보다 김일성의 통치 논리를 강화시키는 결과를 불러오는 거 아니냐'고 따졌다. 이는 냉전론자들이 가장 즐겨 쓰는 논리였다.

이번에는 야당의 이우정 의원이 내 마음을 대변해주었다. "리인모 노인이 폐암으로 언제 죽을지 모른다는 사실은 세계적으로 알려졌고, 이 때문에 이북에서 유엔 인권위원회에 제소했습니다. … 이북에서 조금 이용하더라도 국제적으로…, 우리가 받는 국제적인 손상을 따졌을 때 통일원의 북송 허용은 잘되었다 생각합니다. 결정할 때 유엔 제소나 국제 여론도 다 참고됐습니까?"

여야가 뒤바뀐 듯한 이 진풍경은 민주주의 성장의 신호일 수도 있었다. 그러나 나는 새 정부 안에 버티고 있는 냉전수구 세력의 강고한 힘을 확인하는 것 같아 내내 마음이 무거웠다.

지금 생각해도, 그때 상임위에서 좀 더 용기 있게 소신을 펼치지 못하고 보수적 의원들의 질의에 겸손하게 대응한 것이 얼마간 아쉽고 부끄럽다. 따지고 보면 북한 체제를 강화시키는 가장 큰 요인은 인도주의적 정책이나 평화 지향적 접근이 아니라 증오에 찬 냉전적 강경책이라는 사실을 당당히 밝혀야 했다. 실제로 그해 6월 미디어리서치가 진행한 여론조사를 보면 일반인 79%가 리인모 씨 송환에 찬성했다. 반대는 8%에 지나지 않았다.

〉 쏟아진 북 비판 속에서도 빛난 박찬종 · 조순환

1993년 3월 15일, 국회 외무통일위원회에서는 리인모 씨 북송과 북한의 핵확산금지조약NPT 탈퇴를 둘러싸고 여야 의원들의 뜨거운 공방이 오갔다.

이 가운데 신정당 박찬종 의원의 질문은 경청할 만했다. 1991년 11월 8일, 노태우 정부의 '한반도 비핵화 선언'에서 핵연료의 농축과 재처리 시설까지 포기함으로써 우리의 핵 주권이 없어졌다고 지적한 그는 앞으로 비핵화 선언을 수정할 기회가 있다면 남북한이 모두 핵을 평화적으로 이용하는 데 적극 협력하는 방안을 모색해야 한다고 주장했다.

핵 주권만 강조하다 보면 '우리도 핵무기를 가져야 한다'는 뜻으로 오해받기 쉬우므로 나는 그런 주장이 바람직하다고 보지 않았다. 그러나 남북이 핵에너지를 평화적으로 이용하는 데 필요한 확실한 장치를 마련한다면 적극적으로 검토해볼 만하다고 대답했다. 박 의원은 자기도 바로 그런 뜻에서 한 말이라고 했다.

이날 민자당 이만섭 의원은 왜 하필 이 시점에 북한이 핵확산금지조약을 탈퇴했는지 그 배경을 물었다. 나를 괴롭히는 뼈아픈 질문이기도 했다. 나는 북한 내 강경노선의 선택이 아니겠느냐고 에둘러 대답했다.

그즈음의 상황을 토대로 추론해볼 때, 북한은 소련 체제가 와해된 뒤 국제적 고립의 심화로 경제사정도 나빠지고 있었다. 국제적으로는 국제원자력기구IAEA 사찰을 거부함으로써 핵 개발 의혹이 불거졌다. 그런 와중에 1992년 중단됐던 한 · 미 합동 군사훈련이 다시 실시되자 일종의 총체적 위기의식을 느꼈을 것이다. 북한 당국자들은 무엇보다 팀스피릿 훈련을 미국의 심각한 핵위협으로 인식했다. 지구상에서 북한 체제에 총체적 위협을 가할 수 있는 유일한 국가는 미국이라고 믿었기 때문이다. 그만큼 북한 지도층은 미국을 두려워했다. 그래서 역설적이게도 미국하고만 핵 문제를 논의하고 싶어 했다. 따라서 역으로 미국의 핵확산 금지 정책에 도전함으로써 미국을 대화의 장으로 끌어내려고 꺼내든 북한의 전술이라 할 수 있었다.

그런데 문제는 왜 그런 결단이 새 정부가 남북 관계 개선 의지를 표명한 이 시점에 나왔느냐는 것이었다. 이때 나는 김일성 주석의 영향력이 상대적으로 축소되고 김정일의 영향력은 그만큼 강화되고 있는 것이라고 판단했다. 강경 군부가 김정일에게 기울었다고 보았다.

실제로 3월 8일에 김정일은 최고 군사령관으로서 '명령 제0034호'를 발령했다. 팀스피릿 훈련을 북한 침공을 위한 핵전쟁의 전초전이라고 규정하고 준전시 상태를 선포한 것이다. 1983년 이후 처음 있는 일이었다. 그래도 11일 북송 발표와 12일 탈퇴 선언까지 김 주석이 상황을 조절할 시간이 있었을 터인데 그렇게 하지 못했던 것이다. 이미 김 주석이 김영삼 대통령의 취임사를 대단히 긍정적으로 평가한다는 정보와 첩보를 받았던 터였기에 더더욱 의아할 따름이었다. 그러나 이런 얘기를 국회에서 공개하기가 조심스러워 에둘러 그렇게 답했던 것이다.

국민당 조순환 의원도 몇 가지 중요한 질문을 했다. "팀스피릿 훈련을 놓고 핵전쟁을 위한 한·미 군사훈련으로 보는 북한의 판단에 대해 어떻게 생각하느냐?" 이 질문에는 팀스피릿 훈련이 원래 미국 군부가 예산을 더 확보하려는 전략에서 시작된 것인데 여기에 남북이 모두 말려드는 것 아니냐는 조 의원의 평소 문제의식이 깔려 있었다. 나는 북한이 팀스피릿 훈련을 북한 체제 붕괴를 꾀하는 무시무시한 핵전쟁 연습으로 믿기에 엄청난 공포심을 갖고 있다고 인정했다. 그리고 이런 상황에서 민족 공영의 기조를 어떻게 구현할 것인지가 통일원이 풀어야 할 현안이라고 답했다.

조 의원은 이어 "이런 핵 위기 때 오히려 민족 복리와 공존공영의 실현을 위해서 남북 정상회담이 더욱 필요한 것 아니냐. 나아가 미국이 북한의 핵시설에 무력제재를 가하는 것을 어떻게 생각하느냐"고 물었다.

나는 지금의 국민 정서로는 남북 정상회담을 탐탁지 않게 여길 것 같다는 의견을 밝혔다. 마지막으로 미국이 북한 핵시설을 공격하는 최악의 시나리오가 현실이 되지 않기를 바란다고 답했다.

그때 그 대목에서 '미국의 군사제재는 한반도에 재앙을 가져올 것'이라고 단호하게 대응했어야 하는데 그러지 못한 것이 못내 아쉬웠다. '한반도에서 전쟁이 절대로 일어나서는 안 된다'는 것이 결코 양보할 수 없는 새 정부의 기본 정책이라고 천명했어야 했다.

〉 청와대 추천인사 대신 송영대 씨 차관 발탁

1993년 3월 들어 통일원은 다른 어떤 부서보다 긴박하게 돌아갔다. 리인모 씨 방북 허용을 계기로 탈냉전적 대북 정책을 대담하게 제시하려 했던 나로서는, 북한의 핵확산금지조약NPT 탈퇴 문제로 정부 안팎에 잠복해 있던 냉전 기류가 활성화되면서 오히려 된서리를 맞지 않을까 염려가 컸다. 이 때문에 잠을 설칠 때가 많았다. 3월 15일 국회 외무통일위원회에서 냉전 세력의 비판을 직접 받고 나니 더 불안해졌다. 중요한 건 대통령의 의지였다. 변화무쌍하게 급변하는 국내외 정세에서도 과연 그가 취임사에서 천명한 개혁 의지를 흔들림 없이 밀고 나갈지 걱정되었다. 특히 리인모 씨를 북송하기로 결정했던 대담한 포용 의지를 계속 지켜나갈지 염려되었다.

한편으로는 통일원 간부들도 내가 밝힌 민족복리·공존공영·국민합의라는 새로운 통일 정책 기조를 기꺼이 받아들이고 지난날과 달리 남북 관계 개선에 헌신할지도 내심 걱정되었다. 사실 그때까지 대학교수로서 바라본 통일원에 대한 인상은 대체로 부정적이었다. 통일을 촉진하는 게 아니라 통일을 지연시키는 기관처럼 보였다. 그런 생각이 편견이었기를 간절히 바랐다.

청와대에서는 새 정부의 내각 인선 때 김영삼 후보의 통일외교 분야 특보로 수고했던 정태동 박사를 통일원 차관으로 추천했다. 하지만 나는 기존의 임동원 차관을 유임시키고 싶었다. 그는 북한에 고향을 둔 군 장성 출신이었지만 외교관다운 세련됨도 갖춘 인물로 합리적이고 온건한 대북 정책을 선호했다. 남북 관계를 개선하고자 하는 의지와 의욕이 강했다. 청와대에서는 임 차관에 대해 정부 안팎의 냉전수구 세력이 강하게 반대한다는 이유를 들어 교체하기로 결정한 것 같았다.

내가 정 박사를 받아들이지 않은 이유는 나와 배경이 너무 비슷했기 때문이었다. 그는 경북 태생, 서울대 출신에다 통일원 밖에서 온 인물이었다. 외무부에서 타이 대사를 지냈다. 팔이 안으로 굽는 듯한 인상을 주고 싶지 않았던 나는 청와대에 서울대·경상도 출신이 아닌 인물로 통일원 안에서 발탁하고 싶다는 뜻을 전했다.

그래서 나는 이런 뜻을 나의 비서실장에게 지시했다. 내부 후보로 올라온 3명 중에 눈길을 끄는 사람이 있었다. 연세대 정외과 출신에 호남 사람으로 통일원에서 20년 가까이 봉직한 인물이었다. 바로 송영대 씨였다. 그때까지 서로 개인적인 교류는 전혀 없었다. 아마 그때 청와대에서 정한 차관을 거부한 국무위원은 나뿐이었을 것이다. 여하튼 송 차관은 그때부터 장수 차관으로서 6명의 통일부총리를 보좌했다.

그런데 그때 나는 가장 중요한 요소를 간과했다. 냉전근본주의적 가치관을 갖고 있는지 확인해 보아야 했는데 그러지 못했던 것이다. 통일에 대한 문제의식·목적의식·비전·철학은 나와 비슷하거나 같아야 했다. 그 비전을 실천하는 데 도움이 되는 수단을 선택하는 문제에서는 내 생각과 달라도 좋다. 다를수록 서로 소통하며 배울 수 있으니 말이다. 그러나 목적과 비전이 나르면 통일 업무를 추진하는 데 지장이 올 수 있으니 더 신중히 고려했어야 했다.

이른바 'TK 인맥'을 피하겠다는 원칙에 매여 나는 이때 적절한 인재를 제대로 활용하지 못하는 우를 범할 수도 있음을 나중에야 아프게 깨달았다. 정 박사에게는 미안하고 빚진 것 같은 느낌을 지금도 떨쳐버리지 못하고 있다.

3월 20일 토요일 오전 9시, 통일원 직원들을 회의실로 모이게 했다. 통상 이런 때 장관의 훈시가 있기 마련인데, 나는 훈시할 생각이 전혀 없었다. 대신 새 정부의 정책 비전, 특히 통일 정책의 방향을 직원들에게 설명하고 싶었다.

세계사의 흐름이 이제는 아시아 쪽에 무게가 실리는 상황이다. 서구인들이 동북아를 동쪽 구석, 즉 극동이라고 폄하하던 극동의 시대는 지나갔고 지금은 바야흐로 본동本東의 시대라 할 수 있었다. 해가 떠오르는 지역인 것이다. 그중에 한반도가 있다. 그러나 불행히도 본동의 중심부인 한반도가 억울하고 부당하게 분단되었다. 따라서 통일, 그것도 평화적 통일은 이 시대의 소명이다.

나는 관료들에게 시대정신과 개혁의지를 함께 불어넣는 일이 결코 쉽지 않았지만, 군림하는 관료적 보스가 아니라 친근한 목민적 웃어른으로서 최선을 다해 직원들에게 다가가고 싶었다.

〉 '이산의 아픔', 동진호 선원 가족 찾아 함께 눈물

1993년 3월 19일, 리인모 씨를 무사히 북송시킨 뒤 나는 이로 인해 허탈 감이나 상대적 박탈감을 느끼는 사람들을 위로해야 한다고 생각했다. 리 인모 씨 북송 논란 때마다 늘 함께 거론되던 분단의 희생자가 남쪽에 있 다. 1987년 납북된 동진호의 어로장 최종석 씨의 가족이 바로 그들이었 다. 그 가족들을 직접 만나 위로하고 싶었다.

3월 26일에 부산으로 내려갔다. 도착하니 오전 11시 10분이었다. 사하 구에 사는 최 씨의 아내 김태주 씨와 형제들, 그리고 딸 우영 씨를 만났다. 아내 김 씨는 내 손을 잡고 하염없이 눈물을 흘렸다. 막 대학을 졸업한 우 영 씨도 울었다. 따지고 보면 분단이 이들을 눈물 흘리게 하는 원흉이었 다. 강대국들의 세력권 확장 욕심에 희생되어 분단에 이른 우리 민족이 아 닌가. 우리는 이러한 비극적 실상을 까맣게 잊고 있기에 눈물의 뿌리가 무 엇인지 생각하려고도 알려고도 하지 않는다. 남한으로 온 김만철 씨 가족 은 따뜻한 보살핌을 받으며 고향인 남해에서 잘 사는데, 정부가 우리 동진 호 선원 가족들에게는 눈길 한 번 주지 않았다고 원망하면서 최 씨 부인은 이렇게 말했다. "친정아버지가 오신 것 같아 기쁩니다. 정부가 이렇게 큰 관심을 가져줄 거라고는 생각을 못 했습니다. 그간 너무 서러웠습니다."

함께 고통을 나누는 동고의 소통 속에서 우리는 점심을 함께 나눴다. 그 날은 내가 취임한 지 꼭 한 달이 되는 날이었는데, 공교롭게도 최 씨 부부 는 그날이 은혼식 날이라고 했다. 그래서 북에 있는 남편이 더 그립다고 했다. '이들의 아픔은 국가가 덜어주어야 한다. 이들에게는 가족의 재결합 이고 민족에게는 평화통일이 절박한 꿈인데, 꼭 이뤄져야 할 꿈인데. 남북 의 지도자들은 이런 꿈보다 서로 미워하고 대결하고 초전 박살을 내고 승리를 쟁취하려는 욕심이 더 크지 않은가' 하는 생각에 새삼 부끄러웠다. "희망을 버리지 마세요. 희망을 잃어버리는 것은 모든 것을 잃어버리는 것이지요. 힘내세요." 나는 그 부인의 손을 잡고 위로를 건넸다. 그냥 한 말이 아니라 깊은 실존적 아픔과 체험에서 우러나온 말이었다.

1980년의 지루했던 여름날 서대문 형무소에 갇혀 있을 때 '나는 희망한다. 고로 나는 존재한다'라는 진리를 절감했던 일이 떠올랐다. 감옥 창살 밖으로 자유롭게 날아다니는 새를 보며 부러워했던 일이 갑자기 생각났다. "감옥에 들어와 무엇이 좋다고 미소 짓고 있습니까. 무엇이 즐거워 흥얼거리며 노래를 부르고 있습니까"라고 핀잔하면서 나를 흥미롭게 바라보던 젊은 교도관도 생각났다. 자유인인 그가 갇혀 있는 나를 보고 부럽다고 했다. 갇혀 있는 것이 부러운 것이 아니라 나의 희망이 부럽다는 뜻이었다.

그날 오후에는 우리 시대 성인과도 같은 장기려 박사를 찾아뵈었다. 그는 일찍이 예수님을 닮고 싶어 했던 의사였다. 평북 용천에서 태어난 그는 해방 직후 평양도립병원장으로서 김일성의 맹장수술을 해준 적도 있다고 했다. 이광수의 소설 『사랑』의 모델이 되기도 했던 인물이다. 내가 미국 망명 시절에 가까이 지낸 장혜원 컬럼비아 약대 교수의 삼촌이기도 하다. 1970년대 초반 30대의 젊은 교수 시절 나는 부산 산정현교회에서 설교를 한 적이 있는데, 장 박사는 그 교회 장로였다.

장 박사는 살아 있는 성자 같은 분이었다. 그가 가난한 환자에게 보여준 배려는 의학 지식에서 나온 것이 아니라 갈릴리 예수의 마음에서 나온 것이었다. 한국 전쟁 이후 부산에서 복음병원을 연 그는 퇴원을 앞두고 치료비를 낼 수 없어 고민하는 환자를 보면 밤에 몰래 찾아와 병원 문을 열어 놓고 도망가게 했다. 가난이 주는 아픔과 병이 주는 고통을 모두 덜어주려

1993년 3월 19일, 성자와도 같은 장기려 박사를 만났다. 장 박사도 이산가족이었다.

했기에 무상으로 치료를 하면서도 환자에게 자신감을 불어넣으려 애를 썼다. 그런 점에서 그는 예수를 닮았다.

그런데 장 박사는 이산가족이었다. 사랑하는 아내를 북쪽에 두고 남하한 그는 만월의 둥근 달을 보면서 '북쪽에 있는 아내도 저 달을 보고 있겠지' 하고 속으로 눈물을 흘리곤 했다. 그래서 동진호 가족을 만나러 부산에 가려고 작정했을 때 나는 장 박사도 꼭 뵙고 함께 아픔을 나누고 싶었다. 사실 일흔여섯의 리인모 씨를 북송하기로 했을 때, 여든셋의 장 박사도 잠시나마 북한을 방문할 수 있게 허락했어야 했다. 그러나 마음뿐이었고 실천할 수 없어 미안함만 더했다. 장 박사는 따뜻하게 내 손을 잡고 가만히 고맙다고 했다. 분단의 고통을 한 몸에 안고 산 그가 부디 장수하기를 간절히 바라며 서울로 돌아왔다.

⟩ 전언으로 접한 '김일성의 대미 관계 개선 의지'

1993년 3월 취임 초부터 통일원으로 많은 이들이 찾아와 좋은 조언을 해주었다. 한국교회협의회와 세계교회협의회WCC에서 '한반도 평화'를 선교과제로 다루었던 분들도 나를 만나러 왔다. 그중 세계교회협의회의 박경서 박사, 미국 감리교의 윤길상 목사, 연변 과학기술대학을 세운 김진경 총장도 있었다. 김 총장은 김영삼 대통령에게 보내는 장문의 편지 사본을 나에게도 건넸다. 이들 모두 북한에 관한 정보를 아는 대로 전해주었다.

미국인 스티브 린튼(한국 이름 인세반) 유진벨재단 회장도 빼놓을 수 없다. 그는 1992년 3월 말 김일성 주석과 빌리 그레이엄 목사의 만남을 주선하고 통역까지 했던 인물이다. 외증조부 유진 벨과 할아버지 윌리엄 린튼이 초대 한국 선교사로 활동한 이래 그의 집안은 4대째 한국에 정착했고 그 역시 전남 목포에서 태어나 완벽한 한국말을 구사했다. 1979년부터 이미 10여 차례 북한을 다녀온 그는 지난가을에도 그레이엄 목사가 김 주석의 초청으로 북한을 방문하려 했으나 우리 정부가 승인해주지 않아 못 갔다며 올해(1993년)에도 초청을 받았다고 했다. 보수적인 복음주의 신앙을 지녔으나 국내의 기독교 근본주의자들과 달리 '평화의 중재자'로 활약해온 그레이엄 목사의 방북이야말로 격려해야 할 일이라 나는 생각했다. 보수적인 닉슨 대통령이 중국 정부의 문을 활짝 열게 했듯이 세계적인 부흥사 그레이엄 목사가 김 주석과 인간적 소통을 통해 북·미와 남북한의 관계 개선에 간접적으로나마 도움을 줄 수 있을 거라고 판단했다. 그래서 린튼 박사에게 '평양에 잘 다녀오라'고 격려했고 그는 무척 고마워했다.

3월 27일 토요일 오후였는데 조동진(본명 조덕천) 목사가 긴히 할 말이 있다고 전갈을 보내왔다. 보수적인 장로회 교단 소속으로 1960년부터 서울 후암동교회 담임목사를 맡았던 그는 1978년 미국으로 건너가 캘리포니아 주 윌리엄캐리 대학교 부설 연구소 소장 및 국제선교협력기구 이사장을 맡고 있었다. 그는 그동안 대학 간부들과 함께 여러 번 북한을 다녀왔다. 그는 특히 1992년 봄 그레이엄 목사의 첫 방북 뒤인 5월 23일에 평양에서 김일성 주석을 단독으로 만났을 때 김 주석이 했던 말을 자세히 들려주었다.

'김 주석은 노태우 대통령이 한동안 정상회담을 하자더니 시간이 지나자 잠잠해졌다고 했다. 문익환 목사와 임수경 씨의 석방을 남북 당국자회담 때마다 우선적으로 요구했는데, 석방이 안 되고 있다는 얘기도 했다. 리인모 노인을 북으로 보내주지 않는 이유를 모르겠다는 말도 했다.'

흥미 있는 대목은 미국과 일본에 관한 이야기였다. '김 주석은 북과 남이 통일되어 칠천만 인구를 가진 국가가 되면 일본을 억제하기 위해 미국과 힘을 합해야 한다고 했다. 일본은 우리의 통일을 원치 않는다고 강하게 말했다. 그리고 통일 뒤에는 영세중립국을 선언하고 싶다고 했다. 또 그레이엄 목사가 평양을 다녀간 뒤 북에 도움이 되는 말을 많이 했다며 돌아가거든 그레이엄 목사에게 금년 가을 9월에서 11월 사이에 부인과 함께 다시 오라고 전해달라고 당부했다. 조 목사도 함께 오면 좋겠다고 했다. 이제 얼굴을 익혔으니 자기 집처럼 평양에 자주 오길 바란다고도 했다.'

조 목사는 그때 김 주석에게 받은 인상을 이렇게 전했다. '청각이 몹시 약한 듯 보청기가 항상 옆에 있었다. 걸음걸이가 시원치 않고 보폭이 짧았다. 음식은 잘 먹고 많이 먹는데 술은 조심했다. 신발은 바닥창을 두텁게 만들어 키를 늘리려고 한 것 같았다. 여든이 된 자기 나이에 신경을 쓰는 듯 보였다. 90살 생일은 통일된 조국에서 맞이하길 바란다고 하자 '고맙소'를 연발했다. 대미 관계 개선을 위해 조 목사가 힘을 보태주길 바라는

느낌이었다.'

박정희와 전두환 대통령의 외모는 낮게 평가하면서 노태우 대통령이 제일 낫다고 평하기도 했다. 조평통 부위원장 윤기복·한시해 등이 배석했는데 그들은 자신에게 직접 묻는 질문이 아니면 말을 하지 않았고, 말할 때는 자리에서 꼿꼿하게 일어나 공손하게 허리를 굽히면서 대답했다고 했다. 김 주석을 접견하기 전에 윤기복은 유창한 영어로 인사하며 자기도 미국에 초청되기를 바란다고 했다. 이런 것을 보면 북한 당국이 미국을 두고 한편으로는 심하게 욕설을 하면서도 다른 한편으로는 항상 미국과 가까워지고 싶어 한다는 사실을 확인할 수 있었다고 했다.

〉 김일성, 전두환엔 "빈대머리", YS엔 경애심

재미 조동진 목사는 1992년 5월에 이어 1993년 3월 31일부터 4월 12일까지 다시 평양을 방문했다. 그는 4월 10일 오전 10시 20분부터 12시 30분까지 2시간 10분 동안 김일성 주석과 만나 오찬을 함께했다. 방북을 마치고 미국을 거쳐 5월 말께 서울로 온 조 목사는 다시 나를 찾아왔다. 김 주석과 오찬을 나눈 사진과 식단을 보여준 그는 깨알같이 적은 노트를 보면서 대화 내용을 자세히 들려주었다. 인상적인 몇 부분만 살펴보도록 하자.

김일성 주석은 먼저 김영삼 대통령에 대한 경애심을 각별히 표현했다. 그날 대화가 모두 김 대통령에게 전달될 거라고 생각하고 말한 것 같았다. 전두환 대통령을 지칭할 때는 '빈대머리' 같은 점잖지 못한 표현을 쓰면서도 반드시 '김영삼 대통령께서'라는 경어를 썼다. 김 대통령의 훌륭한 취임사를 몇 번씩 읽었다며 기대가 크다고 말했는데, 그 순간 배석했던 북한 고위층 인사들이 놀라는 표정이었다. 또 김 주석은 김 대통령이 이끄는 새 정부는 종전 정부와 다르다고 말했다. 방북 직전 서울에 왔을 때 만난 문익환 목사가 새 정부에 대해 아주 좋게 평가하고 평양에 가서 김 주석에게 알리라고 했다. '새 정부를 지지하기 때문에 예전과 달리 비합법적 활동을 하지 않을 것이며 합법적 활동을 펼치게 될 것'이라는 내용이었다. 이 얘기를 전하자 김 주석은 '정말 문민정부 같다'며 좋게 말했다. 그리고 리인모 씨를 가족의 품으로 보내준 것에 상응하는 조치를 강구하라고 그 자리에서 지시하기도 했다.

조 목사는 자신이 평양에 머물던 기간인 4월 7~9일 열린 북한의 최고인민회의에서 '10대 강령과 4개 조건'을 제시한 것은 김 대통령의 취임사에 대한 김 주석의 대답이라고 했다. 취임사에 나타난 민족 우위 또는 민족 당사자 원칙을 존중하여 공존·공영·공리 같은 용어를 사용했다는 것이다.

다만 김 주석은 이 강령과 함께 남쪽에 요구한 4개 항에 대해 종래의 호전적인 요구들을 반복한 것이니 김 대통령이 염려하지 마시길 바란다고 말했다. 강선상 총리가 제의한 4개 조건은 '외세 의존 정책 포기, 미군 철수, 외국 군대와 합동 군사 훈련 중지, 미국 핵우산 탈피' 등이었다.

이 대목에서 김 주석은 아주 흥미로운 얘기를 했다. '원래 아랫사람들은 강경하게 표현하는데 그것은 내 뜻이 아니다'고 했다는 것이다. 나는 이 얘기를 듣고 '어쩌면 이것이 전술적 분업이거나 그가 이미 강경한 부하들을 관리할 수 없는 처지에 있는지도 모른다'는 생각이 들었다.

조 목사는 김 주석이 대미 관계에 대해서도 몇 가지 언급을 했다고 전했다. "지난해 빌리 그레이엄 목사가 북한에 올 수 있도록 해준 것에 고마워했다. 그 뒤 그레이엄 목사가 연례 조찬기도회 때 평양에 갔던 얘기를 좋게 한 것에 대해 특히 감사했다. 그리고 최근(4월 초순) 닉슨 전 대통령이 서울을 거쳐 중국으로 간 것을 언급하면서 '카터 전 대통령이 평양에 오면 만나야지'라고 말하기도 했다."

그레이엄 목사는 1992년 3월 31일부터 닷새간 평양을 처음 방문해 김 주석과 면담했다. 외국인 성직자로는 한국 전쟁 이후 처음으로 북한을 공식 방문한 그는 교황 요한 바오로 2세의 서면 메시지와 조지 부시 미국 대통령의 구두 메시지를 북쪽에 전달하고 교황에게 보내는 김 주석의 친서를 받았다고 밝혀 비상한 관심을 모았다.

그레이엄 목사는 일찍이 1973년 5월 서울 여의도 5·16 광장에서 열린 전도대회 때 세계 최대 규모인 연인원 500만 명의 청중을 동원해 전 세계를 깜짝 놀라게 했다. 조 목사는 바로 그 '한국 빌리 그레이엄 전도대회'의 기획총무와 진행위원장을 맡은 이래 그와 각별한 인연을 맺고 있었다.

침례교 목사로 복음주의자인 그레이엄은 아이젠하워 이후 역대 미국 대통령들의 조언자이자 영적 지도자로 영향력이 큰 인물이기에 그의 방북을 계기로 북·미 직접 대화 등 관계개선 가능성이 점쳐지기도 했다. 실제로 그는 1994년 1월 두 번째 평양을 방문해 김 주석과 면담을 했다. 그러나 그해 7월 김 주석의 돌연한 사망과 그 자신의 와병 등으로 북·미 평화사절 행보도 중단되었다. 하지만 지금도 빌리 그레이엄 전도협회를 통해 대를 이어 북한 지원 사업을 계속하고 있다.

〉 김일성 뜻 보고받은 YS, "믿을 수 있나?"

1993년 5월 재미 조동진 목사가 서울에 와서 전해준 북한 방문기 중에서 핵 문제에 대한 김일성 주석의 언급이 특히 흥미로웠다. 그해 4월 10일 김 주석과 오찬 면담에서 조 목사는 '핵무기는 한반도 어디에도 없어야 한다. 특히 북한에 핵무기가 없어야 한다'는 문익환 목사의 말을 전했다. 그러자 김 주석은 의미심장한 메시지를 던졌다. 특히 미국을 보는 김 주석의 눈은 특이하게 현실적이다.

우리는 핵무기를 개발할 능력도 없다. 그걸 가져봐야 미국 핵탄두가 남쪽에 1,000개 이상 있는데, 그것만으로도 평양을 초토화시킬 수 있다. 핵무기 한두 개 있어봐야 소용없다. 이번 핵 압력은 미국이 다른 사회주의 국가들을 붕괴시킨 것처럼 북한을 붕괴시키려는 것이다. 나는 고르바초프가 200만 ㎾ 핵발전소를 하나 만들라고 했을 때도 반대했다. 그러다 200만 ㎾ 핵발전소 대신 50㎾ 핵발전소 4개로 하자고 제의했다. 그런데 고르바초프가 몰락하자 기술자들도 모두 물러갔다. 지금 캐나다와 스웨덴이 핵발전소 건설에 협조하겠다고 하는데, 협력을 받을 바에야 평화적 핵 이용이니까 미국으로부터 받고 싶다. 세상에는 영원한 적국이란 없는 법이다.

조 목사는 김 주석이 김영삼 대통령과의 정상회담에도 관심을 표시했다고 했다.

김 대통령의 취임사에서 '따뜻한 봄날 한라산 기슭에서도 좋고 더운 여름날 백두산 천지 못가에서도 좋다'고 했던 제의를 고맙게 생각한다고 말했다. 앞서 노태우 대통령도 자꾸 만나자고 했는데 문 목사와 임수경 씨를 석방시키기 전에는 만날 수 없었다고도 했다. 말과 행동이 일치하지 않는 사람과는 만날 수 없다면서 김 대통령은 언행이 일치하고 문민정부를 세웠으니 고맙다고 했다. 이에 배석했던 사람들도 놀랐다. 김 주석은 '김 대통령에게 문안 전해주시오'라고 정중하게 말하기도 했다.

오찬 뒤 김 주석은 조 목사에게 모란봉 밑에 있는 지하지휘본부를 방문하도록 특별히 허락했다. 1951~1953년 한국 전쟁 당시 김 주석이 그곳에서 인민군을 총지휘했다고 한다. 조 목사는 자기 나름대로 김 주석과의 대화를 이렇게 평했다.

김 주석의 언어에는 자유로움이 있다. 그의 말 속에 전술적 계산과 모략이 있겠지만, 동시에 그만이 할 수 있는 말이 있고 거기에 진실이 있기에 이 두 가지를 잘 가려 해석해야 한다. 그의 말을 모두 술책으로 보거나 모두 진실로 보는 것은 잘못이다. 김 주석은 김영삼 정부를 역대 군사정권과 다르게 보고 있다. 따라서 너무 냉전적 불신으로 김 주석의 말을 해석해서는 안 된다.

북의 경제사정은 어렵지만, 핵확산금지조약NPT 탈퇴 선언 이후 정신적 자존심은 더 강해진 것 같다. 지난 한달 동안 국제적 압력을 당당히 이겨냈다고 자부하는 듯했다. 그러나 앞으로 다가올 국제압력에 대한 대응은 좀 더 현실적으로 나올 듯하다. 미국과 남쪽이 강경하게 나오면 북한도 강경하게 대응할 것이라는 뜻이기도 하다.

북한 당국은 우리 생각처럼 중국을 그렇게 신뢰하는 것 같지 않았다. 미국과 '직접접촉·직접대화·직접협상'을 원한다. 핵 문제를 풀기 위해서 미국과 차관급 수준의 책임 있는 대화를 바란다. 남북 대화를 위해서도 곧 무슨 제의를 해올 듯하다. 북·미 대화와 남북 대화를 반드시 상호배타적으로 볼 필요는 없다. 최근 미국은 이 점에서 전보다 신축성 있게 나올 것으로 보인다. 스테이플턴 로이 주중 미 대사가 탕자쉬안 중국 외무차관과 면담했는데, 그때 북·미 대화를 긍정적으로 본다고 말했다. 중국도 유엔이 북에 제재를 가하지 않는 한 유엔의 방침에 반대하지 않을 것으로 본다.

나는 곧바로 청와대로 들어가 조 목사와 김 주석이 함께 찍은 사진과 오찬 식단을 보여주고 두 사람의 대화 내용을 보고했다. 김 주석이 대통령의 취임사에 감동을 받았다는 얘기를 비롯해 그가 했다는 말을 전했다. 가만히 듣기만 하던 김 대통령의 첫 반응은 이랬다. "믿을 수 있는가?" 그는 진지하게 듣는 것 같지 않았다. 나는 김 주석이 말한 10대 강령이 김 대통령의 취임사에 대한 정중하고 사려 깊은 반응이라는 점을 재차 강조했다.

리인모 씨 북송 발표 다음날 핵확산금지조약 탈퇴 선언을 하는 상황을 막지 못하는 등 김 주석에게 아쉬움이 컸던 때였지만, 우리는 그때 조 목사에게 토로한 김 주석의 메시지를 좀 더 전략적으로, 또 좀 더 신중하게 분석했어야 했다.

삭풍만 부는 남북 관계,
'김영삼 독트린'의 꿈은 점점 멀어지고

〉 보수는 개혁 흔들고 남북 관계는 삭풍만

1993년 4월 들어 차관급 이상 국무위원에 대한 첫 재산공개 여파로 나라가 시끄러웠다. 2월 27일 취임 첫 국무회의에서 김영삼 대통령이 재산을 공개한 이래 '유전무죄 유력무죄'이던 세상에서, 갑자기 '유전유죄' 현상이 벌어진 것이다. 공직자가 부동산을 가졌다는 사실만으로 정죄당하는 새로운 현실에 국민들은 통쾌해하는 것 같았다. 김영삼 정부의 개혁, 윗물 맑기 운동은 의식의 개혁으로 끝나는 것이 아니라 무서운 현실로 다가왔다. 지난날 한국에서는 '장관 자리 1년만 하면 평생 먹을 것 걱정 없다'고 할 만큼 명예와 부를 쉽게 얻을 수 있었다. 그런데 이런 특권층의 편법주의와 특혜의 현상이 끝장나는 것 같았다. 아니, 이젠 끝장나야 했다. 김 대통령은 무서운 힘으로 개혁을 추진했다.

그러나 아쉽게도 남북 관계에서는 그 개혁 바람이 힘을 쓰지 못하고 해묵은 긴장만 높아지는 것 같았다. 오히려 삭풍이 불어닥칠 조짐이었다.

4월 중순께 집권 민자당의 사무총장인 최형우 씨가 아들의 부정입학 사건으로 물러났다. 김 대통령도 무척 아쉬워했다. "우째 이런 일이"라는 투박한 부산 사투리에는 안타까움이 깊이 배어 있었다. 그러나 이제는 개혁의 대세를 대통령도 거스를 수 없었다. 정말로 개혁은 혁명보다 어려운 일이었다. '개혁이 이리도 어려운데, 여전히 이 땅에 깊이 박혀 있는 비민주적 보수 세력의 간교하고 끈질긴 저항을 이겨낼 수 있을까? 과연 대통령의 개혁과 평화 의지는 뿌리 깊은 나무처럼 든든한가? 대통령 주변 인물들도 그러한가?' 이런 생각을 할 때마다 한 가닥 불안이 스멀스멀 나를 덮쳐오는 듯했다.

그즈음 언론에서는 '신한국 창조'를 이끄는 새 정부의 실세에 대한 추측성 기사를 쏟아내기 시작했다. 그들은 나를 새 정부의 '실세' 또는 '개혁 전도사'로 부각시키려 했다. 그것은 나에게 일종의 적신호였다. 위기 상황에도 당당하게 대응하고 처신한다고 치켜세우는 척하면서 실제로는 내가 곤경에 빠지도록 유도하는 언론을 경계하지 않을 수 없었다.

4월 5일, 오래전부터 알고 지내던 윤호미 조선일보 기자의 '조선 인터뷰' 대담에 응했다. 지난 2월 말 취임 기자간담회 때 나는 "부총리로서 처음 맞은 일요일 교회에 가서 '제발 내가 변하지 않게 해달라'고 기도했다"는 말을 한 적이 있다. 그는 그 말이 "혹시 평소의 주장에 변화가 올까 봐 하신 말씀이 아니냐"고 물었다. 나는 소신대로 얘기했다. "사람은 변하기 쉽고 교만해지기 쉬운 존재다. 장관이 되면서 학자 시절 품었던 소중한 가치와 꿈, 비전을 헌신짝처럼 내던지고 권력을 탐닉할 수 있다. 내가 그렇게 변질되지 않기를 바라는 마음으로 기도했다." 이는 비판 세력에게 보내는 일종의 메시지이기도 했다.

이어 냉전 세력의 불안감을 반영하는 질문이 계속되었다. 재야와 야당에서 반대하는 보안법에 새 정부는 어떻게 대응할 것인지 물었다. "보안법 문제는 야당 쪽 의견도 듣는 열린 자세가 필요하다고 생각합니다. 통일원에 와서 보니, 남북교류협력법이 보안법에 우선한다는 조항이 있어서 남북교류에 관한 한 보안법의 구속력은 거의 상실된 상태더군요."

사실 이렇게 대답하기는 쉽지 않았다. 가뜩이나 기세등등한 보수 세력에게 무모한 도전처럼 보일 수도 있기 때문이었다. 그런데 정부 안팎에 '남북교류협력에 관한 법률' 제3조를 제대로 아는 사람이 많지 않은 것 같았다. 나조차도 입각하기 전에는 몰랐다. "제3조(다른 법률과의 관계) 남한과 북한과의 왕래·교역·협력사업 및 통신 역무의 제공 등 남북교류와 협력을 목적으로 하는 행위에 관하여는 정당하다고 인정되는 범위 안에서 다른 법률에 우선하여 이 법을 적용한다." 여기서 '다른 법률'의 범주에는 국가보안법과 반공법도 포함된다. 사실 남북교류협력 전반에 걸쳐 이 두 법이 법적 정치적 재갈을 물려왔던 사실을 고려하면, 제3조의 조항은 이미 탈냉전의 법적 근거를 마련했다고 볼 수 있다.

대담의 마지막 질문은 김영삼의 개혁, 특히 윗물 맑기 운동의 다음 단계가 무엇이냐는 것이었다. "저는 요즘의 윗물 맑기 개혁 작업을 보면서 정치의 정통성이 얼마나 힘 있고 무서운가를 처음으로 실감했습니다. 김 대통령의 한국병 치유의 가장 강력한 처방과 의지라 할 수 있는 부정부패 추방과 사회기강 확립 작업이 국민들의 호응 속에서 바른 길로 나아가리라 확신합니다."

〉 '실세 4인방'에 대한 언론의 '흔들기'가 시작되고

1993년 4월 초 취임 초기 김영삼 대통령의 지지도는 90%를 넘었다. 개혁 세력과 국민들은 신이 났지만, 부패 세력이나 보수 세력으로서는 겁이 나는 일이었다. 나의 《조선일보》 대담이 이들을 더욱 겁나게 했을지도 모른다는 생각이 들었다.

이런 염려는 4월 5일치 《한국일보》에서 나를 김영삼 정부의 '실세 4인방'으로 부각시켰을 때부터 고조되었다. 4인방으로 지목된 사람은 최형우 민자당 사무총장, 박관용 대통령 비서실장, 김덕룡 장관, 그리고 나였다. 최 총장은 집권당 쇄신 임무를 떠맡았고, 박 실장은 개혁 정책을 총괄하는 역할을 맡았다고 보도했다. 김 장관에게는 당정 의견조율과 막후 활동의 임무가 떨어졌고, 나에게는 통일 정책을 총괄하는 일에 더하여 '국정 큰 틀 잡기'에 조언하는 책임을 맡겼다고 했다. 이 기사로 인해 보수·냉전 세력이 나를 더욱 주시하게 됐을 것이라고 나는 염려했다.

4월 12일에는 《경향신문》(송영승 기자)에서 "YS의 사람들"이란 기사를 통해 나를 '신한국 전도사'로 부각시켰다. 당혹스러웠다.

교수 출신의 한완상 부총리가 새 정부에서 차지하는 위상은 통일원 장관에 머물고 있는 것 같지만은 않다. 무엇보다 그가 취임 이래 보인 행보는 단순히 정부 내의 통일문제 부처 책임자를 넘어 마치 신한국 건설의 전도사 같은 인상을 준다. 한 부총리가 취임 직후 각료 가운데 처음으로 청와대에서 김영삼 대통령과 독대했다는 것은 그가 정부 내에서 매우 독특한 위치에 있음을 여실히 보여주었다. … 한 부총리가 김 대통령과 논의한 것은 소위 개혁 문제였고 청와대 쪽은 그가 "새 정부는 6공 2기라는 명칭이 적합하지 않으며 김영삼 정부·김영삼 시대라는 명칭으로 개혁이 추진되어야 한다"고 말했다고 한껏 홍보했다.

덧붙여 이 기사에서는 내가 통일 정책 말고도 새 정부의 역사적 사명과 성격을 알리는 강연에 앞장서고 있다고 보도했다. 특히 한국 사회에서 희소자원인 권력·부·명예의 배분에 문제가 있다는 나의 평소 주장이 재산공개 같은 정책의 근거가 되는 것처럼 해석했다. 우리 사회에서는 권력만 잡으면 부와 명예는 따라오게 되어 있는 정치문화가 한국병을 낳고 있다는 나의 지론이 한국병 퇴치라는 새 정부 개혁 철학의 요지라고 부각시켰다.

《경향신문》 4월 12일치, "YS의 사람들".

나아가 재야 시절 나의 진보적 견해가 통일 정책의 세 가지 기조에 녹아 있다고 했다. 그리고 민족복리·공존공영·국민합의라는 통일 정책의 3대 기조에 북한 당국이 '민족대단결 10대 강령'으로 화답했다고 썼다. 냉전 보수 세력이 긴장하기에 충분한 해설이었다. 특히 기사 마지막 부분은 대통령 주변에 있는 인사들이 나를 견제하게 만들 수 있는 내용이었다.

1970년대 후반부터 김 대통령과 관계를 맺어온 그는 앞으로도 대통령이 필요할 때마다 국정의 큰 방향을 논의하는 조언자 역할을 계속할 것으로 보인다. 현실적으로 정치적 세력도 야심도 없다고 보이지만, 오히려 그래서 대통령의 신임이 두터울 수 있다. 적절한 시기가 오면 총리에 기용될 것이라는 관측도 제기되고 있다.

이런 관측은 나로서는 소름이 끼칠 정도로 무서운 말이었다. 대통령 가까이에서 정치적 야망을 키우려는 사람들이 대통령과 나 사이를 교묘하게 벌려놓을 거라는 것을 어렵지 않게 예감할 수 있었다. 대북 정책에서 나의 진보적 견해를 얼마든지 교묘하게 윤색하고 변형시켜 내 입지를 좁혀놓을 수 있을 거라는 것도 짐작할 수 있었다. 특히 나를 총리에 기용할 것이라는 관측은 대통령을 보좌하는 야심찬 정치인들, 특히 냉전 보수주의자들이 나의 진보적 성향에서 실수 거리를 찾아내도록 충동질할 것 같았다.

그 무렵 그런 기사를 볼 때면 내 주변에 정치적 지뢰를 묻어놓고 싶어 하는 사람들의 얼굴이 겹쳐져 떠올라 나에게는 결코 달갑지만은 않았다.

〉 떠들썩했던 '미·중 등거리 외교론' 보도

1993년 4월 8일 오전, 국무회의에 참석했다. 그런데 이상하게도 국무회의는 국가 주요 현안을 놓고 국무위원들의 의견을 듣는 자리가 아니었다. 물론 진지한 토론도 없었다. 장관들마저도 국무위원이라는 자기인식은 없고 자기 부처의 이해만 대변하려고 했다. 그마저 장관들은 미리 차관회의에서 합의한 내용을 부하들이 작성한 시나리오대로 읽기만 했다. 사회를 보는 총리도 비서실에서 써준 각본대로 읽고 회의봉을 두드리기만 했다. 그래서 국무회의를 하고 나면 허무해질 때가 많았다.

그런가 하면 부총리는 스케줄의 노예였다. 빡빡하게 짜인 일정에 따라 만나고 싶지 않은 사람들도 만나야 하고, 쓸데없이 비싸기만 하고 맛도 별로 없는 호텔 음식을 먹어야 했다. 말꼬리 잡는 기술이 탁월한 기자들과 대화할 때는 교수 시절 자유롭게 생각하고 허심탄회하게 말했던 때가 그리워지기도 했다. 때로는 관료들이 일부러 나를 개미 쳇바퀴 돌리듯 바쁜 스케줄 궤도에 돌려놓고 자신들의 입지를 강화하려는 것이 아닌가 하는 생각마저 들었다. 여하튼 하루하루가 너무 벅차고 바쁘고 힘들었다. 국무위원은 대단한 힘을 지니고 있다고 착각하는 처량한 수인囚人 같기도 했다.

4월 9일에는 세계 각지에 흩어져 있는 재외공관장들이 청와대에 모여 내통령 주재 아래 회의를 했다. 김 대통령은 새 정부 들어서는 과거처럼 모국의 반민주적인 조처나 인권유린 정책 때문에 현지 정부 당국에 불려다니며 해명해야 하는 곤혹스러운 일은 없을 것이라고 말했다. 전날 저녁 나는 시내 한 호텔에서 주미 대사 한승수, 주중 대사 황병태, 주러시아 대사 김석규 씨를 만나 함께 식사를 했다. 이날 나는 역사적으로 한반도의 운명을 좌지우지했던 강대국에서 외교 활동을 하는 대사들에게 한반도의 평화와 통일을 위해 각별히 애써달라고 정중히 부탁했다.

그러자 주중 황 대사가 의미심장한 얘기를 했다. "지금까지는 서울과 워싱턴의 거리가 서울과 베이징의 거리보다 훨씬 가까웠는데 앞으로는 이 두 거리가 같아져야 합니다." 주미 한 대사에게는 듣기 거북한 말이었을지 몰라도 나는 내심 옳은 지적이라고 생각했다. 이때만 해도 한·중 관계는 막 첫발을 뗀 어린아이 같았다. 더구나 한국 전쟁 때 우리의 적성국이었기에 갓 수교한 중국을 미국과 같은 우방국으로 보기에는 이른 감이 있었다. 하지만 세계 역사의 흐름이 아시아·태평양 쪽으로 움직이기 시작했고 중국은 그 중심축으로 솟아오를 나라였다. 특히 한반도의 평화와 민족의 통일을 이루려면 중국의 협조가 앞으로 더 중요해지리라 확신했기에 황 대사의 이야기가 내심 반가웠다.

그런데 황 대사의 등거리 외교론은 곧바로 보수 언론에 보도되면서 곤욕을 치렀다. 적성국이었던 중국을 혈맹인 미국과 똑같이 중요한 이웃나라로 보는 것은 위험할 뿐 아니라 턱없이 경솔한 견해라는 비판이 쏟아졌다. 그러나 지금 되돌아보면 황 대사의 그 시각이 지극히 타당하고 적절했다는 것을 모두 인정할 것이다.

당시 김 대통령도 앞으로 외교는 이념적 안보의 관점보다 실리 외교적 관점을 더 중시해야 한다고 강조했다. 다행히 한승주 외무장관이나 한승수 주미 대사는 이념 지향적 인물이 아니었고, 그래서 나는 대통령이 그들의 조언에 귀를 기울이길 바랐다. 대통령의 주변에는 황 대사처럼 큰 틀에서 문제를 바라보는 능력을 지닌 사람이 더 많아야 했다. 그러나 현실은 그렇지 못해 안타까웠다.

4월 17일 오전, 나는 안기부를 방문했다. 사실 안기부는 통일원보다 북한에 대한 정보를 훨씬 많이 가지고 있었고, 통일원의 자금줄을 조일 수도 있고 감사 기능을 발동시킬 수도 있었다. 이렇듯 힘의 불균형이 존재하다 보니 통일원이 남북 관계, 특히 남북 대화를 책임지고 관장하기가 어려웠다. 지난 3월 리인모 씨 북송 임무를 내가 직접 지휘를 한 것도 두 부처 간에 힘의 균형을 이룰 필요가 있다고 보았기 때문이었다. 그러니 안기부 핵심 간부들로서는 나와 통일원을 오해하거나 불편해할 수도 있었다. 그 며칠 전《한겨레》의 '통일원, 북한 정책 결정서 왜 밀리나'란 기사처럼 두 부처의 불협화음을 꼬집는 언론의 보도가 종종 나오기도 했다.

그래서 내가 직접 찾아가 긴밀한 협조를 다지고 싶었다. 김덕 안기부장은 항상 그렇듯이 정중하고 진지했다. 남북 대화 업무를 담당하는 엄익준 국장도 호의적이었다.

〉 평양에서 온 전언, "핵과 경협 연계 말라"

1993년 4월 20일 오전 9시, 통일관계 장관회의를 주재했다. 이 자리에서 이제까지 해오던 대북 물자교역과 임가공 무역은 허용하되 북핵 문제가 풀릴 때까지 남북 간의 본격적인 경제협력과 이를 위한 기업인의 방북은 유보하기로 했다. 당시 대우그룹 김우중 회장이나 한화그룹 김승연 회장은 이미 북한 당국과 소통하면서 상당한 경제협력 사업 계획을 세우고 있었던 디라 이들에게는 미안한 일이었다. 사실 남북의 불신과 대결을 극복하는 데는 정치적 교류보다 경제적 교류와 협력이 더 효과적이다. 핵 문제 때문에 계속해서 경제협력 통로를 막는다는 것은 적게 얻고 크게 잃는 일이라 생각되었다. 이런 때일수록 경제적 차원과 인도주의적 차원에서 남북 간에 막힌 관계를 뚫어야 하는데 말이다.

이런 식으로 나가면 김영삼 정부의 통일 및 대북 정책에서 새로움을 기대한 국민들이 실망할 것이 뻔했다. 새 술은 반드시 새 부대에 담아야 제대로 된 개혁을 추진할 수 있는데, 냉전 불신에서 벗어나지 못한 인물들이 새 정부 핵심에 너무 많은 것 같다.

그날 점심 무렵에는 한국교회협의회 총무 권호경 목사가 세계교회협의회 박경서 박사와 함께 찾아왔다. 박 박사는 제네바에 근무하면서 북한 기독교 대표들을 자주 만났다. 그는 세계교회협의회 간부 자격으로 평양도 가끔 방문한다고 했다. 이번에도 4월 2일부터 6일까지 북한을 방문해 조국평화통일위원회 부위원장을 지낸 김철진 씨를 만났는데 그 결과를 보고하겠다고 했다.

박 박사의 전언에는 몇 가지 흥미로운 정보가 있었다. 평양 당국은 "김대통령이 취임 이후 냉전수구 세력으로부터 공격을 당하지 않을까 우려한다"고 했다. 새 정부가 군부와 보수 세력을 제대로 관리할 수 있을지를 염려하면서 정상회담은 김 대통령이 정국을 확실히 장악한 뒤에 하는 것이 좋겠다고도 했단다. 또 남한 당국이 북·미, 북·일 관계 개선에 힘써줄 것을 기대한다면서 새 정부는 핵 문제를 남북 경제협력과 연계시키지 않기를 바란다고 전해왔다. 한편 북에서는 이미 김정일이 권력을 장악하고 있다며 김정일 세력에 대한 흥미로운 관찰을 들려주었다. 정무원 쪽에 포진한 김정일 계열은 대체로 실용주의적인 기술 관료들인 데 비해 당 쪽은 대체로 강경파이며, 군부 내 세력은 확실한 강경파라고 했다.

북한 당국의 이야기를 전해 듣고 솔직히 따지고 싶은 마음이 굴뚝같았다. 정말로 김 대통령이 수구 냉전 세력으로부터 공격받지 않길 북한 당국이 바랐다면, 어떻게 우리가 리인모 씨 북송을 발표한 바로 다음날 핵확산금지조약NPT 탈퇴를 선언할 수 있단 말인가. 설사 강경한 군부와 당 간부들이 그날 탈퇴 선언을 하기로 오래전에 결정했다손 치더라도, 어떻게 우리가 리인모 씨의 조건 없는 북송을 발표하자마자 그런 강경 조처를 그대로 밀어붙일 수 있단 말인가. 특히 김일성 주석이 김영삼 대통령의 취임사를 읽고 감동받은 것이 사실이라면, 탈퇴 선언이 김 대통령이나 통일부총리인 내게 엄청난 족쇄로 작용하리라는 것을 몰랐단 말인가. 아니면 김 주석의 힘이 정말 빠져나갔다는 말인가. 보고를 듣는 내내 이런 의문들이 계속해서 나를 괴롭혔다.

사실 북의 그런 탈퇴 선언 같은 악재가 없었다면, 새 정부가 북·미나 북·일 관계 개선에 도움을 줄 수도 있었을 것이다. 이미 노태우 정부 때 북방외교를 추진하면서 모스크바·베이징과 외교관계를 수립했고, 또 평양이 워싱턴·도쿄와 관계가 정상화되기를 바란다고 밝혔기 때문이다. 나는 노태우 정부보다 더 평화 지향적인 정책을 추진하는 것이 새 정부의 마땅한 사명이라 믿었기에, 미국과 관계 개선을 바라는 평양의 요구를 적극 수용해야 한다고 생각했다. 초기에는 김 대통령도 어떻게든 북한을 고립시키지 않겠다는 강한 의지가 있었다. 그런데 박 박사의 보고를 들으며 내 마음속에서 당혹감과 분노가 끓고 있었다. '어떻게 이럴 수가 있단 말인가.' 언젠가 북한 고위층을 만난다면 꼭 이 문제를 따져보리라 다짐했다.

그러나 박 박사 일행의 수고를 나는 고맙게 생각했다. 기독교가 평화를 위해 헌신하지 않는다면, 그것은 진정한 기독교가 아니라고 확신하기에 나는 한국교회협의회나 세계교회협의회가 평화를 만들기 위해 노력하는 것에 항상 경의를 표한다. 예수께서 평화를 만드는 자에게 가장 큰 축복을 내리신 것을 나는 기독교의 가장 큰 기쁜 소식, 곧 복음이라고 믿는다.

〉 타노프 미 국무차관, 지나가는 말로 북과 일괄타결 문제 묻다

통일부총리로 취임한 지 한 달 반이 지났다. 그 짧은 시간에 엄청난 일들이 한꺼번에 터졌다. 그사이 김영삼 대통령 주변에는 보수적 기운이 점차 강해지고 있었다. 그중에서도 가장 큰 악재는 물론 북한의 핵 문제였다. 하지만 북의 핵확산금지조약NPT 탈퇴 선언 이전에도 보수 언론에서는 이미 나와 새 정부의 대북 정책에 대한 비판적 보도가 나오고 있었다.

특히 《중앙일보》(3월 6일치)에서는 북핵 문제를 주도하고 있는 미국 당국이 '남북경협과 핵 문제 분리'라는 내 견해에 불만을 갖고 있다며 당시 버거트 주한 미 대리대사가 공식적으로 외무부와 내게 이를 전달한 것처럼 보도했다. 더 나아가 나의 거침없는 진보적 발언으로 말미암아 외무부가 공로명 외교안보연구원장을 미국과 일본에 급파했다고 보도했다. 거기다 내 견해를 '민족주의적'이라고 덧칠했다. 그러나 이는 명백한 왜곡보도였다. 버거트 대리대사가 나를 만나러 온 것은 사실이지만 불쾌한 언사는 전혀 없었다. 우리는 서로 정중히 대했다.

1993년 4월 22일 오후, 전날 방한한 미 국무차관 피터 타노프 일행이 김 대통령을 예방한 뒤 나를 찾아왔다. 버거트 대리대사, 알렌 차관보좌관, 러셀 주한 미 대사관 일등서기관이 동행했다. 나는 이 기회에 미국이 최근의 사태를 어떻게 읽고 해석하고 또 대응하려고 하는지 확인하고 싶었다. 우리는 약 한 시간 동안 정중하고도 솔직한 대화를 나눴다. 나는 그 내용을 그날 일지에 그대로 적어두었다. 그 주요 대목을 보자.

타 노 프 ㅣ 미국은 핵 문제 해결과 관련해 북한과 무한정 대화할 수 없는 입장인데, 한국 정부의 입장을 듣고 싶습니다.

한 완 상 ㅣ 현 상태에서 북한을 계속 고립시킬 경우 매우 비합리적인 반응을 보일 가능성이 크므로 우리 정부로서는 대화를 통한 평화적 방법으로 해결되어야 한다는 게 원칙입니다. 평양 정권은 유엔과 국제원자력기구IAEA의 실세라고 보는 미국과 직접 협상을 희망해왔습니다(나는 문제의 핵심을 첫 만남에서 확실하게 지적하고 싶었다). 무엇보다도 미국이 북한과 교섭을 통해 문제 해결의 돌파구를 찾는 것이 중요하다고 생각합니다. 협상의 수준은 높을수록 효과적이고, 5월 말 유엔의 2차 대북결의가 채택될 때까지 횟수에 구애받지 않고 접촉을 하는 것이 바람직하며, 무엇보다 전제조건으로 대북 유인책을 제시하기보다는 함께 주고받는 형태가 바람직합니다.

타 노 프 ㅣ 미·북 간 일괄 타결을 의미하는 것인지요?

한 완 상 ㅣ (조금 당황해서 에둘러 얘기했다. 너무 앞서간다는 비판이 염려된 때문이었다.) 한두 가지 유인책을 먼저 제시할 수도 있고, 단계적으로 우리가 줄 수 있는 당근들을 제시할 수도 있겠습니다. 그렇게 하면 북으로부터는 양보를 얻어낼 수도 있다고 생각합니다.

타 노 프 ㅣ 주유엔 북한 차석대사 허종이 핵확산금지조약 탈퇴 철회를 위한 몇 가지 조건을 제시했지요. (북한은 팀스피릿 훈련 영구중단, 핵 비보유국에 대한 핵무기 불사용 보장, 남한 내 군사기지 사찰 실시, 국제원자력기구의 엄정성과 중립성 회복을 요구했다.) 한·미가 어떻게 대응하는 것이 좋겠는지요?

한 완 상 ㅣ 미국에서 먼저 팀스피릿 훈련 중지는 비교적 손쉽게 할 수 있겠으며, 핵 비보유국에 대한 핵무기 불사용 보장도 검토할 수 있으리라 생각합니다.

타 노 프 ㅣ 왜 북한이 팀스피릿 훈련에 그렇게 민감하게 반응하는 걸까요?

한 완 상 ㅣ 북한은 팀스피릿 훈련을 핵무기를 탑재한 비행기와 항공모함 등이 참가하는 대규모 군사훈련으로 보고 대단한 위협을 느끼고 있지요. 이에 대응하려면 엄청난 군사동원을 해야 하고 많은 희생이 따른다고 생각하니까요.

타 노 프 ㅣ 그렇다면 팀스피릿 훈련 대신에 규모를 줄여 장기적인 군사훈련을 하는 것은 어떤지요?

한 완 상 ㅣ 북한을 불필요하게 자극하지 않는 한도 안에서 한·미 안보태세를 위해 정기적으로 적절한 규모의 군사훈련을 하는 것은 필요할 것입니다.

나는 마지막으로 가장 궁금한 점을 물었다.

한 완 상 ㅣ 원시 단계이긴 하지만 북한이 이미 핵무기를 개발했을 거라고 보는 견해가 있는데, 어떻게 생각하시는지요?

타 노 프 ㅣ 우리도 그러한 가능성을 배제하지 않고 있습니다. 추가 사찰을 요구한 곳도 바로 플루토늄 재처리물 적재 장소로 추정되는 곳입니다. 그것을 확인하고자 한 것이지요. 한국 정부도 이에 대비해야 할 것입니다."

1993년 4월 22일 오후, 통일원을 예방한 피터 타노프 미 국무차관과의 대화는 약 한 시간 동안 진지하게 이뤄졌다. 그는 "미국과 한국은 북한 문제에 관한 한 같은 배를 탄 운명이므로 말씀하신 점을 늘 유념하겠다"고 마무리를 했다. 나 역시 마지막으로 꼭 하고 싶었던 얘기를 했다.

"한국은 북한과 더 가까이 있다는 점에서 미국과 다르다는 점도 유념해주시길 바랍니다. 무엇보다 한국은 현재 민주적 정통성이 있는 새로운 정부를 출범시켰습니다. 지난날과 달리 우리는 모든 점에서 떳떳하고 자신감에 차 있습니다. 과거 정통성에 문제가 있었던 때는 미국에 저자세를 취하기도 했지요. 그러나 이제는 그러한 일이 없을 것이며 진정한 의미에서 한·미 동반자적 협력을 해나갈 수 있으리라 생각합니다."

그런데 집무실을 나서면서 타노프는 내게 지나가는 말처럼 '북한과의 일괄 타결(패키지 딜) 해법을 어떻게 생각하느냐'고 다시 물었다. 그 무렵 미 국무부는 북한과 일괄 타결 방안을 검토하고 있었던 것이다. 하지만 안타깝게도 우리 정부 안에서는 이 문제를 진지하게 검토하는 사람이나 부처가 없었다. 김영삼 대통령 주변의 보수인사들은 일괄 타결을 체질적으로 싫어하는 듯했다. 북한은 채찍으로 당차게 옥죄어야 하는데, 북한과 주고받을 것을 협상 테이블에 한꺼번에 다 올려놓고 흥정한다는 것을 이념적으로나 정서적으로 받아들이지 못하는 것 같았다. 김 대통령 역시 일괄 타결에 대해 깊이 생각하지 않는 듯했다. 만일 미국이 북한과 화끈하게 포괄적 협상을 하려 한다면, 그것도 한국 정부를 제쳐놓고 협상하려 한다면, 보수인사들은 절대로 있을 수 없는 일이라고 펄쩍 뛰며 분개할 것이고 이들이 대통령에게 어떤 영향을 끼칠지 쉽게 짐작할 수 있었다.

나는 그만큼 염려가 되기도 했다. 이런 때일수록 김 대통령이 취임사의 초지와 초심으로 돌아가 북한을 껴안는 큰마음으로 북·미 일괄 타결을 미국보다 먼저 지지하면서 북·미 대화를 권고한다면 조금 더 쉽게 핵 문제를 풀 수도 있을 거라고 판단했다. 그렇게 대범한 제의를 한다면 북·미 모두 받아들일 것이라고 보았기 때문이다. 그렇게 되면 미국은 한국 정부의 눈치를 보지 않고 북·미 대화를 펼쳐나갈 수 있고, 북한은 우리 새 정부의 대북 정책을 긍정적으로 평가하고 마음을 열 수도 있을 터였다. 새 정부는 권력 정통성을 갖춘 만큼 북·미 대화가 성공적으로 나아가도록 격려하는 포용 정책을 더 자신 있게 펼쳐야 했다. 그런데 현실은 정반대로 흘러가는 듯해 마음이 편치 않았다.

타노프 차관은 다음날 한국을 떠나며 기자회견을 했다. 하지만 북·미 일괄 타결에 대해서는 언급하지 않았다. 아마도 한국 보수 세력의 정서를 의식했던 것 같다. 북·미 고위급 회담에 대해서는 언제 열릴지 모르지만, 열리게 된다면 핵확산금지조약NPT 탈퇴 선언이 발효되는 시점이 6월 12일이 될 것임을 북쪽에 강조하겠다고 했다. 북·미 관계 개선은 조약 탈퇴 선언 철회와 함께 국제원자력기구IAEA의 핵사찰을 수용해야 가능하다고 했다. 그리고 북·미 회담은 어디까지나 유엔과 원자력기구에서 북한 핵 문제를 해결할 수 있도록 돕는 보완적 성격을 갖게 될 거라고 덧붙였다. 이 역시 한국의 보수 세력을 의식한 발언으로 들렸다.

타노프가 다녀가고 며칠 지나지 않아 이번에는 미국 정보조사국 동북아 과장인 로버트 칼린이 찾아왔다. 그는 북·미 협상이 진전되면, 남북 간 상호사찰 문제가 중요한 이슈로 떠오를 수 있다고 말했다. 그러므로 한국 쪽에서 남북이 서로 타협할 만한 사찰 규정을 미리 준비해두는 것이 좋을 것이라고 귀띔했다. 그의 얘기에서도 미국 정부가 북한과 좀 더 포괄적인 협상을 할 것 같은 조짐을 감지할 수 있었다.

국무부의 한국과장인 찰스 카트먼도 남북 대화를 지속해야 한다는 견해를 피력했다. 그즈음 북한을 다녀온 국무부 북한담당관 케네스 퀴노네스

박사도 미국이 북한에 줄 수 있는 당근을 진지하게 검토해야 한다면서 팀스피릿 훈련 조정 문제를 거론했다. 나는 이처럼 대북 대응책을 놓고 여러모로 융통성 있게 고민하고 논의하는 미국의 속내를 예민하게 주시하면서 남과 북이 민족 당사자의 원칙에 확고히 서서 한반도 평화 문제를 좀 더 주도적 합리적으로 접근해야 한다고 생각했다.

〉 범기독교계, 남북나눔운동 결성

1993년 4월 24일에는 미국 버클리회의에 다녀온 박형규 목사 등의 활동에 대해 보고를 받았다. 꽤 흥미로운 보고였다. 문익환 목사와 함께 민족통일과 한국 민주화를 위해 헌신해온 박 목사는 지난 15~17일 미국 캘리포니아 주 버클리에서 열린 제2차 한반도 평화통일 심포지엄에 참석했다. 이 회의에는 북한 대표들도 참석했다. 이번 모임에서 북쪽 대표자들은 처음부터 핵 문제는 논의하지 않으려고 했단다. 한데 박 목사 등 우리 대표들은 북한 핵 개발과 관련한 국제적 의혹을 북한 당국이 반드시 해소해야 한다고 주장했다. 아울러 새 정부가 리인모 씨를 조건 없이 북송했으니 북쪽도 이에 상응하는 조처를 취해야 한다고 요구했다. 이에 대해 북쪽은 기다려보라는 반응을 보였다고 한다. 박 목사는 회의 마지막 연설에서 인상 깊은 메시지를 던졌다. '칼 쓰는 자는 칼로 망한다'는 예수님의 명언을 비유해 '핵무기를 쓰는 자는 핵무기로 망하게 될 것'이라고 경고하면서, 비록 그것이 핵무기를 가지고 강해지려는 약소국의 노력이라 하더라도 어리석은 행위일 뿐이라고 역설했다. 또 새 정부의 정치적 정통성과 개혁과 통일 정책의 정당성을 북한 대표들 앞에서 당당히 밝혔다.

일찍이 유례를 찾아보기 어려운 일이었다. 군사권위주의 시대에는 정부와 재야는 항상 격돌했다. 그런데 지금은 재야와 정부 당국이 하나가 되고 있었다. 북쪽에서 보면 통일전선전략이 그만큼 효력을 상실하고 있는 셈이었다. 박 목사는 귀국한 뒤 23일 통일원 기자실에 찾아와 '지난날 정통성이 없었던 역대 정권들은 통일문제를 정권 유지에 악용하는 경향이 있었으나 지금은 새 정부가 국민적 지지와 정통성을 인정받고 있기에 통일 정책 추진에도 큰 힘을 발휘할 수 있을 것으로 기대한다'고 밝혔다. 이번 버클리 행사에 참석하는 과정에서도 정부로부터 많은 도움을 받았는데, 과거 같으면 도움 자체를 거절했을 거라고 했다. 격세지감이 느껴지는 발언이었다. 따라서 김영삼 대통령도 주변에 도사리고 있는 냉전 세력에 귀를 기울이기보다는 지난날 그를 뜨겁게 도왔던 재야 민주인사들에게서 더 많은 충고와 권고를 들을 수 있는 커다란 귀를 가져야 했다.

4월 27일에는 흥미롭고도 의미 있는 비정부기구NGO 단체가 발족했다. 남북나눔운동이라는 단체로 범기독교 세력이 힘을 모아 시작한 평화운동이었다. 이 운동의 사무총장을 맡은 홍정길 목사가 나를 창립 예배에 초청하면서 축사를 해달라고 부탁했다. 기독교계의 진보 세력과 보수 세력이 합심하여 발족시킨 운동이니만큼 뜻 깊은 단체라고 했다. 하지만 나는 이 운동이 과연 성공할 수 있을지 염려스러웠다. 보수 기독교 지도자들은 대체로 냉전근본주의자들이고 그들의 근본주의 신앙 또한 북한을 사탄으로 정죄하는 경향이 있었기 때문이다. 대체로 반공주의자들인 그들이 북한과의 나눔을 제대로 해낼 수 있을지 걱정되었다. 그러나 남북화해와 평화를 위해서는 합리적이고 열린 보수신앙이 진보신앙보다 더 활력 있게 움직일 수 있다고 생각했다. 닉슨의 보수주의가 막혔던 미·중 관계를 뚫어냈듯이 말이다.

창립 예배에는 김준곤·홍순우·박봉양 목사 등 500여 명이 참석했다.

1993년 4월 27일 범기독교계가 뜻을 모은 첫 번째 북한 돕기 비정부기구인 '남북나눔운동'이 발족하여, 서울 정동제일교회에서 열린 창립예배에 참석해 평화통일의 밑알이 되어줄 것을 기원했다. 사진은 남북나눔운동 제공.

이런 평화와 나눔 운동을 통해 그간 서로 주적으로 정죄하면서 '초전박살' 내려고 했던 남북이 예수의 사랑으로 하나가 될 뿐 아니라, 나아가 갈기갈 기 찢어진 한국 교회가 예수의 사랑과 평화와 공의의 빛 아래서 하나가 되 기를 나는 간절히 바랐다. 그래서 축사에서도 '참 평화는 이웃 사랑의 수 준을 넘어 원수 사랑의 수준에 이르러야 비로소 활짝 꽃피게 된다'는 진리 가 이 운동을 통해 아름다운 결실을 맺게 되길 바란다고 밝혔다. 남북의 하나 됨과 교회의 하나 됨은 얼마나 아름다운 일인가. 이러한 기독교 엔지 오 운동이 여러 악조건에서 고투하는 새 정부의 통일 기관차에 의미 있는 격려가 되기를 열망했다. 문익환 목사나 박형규 목사가 정부의 통일 정책 을 확실하게 밀어주겠다고 했듯이, '평화와 통일을 위한 남북나눔운동'이 앞으로 문민정부와 손잡고 남북 관계 개선에 도움을 줄 수 있기를 바랐다.

〉 맥 빠진 '김영삼 독트린'의 꿈

1993년 5월 초, 나는 그동안 통일원 자문위원인 고려대 최상룡 교수(정치학)와 두어 차례 의논했던 문제를 내 나름대로 정리해 대통령에게 보고하기로 했다.

새 정부가 역사에 남을 만한 성과를 내려면 무엇보다 민족통일과 한반도 평화를 실현하는 데 확실한 진전이 있어야 한다고 확신했다. 이는 한반도에서 탈냉전을 이룩하는 일이기도 했다. 엄청난 과제였다.

그런데 크게 보면 세계 역사의 흐름은 우리 편인 것 같았다. 1989년 11월 9일, 베를린 장벽이 무너졌다. 이어 1991년 12월 25일에는 철의 장막, 소비에트연방도 무너졌다. 이로써 세계는 새로운 현실에 직면했다. 1989년 12월 초 조지 부시 미국 대통령과 고르바초프 소련 공산당 서기장이 지중해의 몰타에서 정상회담을 열고 역사적인 선언을 했다. 비록 그 선언이 합의문으로 서명되지는 않았지만, 12월 2~3일 이틀간 회담을 끝낸 두 정상은 합동 기자회견에서 세계 차원에서 냉전체제는 끝났다고 선언했다.

그러나 한반도의 분단으로 값비싼 대가를 치르고 있는 한민족에게 그날의 선언은 감동적이기보다는 우리의 현실을 더 뼈저리게 실감시키는 자극이기도 했다. 특히 분단을 극복하고 통일을 이루어야 한다는 요구와 명령을 나의 일차적인 임무로 받아들였기에 한반도 냉전체제의 해체라는 과업이 너무나 벅찬 사명으로 가슴을 짓눌렀다.

그렇다면 부시 - 고르바초프 선언이 정말로 세계적 냉전체제의 종식을 선언하는 것일 수 있는지 한반도의 상황에서 진지하게 묻지 않을 수 없었다. 미·소 냉전체제는 유럽과 미국 차원에서는 해체되었으나, 한반도에서는 결코 끝나지 않았다. 냉전적 대결과 증오와 불신이 여전하거니와 최근에는 북한의 핵 문제로 더 악화되고 있지 않은가. 이런 비극적 현실에서 세계 탈냉전 선언이 확실히 지난 시대의 종막을 확인시키는 보편타당한 선언이 되려면, 반드시 한반도에서도 냉전 종식 선언이 나와야 했다. 나는 '김영삼 - 김일성 선언'이 나와야만 부시 - 고르바초프 선언이 완결된다고 생각했다.

그래서 나는 '통일과 개혁에 대한 진언'이라는 제목 아래 '김영삼 독트린'이라고 이름 붙인 '한반도 탈냉전 및 평화선언'(가칭) 문건을 만들었다.

전문에 이은 구체적인 실천사항에서는 '남북이 함께 실행할 냉전 해체 조처'로 △법령 개폐 △한반도 비핵화를 위한 남북 핵 통제 공동위원회 즉시 가동 △남·북·미·중의 4자 회담 △비무장지대의 평화적 경제적 이용 논의 등을 제시했다. '남쪽에서 우선 실천할 수 있는 사안'으로는 냉전체제 정치적 희생자들에 대한 사면복권 및 귀환 조처를 들었다. 발표 시기는 휴전 40돌인 올해(1993년) 7월 27일 또는 8월 15일을 설정했다.

이어 김영삼 독트린은 총괄적 선언이 되어야 한다는 전제에서, 남북 특사 회담으로 한반도 긴장을 일거에 해소할 것과 워싱턴과 긴밀한 협의를 통해 북·미 관계의 일괄 타결을 적극 권장할 것도 권했다.

이를 위해 북과 공식/비공식 대화 창구를 확보할 필요성도 제안했다. 비공식 창구로는 김 대통령과 북한 당국이 모두 신뢰할 수 있는 인물로, 재야의 문익환·김관석 목사를 추천했다. 만약 독일의 윤이상 씨가 문민정부를 확실히 지지한다면 그를 활용하는 방안도 가능하다고 천거했다.

사실 '김영삼 독트린' 문건을 작성하기에 앞서, 나는 한반도 냉전체제 해체와 그에 따른 평화정착을 위한 과감한 정책 비전을 제시함으로써 김 대통령이 세계 어느 지도자보다 평화를 진작시킨 지도자로 부각되었으면 하는 바람을 갖고 있었다. 핵 문제 때문에 다시 세계의 화약고로 인식되고 있는 한반도의 불안한 상황이 오히려 김 대통령을 세계적인 평화지도자로 부상시킬 수 있는 기회라고 생각했다. 남북 관계 개선으로 핵 문제 해소에 기여한다면, 오늘의 한반도 위기가 노벨 평화상을 받을 만한 지도력을 탄생시킬 수 있다고 판단했다. 바로 그런 점에서 '김영삼 독트린'이 빛을 발할 수 있다고 생각했던 것이다.

그런데 문건을 보고하러 청와대로 들어갔을 때 대통령은 다소 지쳐 보였다. 간단하게 요약하기 쉽지 않은 내용을 짧은 시간에 설득력 있게 설명하는 것이 쉽지 않았다. 부시와 고르바초프의 탈냉전 선언을 김 대통령의 독트린으로 발전시켜야 한다고 말하려는 순간, 얼핏 보니 대통령은 조는 듯했다. 그래서 다른 기회에 다시 하기로 마음먹고 보고를 중단한 채 씁쓸한 기분으로 되돌아 나왔다. 김영삼 독트린의 비전은 맥이 빠지고 말았다. 이 비전이 바로 노벨상의 정신인데….

〉 '햇볕정책'을 처음 제시하다

나는 '김영삼 독트린'이 햇볕정책이라는 평화 정책으로 압축된다면 국내외의 주목을 받을 수 있다고 생각했다. 그래서 1993년 5월 15일《한겨레》창간 5돌 특집 인터뷰(이원섭 정치부 편집위원)에서 '햇볕정책'이라는 화두를 처음으로 던졌다.

나는 '누가 먼저 두꺼운 옷을 입은 사람의 옷을 벗기느냐'를 놓고 내기를 하는 해와 강풍의 우화를 예로 들어 설명했다. 문민정부는 찬바람이 아무리 강해도 옷을 벗길 수 없다는 사실을 절감하고 있으며, 해의 부드럽고

1993년 5월 15일
《한겨레》 창간 5
돌 기념 인터뷰.

따뜻한 볕으로만 두꺼운 옷을 벗길 수 있다고 판단한다고 밝혔다.

　햇볕정책의 힘으로 북한을 바람직한 방향으로 변화시킬 수 있다고 믿는다. 북한이 냉전의 두꺼운 옷을 벗게 되면 우리도 냉전의 옷을 함께 벗을 수 있다고 생각한다. 그간 군사권위주의 정권들은 '냉전강한풍冷戰强寒風'으로만 북한을 변화시키려고 했다. 그러나 강경한 냉전 대결 정책은 남북 관계를 오히려 악화시켰고 두 체제에 뿌리 내린 반민주 세력에게 힘을 몰아주는 결과를 가져왔다. 남북 당국자들이 상대방에게 강경하게 대응하면 할수록 서로 강해지는 적대적 공생의 역설적 비극이 연출되었던 것이다. 그리고 그렇게 강경 세력이 기득권을 강화하면 그 체제는 필연적으로 폐쇄적인 반민주·반인권·반민족 체제가 될 수밖에 없다.

　대담에서는 핵 문제 해결을 위해 경협과 이산가족 상봉 추진과 함께 북한의 대미·대일 수교 문제를 하나로 묶는 '큰 협상'에 대한 질문이 이어졌다. 나는 '북·미 일괄 타결'에 관한 문제라 조심스러운 부분이 있어 이렇게 에둘러 대답했다. "핵확산금지조약NPT 탈퇴 선언이 터지기 전만 해도 남북 관계의 파격적 개선을 위한 일괄 타결의 가능성을 고려해볼 수 있었지만 핵 문제가 북한과 국제기구 사이의 문제가 된 지금은 민족 내부 문제로 끌어들여 일괄 타결하기가 어렵게 됐습니다. 그러기에는 우리가 갖고 있는 지렛대가 굉장히 약하다는 것을 인정해야 합니다. 우리가 주도적으로 하지 않겠다는 것이 아니라 성격상 어려움이 있다는 뜻입니다. 따라서 현 단계에서는 인도적 차원에서 돌파구를 계속 마련하려 애쓰고 있으며, 문화사회 분야에서도 접촉 가능성을 넓히려고 합니다."

나는 한국 정부가 우리 식 일괄 타결책을 내놓을 힘이 없다는 사실을 솔직히 시인하고, 힘이 충분한 미국 정부가 한반도 평화를 위해 그 지렛대를 힘껏 사용하길 바란다는 뜻을 전하고 싶었다. 그러나 김 대통령 주변의 보수인사들은 내 생각과는 사뭇 다른 것 같았다. 대통령이 그들의 소리에 점차 귀를 기울인다면, 남북 관계도 한·미 관계도 삐걱거릴 수밖에 없었다.

리인모 씨 이외 비전향 장기수의 북한 방문 가능성에 대한 질문에는 "판문점에 이산가족 면회소가 설치되면 정부는 비전향 장기수들의 가족 상봉도 제한하지 않을 것"이라고 답했다. 이는 평양을 향해 이산가족 면회소 설치 문제를 즉시 협의하자는 뜻을 간접적으로 보낸 셈이었다.

그다음 '경제에 미치는 악영향을 들어 개혁 속도를 늦춰야 한다는 보수층의 비판에 대해 어떻게 생각하느냐'는 질문은 당시 대통령의 개혁을 좌절시키려는 움직임이 번지고 있다는 뜻을 담고 있었다. 그래서 나는 이렇게 대답했다.

"그런 목소리가 개혁을 바라는 국민들에게서 나온다면 경청해야겠지만, 개혁을 반대하는 기득권층에서 나온다면 개의치 말아야 합니다. 개혁은 과거를 들추자는 것이 아니라 더욱 풍요한 미래를 창조하려는 데 그 목적이 있습니다. 그러나 최소한의 과거 비리라도 청산하려면 지금의 개혁 바람은 필요하다고 봅니다. 한 가지 말씀드리고 싶은 것은 과거 고질적인 호남 대 비호남식 지역감정이 개혁정치 두 달 만에 눈 녹듯 사라졌다는 사실입니다. 최근 여론조사를 보니, 김 대통령의 개혁에 대한 지지도는 호남 쪽에서 더 높은 것으로 나타났습니다. 놀라운 개혁 의지의 효력입니다."

참으로 아쉬운 것은 문민정부의 개혁 흐름과 속도가 정치와 경제 분야에서만 강력했다는 사실이다. 김 대통령에 대한 지지도는 엄청났다. 그러나 대북 정책에서는 그 의지가 날로 약화되는 듯했다. 대통령의 최측근들이 뒷걸음치도록 유도하는 듯했다. 그들은 남북 관계가 악화되면 국내 민주화 역시 뒷걸음질치고 만다는 사실을 이해하지 못하는 것 같았다.

〉 "흡수통일할 의사도 필요도 능력도 없다"

1993년 5월 15일 《한겨레》 창간 5돌 기념 인터뷰에서 가장 집중했던 질문은 '북한은 흡수통일에 경계심을 갖고 있는데, 정부의 입장은 어떠한가'였다.

이는 정말로 중요한 문제였다. 독일 통일 이후 북한은 남한에 의한 흡수통일을 두려워하고 있었다. 실제로 남쪽의 냉전 보수 세력은 남쪽에서 북쪽을 흡수할 수 있고, 또 흡수해야만 한다고 믿고 있었다. 북한 당국도 그것을 잘 알고 있었다. 그래서 나는 통일원의 햇볕정책은 흡수통일에 단호히 반대한다는 뜻임을 밝히고자 했다.

"이 기회에 북한 당국에 명백히 밝히고 싶습니다. 김영삼 정부는 흡수통일을 할 의사도 없고, 필요도 느끼지 않으며, 능력도 없습니다. 흡수통일은 우리도 염려합니다. 세계적으로 인정받는 경제력을 지녔던 서독도 물에 빠져 허덕이는 형제(동독)를 건지기는 했지만 지금 둘이 같이 허덕이고 있지 않습니까. 우리는 아마 물에 빠진 형제를 건지지도 못하고 함께 떠내려가게 될지도 모릅니다."

그 닷새 뒤인 5월 20일 내방한 독일의 전 총리 슈미트도 내 견해를 적극 지지했다. 그는 독일이 흡수통일로 말미암아 값비싼 대가를 치르고 있다는 사실을 한국도 주목해야 한다고 충고했다. 독일은 동독의 재산권 문제를 놓고 200만 건의 법률분쟁으로 몸살을 앓고 있었다. 그래서 그는 서독보다 경제력이 약한 한국과 북한보다 경제력이 강했던 동독의 상황을 두고 참고한다면, 한국 정부가 절대로 북한을 흡수통일할 생각을 하지 말아야 한다고 충고했다. 아쉽게도 그때 김영삼 대통령은 슈미트만큼 흡수통일의 위험과 피해를 절박하게 이해하지 못하고 있었다.

그런데 공교롭게도 이때 대담에서 내가 한 말을 훗날 김대중 대통령이 그대로 인용했다. '흡수통일의 의지도, 흡수통일의 필요성도, 흡수통일의 능력도 모두 없다'고 말이다. 1992년 대선에서 패한 뒤 영국 런던에 칩거하던 때부터 이미 흡수통일의 문제점을 잘 이해하고 있었던 김대중 대통령은 1997년 대선에서 당선된 뒤 이듬해 4월 3일 영국 방문길에 런던 대학교에서 연설하며 '햇볕정책'을 공식적으로 언급했다. 역설적인 일이었다. 문민정부의 통일부총리로서 내가 처음 제안한 햇볕정책을 다음 정권인 '국민의 정부'에서 대북 정책으로 채택했기 때문이다. 흥미롭게도 세계는 김대중 대통령이 제시하는 햇볕정책의 정당성과 실효성을 인정해주었다.

아무튼 나의 단호한 반흡수통일론으로 인해 당시 청와대 내 보수인사들이 김영삼 대통령을 대북 강경론자로 유도할 마음을 강화한 듯했다.

그해 5월 14일, 김 대통령을 위한 국가조찬기도회가 열렸다. 아침 일찍 남산의 하얏트호텔에 기독교 지도자들과 사회 각계 인사들, 주한 외교사절 등 1,200명이 모였다. 조찬기도회 연설에서 김 대통령은 적절한 메시지를 보냈다. 남북 관계에 대한 언급은 없었으나 개혁 의지는 뚜렷했고 힘이 있었다. 특히 종교인들에게 주는 메시지가 좋았다. 정부와 정치인이 도덕성 회복에 나서기 전에 종교계가 먼저 나서야 했다고 강조하고, 정부가 추진하는 개혁 바람이 국민의 의식개혁운동으로 승화되도록 기독교인들이 적극 나서달라고 간곡히 당부했다. 특히 한국 개신교가 양적으로는 놀라운 성장을 했으나 그에 따른 질적 성장이 이뤄지지 못했다고 지적했다. 사회에서 빛과 소금의 구실을 못하는 타락한 기독교가 아닌지 자성해야 한다고 강조했다.

그 자리에서 개회 기도를 맡은 나는 '인간의 삶과 역사의 흐름을 주관하시는 사랑의 하나님께'를 제목으로 간절히 기도했다. 기도문에는 너무나 억울하게 그리고 너무나 오랫동안 강대국의 탐욕에 의해 분단된 조국이 이제는 평화와 정의의 꽃동산이 되길 바라는 애타는 마음을 담았다. 부패와 탐욕으로 갈라진 우리 사회가 새 정부 아래서 새 질서를 이루기를 타는 목마름으로 갈구했던 내 마음이기도 했다. 김 대통령이 이 소명을 감당하는 데 필요한 용기와 지혜, 결단력과 겸손의 미덕을 갖추기를 바랐다. 때로 용기를 갖춘 것 같으나 때로는 지혜가 모자라는 것 같았고, 때로 결단력은 있으나 겸손의 힘이 부족한 듯해 가슴 아파하며 기도를 드렸다. 특히 한국 기독교 지도자들의 냉전근본주의를 애타하며 기도드렸다. 한마디로 한반도의 냉전 종식을 위한 기도였다.

〉 북의 부총리급 특사 제의는 '죽음의 키스'였다

1993년 5월 20일, 김영삼 정부는 '남북 총리회담'을 뼈대로 한 대북 제안을 했다. 우리는 곧 호의적 반응이 나오리라 기대했다. 남북 대화를 하는 것이 유엔 결의안을 존중하는 것이고 무엇보다 6월 초에 있을 북·미 대화를 실효적으로 추진하는 데 도움이 된다고 판단한다면 북쪽도 우리와 대화하겠다고 나올 게 분명했다. 닷새 뒤 북쪽에서 응답이 왔다. 신속한 대답이긴 했으나 내게는 다소 충격적인 내용이었다. 부총리급 대통령 특사를 교환하자고 역제의를 해왔기 때문이다.

북한은 5월 25일 강성산 총리 명의의 전통문을 우리 쪽 황인성 총리에게 전달했다. 김 대통령의 취임사 정신을 반영한 전향적인 내용이었다. 강 총리는 이 전통문에서 "남쪽에서도 새 정권의 출범과 함께 과거와는 달리 민족의 이익을 중시하는 입장을 표명하고"라고 밝히면서 대통령 취임사에 대한 호의적 대응임을 부각시켰다. 그리고 김일성 주석의 10대 강령도 그 뜻을 존중한다고 했다. 남북이 민족 이익을 중시하는 일에 뜻이 같다며 1970년대 이후 남북 당국자 간의 대화가 실패했지만 이제는 남북이 함께 민족의 앞날을 열어나갈 기회가 왔다고 했다.

"이런 때에 즈음하여 나는 민족 앞에 누적되어 있는 중대사들을 포괄적으로 풀어갈 수 있는 획기적인 제안으로서 쌍방 최고 당국자들이 임명하는 특사들을 교환할 것을 정중히 제의하는 바입니다. 특사들은 나라의 통일문제 해결을 위하여 쌍방 정상들이 만나는 문제와 북남 사이의 현안을 타결하기 위한 최고위급의 중대한 뜻을 전달하는 임무를 맡을 수 있을 것입니다. 특사들은 부여된 임무를 고려하여 각기 통일 사업을 전담하여 보는 부총리급으로 하며 그들의 교환 시기는 빠를수록 좋습니다."

북한 당국은 특사교환이야말로 남북 기본합의서와 비핵화 공동선언을 새롭게 실천할 수 있는 계기가 되고, 나아가 민족화합과 통일에 실질적 진전을 가져올 것이라고 했다. 권위 있고 책임 있는 부총리급 특사교환이 이뤄지면 우리가 제기한 총리급 회담에서 협의하려는 문제들도 해결할 수 있다고 했다. 그리고 구체적으로 특사교환을 위해 5월 31일 판문점 통일각에서 차관급 접촉을 하자고 했다.

이즈음에서 특사교환 제의에 나타난 몇 가지 흥미로운 점에 주목할 필요가 있다. 첫째, 핵 문제를 위시한 큰 문제들을 포괄적으로 풀어가자는 북한 당국의 의지가 엿보였다. 정상회담을 포함해서 민족 당사자 간의 회담에서 모든 주요 당면문제를 포괄적 획기적으로 풀어가자고 했다. 이는 김 대통령의 취임사에 대한 대응이기도 했다. 또 미국에 요구해온 포괄적 대화를 남쪽과도 할 용의가 있다는 것은 의미 있는 변화였다. 여기서 포괄적이라 함은 일괄 타결의 가능성을 시사한 것이다. 이때 미국도 이미 포괄적 타결을 진지하게 고려하기 시작했다. 그만큼 북의 제안은 현실합리적인 제안이었다. 둘째로 이미 전임 노태우 정부에서 남북이 합의한 것을 새롭게 실천해나가자는 의지가 엿보였다. 남북이 직접 대화를 하자는 뜻이니 긍정적인 메시지였다. 셋째로 총리 대신 부총리급이 만나자는 것은 각기 최고위급의 뜻을 제대로 전달할 실세 간의 회담이 중요하다는 의미로 읽혔다. 이것은 그간 총리회담이 최고위의 뜻을 제대로 반영하지 못했음을 지적한 것이기도 하다. 그런데 역설적으로 북한 당국은 핵확산금지조약NPT 탈퇴 선언으로 남쪽 부총리의 입지를 크게 좁혀놓았다는 사실을 모르고 있는 듯했다.

여하튼 이 전통문을 통해 평양은 황인성 총리를 상대하지 않겠다는 의지를 분명히 했다. 이것은 핵 문제에 강경하게 대응하려는 정부 안팎의 보수 세력을 한층 격분시키고 단결시키는 결과를 낳을 뻔했다. 그러니 부총리급 특사교환 제의는 그들에게 탈냉전 대북 정책(또는 햇볕정책)을 더혹독하게 비판할 수 있는 기회를 남쪽 냉전 세력에게 제공한 꼴이기도 했다. 그만큼 내 운신의 폭은 한층 더 좁아졌다.

'평양에는 전술적 사고만 할 뿐 큰 틀에서 전략적 사고를 하는 인물은 없단 말인가.' 나도 모르게 탄식이 나왔다. 나와 통일원이 중심에 서서 남북 대화의 물꼬를 열어나가려면 북쪽에서 나를 특사로 지목해서는 안 되는 상황이었다. 나의 이런 곤혹스러움을 읽고 있던 정부 안팎의 '냉전 전사'들은 내심 쾌재를 불렀을지도 모른다. 5월 25일 북한의 제의는 내겐 일종의 '죽음의 키스'였다.

〉 "보수적이 돼간다"는 비서실장의 실토

1993년 5월 25일, 북한의 부총리급 특사교환 역제의로 어수선한 분위기에서 한총련을 대표하는 젊은이들이 인사차 집무실로 나를 찾아왔다. 사실 나는 새 정부의 통일 정책을 국민합의의 정신에 따라 설명하기 위해 진보와 보수를 가리지 않고 여러 계층의 사람들을 만날 생각이었다. 그 일환으로 지난 정부의 통일 정책을 신랄하게 비판했던 한총련 대표자들이 나를 방문했고 나는 그들과 허심탄회하게 대화할 생각이었다. 그러나 신문에서는 이날의 만남을 흥밋거리처럼 보도했다. '한 부총리, 한총련 대표 회동', '당국·비당국의 통일마당' 등으로 지면을 장식했다. 극우 냉전 세력들이 이 만남을 두고두고 우려먹을 것을 알았으나 두려워하지는 않았다. 이미 문익환·박형규 목사 등 재야의 여러 지도자가 새 정부와 투쟁하지 않고 손을 잡고 함께 통일문제를 의논하기로 했듯이 한총련 젊은이들도 정부를 타도의 대상이 아니라 동반자로 여기고 서로 도우며 나아가자고 뜻을 모았다. 나는 한총련 대표자 6명과 일일이 악수를 하고 이렇게 말했다. "오는 길이 멀던가요. 나도 이 자리에 오기까지는 우여곡절을 겪었지만, 막상 와서 보니 그렇게 멀지는 않던데." "우리가 이런 데 오다니 변화가 많았던 것 같습니다. 앞으로 더 바뀌야지요." 김 아무개 연세대 총학생 회장의 대답이었다. 우리는 함께 설렁탕집에서 점심을 먹으며 여러 가지 얘기를 나누었다. 나는 애초 귀순한 북한 학생들, 박갑동·이철승 씨 같은 우익 지도자들, '대한항공 폭파 테러범' 김현희 씨도 만나볼 생각이었다. 그런데 북쪽의 부총리급 회담 제의 이후 내 입지가 좁아지면서 각계각층과 소통해야 하는 짐이 더 무거워졌다.

아니나 다를까, 보수 언론들은 북한의 특사교환 제의를 일제히 부정적으로 보도했다. '재야 출신의 한완상 부총리를 시험대에 올려 우리 쪽 반응을 떠보거나 국론분열을 꾀하려는 다목적 계산이 숨어 있다'는 분석이 대부분이었다.

한편 5월 27일치 《한겨레》에서는 "청와대가 드러내 놓고 말은 못 하지만, 북쪽의 제안에 대해 일단 부정적"이라고 전하며 꽤 흥미로운 분석을 했다. "미 국무부는 북한의 제의에 대해 긍정적 논평을 냈는데도 청와대에서는 이를 부정적으로 보고 있었다. 북·미 접촉이 6월 2일로 예정돼 있고, 핵확산금지조약NPT 탈퇴 선언의 효력이 6월 12일 이후 발생한다는 시점의 미묘함 때문이었다. 청와대는 북한이 미국에 호의를 보이는 한편, 유엔의 경제제재를 피하고자 특사교환을 제의한 것으로 본다. 또 북한의 제의 가운데 핵 문제에 관한 언급이 한마디도 없음을 들어 핵 문제 해결의 의지가 없는 '빈 제의'로 평가한다. 앞서 20일 문민정부 최초의 남북 대화 제의 역시 통일부총리가 북한의 핵 문제 해결 의지를 낙관했기에 나온 것으로 폄하하고 있다." 이 기사에서 인용한 '청와대'란 물론 박관용 비서실장이다. 기사는 "정종욱 외교안보수석은 박 실장에게 눌려 독자적인 목소리를 삼가고 있는 형편이다"라고도 썼다.

사실 야당 시절 박 실장은 국회 통일특별위원회 위원장을 맡기도 했는데, 연방제 수용과 같은 '진보적' 정책 방안을 제시하기도 했다. 그때는 꽤 합리적이고 열린 생각을 갖고 있다고 보았는데, 새 정부에 들어온 뒤에는 아주 냉전적인 대북 인식을 숨기지 않았다. 그는 정 수석의 자유주의적 성향을 관리·통제하면서 야당 때와 달리 대북 강경책을 내세우고 있었다.

한번은 내가 그의 관저로 찾아가 "박 실장이 특사로 가는 것이 어떠냐"고 물었더니 대답 대신 "내가 왜 이렇게 보수적이 되는지 나도 모르겠다"고 실토한 적도 있었다. 이때 나는 김영삼 대통령이 취임사의 정신에서 끊임없이 멀어지고 있는 데는 박 실장의 입김이 작용하고 있음을 감지할 수 있었다. 박 실장은 《한겨레》 기사에서 이런 말도 했다. "과거에는 정상회담에 매달려 남북 관계가 파행적으로 운영되었다. 새 정부는 그렇게 하지는 않겠다는 것이다. 김 대통령은 재임 중 통일 기반을 닦겠다는 생각을 가지고 있다. 그러나 그 방법에서 성급하게 정상회담을 할 생각은 없는 것 같다."

겨우 석 달 전 취임사에서 대통령이 민족 당사자 원칙 아래 남북 정상회담을 제의했는데, 비서실장이 그것을 뒤집은 셈이었다. 그런 태도로 미뤄 그가 대통령 곁에 있는 한 대북 정책은 결코 새로워질 수 없을 것이란 사실을 직감했다. 자칫 잘못하면 군사권위주의 시대 끝자락이었던 노태우 정부의 북방 외교 정책보다 더 보수적인 방향으로 후퇴할 수도 있었다.

〉 YS의 '100일 회견' 강경발언으로 남북 관계엔 먹구름이

1993년 6월에 접어들자 김 대통령의 취임 100일 기자회견 내용에 비상한 관심이 모아졌다. 2월 25일 취임식 때 "어느 동맹국도 민족보다 나을 수 없습니다"라는 평화 선언은 북한 당국에도 신선한 충격을 안긴 바 있다. 실제로 김일성 주석은 이 구절을 여러 번 읽었다고 한다. 그런데 6월 4일 '100일 회견' 때 김 대통령이 "핵 가진 자와는 악수도 하지 않겠다"는 강경 방침을 천명할 것이라는 얘기가 들려왔다. 대학 후배이기도 한 청와대 이경재 대변인에게 사실을 확인한 나는 그런 발언이 나온다면 남북 관계를 불필요하게 악화시킬 것이라고 경고했다. 대통령이 직접 극단적인 발언을 해서는 안 된다는 것이 나의 평소 소신이었기에 더욱더 이 대변인에게 신신당부했다. 만약 강경 발언을 꼭 해야 한다면 국무위원 중 안보를 전담하는 장관을 시켜야 한다. 그래야 그 발언이 몰고 올 정치적 악영향에서 대통령을 보호할 수 있다. 한편 국민들에게 뜨거운 지지를 받을 수 없는 대북 온건 발언을 해야 할 때에는 국무위원 중 평화와 통일 또는 외교를 담당하는 장관을 시켜야 한다. 그래야 역시 대통령을 보호할 수 있을 뿐 아니라, 나중에 대통령이 큰 틀에서 사태를 수습할 수 있는 대범한 더 큰 메시지를 국민들과 세계에 던질 수 있는 법이다.

나는 이 대변인에게 여러 번 전화로 확인했다. 그러나 이 대변인은 잘 안 된다고 대답했다. 그래도 최선을 다해 그 표현만큼은 바꾸도록 힘써달라고 부탁했다. 내가 이토록 신경을 쓴 데는 몇 가지 이유가 있다.

첫째, 대통령이 이런 발언을 하는 순간 북한 당국은 더 강경한 대남전술을 쓰고 싶은 유혹에 빠질 것이 분명했다. 그간 대통령의 취임사에 고무되었던 북한 당국자들은 크게 실망할 것이다. 그만큼 이제 갓 출범한 문민정부에도 지난날 군사정부들에 했던 호전적 강경 전술을 동원할 것이다. 전통적인 '봉남' 정책을 더 강화할 것이고 그만큼 남북 관계는 악화될 것이다.

둘째, 취임사에서 천명한 민족 당사자 원칙과 민족 상호존중 원칙이 휴지가 될 수도 있었다. 그것도 스스로 폐기하겠다는 우스운 꼴이 되고 만다. 이것은 원칙에 충실하지 못한 모습이며 국민과 세계에 던진 약속과 희망을 저버리는 것과 같다.

셋째, 대통령은 주변 냉전수구 세력의 손에서 앞으로 더 벗어나기 어렵게 될 것이다. 그렇게 되면 미국의 새 정부와 마찰을 빚을 가능성도 배제할 수 없다. 문민정부와 비슷한 시기에 출범한 클린턴 정부는 비교적 진보적인 민주당 정부로서, 북한과 관계를 더 넓게 보면서 긴장완화 정책을 선호할 것이기 때문이다.

넷째, 이미 핵무기를 엄청나게 많이 가진 강대국들에는 침묵하면서 유독 같은 민족인 북한의 핵에 대해서만 반대한다는 비난을 피할 수 없다. 무엇보다 북한이 핵무기를 갖고 있는지조차 불분명한 시점에서, 북한이 이미 핵무기를 갖고 있다고 속단하는 대통령의 발언은 감정적이고 신중치 못한 경솔한 발언으로 오해받기 쉽다.

다섯째, 지난 반세기 남북 관계의 악화는 곧 국내정치의 반민주적 성향 강화로 이어졌다. 비민주적 정치권력일수록 남북 관계를 악화시키는 경향을 보였고, 이를 구실로 반민주적 인권탄압을 밀고 나갔다. 따라서 스스로 문민정부를 자임하는 현 정부가 반공의 강경 깃발을 내세운다면 심각한 자가당착이 아닐 수 없다.

문제는 청와대 안에서 대통령이 이처럼 설익고 유치하기까지 한 강경 발언을 하도록 부추기는 세력이 있다는 점이다. 6월 4일에 결국 김 대통령은 취임 100일 기자회견에서 문제의 강경 발언을 하고야 말았다.

그 며칠 뒤 황인성 총리를 비롯한 통일안보 관계 장관들이 송죽헌 식당에서 오찬을 함께했다. 이 자리에서 나는 대통령의 강경 발언을 안타까워하면서 박관용 비서실장에게 곧바로 물었다. "그 표현을 박 실장이 넣은 것 아닙니까?" 그는 손사래를 치며 아니라고 했다. 그래서 정종욱 외교안보수석에게 "정 박사가 했소?" 하고 단도직입적으로 물었다. 그 역시 고개를 숙인 채 자기와는 관계없다고 했다. 부디 그 발언으로 남북 관계가 더 나빠지지 않기를 바라는 마음에 두 사람을 다그쳤던 것이다. 그러나 그들이 앞으로 더욱 더 냉전적인 대결 의지를 밝혀 한반도 평화를 원하는 각계각층을 계속 실망시킬 것 같아 마음이 몹시 괴로웠다. 검은 먹구름이 다가오는 듯했다.

〉청와대 '안가'는 헐렸지만 정신적 '안가'는 여전히

다시 북한의 특사교환 제의 때로 돌아가 보자. 5월 25일, 우리는 특사교환 대신 수정안을 다시 제의하기로 했다. 5월 27일 오전 7시 30분 총리공관에서 총리 주재로 전략회의를 했다. 우리는 북한의 제의 내용보다 회담방식에 더 신경을 썼다. 다시 말해 우리는 전통적인 총리회담 방식을 고수하기로 했다. 청와대·안기부·총리실 쪽에서 형식을 강조했다. 물론 그 중심에는 청와대가 있다. 나로서는 회담 방식에 대해 의견을 개진하기가 어려웠다. 북한이 부총리급으로 못을 박은 탓에 그 제의에 동의하기도 어려웠다. 청와대는 그 기회를 제대로 활용했다.

회담 의제로는 핵 문제와 특사교환 문제를 논의하기로 했다. 이를 위해 북쪽이 제안한 6월 8일에 차관급 접촉을 하자는 수정안을 제의했다. 그러자 북쪽은 이례적으로 하루 만에 회답을 보내왔다. 북쪽은 특사교환을 중시했다. 우리는 6월 1일 아침 다시 총리공관에서 전략회의를 했다. 그래서 '북한의 특사교환 제의를 수용하되 의제는 핵 문제 해결을 우선적으로 다뤄야 한다'는 전제 아래 6월 8일 실무접촉을 하자고 답을 보냈다. 그런데 북쪽은 회답을 보내지 않았고 결국 6월 8일 만남은 무산되었다.

애초 황인성 총리 이름으로 보낸 서신에서 우리는 "핵 문제는 남북 간에 해결해야 할 최우선 과제이며 이의 해결 없이는 남북 간 신뢰회복이 불가능하다"고 강조했다. 나는 이에 대해 북쪽이 냉소적으로 반응하지 않을까 염려했다. 북쪽은 핵 문제에 대해서는 미국과 직접 담판을 원해왔기 때문이다. 핵 분제에 관한 한 남한이 실효성 있는 수단을 가지고 있지 않다는 것을 잘 알고 있는 북한 당국은 오히려 우리가 측면에서 북·미 접촉이 성사되도록 도와주기를 바랐다. 더 정확히는 한국이 북·미 핵협상을 방해하지 않기를 바랐다고 해야 할 것이다. 이런 의미에서 북쪽은 핵 문제에 관한 한 '통미봉남通美封南' 전략을 견지해온 것이다.

그런데 북한은 6월 8일 강성산 총리 이름으로 황 총리에게 다시 전통문을 보내왔다. 10일 오전 10시에 판문점에서 특사교환을 위한 실무접촉을 하자는 내용이었다. 강 총리의 전통문에는 흥미로운 내용이 담겨 있었다. 우리는 그때까지 핵 문제와 특사교환 문제를 별개로 다뤄왔다. 그런데 강 총리는 "우리(북한)의 특사교환 제의가 실현되었더라면 이미 핵 문제를 비롯한 다른 현안도 실질적인 해결을 보는 길이 열렸을 것"이라고 밝혀놓았다. 이어 "특사교환이 실현되면 조선반도의 비핵화 문제를 최우선적으로 해결할 용의가 있다"고 했다.

우리는 두 가지를 놓고 이것이냐 저것이냐를 저울질하고 있는데, 북쪽은 두 문제를 한꺼번에 보고 있었던 것이다. 사실 이 부분은 5월 25일 제의 문안에도 이미 나와 있었다. 1992년 남북이 합의했던 한반도 비핵화 선언을 남북 특사회담에서도 논의할 수 있다고 융통성 있게 밝혀놓은 것이다. 그런데 남쪽에서는 첫 제의에서 핵 문제가 언급되지 않았다고 일방적으로 단정 지었던 것이다. 냉전적 불신에서 나온 단견과 속단이었다. 물론 이런 단정은 통일부나 외무부가 아니라 청와대에서 나왔다.

거우 100일 전 취임식에서 김 대통령은 두 정상이 만나 허심탄회하게 핵 문제를 비롯한 남북 간 모든 현안을 해결하자고 천명하지 않았던가? 그런데 바로 그 정신을 대통령을 가장 가까이에서 보좌하는 사람들이 이해하지 못하고 있었다니 괴이한 역설이 아닌가.

  그러나 따지고 보면, 새 술을 새 부대가 아닌 헌 부대에 담았으니 술이 새는 것은 당연한 이치였다. 지금이야 김영삼 대통령의 개혁 프로그램을 국민들이 뜨겁게 지지하지만, 시간이 흐를수록 개혁의 새 술이 통일과 평화 분야에서 새게 되면 개혁 전반에 대해서도 실망하지 않을까 걱정되었다. 청와대 근처에 있는 안가와 밀실을 헐 때 국민들은 뜨거운 박수를 보냈다. 물론 국민들은 집 한두 채를 헐었다고 흥분한 건 아니었다. 군부독재체제의 비정한 밀실정치, 불투명한 공포정치가 헐린다고 생각했기에 그렇게 뜨겁게 박수를 쳤던 것이다. 그런데 남북 관계에서는 유신 때나 군사권위주의 때와 다를 바 없는 냉전적 강경 정책이 되살아나고 있으니 어이 된 일인가! 물리적 안가는 헐렸지만 정신적 안가는 청와대 안에 아직도 남아 있다는 뜻이 아니겠는가!

  나도 모르게 탄식이 쏟아졌다. '대통령을 이렇게 보좌해도 되는 것인가? 통일 분야에서 개혁을 좌절시키고 나면 그 여세를 몰아 다른 분야에서도 개혁을 좌절시키려 할 텐데, 그렇게 되면 김영삼 정부는 실패한 정부로 기록될 텐데, 정말로 대통령을 이렇게 보좌해도 되는 것인가?' 남북 관계 악화가 대내 민주주의 후퇴를 재촉한다는 진리를 모른단 말인가?

04

남북을 잇는 인간띠처럼

) 북핵 조약 탈퇴 유보는 미국과 대화의 끈

남북은 여전히 냉전 불신에서 벗어나지 못하고 있던 그때 북·미 관계는 어떠했나? 1993년 6월 2일 뉴욕에서 열린 북·미 고위회담에서 북한 대표 강석주 외교부 제1부부장은 무슨 메시지를 던졌을까, 미국은 그 메시지에 어떻게 반응했을까?

강 부부장의 기조발언은 정중하면서도 단호했다. 북·미 회담 자체가 핵문제 해결 방안을 모색하는 올바른 길에 들어섰다는 뜻이라고 그 의미를 강조했다. 그리고 북한이 핵확산금지조약NPT 탈퇴를 결정할 수밖에 없었던 사정을 야무지게 설명했다. 북한을 끊임없이 압박하는 미국의 강경 대북 정책이 불러온 논리적 귀결이 바로 조약 탈퇴 결정이라는 것이었다.

그의 말에는 주목할 내용이 몇 가지 있다. '세계의 냉전시대가 끝났는데도 미국이 유독 북한에 대해서만은 냉전적 적대 정책을 강화해왔다. 1992년 북·미 고위급회담에서 합의한 사항을 북한은 충실히 이행했다. 국제원자력기구IAEA의 핵안전협정에 서명했고 6회에 걸친 임시사찰을 성실히 받았으며 남북 대화에서도 큰 진전을 이루었다. 남북 기본합의서와 한반도 비핵화 공동선언을 채택하고 발효시켰다. 이는 미국에 보인 최대의 선의였고 양보였는데도 미국은 팀스피릿 한·미 합동 군사 훈련을 강행해 북한 체제의 존립을 심각하게 위협했을 뿐 아니라 남북 대화도 교착시켰다. 또 원자력기구의 특수사찰을 강요함으로써 북한의 무장해제를 꾀했다. 그래서 자위를 위해 부득이하게 조약 탈퇴를 결정했다.'

강 부부장은 미국이 국제적 공조를 통해 북한을 압살하려 했다고 신랄하게 비판했다. 유엔 안보리를 통해 제재를 꾀하는 미국이야말로 북한과 직접 회담을 통한 핵 문제 해결을 거부해왔다고 했다. 그러나 이제 우여곡절 끝에 북·미 고위급 회담이 이뤄졌으니 이번에는 핵 문제 해결을 위해 성실하고 진실한 입장에서 대화하자고 제의했다.

그는 핵무기에 대한 김일성 주석의 평소 주장을 다시 한 번 강조했다. "현재까지 핵 문제와 관련한 우리의 일관된 입장은 핵무기를 제조하지 않을 것이며 또한 핵무기를 필요로 하지 않는다는 것입니다", "우리는 핵무기 제조를 생각조차 해본 적이 없습니다", "우리는 핵폭탄이 필요하지 않습니다." 이는 앞서 조동진(덕천) 목사가 전해준 김 주석과의 대화록에서도 확인했던 얘기였다.

강 부부장은 미국의 막강한 군사력 앞에 상대적으로 허약한 북한의 군사력을 솔직히 시인했다. 그리고 북한이 가지고 있는 재래식 무기로 자주방위를 유지하는 데 충분하다며 그것이 바로 북한의 긍지라고 했다. 그는 이어 미국 쪽에 탈냉전시대의 국제관계 변화에 부응하는 대북 정책의 변화와 수정을 촉구하며 몇 가지 요구사항을 제시했다. 북한은 미국이 정책적으로 북한을 압살하지 않겠다고 확약을 한다면, 핵무기를 제조하지 않기로 확실히 약속하겠다고 했다. 또 이런 정책적 약속은 북·미 쌍방이 수긍하는 형식을 따라 공동성명 문서로 기록되고 보존되어야 할 것이며, 이런 문서가 채택된다면 북쪽은 이미 제의한 약속을 보장하고 입증할 수 있는 구체적 방안을 기꺼이 제시하겠다는 것이었다.

결론적으로 뉴욕 회담에서 미국은 북한 쪽으로부터 조약 탈퇴 유보라는 성과를 얻어냈고, 북한은 강대국 미국으로부터 압살 정책의 수정 약속을 얻어냈다. 공동발표문의 전문에서는 쌍방이 핵 문제 근본 해결과 한반도 비핵화를 지지한다는 것을 분명히 밝혔다. 앞으로 북·미 대화를 지속하기로 합의했다.

여기서 중요한 것은 핵확산금지조약 탈퇴 '철회'가 아니라 '유보'였다. 북한은 체제의 내적 단합을 위해서 유보라는 전술을 쓴 듯했다. 아나나 다를까, 6월 19일 북한 〈중앙방송〉은 강 부부장의 '조미 회담' 관련 담화를 발표했는데, 미국의 압력에 굴복하지 않았다고 북한 주민들에게 자랑스럽게 말하는 내용이었다. 나는 이 담화에서 북한이 미국과의 대화를 이어나가려는 전술의 일환으로 조약 탈퇴를 임시로 연기했다고 보도한 점에 주목했다. 노회한 회담 전술이었다. 〈중앙방송〉은 이런 회담 결과를 미국도 긍정적으로 평가했다고 지적했다. 실제로 미국 협상 대표자들은 탈퇴 유보 결정에 만족했다. 북쪽도 만족했다. 특히 북한은 상호존중과 불가침을 뼈대로 한 공동성명을 통해 적대관계 해소, 상대방의 제도와 자주권 존중, 내정불간섭 등의 원칙을 관철시킨 점을 높이 평가했다.

〉 YS의 '대북 불안감' 달래준 클린턴

1993년 6월 14일, 레이먼드 버가트 주한 미 대리대사가 집무실로 찾아와 사흘 전 뉴욕에서 발표된 북·미 공동성명을 긍정적으로 평가한다고 했다. 미국은 북한을 핵확산금지조약NPT에 잔류시킨 것에 만족한다고 전한 그는 청와대 비서실이나 안기부와 달리 회담 결과를 긍정적으로 평가하는 내게 고마움을 표했다.

늘 '혈맹'을 부르짖던 친미 반공주의자들이 이번에는 미국에 퍽 비판적인 태도를 취했다. 마치 클린턴 정부가 북한을 너무 꼭 껴안아 준다고 질투하는 모양새였다. 실제로 북한과 회담을 진행했던 로버트 갈루치 미 국무부 차관보를 비롯한 대표단은 한국 정부의 태도를 그렇게 받아들였다. 동족인 북한을 미국보다 우리가 더 미워하고 북·미 관계가 개선될 여지가 보이자 노골적으로 싫은 내색을 하는 모습을 보고 나는 부끄러웠다.

민주개혁정부의 각료나 핵심부서의 책임자들이 아직도 냉전체제 안에 머물러 있는 모습에 나는 당황했다. 일례로 국회 본회의에서 박계동 의원이 황인성 총리에게 '12·12 사태'를 어떻게 보느냐고 물은 적이 있었다. 김영삼 대통령이 이미 쿠데타적 사건이라고 밝혔으니 대통령과 같은 생각이라고 답하면 되었을 터였다. 그러나 군 장성 출신인 황 총리는 머뭇거리며 입을 떼지 못했다. 소신 없는 황 총리의 태도보다 그의 냉전적 정치의식을 확인하는 듯해 입맛이 썼다. 특히 대북 정책에서 황 총리는 대결 지향적이고 냉전적인 입장을 고수했다. 그런 그를 남북 대화와 협상의 중심에 세우려는 분위기가 분명하기에 나로서는 심히 걱정스러웠다.

7월 10일, 빌 클린턴 미국 대통령이 방한했다. 친화력과 설득력이 탁월한 클린턴은 이틀간 한국에 머물면서 그간 김 대통령의 설익은 강경발언으로 서먹해진 한·미 관계를 솜씨 있게 정리했다. 한국의 보수여론을 무마하고자 그는 북한이 핵 개발을 하는 것은 아무 의미가 없다고 역설했다. 북한이 핵무기를 개발하고 사용한다면 스스로 정권의 종말을 가져올 것이라고 경고하기도 했다. 김 대통령과 냉전 보수 세력을 안심시키기에 충분한 강경발언이었다. 미국은 북한과 대화를 통해 핵 문제를 해결하려는 의지가 확고했지만, 우방국 대통령의 불안을 달래주는 일에도 인색하지 않았다. 그는 노회했다.

클린턴은 비무장지대DMZ를 방문해 주한 미군들을 격려했고, 클린턴을 수행한 크리스토퍼 국무장관은 유엔 안보리의 북한 제재 가능성을 언급했다. 미국이 남한을 따돌리고 북한에 지나치게 너그럽다는 참모들의 의견에 신경을 쓰던 김 대통령도 클린턴 대통령과 함께 조깅과 식사를 하면서 미국에 대한 의구심을 풀었다. 이런 과정에서 김 대통령은 논리적 일관성보다 정서적 친밀성을 중시하는 지도자라는 인상을 미국에 심어준 것 같다.

그 이전까지 1차 북·미 회담의 성과를 폄하하고 싶어 하는 사람들이 대통령 주변에서 영향력을 강화하고 있다는 게 여러 부분에서 감지되었다.

앞서 7월 6일 민주평화통일자문회의 6기 출범 회의에서 김 대통령은 연설을 통해 3단계 통일 정책과 통일 정책의 3대 기조를 함께 언급했다. 기자들은 나와 김 대통령의 통일 정책 사이에 어떤 차이가 있는지 예의주시하는 것 같았다. 특히 보수 언론은 김 대통령이 BBC와 《뉴욕 타임스NYT》 인터뷰에서 한 발언이 나의 정책 노선과 다르다는 사실을 짐짓 부각시키고 싶어 했다. 나는 나대로 김 대통령의 회견 내용, 특히 뉴욕 북·미 회담에 대한 비판적 시각이 부담스러웠던 것이 사실이었다. 문민정부의 통일 정책답지 않다고 생각했다. 미국 쪽에서도 불편해할 것이 분명했다.

아니나 다를까, 일부 언론에서 이날 대통령의 연설 가운데 "내실 없는 통일을 감상적으로 바라서는 안 된다"는 대목만 부각시켜, 이것이 나의 통일 정책에 대한 대통령의 부정적 평가라고 해석했다. 이는 내가 2월 26일에 부총리로 취임할 때부터 줄곧 기회가 있을 때마다 감상적 통일론을 비판하면서 현실적이고 합리적인 대북 정책의 중요성을 강조해왔다는 사실을 의도적으로 무시한 왜곡보도였다. 나는 헛웃음이 나왔다. 사실 그날 대통령의 연설문 초안도 내가 잡은 것이었기 때문이다.

그 무렵 청와대 뜰에서 재외 평통 자문위원들을 초청해 연회가 열렸을 때도 그랬다. 그날 이홍구 평통 수석부의장을 대동하고 조금 늦게 모습을 드러낸 김 대통령의 걸음걸이는 유난히 어깨에 힘이 들어가 뒤뚱거릴 정도였다. 권위가 아닌 권위주의의 그림자가 그 걸음에서 드러나는 듯해서 나는 속으로 조용히 탄식했다.

〉보수적 대북 정책 우려, 중심과 충심

1993년 7월 10일, 빌 클린턴 대통령이 방한한 이틀 뒤인 7월 12일에 나는 예정대로 미국으로 향했다. 출발 닷새 전, 청와대에 들러 김영삼 대통령을 만나 방미 계획을 보고했다. 나는 방문 기간에 2차 북·미 회담이 제네바에 열린다는 것을 상기시키고 한·미 공조의 중요성을 강조했다. 그리고 국무부와 백악관 고위층을 만날 계획인데, 가능하면 상원 국방위원장 샘 넌 의원도 만나볼 생각이라고 말했다.

샘 넌 의원은 나와 미국 에모리 대학교 동창으로, 내가 어려움에 처했던 1981년 9월 에모리 대학 교환교수로 갈 수 있도록 주선해준 인물이기도 하다. 1980년 5월 이른바 '김대중 내란음모 사건'으로 구속되었다가 그해 11월 풀려나긴 했으나 그 서슬 퍼런 전두환 정권 시대 도저히 출국할 수 없는 처지였던 나를 미국으로 불러줄 정도로 그는 정계의 거물이었다.

나는 바로 며칠 전인 7월 4일에 주한 미국 대사로 내정된 제임스 레이니 박사도 만날 계획이라고 보고했다. 레이니 박사와 인연은 1970년대 초반부터 워낙 각별해 따로 얘기를 할 터이지만, 1980년 5월 당시 에모리 대학교 총장이었던 그는 여러 차례 직접 한국을 찾아와서 교도소 면회도 시도했었다. 내가 형집행정지로 석방된 후 미국으로 건너갈 수 있도록 샘 넌 의원에게 부탁을 해준 친구요 은인이었다. 그는 문민정부의 초대 통일원 장관이자 부총리로서 미국을 공식 방문하는 나를 누구보다 반겨줄 것이었다. 김 대통령도 자신과 친분이 있는 레이니가 한국대사로 오는 것을 환영한다면서 이미 아그레망도 보냈다고 했다.

이날 김 대통령은 지난 '12·12 사태'와 '5·18'에 얽매여 미래지향적 정책을 마음껏 펼칠 수 없는 현실을 한탄했다. 그래서 나는 12·12 사태에 대해서는 앞으로 역사적 평가가 엄정히 이뤄질 테지만, 국사편찬위원회에 먼저 역사적 평가를 요청하는 것도 괜찮을 것 같다고 말씀드렸다.

그런 맥락에서 예수를 십자가에 처형한 빌라도의 잘못을 상기시켰다. 빌라도가 냄비 끓듯 하는 여론에 지나치게 민감하게 대응한 나머지 죄 없는 예수를 가장 잔인한 십자가에 처형하는 오판을 했다고 지적했다. 한 나라의 지도자는 여론에 민감해야 하지만, 여론을 추종하다 포퓰리즘에 빠지면 결국 실패한 지도자로 역사의 심판을 받을 수 있다고 강조했다. 대통령이 북한 핵 문제를 두고 날로 기세를 높이는 냉전적 여론에 지나치게 민감하게 반응하거나 여론에 끌려가지 않기를 바라는 마음에서 한 말이었다. 그리고 대통령과 나 사이를 이간질하려는 세밀한 움직임에 흔들리지 말아야 한다고도 말씀드렸다.

마침 이즈음 한국기독교교회협의회가 주축이 되어 그해 8·15 광복절에 맞춰 남북 인간띠 잇기 운동을 추진하고 있었다. 예전에는 정부를 따돌리거나 적대시하면서 재야에서 평화통일운동의 하나로 추진했던 인간띠 잇기 운동을 이번에는 통일원의 후원을 받아 당당하게 열고 싶어 했다.

1993년 8월 14일,
임진각에서 남북 인
간띠 잇기 예행연습
을 하는 모습.

나는 그 이야기도 대통령에게 보고했다. 시민과 정부가 손을 잡고 이런 운동을 펼치면, 무엇보다 북한의 통일전선 전술을 무력화시킬 수 있고 지난날 반정부 민주 세력을 새 정부의 개혁 지지 세력으로 포용할 수 있는 일석이조의 효력이 있다고 설명했다. 특히 한국교회협의회는 김 대통령이 야당 지도자로 민주화 투쟁을 할 때 뜨거운 지지를 보냈고 지금도 지지하고 있다는 점을 상기시켰다.

내친김에 대통령이 반기지 않을 말도 했다. 국내 개혁에는 진취적이고 과감한 대통령이 대북 정책과 통일 정책에는 보수적이라는 평가를 받으면, 여기에 실망한 국민들, 특히 20~30대 젊은 세대들이 자연히 더 진보적인 대북 정책을 제시하는 정치인에게 쏠리게 될 거라고 지적했다. 당시 영국 런던에 체류 중인 김대중 전 총재를 가리키는 말이었다. 그런데 이런 우려에 대해 김 대통령은 너무 낙관하는 듯했다.

하지만 이날 오후 청와대를 나서면서 나는 김 대통령이 중심中心과 충심忠心을 잡고 있다고 느꼈다(충은 中心이 함께 있는 것). 그래서 청와대가 대통령에게 정치적 심리적 감옥이 되지 않기를 바랐다. 외부에서 들어오는 잘못된 첩보나 정보를 주변에서 각색하거나 잘못 선별해서 대통령에게 전하는 일이 없기만을 바랐다.

〉 유엔 대사들의 '북 지도자 성토'에 당황

1993년 7월 12일, 나는 뉴욕행 비행기에 올랐다. 이번 미국 방문은 여러 가지로 어렵고 미묘한 시점에 이뤄졌다. 7월 14일에는 스위스 제네바에서 2차 북·미 회담도 진행될 예정이었다. 1차 북·미 회담 결과를 놓고 서울과 워싱턴 사이에 소통이 원활하지 않았던 점을 거울삼아 이번에는 더 깊고 넓게 소통할 필요가 있었다. 그래서 피터 타노프 미 국무부 정무차관을 만나서 대북 정책에 대한 양국의 소통을 더 정확히 해야겠다고 다짐했다. 백악관 안보책임자를 만날 때도 마찬가지였다.

무엇보다 제임스 레이니를 만나 한국 민주화를 위해 헌신한 그에게 고마워하는 민주인사들을 대신해서 주한 미국대사 임명을 축하해주고 싶었다. 개인적으로도 그는 에모리 대학교 총장 시절 나의 딸 셋을 친딸처럼 사랑해줬고 그 가운데 큰딸 미미와 막내 주리의 대학 입학과 장학금을 지원해주었다. 대학 교육에 관한 한 그가 내 딸들의 아버지 노릇을 한 셈이다. 그는 민주주의·인권·평화의 가치를 위해 함께 일해왔고, 또 앞으로도 함께 일할 동지이기도 했다. 그런 그와 만나 깊은 이야기를 오래 나누고 싶었다.

12일 맨 먼저 뉴욕에 도착하니 11년 전 망명객으로 왔을 때의 기억이 새삼 떠올랐다. 그때 미국교회협의회와 유니언 신학교, 미국 장로교가 내 피난처가 되어주었다. 뿌리 뽑힌 나그네 신세였던 내게 삶의 보금자리를 제공해준 분들이 나를 기다리고 있었다. 통칭 '475건물'이라고 부르는 미국

교회협의회 본부 강당에서 환영회를 열고 진심으로 축하해주었다. 이승만 목사, 유니언 신학교 슈라이버 총장 부부 등 여러 명과 즐거운 시간을 보냈다. 그들에게도 나의 귀환은 놀라운 일이었고 그만큼 반갑고 신나는 일이었다. 좀 더 긴 시간을 함께하지 못하는 것이 안타까웠다. 모두 한반도의 긴장 완화와 민주화를 위해 여러모로 헌신해온 분들이었다. 한반도가 탈냉전의 새 역사를 펼칠 수 있도록 기도하고 노력해온 분들이기에 아마 나는 죽을 때까지 그들에게 빚진 자로 살게 될 것이다. 1982년부터 1984년까지 2년간 매주 만나 조국의 평화와 통일·인권 개선과 민주화를 위해 애썼던 뉴욕 목요기도회 동지들도 잠시 만났다. 늘 형님처럼 돌봐주신 이승만 목사를 비롯해 임순만·장혜원·안중식 등 여러 동지들과도 감격 속에 재회했다.

12일 저녁에는 유종하 유엔주재 대사가 나를 위해 만찬을 마련했다. 올브라이트 미국 대사를 비롯해 독일 대사, 브라질 대사, 가레칸 유엔 사무총장 특별보좌관도 참석했다. 이 자리에서 나는 우리 정부의 기본 입장을 설명했다. 남북 관계를 현실적으로 개선해나가려면 북한의 핵 개발에 대한 투명성이 보장되어야 한다고 강조했다. 핵 개발의 투명성은 세 가지 조건이 충족되어야만 이뤄질 수 있다고 했다. 첫째는 북한의 핵확산금지조약NPT 복귀, 둘째는 북한의 국제원자력기구IAEA 사찰 수용, 셋째로는 '한반도 비핵화 공동선언'에 따라 남북 간 상호사찰이 이뤄져야 한다고 했다.

유엔 대사들도 내 말에 동의하면서 북한 최고지도자에 대한 비판과 비난을 쏟아냈다. 그래서 나는 북한 체제의 성격에 주목해야 한다고 강조했다. 개인을 폄하하는 차원보다 북한 체제의 독특한 성격과 본질에 주목해야만 비정상으로 보이는 북한의 행동에 성숙하고 합리적인 대응을 할 수 있다고 말했다. "한마디로 북한 체제는 종교사회학에서 말하는 일종의 '종교국가cultist state'입니다. 따라서 외부에서 강한 압력을 가하면 비이성적인 강경한 대응을 할 수밖에 없지요. 이 사실을 인식해야 하는데, 미국이나 유럽의 보수적 지도자들은 대부분 북한을 강하게 옥죄면 쉽게 굴복할 거라고 믿고 있습니다. 그러나 강경한 옥죔은 역효과를 일으킬 수 있으니 항상 조심해야 합니다."

나는 그 자리에서 내친김에 햇볕정책의 유효성과 효과에 대해 얘기하려 했으나 참석자들이 지나치게 북한에 대한 부정적인 발언을 쏟아놓기에 그만 접고 말았다. 짐작은 했지만 유 대사의 평소 냉전적 견해가 유엔 대사들에게도 많이 주입된 것 같았다.

》CIA의 특별 브리핑, "북은 핵무기 없다"

1993년 7월 16일 방미 다섯째 날 오전, 나는 예정에 없던 미 중앙정보국의 특별 브리핑을 받았다. 1시간 15분간 '북한 핵 문제 관련 회의 동향과 북한의 의도 분석'에 대한 설명을 듣게 된 것이다. 나는 이 기회에 북핵 관련 유용한 정보를 얻을 수 있을 것으로 기대했다. 국내 보수진영에서 핵시설로 의심하는 영변의 시설이 과연 무엇인지, 북한이 추출해 보관 중인 플루토늄의 양이 얼마나 되는지, 국내 일부 강경 냉전 세력이 단언하는 것처럼 북한이 이미 핵무기를 개발했는지 나도 알고 싶었다.

1993년 7월 중순을 기준으로 북한 영변에 있는 주요 핵 관련 시설은 30MW와 25MW짜리 원자로·재처리시설·핵연료공장, 이렇게 세 가지였다. 미국은 위성사진으로 거의 매일 이 시설들을 감시하고 있다고 했다. 2~3일 전까지 원자로가 정상 가동되고 있는 것을 확인했단다. 이 시설을 폐쇄하려는 징후도 없고 핵연료를 재장전하려는 징후도 없다고 했다.

미국 쪽에서 가장 의심하는 시설로는 지난 3월 12일 즈음 영변 지역에서 새 건물을 짓는 작업이 눈에 띄었다고 했다. 바로 북한이 핵확산금지조약 탈퇴를 선언한 날이다. 그러나 새 건물이 핵시설은 아닌 것 같다고 했다. 탱크가 해당 구역으로 들어오는 장면을 보여주며 북한이 군사기지라는 점을 일부러 과시하려 한다고 추측했다. 가장 의심이 가는 시설은 '사이트5Site5'로 명명해뒀는데, 1992년 초 북한이 도랑을 파서 지하로 파이프를 매설한 곳이었다. 건물은 단층으로 지하실이 없고 벽은 두꺼운 콘크리트여서 옛 소련의 핵시설과 비슷해 보였다. 그래서 당초 핵물질과 연관되는 것으로 추정했으나 최근에는 출입문을 넓히고 군사 차량이 출입할 수 있게 했다고 한다. 건물 뒤쪽에는 군인들의 배구장도 마련했다. 미국은 이를 국제원자력기구 사찰에 대비한 위장 작업일 수 있다고 했다.

북한이 플루토늄을 얼마나 추출하고 보관하고 있는지에 대해서 첩보 분석만으로 확언할 수 없다고 했다. 그러나 대체로 8~12㎏의 플루토늄을 이미 추출해서 보관하고 있는 것으로 추정했다. 이 정도면 핵폭탄 한두 개를 제조할 수 있다고 했다. 또 현재 원자로 속에 잠겨 있는 플루토늄의 양은 내년 봄까지 25~30㎏에 이를 것으로 내다봤다.

국내 냉전 세력들이 확신하고 있는, 북한의 핵폭탄 제조 기술 보유에 대해서는 미국도 명확한 증거가 없어 정확히 판단하기 어렵다고 했다. 다만, 여러 정황으로 보아 핵폭탄 제조에 필요한 일정한 기술 수준에는 이르렀을 것이라고 추정했다. 그러나 북한이 핵폭탄 제조를 위한 설계와 개발 의지는 확실히 갖고 있다고 미국은 판단하고 있었다. 그렇다면 북한은 왜 1992년 초 국제원자력기구와 협정을 체결하고 안전조처 규정을 수용했을까. 아마도 임시사찰을 통해 일정량의 플루토늄 생산을 시인한 북한은 이 정도의 핵물질은 동면 상태로 보관할 수 있다고 판단했던 것 같다고 미국은 파악하고 있었다.

미 정보국은 흥미롭게도 핵 조약 탈퇴 선언을 주도한 세력으로 김정일과 강경군부를 주목했다. 부자세습이 완결되지 않은 현 상황에서 군부가 핵 개발을 주도적으로 추진하고 있다고 보는 것 같았다. 이번 핵 위기로 말미암아 김정일은 점수를 별로 따지 못했고, 북한의 대외관계에 타격을 주었으며, 따라서 북한 경제에도 나쁜 영향을 끼쳤다고 분석했다. 나는 그 대목에서 김일성 주석이 왜 아들의 강경한 모험심을 효과적으로 견제하지 못했는가 하는 의구심이 한층 더 강해졌다.

그들은 끝으로 북핵 문제를 바라보는 한·미의 시각차를 지적했다. 미국은 기본적으로 핵 비확산 차원에서 그 저지에 관심을 쏟는 데 비해 한국은 북한의 핵무기 제조 여부에 더 신경을 쓰고 있다. 그럼에도 미국은 동맹국으로서 한국의 입장을 존중한다고 했다. "남북 대화는 미·북 접촉에 비해 더 정교하고 장기적인 성격을 지녔다"는 미국의 견해는 앞으로 깊이 음미해볼 가치가 있는 말이었다.

브리핑을 들은 뒤 나는 미국이 북한의 행동을 이해할 때 유의해야 할 점을 언급했다. 한반도를 포함한 동북아시아 지역은 서양사회의 '죄의식 문화'와 달리 '수치심 문화'에 의해 행동하는 사회이기 때문에 체면이 매우 중요하다고 했다. 특히 북한처럼 1인 지도자 숭배사상이 지배하는 특수한 사회와 협상할 때는 최고지도자의 체면과 명예라는 변수를 고려해야 하고 유연성과 인내가 특별히 필요하다고 강조했다.

〉 북한의 경수로 기술 지원 요구, 미국은 소극적 반응

1993년 7월 17일 오전, 워싱턴에서 나는 주미 한국대사관의 1등 서기관

김숙의 안내로 국무부를 방문해 피터 타노프 정무차관을 면담했다. 지난 4월 서울에 이어 두 번째 만남이었다. 우리 쪽에서는 내 보좌역인 길정우 박사가 동행했고, 미국 쪽에서는 러스트 데밍 동아태 부차관보와 윌리엄 스탠턴 정무차관 아주문제담당 보좌관, 존 메실 한국과 담당관이 배석했다. 이날의 대화는 서울에서보다 훨씬 더 자유로웠고 덜 관료적이었다.

타노프 차관에게 나는 우선 7월 14일부터 제네바에서 진행 중인 2차 북·미 회담과 관련해 궁금한 것부터 물어보았다. 이번 회담에서 북쪽이 뜻밖에 제안한 경수로 건설 기술 제공 문제에 대해 의견을 나누고, 북한과 핵 문제 해결을 위한 대화를 어느 정도 오래 끌 수 있는지도 잠깐 얘기했다. 북한 정세와 남북 대화 전망에 대한 서로의 의견을 밝히는 과정에서 '핵 민족주의'로 번지는 흐름에 대한 경계심을 우리는 서로 확인하기도 했다.

북·미 회담과 관련해 타노프는 갈루치 미 수석대표와 긴밀히 연락하고 있다며 전날(16일) 대화가 잠시 교착상태에 빠진 것 같다고 했다. 애초 이날 오전 국제원자력기구IAEA 특별사찰에 관한 협상과 함께 남북한 비핵화 이행을 위한 대화를 개시하기로 약속했는데, 오후 들어 북쪽이 갑자기 태도를 바꿨다고 했다. 북한은 새로운 원자로인 경수로 건설 지원을 미국이 확실히 약속해야만 특별사찰에 관한 협상을 시작할 수 있다고 고집을 부렸던 것이다. 그러나 미국은 북한이 먼저 핵확산 금지 의무를 충족시켜야만, 다시 말해 특별사찰을 먼저 수용해야만 경수로 지원 문제를 논의할 수 있다는 원칙을 고수했다. 타노프는 만일 북한이 미국의 요구에 응하지 않으면 7월 19일에는 어떠한 회담도, 공동 발표도 없을 것이라는 강경한 방침도 전달해놓은 상태라고 했다.

이에 나는 북한의 이러한 태도 돌변을 전형적인 벼랑 끝 전술로 보느냐고 물었다. 타노프는 두 가지 가능성을 언급했다. 하나는 북한이 미국의 양보를 끌어내려고 계획적으로 벼랑 끝 전술을 사용할 가능성이고, 다른 하나는 오전 회의 결과에 대한 평양의 새로운 강경훈령 탓일 수도 있다고 했다. 어떻든 미국으로서는 확고한 태도를 표명했기에 하루 이틀 사이 북한이 긍정적인 태도를 보여야만 이번 제네바 회담이 성공할 것이라고 했다. 지난 6월 11일의 1차 북·미 회담을 놓고 한국과 일본의 일부 언론이 비판적으로 반응한 것을 이번에는 미국이 지나치게 의식하는 듯한 느낌이 들었다.

나는 북·미 3차 접촉 시기를 언급하면서 지난 1차 회담에서 한반도 비핵화를 영어로 'Nuclear-Free Korea'라고 표현했는데, 'Denuclearization of Korean Peninsula'와 혼동하기 쉬우니 표현에 신경을 써야 할 것 같다고 지적했다. 그러자 타노프는 이번 발표문에는 그러한 혼란이 오지 않도록 용어를 세밀히 재검토하겠다고 했다. 또 북한의 태도에 따라 3차 회담은 8월 초순께 이뤄질 수 있다고 했다.

물론 당시 2차 북·미 회담에서 가장 놀라운 뉴스는 북한이 미국에 '경수로 기술 제공'을 요구했다는 사실이다. 북한은 일찍이 경수로 지원을 약속했던 소련이 해체되는 바람에 경수로 건설이 무산되었다. 미국도 이 제의를 원천적으로 거부할 것 같지는 않았다. 경수로만으로는 핵무기를 제조할 수 있는 재료(플루토늄)를 생산하기 어렵기 때문이다. 타노프도 일단 북한의 제의를 긍정적으로 평가한다고 했다. 다만, 경수로 제공은 엄청난 재정지원도 해야 하는 까닭에 선뜻 나설 의향이 없고, 핵 문제가 해결된 뒤에나 검토해볼 수 있다고 했다.

내가 보기에 미국은 설사 북핵 문제가 해결된다 해도 엄청난 재정지원을 할 뜻은 없는 듯했다. 그 '공'은 결국 우리 정부로 넘어올 가능성이 컸다. 북한으로서는 경수로가 세워지면 핵무기 개발 의혹으로부터 비교적 자유로워지는 동시에 심각한 전력난도 극복할 수 있다고 판단한 것 같았다. 따라서 앞으로 이 문제에 더 매달릴 것이 분명했다.

북핵 해결 시한을 국제원자력기구 이사회가 예정된 9월로 설정하는 게 어떠냐는 내 제안에 타노프도 동의했다. 그는 어쨌거나 미국은 북·미 회담을 무한정 계속할 생각은 없다고 못 박았다.

〉 "핵 민족주의 경계" 의견일치

1993년 7월 17일, 미국 워싱턴 국무부에서 피터 타노프 정무차관과 나는 마주앉아 모처럼 허심탄회한 대화를 나눌 수 있었다. 지난 4월 방한했을 때 타노프는 북·미 회담 대표로 내정됐느냐는 내 물음에 명확한 대답을 하지 않았다. 그래서 미국이 현 단계에는 북한과 정치적 또는 정무적 차원의 대화는 이르다고 판단한 것이라고 내심 짐작했다. 실제로 6월 뉴욕에서 열린 1차 북·미 회담에서 미국 수석대표는 타노프가 아닌 갈루치 차관보였다. 갈루치는 군사통제 전문가였다. 이날 타노프는 갈루치를 대표로 임명한 것은 미국이 핵 문제에만 집중하겠다는 뜻이라고 말했다.

타노프는 내게 남북 대화가 중단된 상태에서 북한 정세는 어떠냐고 물었다. 나는 북한 내부의 강경파와 온건파의 대립을 주목하고 있다고 답했다. 권력세습을 앞두고 김정일은 강경군부의 지지를 받는 듯하고, 김일성 주석은 미국과의 관계 개선이나 남쪽과의 대화에 관심을 쏟고 있는 듯했다. 나는 북의 강경 세력이 더 강경해지면, 그만큼 지난 4월 텍사스 주 웨이코에서 일어났던 신흥종교집단 다윗파에 대한 무력진압 참사와 같은 비극이 벌어질 위험도 증가할 것이라고 덧붙였다. 이는 일종의 경고이기도 했다. 북한은 종교화된 체제이기에, 외부의 강경책은 광신도와 같이 확신에 찬 강경 세력으로 하여금 깜짝 놀랄 비이성적 행동을 하도록 자극하는 꼴이 될 것이라고 강조했다. 서울·도쿄·워싱턴의 강경론자들이 손잡고 북한을 압살할 것처럼 밀어붙이면, 역설적으로 북쪽 강경파의 입지도 그 만큼 더 강화시켜주는 결과를 불러온다는 점에 주목해야 한다고 했다. 이 것은 미국의 냉전 강경 세력에게 내가 하고 싶은 경고이자 불행한 사건을 미리 막으려는 '평화 만들기'의 처방이기도 했다.

타노프는 이번 제네바 2차 회담에서 북한이 남북 비핵화 실천을 위한 대화를 계속 촉구하고 있다며 중국의 영향력에 대해 잠시 언급했다. 그는 중국이 북한 핵 문제에 대한 태도를 분명히 밝히지는 않았지만, 북의 핵 개발을 우려하고 있는 것은 분명하다고 지적하면서 한국이 여러 채널을 통해 중국에 분명한 메시지를 보내는 것이 중요하다고 했다. 혹시 앞으로 있을지도 모를 유엔의 대북제재조처도 중국의 협조 없이는 어렵다고 언급했다. 한반도 비핵화에 대한 중국의 영향력을 긍정적으로 보고 있는 것 같았다. 나는 하지만 북한의 행동을 변화시킬 수 있는 지렛대는 중국보다 미국에 있다는 걸 잊지 말아야 한다고 말해줬다.

나는 이어 북핵 문제 해결이 계속 지연되면 일본의 핵 민족주의자들이 자극을 받아 동북아 지역에서 위험한 군비경쟁을 촉발할 위험이 있다고 지적했다. 한국에서도 핵 민족주의 움직임이 머리를 드는 듯한데, 일본에서도 중국의 핵무기와 북한의 핵 개발 의지에 자극받은 극우파들이 '우리도 핵무기를 개발해야 한다'고 주장할 위험이 있었다. 타노프 차관도 나의 이런 판단에 동의했다. 그리고 지난 'G7 회의' 때 핵확산금지조약의 무기한 연장에 대한 일본 정부의 확고한 찬성 입장을 확인하지 못했다고 했다. 특히 3월 12일 북의 조약 탈퇴 선언 이후 일본 국회에서 조약의 연장 문제를 제기하기가 한층 더 어려워졌다고 토로했다. 일본의 극우 핵 민족주의자들은 조약에 묶여 핵 개발을 하지 못하는 현실을 늘 불만스러워하고 있었다. 하지만 1995년에 이르면 일본 정부도 국제 여론에 따라 조약의 무기한 연장에 결국 동의하게 될 것이라고 그는 내다봤다. 이번 북핵 문제가 해결되면 일본도 긍정적 호응을 할 테지만, 반대로 북한이 '노동 1호' 개발을 가속시키면 일본의 여론도 심각한 수준에 이를 것이라고 지적했다. 그의 말을 듣고 상황을 제대로 파악하고 있구나 하고 생각했다.

타노프는 며칠 전 클린턴 대통령의 방한 때 수행한 크리스토퍼 국무장관이 유엔 안보리의 대북제재 가능성을 언급한 것은 북한에 좀 더 강력한 메시지를 주려고 계획한 것이라고 했다. 이를 빌미로 이번 제네바 2차 회담에서 북쪽이 반발을 하지는 않을 것으로 그는 내다봤다. 그렇다면 그나마 다행스러운 일이겠다.

면담을 마치고 일어서는 내게 타노프는 제임스 레이니의 주한 미 대사 임명은 매우 반가운 일이라며 9월쯤엔 상원 인준이 가능할 것이라고 귀띔했다.

〉 "당신은 김영삼 정부의 피뢰침"

1993년 7월 14일, 뉴욕 일정을 마치고 워싱턴으로 간 나는 주한 미 대사로 지명된 제임스 레이니 부부를 워터게이트 호텔에서 만났다. 두 사람도 나와 같은 호텔에 묵고 있었다.

레이니 박사는 일찍이 주한 미군으로 한국에 온 적이 있었다. 해방 직후 남한이 혼란에 빠져 있을 때 미국의 군사정보 분야에서 일했다. 김구 선생을 비롯해 여운형·송진우·장덕수 등 정치지도자들이 줄줄이 저격범의 손에 쓰러질 때 젊은 레이니는 이들을 조사하는 일에 참여했다. 제대한 뒤에는 예일 대학교 경제학부를 졸업하고 신학 공부를 했다. 그리고 1960년 무렵 선교사로 한국에 다시 왔다. 그때 그는 연세대 신학과에서 기독교 윤리를 가르쳤다. 한국 기독교 학생운동을 통합시키는 일에도 적극적이었다. 한국기독학생회총연맹KSCF(약칭 기생)을 세우는 데도 많은 도움을 주었다. 기생은 세계교회협의회의 청년운동과 긴밀한 관계를 맺고 있는 진보적 조직이었다. 1970~1990년대 한국 민주화와 통일운동에 가장 앞장섰던 학생운동 단체이기도 하다.

1960년대 중반 예일 대학교 신학부로 돌아가 신학 박사 학위를 받은 그는 남부 명문대인 테네시 주 내슈빌의 밴더빌트 대학교 신학부 교수로 재직했다. 한국 감리교 지도자로 손꼽히는 박봉배 전 목원대 총장과 이화여대 기독교학과 명예교수인 서광선 박사, 그리고 숭실대(숭전대) 총장을 지낸 고범서 박사 등이 그의 제자다.

그가 밴더빌트 대학교 교수로 있던 1967년 무렵 나도 에모리 대학교에서 사회학 박사를 받은 뒤 내슈빌 인근의 테네시 공대에서 사회학 교수로 일하고 있었다. 레이니는 그 뒤 에모리 대학교 신학부 교수로 자리를 옮기고 학장으로 봉직했다. 학장 시절 그는 미국의 한 신학교가 문을 닫자 그 학교 장서를 몽땅 구입해 도서관을 확충하고 목회 경험을 살려 신학대학을 내실 있게 키웠다. 우리가 처음 인사를 나눈 것은 내가 서울대 교수로 부임한 직후인 1970년 초반, 에모리 대학교 총장으로 발탁된 그가 한국의 동문과 친구들을 만나러 온 자리에서였다. 그는 17년간 총장으로서 대학의 연구 기능을 크게 높여 3,000여 개 미국 대학 중에 20위 안에 드는 명문대로 키웠다.

그는 그러는 와중에도 늘 한국을 잊지 않았다. 특히 한국의 민주화와 한반도의 평화를 위해 꾸준히 노력한 까닭에 정계나 기독교계 지도자들 중

1993년 7월 15일 미국 공식 방문 중에 재회한 제임스 레이니 주한 미 대사 지명자(가운데)와
부인 버타 레이니(오른쪽). 이들은 1970년대 초부터 인연을 맺어온 오랜 지기다.

에 친구가 많다. 김대중·김영삼 전 대통령은 말할 것도 없고 김관석·문
익환·문동환·박형규·강원용 목사가 모두 그의 친구들이다.

나는 하루 저녁 일정을 비우고 레이니 부부와 밀린 얘기를 나누었다. 아
직 상원 인준 절차가 남았지만, 타노프 국무부 정무차관의 말대로 그의 청
문회 통과는 문제없을 것이었다. 그래서 나는 그의 주한대사 부임을 미리
축하했다. 30년 전에는 선교의 사명으로 한국에 왔으나, 이제는 한반도 평
화의 사명을 갖고 오게 되었으니 진심으로 기쁜 일이라고 축하해주었다.
마침 내가 한반도 평화와 통일을 추진해야 하는 국무위원으로 있으니 서
로 힘을 합쳐보자고 했다.

그는 내가 김영삼 정부에서 일종의 피뢰침 구실을 담당하고 있다고 말
했다. 문민정부로 떨어지는 천둥번개를 내가 막아주는 임무라는 얘기였
다. 나는 새 정부가 대통령의 개혁의지를 앞세우고 있으나, 과연 이 개혁

을 관철해낼 수 있을지 불안하다고 했다.

그 역시 주한대사인 자신에게 미국 정부가 전적인 권한을 줄지 염려하는 듯했다. 그에게는 이른바 '애틀랜타 인맥'이 있었다. 애틀랜타는 미국 흑인 민권운동의 메카다. 마틴 루서 킹 목사 계열의 흑인 지도자인 앤드루 잭슨 목사 등이 그의 친구요 동지였다. 에모리 대학교 인맥도 그에게는 큰 자산이었다. 상원 국방위원장 샘 넌 의원과 지미 카터 전 대통령도 그의 지기다. 에모리 대학교 총장 시절 그는 카터를 국제정치학 교수로 초빙하고 부설로 카터 센터를 설립해 세계평화 중재자로 뛸 수 있는 기반을 제공하기도 했다.

그 이튿날에는 한승수 주미 대사가 관저에서 레이니 박사와 나를 위해 만찬을 베풀어주었다. 국무부 한국과장으로 있던 찰스 카트먼도 초청했다. 그는 훗날 레이니 대사를 보좌하는 부대사로 수고했다. 워싱턴에 있는 한국 학자들도 참석해 정말 화기애애한 분위기였다. 나는 레이니 대사가 하루빨리 부임해 이때까지 한국의 지식인들이 생각해온 '총통 같은 미국 대사' 이미지를 멋지게 씻어내고 한반도 평화를 위해 겸손하고도 끈기 있게 일하는 '한국의 친구 미국 대사'의 전형을 직접 보여주기를 기원했다. 실제로 레이니 대사는 3년 임기 동안 한 번도 총통처럼 군림하려 한 적이 없었다.

〉 '나이브한 감상적 통일론자'라는 언론의 낙인

1993년 7월 중순 2차 북·미 회담 결과는 대체로 만족스러웠다. 무엇보다 북쪽의 경수로 건설 지원 요구는 예상 밖의 과감한 제안이었다. 그것은 곧 북한이 핵무기 개발을 포기한다는 의지를 구체적으로 표명한 것이기 때문이다. 강석주 북한 대표는 경수로 활용 의지는 핵 개발 의사가 없음을 뜻한다고 밝혔다. 경수로 제안으로 이제 북핵 문제는 남북한과 미국, 3자 논의가 불가피한 상황에 접어들었다.

7월 16일, 나는 워싱턴 주재 한국 특파원들과 미국 방문 마무리 간담회를 했다. 그런데《서울신문》의 관련 보도를 보고 김영삼 대통령이 격노했다는 소식이 서울에서 날아왔다. "우리 정부는 대북한 군사제재를 반대하며 평화적이고 외교적인 방법으로 문제를 해결해야 한다는 원칙을 견지하고 있다. 대북 경제제재는 효과가 없을 것이다. 북핵 문제가 안 풀려 유엔 안보리에서 대북 경제제재를 하는 상황으로 악화되지 않기를 바란다." 타노프 차관과 만난 자리에서 내가 한 말이라고 인용해놓은 기사였다. 사실 너무나 뻔한 원론적인 얘기 아닌가. 그런데 김 대통령이 격분했다고 하니 나로서는 어안이 벙벙했다. 내가 귀국하면 만나주지도 않겠다고 말했다는 이야기를 전해 듣고 청와대 참모들이 도대체 대통령을 어떻게 보좌하는지 또 한 번 개탄스러웠다.

예상대로 7월 19일 김포공항에 도착하자 기자들이 몰려와 비상한 관심을 보였다. 그사이《조선일보》와《한국일보》에서는 '일부 우파 강경론자들이 햇볕정책을 감상론적 통일론으로 폄하해 섭섭하다'는 내 얘기를 빌미로 색깔론적 비판을 쏟아놓고 있었다. 특히《조선일보》의 김대중 칼럼은 나를 나이브한 감상적 통일론자로 단정 짓고 물러날 것을 촉구했다.

그럴 때면 조선일보는 언론이 아니라 북한 체제와 그 지도자들을 악마로 확신하는 냉전원리주의자들의 유사종교단체 같은 생각이 들었다. 그들에게 '좌파'는 종교적 사탄과 같은 증오의 대상이다. 중도자유주의자도, 나처럼 민중의 고통에 민감해하는 진보적 자유주의자도 예외 없이 '친북좌파'로 낙인찍히 말이다.

1993년 7월 16일, 미국 순방 중 워싱턴 주재 한국 특파원들과의 간담회. 이 자리에서 나온 발언을 계기로 국내 보수 언론의 공세는 한층 노골화되었다. 반기문(뒷줄 오른쪽 둘째) 당시 주미공사 모습도 보인다.

자매지《월간조선》은 한술 더 떴다. 그해 8월호 "추적 ― 한완상 통일원 장관의 문제논문·문제발언" 기사에서 나의 대북관이 충격적이라며 호들 갑을 떨었다. 1992년 사회학회장 시절 제자들과 함께 펴낸『한국전쟁과 한국사회변동』서문에서 나는 "비판적 연구 태도는 북한 체제 연구에도 적용되어야 한다. 한반도 평화를 만들기 위해서는 남북이 서로 역지사지 하는 자세를 가져야 한다. 이것은 북한 연구에서 내재적 접근이 필요하다 는 말과 상통하기도 한다"는 주장을 했다. 그런데 이를 수정주의에 가깝고 북한을 옹호하려는 논리라고 악의적으로 왜곡해놓은 것이다. 이를 두고 강준만 교수(전북대)가 정곡을 찔렀다. "자유주의자를 진보주의자로 둔갑 시키는 구도 아래서는 분단 고착을 원하는 극우주의자가 자유주의자로 행 세할 수 있을 터이니 그것 참 보통 심각한 문제가 아니다"(《한겨레》1993년 7월 27일치). 이어 8월 19일에는 사회학회 회원 41명이 연대 성명으로 반박하고 규탄했다.

귀국 다음날 오후 총리공관에서 통일관계 고위전략회의를 열었다. 그런데 다음날 일부 언론에서 '2차 북·미 회담 결과를 두고 통일부는 매우 긍정적, 외무부는 다소 긍정적, 총리실은 다소 회의적으로 평가했다'고 보도했다. 총리실의 의견에서 청와대 비서실의 입김을 느낄 수 있었다. 그 며칠 뒤에는《세계일보》에 지난 5월 25일 북한의 부총리급 특사교환 제안의 뒷이야기라며 소설 같은 거짓 기사가 나왔다. '김일성 주석이 한완상 부총리를 밀사로 북한에 파견해달라고 우리 정부에 비공식 요청했고 우리 정부는 이를 일축했다'는 것이다. 취재원이라는 '익명의 고위 당국자'를 짐작해보니 한마디로 실소가 나왔다.

그러나 나는 7월 30일 일본《아사히신문》인터뷰에서 2차 북·미 회담을 긍정적으로 평가한다고 다시 한 번 분명히 밝혔다. 합의한 대로 국제원자력기구IAEA의 영변 사찰이 이뤄지면 핵확산금지조약NPT 탈퇴 선언 이래 금지된 한국 경제인의 북한 방문 금지를 즉각 풀 것이며, 핵 의혹이 완전 해소되면 전면적인 경제협력 교류를 할 용의가 있다고 힘주어 말했다. 이산가족 상봉 같은 인도주의 사업은 핵 문제와 관계없이 제3국을 통한 재회 방법도 검토하고 있다고 덧붙였다. 아사히는 이날 인터뷰 내용을 "경제인 방북 해금"이라는 제목으로 크게 보도했다.

〉'남북 인간띠 잇기 대회'에 대해 질책을 받고

1993년 8월이 되자 내게 또 하나의 위기 아닌 위기가 다가왔다. 단초가된 사건은 남북 인간띠 잇기 운동이었다.

1970~1980년대 한국 민주화운동에 앞장서온 한국기독교교회협의회

NCCK와 북한기독교연맹은 8월 15일 광복절에 같은 신앙을 고백하면서 인간띠를 이어 휴전선에서 만나기로 합의했다. 이어 예전 군사권위주의 정권에서는 상상도 못했을 법한 일이었지만, 문민정부가 들어섰으니 국민과 정부가 손잡고 함께 추진하자고 NCCK가 제의했다.

그에 앞서 남북 교회 대표자들은 1986년 세계교회협의회 주선으로 처음 만났다. 1988년에는 1995년을 '평화통일의 희년'으로 선포하고, 해마다 8월 15일 직전 일요일을 평화통일을 위한 공동기도주일로 지키기로 합의했다. 이런 배경에서 1993년 4월 19일 한국교회협의회는 남북 인간띠 잇기 대회를 추진하기로 결정하고 범기독교적인 '평화통일 희년 준비위원회'를 구성해 대회를 준비했다. 이어 7월 19일에는 추진본부가 공식적으로 발족했고, 여기에 한국YMCA, 한국YWCA, 흥사단, 일천만이산가족재회추진위원회, 천도교 등 100개가 넘는 민간단체가 참가했다. 대회장으로는 강원용 목사가 선출되었다.

그런데 아쉽게도 북한은 인간띠 잇기 대회와 범민족대회를 병행해서 추진하자는 제안을 했다가 어렵게 되자 남북 공동 개최를 막판에 거부해버렸다. 결국 남쪽에서만 46개 개신교 교단과 55개 사회단체, 그리고 여러 종교단체가 참여해 반쪽 행사로 진행했다. 그런데 정부 안에 인간띠 잇기 운동 자체를 반대한 사람들이 있었다. 그들은 통일원이 시민단체와 연대하는 것에 반대하며 김영삼 대통령을 부추겨 운동 자체를 좌절시키려 했다.

이 때문에 나는 대통령과 여러 차례 불편한 대화를 해야 했다. 행사가 가까워질수록 대통령과 나 사이에 긴장도 고조되기 시작했다. 8월 7일 토요일 밤 별안간 청와대에서 전화가 왔다. 김 대통령이 직접 전화하셨다. 그는 단도직입적으로 인간띠 잇기 대회를 왜 통일원이 주동하여 이렇게 성급히 추진하느냐고 나무라듯 얘기했다. 마치 불온 세력과 손잡고 정부의 다른 부처들과 협의도 없이 내가 독단적으로 추진하는 것처럼 책망했다.

순간 나는 너무 놀랍고도 의아했다. 이미 대통령과 두어 차례 독대한 자리에서 인간띠 잇기 대회의 의미와 중요성에 대해 설명을 했기 때문이다. 그때마다 민주화 투쟁에 앞장섰던 김 대통령의 당선을 적극 지원했던 기독교 진영이 모두 이 운동에 참가하고 있다는 사실과 함께, 문민정부에서 당연히 통일·평화·인권운동을 민관 합동으로 추진해야 하는 이유를 설명했기 때문이다. 총리가 주재하는 국무회의에서도 왜 문민정부가 이 대회를 성공시켜야 하는지 설명하기도 했다. 언론과 인터뷰에서도 같은 설명을 반복했다. 그런데 별안간 대통령이 이처럼 역정을 내시다니, 기억 못할 리 없을 텐데. 당혹스러운 마음으로 나는 또다시 인간띠 잇기 운동의 의미를 설명해야 했다. 특히 대통령이 지난날 기독교 민주화운동 단체에 신세를 졌다는 사실을 상기시키면서 이 운동을 도와주는 것이 민주화와 평화를 위할 뿐만 아니라 신의를 지키는 일이라고 강조했다. 1979년 대통령이 신민당 총재 시절 국회에서 제명당했을 때 교회협의회의 활약을 상기시켰다. 당시 NCCK의 '교회와 사회위원회'에서 즉각 비판 성명을 발표했다. 앞에서도 잠시 언급했듯이 나도 박형규·김상근 목사, 이재정 신부와 함께 그 성명서 작성 위원으로 참여했다는 이유로 서울시경 특수수사대에 끌려가 곤욕을 치르기도 했다.

그런데 그 무렵 서울에 와 있던 유종하 주유엔 대사로부터 먼저 연락이 와 만났더니, 대뜸 '살아남는 문제에 신경을 쓰라'고 충고를 했다. 고교(경북고) 동창으로서 격의 없이 하는 말이라 해도 지나친 감이 있었다. 그는 박관용 비서실장을 비롯한 대통령 주변 인물들을 만나보니 내 입지가 위태롭다고 느꼈던 것 같았다. 유 대사도 박 실장처럼 대북강경론자라는 사실은 짐작했지만, 두 사람이 언제 그렇게 가까워졌는지는 지난달 뉴욕에서 만났을 때까지도 나는 미처 몰랐다. 도대체 어떤 귀띔이 있었기에 유대사가 내게 그렇게 오만한 충고를 했을까, 정부의 대북 정책의 앞날이 걱정되지 않을 수 없었다.

그러나 나는 정치적 생존이 역사적 생존은 아니라고 확신했다. 정치적 생존에 성공했다고 해서 반드시 역사가 높이 평가하지는 않는다. 오히려 그 반대가 될 확률이 높다고 생각했다.

〉'통일 기원 인간띠 장관' 보수 언론들도 모두 호평

1993년 8월 14일 밤, 나는 잠을 설쳤다. '내일 인간띠 잇기 행사는 반드시 평화롭고 신나게 펼쳐져야 한다. 그래서 해방 이후 최초로 민관이 힘을 모아 통일운동을 펼쳤다는 평가를 받아야 한다'는 생각에 나도 몰래 긴장이 되었다. 이튿날 아침 일찍 출근해 9시쯤에 이르자 도저히 집무실에 앉아 있을 수가 없었다. 차질 없이 행사가 진행되는지 차를 타고 독립문에서 임진각 가까운 곳까지 천천히 둘러보았다. 수많은 인파가 마치 소풍 가듯 즐겁게 담소를 나누며 끊임없이 북쪽으로 향하고 있었다.

그날 오후 내내 통일가요제, 평화통일 글짓기·그림그리기, 통일 한마당과 남북 나눔 한마당, 평화통일 기원 예배, 민족화해 강연 등 다채로운 문화행사가 열렸다. 하기야 앞서 7월 19일부터 8월 14일까지 통일기원 걷기대회, 통일바자회, 대회 설명회, 거리 캠페인 등으로 분위기를 띄웠다. 통일원은 돌발사태를 예방하고 인간띠 잇기 대회가 순조롭게 진행될 수 있도록 교통관리, 통신지원, 집회 허가, 행사 집결지 장소 사용 허락 등을 적극 지원했다. 문화관광부에서도 도왔다.

1993년 8월 15일 남
북 인간띠 잇기 행사.

마침내 아침 6시부터 저녁 7시까지 독립문에서 임진각까지 48km를 6만
여 명이 손에 손을 잡고 인간띠를 이었다. 인간띠의 최북단에는 9살 '통일
돌이' 고명산양과 민주화운동의 대부인 박형규 목사, 그리고 서울YWCA
를 대표해서 내 아내인 김형도 서 있었다. 국무위원 부인으로서 용기 있게
앞장서준 아내가 참 고마웠다.

그날 저녁 7시가 지나서 곧바로 청와대로 전화했다. 그런데 행사가 무
사히 성공적으로 끝났다는 보고를 듣고도 김영삼 대통령은 아무 말이 없
었다. 맥이 빠졌다. 다행히 저녁 뉴스에서는 모두 긍정적으로 보도했다.
내일 조간신문들은 어떻게 평가할까 내심 궁금하면서도 걱정스러웠다.
그런데 뜻밖에 《조선일보》까지 "통일 기원 인간띠 장관"이라며 사진을 소
개했다. 《동아일보》는 행사 전날부터 일정과 참가자 유의사항을 자세히
소개하기도 했다. 오랜만에 언론의 호의적 협조 아래 시민사회와 정부가
통일의 열망을 뜨겁게 보여준 통일 한마당 잔치였다.

개인적으로 흥미로운 반응은 통일원 직원들이 정리한 남북 인간띠 잇기
의 정책적 의의에 대한 평가였다. 기독교계 주도의 행사임에도 천도교 등

비기독교 단체들과 흥사단·경실련 같은 시민단체가 모두 힘을 합쳐 범시민적·범국민적 평화축제와 통일축제를 치러냄으로써 '국민합의'라는 문민정부의 통일기조를 구현할 수 있는 기반을 조성하는 데 크게 도움이 되었다는 내용이었다. 이런 민관 협력이 지속적으로 이뤄지면 남북 당국 간 신뢰회복에도 그만큼 도움이 될 것이라고 덧붙였다. 무력적 안보를 중시하는 부처와는 확연히 다른 이 같은 성숙한 민주적 평가는 어쩌면 통일원으로서 당연한 것이었다.

이를 계기로 나는 원칙 없이 살아남기를 바라는 짓은 절대로 하지 않겠다고 새삼 다짐했다. 상황적으로는 패배해도 역사적으로는 이길 수 있다고 생각했다. 역사가 눈앞의 상황보다 더 무섭다는 사실을 어찌 잊겠는가.

그 와중에도 8·15 대통령 경축사 연설문 준비를 위해 나는 청와대 이경재 대변인과 자주 이야기를 나눴다. 그는 나의 심중을 누구보다 잘 이해하는 청와대 인사였다. 연설문 초안을 보내왔는데 읽어 보니 아주 산만했다. 그래서 의논 끝에 내가 연설문을 작성해서 보내기로 했다.

타율적 분단의 비극적 현실 속에서 잃어버린 해방의 빛을 문민정부의 성공적 개혁으로 다시 되살려야 한다. 임시정부 요인의 유해봉환의 뜻이 바로 여기에 있다. 문민정부의 정통성은 바로 상하이 임시정부에서 나왔고 이것이 우리 헌법의 정신임을 강조한다. … 한반도의 평화와 통일에 대한 신념을 다짐해야 한다. 그래서 남북 기본합의서의 이행을 촉구해야 한다. … '핵무기 없는 평화는 핵무기 있는 평화보다 더 정당하고 더 강인하며, 핵무기 없는 통일은 핵무기 있는 통일보다 더 안전하고 자랑스럽다'는 점을 부각시켜야 한다. … 세계사의 새로운 흐름이 한반도를 변두리인 극동에서 자연과 문명의 해가 힘차게 떠오르는 희망의 중심지로 옮겨가게 한다는 점을 밝힌다. … 끝으로 문민정부의 개혁은 제2의 새로운 독립운동이자 민족·민주 운동임을 선언한다.

이런 원칙을 바탕으로 연설문 초안을 작성하면서 나는 김 대통령이 지난 2월 25일 취임사를 발표하던 때의 정신으로 돌아오기를 간절히 바랐다. 그래야만 문민정부가 민주개혁을 계속 추진할 수 있을 테니까 말이다.

〉 외국 언론에서 붙여준 별명 '매버릭 미니스터'

1993년 8월 중순 제네바의 2차 북·미 회담이 일단락되었다. 미국은 북한에 분명한 메시지를 보냈다. 경수로 기술 지원을 포함해서 북한이 자신들의 주장을 관철하려면 먼저 국제원자력기구IAEA 및 남한과 대화를 시작해야 한다고 못박았다. 이에 8월 19일 통일관계장관회의를 열고 미국의 입장을 존중하기로 했다. 따라서 이제는 특사교환보다 남북 간 핵통제위원회를 가동시키는 문제를 놓고 남북 대화가 이뤄지기를 바랐다.

뒤이어 3차 북·미 회담을 앞두고 한국·미국·일본의 실무자 회의가 열렸다. 우리 쪽에서는 외무부 신기복 차관이 참석했다. 3국 실무자 회의는 활발한 논의 끝에 9개항의 합의에 도달했다.

'첫째, 미국은 국제원자력기구와의 대화에서 북한에 대한 특별사찰을 의제로 삼는다. 둘째, 미국은 한국에 의제나 형식에 얽매이지 않는 융통성 있는 남북 대화 재개를 요청한다. 셋째, 3차 북·미 회담이 열리려면 북한이 국제원자력기구 그리고 남한과 대화를 개시해야 한다. 넷째, 미국은 특별사찰이 여의치 않을 때는 4단계로 나아가는 중간단계로서 북한으로부터 몇 가지 동의를 얻어내야 한다. 2개의 미신고 시설 주변 방사능 측정 허용, 2개의 미신고 시설의 구체적 내용에 대한 정보 제공, 플루토늄 저장량 설명 등이다. 다섯째, 특별사찰 수용 여부를 두고 북한 내부에 강온파가 대립하고 있다고 판단한다. 여섯째, 미국은 팀스피릿 훈련에 대해 어떠한 결정도 내린 적이 없다. 일곱째, 미국은 3차 회담에서 경수로와 관련된 법적 기술적 절차를 북한에 설명한다. 여덟째, 갈루치 대표가 9월 8일께 서울을 방문해 '남북 상호사찰 문제'에 대한 의견을 조율한다. 끝으로 3차 회담 시기는 대체로 9월 중순께가 될 것이다.'

나는 실무자 회의를 지켜보면서 그동안 한국과 국제원자력기구가 북한과의 대화에 미국보다 더 주저하고 소극적이고 때로는 비관적이었음을 실감했다. 미국은 북한이 과민 반응하는 팀스피릿 문제에 대해서도 상당히 융통성 있는 태도를 보여왔다. 이에 비해 우리는 팀스피릿 훈련을 대북 압박책으로 활용하고 싶어 했다. 냉전 강경 세력은 특히 보다 큰 융통성을 발휘할 수 있는 북·미 고위 정치회담이 열리지 않을까 전전긍긍했다. 미국도 바로 이 점을 불편해하는 듯했다. 미국은 이 딜레마에서 벗어나고자 북한에 국제원자력기구에 먼저 협력할 것을 요구했던 것이다.

돌이켜보면 그해 8월 한 달은 롤러코스터를 타는 것처럼 현기증이 났다. 그 무렵 《아시안 월스트리트 저널》은 기사에서 나를 두고 '매버릭 미니스터'라고 불렀다. 꼭 나쁜 뜻으로 쓴 말은 아니다. 매버릭은 '홀로 튀긴 하지만 다수가 안일한 선택을 할 때 용기 있게 고독한 길을 걸어가는 사람'을 뜻한다. 앞서 1992년 미국 대통령 선거 때 공화당 비주류 대통령 후보였던 존 매케인 상원의원의 별명이 바로 '매버릭'이었다. 그는 이 별명을 자랑스러워했고 자신의 정치 이미지로 활용했다.

그 기사에서 나를 '매버릭'이라고 표현한 것은 문민정부 안에서 내가 홀로 햇볕정책 같은 대북 온건 정책을 견지하기 때문이었다. '서울의 외로운 한 목소리가 북한에 대한 지원책을 요구하고 있다'는 기사 제목이 이 점을 선명히 부각시켰다. 기자는 나를 비둘기파라 부르면서 김영삼 정부 안에 있는 독수리파들이 나를 염려한다고 했다. 곧이어 미국의 대표적 보수 언론인 《월스트리트 저널》도 나의 대북 유화책과 보수파들의 강경 대응을 기사화했다. 미국과 우방국들은 북한 제재를 논의하는데 통일원은 협력을 주장하는 어색한 상황이 벌어지고 있다고 지적했다.

사실 이런 지적은 민주국가에서 각 부처의 대표로서 국무위원이 정책에 대해 자유롭게 의견을 개진할 수 있는 권리를 지닌다는 기본 상식에 어긋나는 지적이다. 각료들의 다양한 목소리를 귀 기울여 듣고 더 멀리, 더 넓게, 더 깊게 보고 올곧은 정책을 선택하는 것이 대통령이 할 일이다. 생각해 보라. 통일원 장관이 안보담당 장관들보다 더 강경한 대응을 항상 외친다면 남북 관계가 어떻게 되겠는가?

그래도 《월스트리트 저널》은 세계적인 권위지답게 국내 보수 언론처럼 편향되고 배타적이지는 않았다. "한국 국민의 약 80%가 북한을 더는 경쟁자나 적대적 존재로 보지 않고 북한과 협력을 증진해야 한다고 생각한다"는 여론조사 결과와 함께 나의 대북 정책이 국민의 지지를 받고 있다고 밝힌 것이다. 흥미로운 기사였다.

〉 갈루치 방한에 '정부 내 강경 - 온건파 없는 척'

1993년 9월이 되어도 북·미 회담에 대한 정부 내 강경파들의 염려는 사그라지지 않았다. '북한의 핵확산금지조약 탈퇴 유보'에 합의한 1차 회담의 결과에 다소 격한 반응을 보였던 이들은 2차 회담에서 북한이 요구한 경수로 문제에도 시큰둥했다. 이 때문에 지난 8월 초 국제원자력기구IAEA의 임시사찰단이 영변을 방문했을 때도 미국은 안전조치의 계속성 보장

측면에서 긍정적으로 평가한 반면 우리 정부는 '기술적 차원'에 지나지 않는다고 과소평가하며 내내 불만을 표시했다.

그런 와중에 3차 회담을 앞두고 미국 쪽 협상 대표인 로버트 갈루치 차관보가 9월 9일 방한할 예정이었다. 정부는 그를 맞기에 앞서 외교안보 비서관이 주재하는 실무자 회의를 열었다. 청와대에 파견 나가 있는 통일원 비서관과 정책실장, 외무부 제1차관보, 국방부 군비통제관, 안기부 대북전략기획국장이 참석했다.

실무자들은 3차 회담에 대한 북한의 전략을 부정적으로 평가했다. 그래야만 갈루치의 행보를 늦출 수 있다고 생각하는 것 같았다. "북한은 미국과 직접 협상을 통해 궁극적으로 정치적 관계 개선에 필요한 여건을 조성하는 데 주력할 것이다. 따라서 국제원자력기구와의 협상이나 남북 대화는 최대한 지연시키거나 회피하려 할 것이고, 3차 회담을 성사시키기 위한 형식적 대화에 매달릴 것이다." 이것이 북한에 대한 실무자들의 평가였다. 그래서 북·미 대화의 전제조건으로 이제껏 내세운 사항을 다시 강조하기로 했다. 국제원자력기구와 추가 협의를 진행하고 핵 문제 해결을 위해 남북 대화를 시작하지 않으면, 3차 북·미 회담을 성사시켜서는 안 된다는 방침을 다시 확인한 셈이었다. 그리고 북한이 이 두 가지 조건을 충족시키지 않을 때는 9월 22일 열릴 국제원자력기구 이사회에서 북한에 대한 국제적 압력을 강화해야 한다고 결론을 내렸다.

만일 3차 북·미 회담이 열리게 되면, 북한은 1차와 2차 회담에서 자신들이 요구한 사항을 다시 거론하면서 구체적으로 그 이행을 촉구할 것이라고 실무자들은 판단했다. 북한의 요구 사항은 '1994년부터 팀스피릿 훈련 중지, 경수로 지원, 테러국가 지정 삭제' 등이었다. 이들은 또 만일 3차 회담에서 북한이 국제원자력기구의 특별사찰을 회피하려고 남북 간 비핵화 공동선언을 이행하는 차원에서 핵 투명성을 보여주겠다고 제의하더라도 단호히 거부해야 한다고 했다. 또 북한이 한반도 '비핵화'보다 '비핵지대화'를 요구한다면, 이는 핵사찰 문제와 무관하다는 점과 함께 비핵화 문제가 해결된 이후 검토해볼 수 있다는 점을 강조해야 한다고 했다. 비핵지대화 문제는 미국의 핵무기가 한반도에 진입하지 못하게 하는 것과 연관되어 있었기 때문이다.

경수로 지원 관련 협의도 북핵 문제가 해결된 다음에만 가능하다고 못 박았다. 사실 북한이 경수로 지원을 제의한 것은 핵 투명성을 밝히려는 그 나름의 새로운 제안이었다. 그런데 우리 정부 실무자들은 이 문제도 부정적으로 대응해야 한다고 했다. 다만 경수로 문제는 법적으로나 기술적 측면에서 의견 교환은 할 수 있도록 여지를 남기는 것은 괜찮다고 보았다.

또 한 가지 웃지 못할 논의는 갈루치 쪽에 우리 내부에 이견이 있는 것처럼 보이지 않도록 노력해야 한다고 한 것이다. 민주정부 안에는 이견이 있는 것이 당연하고, 미국은 이미 우리 정부 안에 강경파와 온건파 간에 견해 차이가 있다는 것을 훤히 꿰뚫어보고 있는데도 말이다.

마지막으로 실무진은 3차 회담을 서두를 필요가 없다는 것을 미국에 알리자고 했다. 특히 남북 간에 실질적 대화 없는 상태에서 3차 회담을 연기해야 한다는 의견을 갈루치에게 전달하자고 했다.

이 같은 실무진의 논의 내용을 들으며 은근히 걱정되었다. 자신들의 건의가 북·미 회담을 더 어렵게 하고 나아가 남북 관계도 악화시킬 위험이 있다는 사실과 쓸데없이 미국과 마찰하게 될 소지를 과연 실무진이 알고는 있는지 나는 염려되었다. 설사 우리가 미국 정부의 발목을 잡으려 해도 미국은 국익을 위해 북한과 일정한 수준에서 대화와 협상을 이어나가려 할 것이다. 이른바 '깡패국가'에 의해 핵무기가 테러리스트 집단으로 흘러

1993년 9월 13일 통일부총리 집무실에서 만난 갈루치 차관보.

들지 않게 해야 한다는 미국의 세계 전략에 따라 북한을 적극 설득하려 할 것이다. 그러니 우리 정부의 냉전식 발목잡기는 한계에 직면할 수밖에 없었다.

》 한반도 비핵화와 비핵지대화는 분리될 수 없어:
노태우 정부보다 후퇴한 문민정부

이쯤에서 북·미 회담을 통해 북한이 요구하는 조건을 정확히 살펴볼 필요가 있다. 북한은 1993년 7월 제네바에서 열린 2차 북·미 회담에서 미국에 다음 6개 항을 요구했다.

'핵무기 불사용을 양자적 문서로 보장할 것, 핵무기를 한반도에 배치하지 않는다고 선언할 것, 팀스피릿 및 대규모 군사훈련을 중지할 것, 정전협정을 평화협정으로 대체할 것, 북한에 대한 테러국가 지정을 철회할 것, 고려연방제 통일방안을 지지할 것' 등이다.

특히 앞의 세 가지는 '한반도 비핵지대화' 요구와 연관되어 있었다. 한반도에 미국의 막강한 핵무기가 배치되는 한 북핵 문제는 풀릴 수 없다고 북은 확신하고 있다. 그래서 미국 쪽에 남한에 배치한 핵무기로 북을 공격하지 않는다고 보장하는 문서를 작성해달라고 줄기차게 요구해왔다. 팀스피릿 같은 대규모 군사훈련에는 미국의 핵 항공모함도 동원되기 때문에 북한은 이를 핵 공격을 위한 훈련이라고 믿어 심각하게 두려워하고 있다.

그런데 우리는 북한의 '한반도 비핵지대화' 요구는 '한반도 비핵화' 문제와 아무 연관이 없다고 주장해왔다. 북한이 왜 그런 주장을 하는지 귀를 기울일 필요가 있었지만 당시 우리에게는 그런 융통성과 여유가 없었다. 3차 북·미 회담이 열리면 북쪽은 다시 같은 주장을 반복할 것이 분명했다. 그러니 갈루치가 오면 이에 어떻게 대응해야 할지 우리의 의견을 물을 수도 있었다. 물론 냉전 세력은 판에 박은 답을 내놓을 터였다. 북한이 국제원자력기구IAEA 특별사찰을 받고 남북 대화를 통해 상호사찰을 해야 한다는 원칙을 전제조건으로 내세워야 한다는 것이다.

사실 당시 나는 미국과 한국이 이제 한반도 비핵화와 한반도 비핵지대화를 연결해 포괄적으로 문제를 풀어가야 할 때라고 보았다. 노태우 정부 시절인 1992년 2월 19일에 발효된 '한반도의 비핵화에 관한 공동선언' 제1항은 "남과 북은 핵무기의 시험·제조·생산·접수·보유·저장·배비配備·사용을 하지 아니한다"였다. 그러므로 미국의 핵탄두가 남한에 배치되는 문제와 군사훈련 때 미국의 핵 항공모함 동원 문제도 융통성 있게 논의하면서 그 대가로 북한에 핵 투명성을 강력히 요구할 수도 있었다. 공동선언 4항은 이렇게 이어진다. "남과 북은 한반도의 비핵화를 검증하기 위하여 상대측이 선정하고 쌍방이 합의하는 대상들에 대하여 남북핵통제공동위원회가 규정하는 절차와 방법으로 사찰을 실시한다." 이처럼 남북이 직접 핵 문제를 해결할 수 있는 길이 열려 있었다. 그런데도 문민정부가 군사정부 때보다 더 경직되고 옹졸해졌으니 이 어찌 안타까운 노릇이 아니겠나!

북한의 넷째 요구 조항인 평화협정 문제는 남북의 상호불신에 따라 북한의 '통미봉남' 정책이 강화되는 한 우리 쪽에서 끼어들기 어려운 사안이었다. 북한은 평화협정에 관한 한 정전협정의 당사자인 미국·중국과만 협상하려 할 터였다. 이승만 대통령의 고집과 단견으로 우리는 한국 전쟁의 당사자이면서도 정전협정에 서명하지 않았던 것이다.

다섯째 요구는 우리 정부가 북한에 대한 테러국가 지정을 철회하도록 미국에 요청한다면 북·미만이 아니라 남북 대화의 문도 활짝 열게 할 수도 있는 일이었다. 그러나 당시 냉전 강경 세력에게 이 같은 요구는 턱도 없는 얘기였다.

마지막 여섯째는 사실 북한이 미국에 요구할 사항이 아니었다. 오히려 우리에게 북의 고려연방제와 남의 국가연합제 사이의 유사성과 차이점을 논의하자고 제의해야 옳았다. 북한이 강조하는 민족 당사자 원칙이나 '우리 민족끼리 먼저'의 원칙에도 어긋나는 요구였다. 북한이 이 같은 민족문제를 미국 측에 요구한 것은 북한이 그만큼 김영삼 정부에 실망한 것이 아닌가 하는 생각이 들어 더욱 씁쓸했다.

어쨌거나 북한의 대미 협상 의지는 확실했다. 9월 중순 주창준 주중 북한 대사가 김일성 주석의 뜻을 다시 한 번 밝혔다. 김 주석은 어떻게 하든 북·미 회담을 성사시켜 핵 문제를 일괄 타결하고 중국처럼 개방개혁을 성공적으로 추진하고 싶다고 했다. 그래야 자신이 북한 주민들에게 여러 차례 밝힌 '쌀밥과 고깃국'을 먹일 수 있는 나라로 나아갈 수 있다고 했다. 이는 김 주석의 진정이자 소박한 염원 같았다.

이어 10월 5일, 북한 외교부는 대변인 담화를 통해 국제원자력기구 총회의 결의를 비난했다. 원자력기구가 남한 정부와 마찬가지로 북·미 대화를 방해한다고 보았기 때문이다. 그렇다고 원자력기구 자체를 비난하지는 않았다. 이번 담화에도 김 주석의 '흰쌀밥과 고깃국' 의지가 그대로 드러났다. 이런 그의 솔직한 의지를 우리가 계속 무시하기만 해야 하는 것일까?

〉'북핵 일괄 타결' 진언에 YS는 "시기상조" 일축

1993년 10월에 접어들자 골치 아픈 일이 여럿 머리를 처들었다. 10월 9일은 토요일이었는데도 아침 8시부터 김영삼 대통령 주재로 통일안보장관회의가 열렸다. 이미 핵강대국이 된 중국이 핵 실험에 돌입했다. 이 사태에 대응하기 위한 회의였다.

이는 분명 북한의 핵 개발 의지를 한층 자극할 수 있는 악재였다. 일본의 핵 민족주의자들 역시 평화헌법 개정의 빌미로 삼을 것이다. 중국에 맞설 군사대국으로 발돋움하려 할 게 뻔했다. 미국을 위시한 서방의 핵강대국들도 영향을 받을 것이다. 만약 국제원자력기구IAEA가 중국의 핵 실험에 속수무책으로 나오면 북한은 그 불공정성을 더욱 부각시킬 것이다. 핵강대국에는 비겁하리만치 온순하면서 북한 같은 약소국에는 지나칠 정도로 강력한 제재를 서슴지 않는다고 말이다. 상황이 이러하니 걱정이 이만저만이 아니었다. 당장 10월 15일로 예정된 2차 남북 실무접촉에 나쁜 영향을 미칠까 봐 통일원은 노심초사했다.

바로 전날인 8일 국정감사에서도 작은 돌출사건이 터졌다. 김시중 과학기술처 장관이 관련 부처와 한마디 논의도 없이 '평화 목적이라면 우리도 핵 재처리 시설이 필요하다'고 발언한 것이다. 자칫하면 '한반도 비핵화 공동선언'을 뒤집을 수도 있다는 인상을 주는 얘기였다. 이 발언은 단숨에 톱뉴스가 되었다. 당장 북한의 반응이 염려되었다. 그동안 북한의 핵투명 성을 강조해온 우리 정부가 난처해질 수 있기 때문이다. 새로운 위기를 몰고 올 수도 있었다.

9일 오전 취임 이래 세 번째 안보장관회의를 소집한 김 대통령은 측근 강경론자들로부터 대북 강경책을 확실히 세워야 한다는 권고를 미리 받은 듯 안보태세 강화를 특별히 강조했다. 중국이 핵 실험을 하고, 런던에 체류 중인 김대중 전 총재가 북·미 포괄적 타결이 중요하다고 강조한 상황에서 김 대통령은 북한의 적화노선에 따른 군비증강에 쐐기를 박아야 한다고 다짐했다.

나는 남북이 서로 강경대응을 선택하면 또 다른 비극적 결과가 나타나지 않을까 염려했다. 주체사상이라는 신념체계 위에 최고지도자를 신적 존재로까지 숭배하는 북한은 일종의 종교국가로서, 강한 외압이 작용하면 내적 단합이 더 강해질 것이었다. 따라서 이런 비이성적 체제를 다룰 때는 좀 더 합리적으로 냉철해질 필요가 있다. 그런데 김 대통령에게는 마음의 여유가 없어 보였다.

이날 나는 작심하고 두 가지 얘기를 꺼냈다. 우선 어떤 사안이든 대통령이 발언을 하실 때에는 극단적인 표현을 삼가야 한다고 진언했다. 비록 해결책에 관한 발언이라도 대통령은 항상 한발 뒤에 한 수준 높은 곳에 계셔야 한다고 강조했다. 북한에 대해 강경발언을 해야 할 때는 국방부나 안기부 같은 관련 부처 책임자가, 반대로 여론의 지지를 받기 어려운 온건발언을 해야 할 때는 대화와 협상 담당 부처에서 하게 하는 것이 바람직하다고 말했다. 그래야 아랫사람들의 발언으로 위기가 닥치게 될 때 대통령이 좀 더 유리한 입지에 서서 올곧은 판단을 내릴 수 있기 때문이다. 그래서 대통령께서 자주 극단적인 발언을 하시게 되면 오히려 더 큰 위기를 불러올 수도 있다고 지적했다.

내친김에 나는 대북전략에 대해 지금은 북·미 간 일괄 타결로 핵 문제를 풀어야 할 때라고 강조했다. 김 대통령은 내 말에 긴장하는 듯했다. 달가워하지 않는 표정이 역력했다. 내 발언이 런던에서 날아온 DJ의 발언과 비슷하다 여겼기 때문일 것이다. 김 대통령은 DJ에 관해 언급하는 것 자체를 체질적으로 싫어했다.

그러나 그날 내 발언은 일괄 타결을 고려하는 클린턴 행정부의 기류를 감지했기 때문에 나온 발언이었다. 또한 나는 근본적으로 북·미 간 일괄 타결이 한반도 핵 문제를 풀 수 있는 열쇠라고 판단했다. 북한은 이를 끈질기게 요구해왔고 최근에는 미국도 이 문제를 신중히 검토하는 듯했다. 김 대통령도 이런 정황을 한승주 외무장관을 통해 들었을 법한데 여전히 완강해 보였다.

내 말을 듣고 김 대통령은 다른 국무위원들과 비서실장에게 직접 의견을 물었다. 그런데 권영해 국방장관, 김덕 안기부장, 박관용 비서실장은 모두 애매모호하게 대답했다. 누구보다 워싱턴의 기류를 잘 아는 한 외무장관마저 무거운 침묵을 지켰다. 마지막으로 외교안보수석인 정종욱 박사에게 의견을 묻자, 그 역시 종잡을 수 없이 오락가락하더니 끄트머리에 일괄 타결은 시기상조라고 했다. 시기상조라는 그 말이 나오기가 무섭게 김 대통령은 기다렸다는 듯이 강한 동의를 표하면서 회의를 끝내버렸다.

〉 김일성, 방북 애커먼에게 YS 꼬집는 농담

1993년 10월, 웃지 못할 소동이 한 가지 있었다. 당시 미국 하원 동아시아태평양소위원회 위원장 게리 애커먼 민주당 하원의원이 10월 9일부터 12일까지 평양을 방문하고 김일성 주석과 면담했다. 미국 소식통들은, 김 주석이 애커먼 의원에게 흥미롭고 솔직한 얘기를 했다고 전했다. 김 주석은 '미국인 중에는 북한 사람이 머리에 뿔 달린 귀신처럼 생겼다고 생각하는 사람도 있다더라'고 농담을 하면서도, '북한은 핵무기를 제조할 능력도 살 돈도 없으며, 핵무기를 가질 필요도 그럴 의지도 없다'고 단호하게 말했다. 또 앞서 4월에 발표한 '10대 강령'에 친필 서명을 한 뒤 애커먼에게 주면서 '김영삼 대통령이 이 강령을 읽지 않은 유일한 사람 같다'는 우스갯소리와 함께 남쪽 당국에 한 부를 전해달라고 부탁하기도 했다.

사실 '10대 강령'은 북한의 핵확산금지조약NPT 탈퇴 선언으로 빛을 보지 못했다. 김 주석이 그 사본을 선물로 주면서 김 대통령을 비꼰 것은 지난 봄 조동진 목사와 만났을 때 '김 대통령 각하'로 부르며 깍듯이 예우했던 것과는 너무나 다른 태도였다.

12일 평양에서 판문점을 넘어 곧바로 서울로 온 애커먼 의원은 13일에 나와 만나기로 예정돼 있었다. 그런데 오전 10시 약속 시간이 되도록 그는 연락도 없이 나타나지 않았다. 나는 찰스 카트먼 주한 미 부대사에게 전화를 걸어 최대한 점잖게 불쾌감을 표했다. 카트먼은 지난 7월 내가 미국을 방문했을 때 레이니 주한 대사 지명자와 함께 만난 적이 있었다. 오전 11시 20분에야 애커먼이 직접 전화를 걸어 자신의 무례함을 사과했다. 그 뒤 한 달쯤 지나 로스앤젤레스에서 열린 미국 민주당의 한 행사에서 애커먼 의원은 《한국일보》 기자에게 "당시 한완상 부총리와 약속을 취소하는 등

한국 국민의 정서에 반하는 사태가 벌어진 데 대해 송구스럽게 생각한다"며 절대로 의도적이 아니었다고 강조했다. 자신의 지역구인 뉴욕에 우리 동포가 많이 살고 있어서 신경이 쓰였던 모양이었다.

그런데 방북 때 애커먼을 수행했던 케네스 퀴노네스 국무부 북한담당관이 나중에 전해준 김 주석과의 영문대화록에는 흥미로운 대목이 나의 시선을 끌었다. 김 주석은 자신의 10대 강령이 김 대통령의 취임사보다 먼저 작성되었다며, 아마도 자신의 이 통일 관련 제안을 참고해 취임사를 작성한 것 같다고 말했다. 이전까지 전해 들은 이야기와는 사뭇 달랐다. 또 취임사 가운데 "어느 동맹국도 민족보다 나을 수 없다"는 부분에서 동맹국이 어느 나라를 지칭하는지 모르겠다고 했다. 사실 내가 취임사를 작성할 때는 '동맹국은 변수이나 민족은 상수'라는 사실을 강조하는 의미에서 북한의 동맹인 소련과 중국을 지칭한 표현이었다. 한국의 보수 세력들은 그 동맹국을 미국과 일본으로 '오독'하고 내게 맹공을 퍼부었는데, 정작 김 주석은 '동맹국이 어느 나라를 지칭하는지 도대체 모르겠다'고 했다니 또한 참으로 흥미로운 일이다.

김 주석은 애커먼에게 다른 농담도 했다. 애커먼이 비무장지대를 넘어 서울로 갈 텐데 이 행위는 남한의 국가보안법을 위반하는 것이라며 임수경을 예로 들었다. 임수경은 남한 당국에 체포되어 감옥에 갔는데, 애커먼이 국경을 넘으면 어떻게 되는지 지켜보겠다고 했다. 만일 당신이 감옥에 안 간다면 남한 당국이 미국인을 보통사람보다 더 높은 존재로 대접하는 것이 사실로 드러나는 것이라며 웃었다고 한다.

그리고 곧바로 심각하게 통일 문제를 언급했다. 미국에 도움을 청하며 북한은 남한을 공산화할 의지가 없고 남한 체제를 훼손하지도 않을 것이라고 했다. 이는 북한도 남한으로부터 동일한 존중을 받고 싶기 때문이라고 했다. 그리고 자신의 이런 뜻을 남쪽에 전해달라고 호소하듯 부탁했다.

한국어에도 능숙한 퀴노네스가 꼼꼼하게 기록해놓은 이 대화록을 보면서, 애커먼의 경솔한 약속 위반으로 소통의 기회를 놓친 것이 새삼 아쉬웠다. 어쨌거나 애커먼과 김 주석이 나눈 대화가 정확하게 미국 당국에 전달되어 북·미 관계 개선에 도움이 되기를 바랐다. 북·미 관계가 호전되면 그만큼 남북 관계도 좋아질 가능성이 생기기 때문이다.

〉 헤이스 소장, "미국이 대북창구 격 낮춘 건 실책"

1993년 10월 미국의 사설 연구기관인 노틸러스 퍼시픽연구소의 피터 헤이스 소장이 5~19일 세계은행 팀을 인솔해 북한을 방문한 뒤 서울에 왔다. 오스트레일리아인으로 북핵 문제 전문가인 그는 지난 5월 초에도 노동당 대남담당비서인 김용순의 초청으로 북한을 다녀온 적이 있다. 그는 16일 김 비서를 다시 만나 오후 5시부터 밤 11시 30분까지 자유롭고 진지하게 의견을 나누었다고 했다.

헤이스는 내 자문관인 길정우 박사를 통해 김 비서와의 면담 내용을 자세히 전해왔는데, 크게 간추려도 무려 열 가지에 이르렀다.

첫째, 한반도의 핵 문제가 지연되면 일본은 재무장을 위해 위험한 짓을 할 것이고 아시아 전역에서 군비경쟁이 야기될 것이다. 나아가 1995년 북한이 핵확산금지조약NPT 연장을 논의하는 데도 악영향을 끼칠 것이고 그만큼 미국의 국익에도 부정적 영향을 끼칠 것이다.

둘째, 경수로 건설 문제는 3차 북·미 회담에서 중요하게 다뤄져야 한다. 경수로가 성공적으로 해결되면 북한은 핵조약 체제 안에 머물게 될 것이다. 그렇지 않으면 다른 대안이 없으니 자체 핵기술을 활용해 에너지원을 확보할 수밖에 없다. 경수로가 건설되면 북·미 국교 수립에도 기여할 것이다.

셋째, 북한은 경수로의 기술이 미국이든 러시아든 남한이든 상관하지 않을 것이다. 다만 미·북 직접 협의에 의한 것이면 좋겠다.

넷째, 북한은 미국이 경수로 건설을 위해 남한 회사에 기술 이전의 라이선스를 부여해도 좋다. 또 북한에 수출하려면 한·미 간에 원조, 투자 및 교역 등에 적용되는 갖가지 법적·정치적 제약을 제거해야 한다는 것도 이해하고 있다. 그래서 북·미 고위급회담이 조속한 시일 안에 필요하다.

다섯째, 올해 북한의 곡물 수확은 괜찮은 편이다. 북한은 최소한의 생활수준을 유지하고 있으며 1년 이상은 버틸 힘이 있다. 최악의 상황에서 대북 군사 제재를 한다면 미국·남한·주변 국가들을 상대로 이에 상응하는 조처를 취할 것이다. 눈에는 눈, 이에는 이로 갚을 것이다.

여섯째, 북한의 '노동 1호' 발사가 일본 보수 강경 세력에게 재무장의 빌미를 줄 것이라는 염려를 잘 알고 있다. 북한은 한국·일본·러시아 3자 관계가 긴밀해지는 것을 염려한다. 러시아의 군사력이 여전히 막강하다는 사실을 고려할 때 북한으로서는 3자 관계의 진정한 의도가 무엇인지 우려하지 않을 수 없다.

일곱째, 이를 고려할 때 북한과 미국은 경수로 기술 이전 합의를 통해 포괄적인 양자협력관계를 만들어내야 한다.

여덟째, 북한과 미국이 껄끄러운 관계를 유지할 필요가 없다. 강대국들에 둘러싸인 한국을 고려할 때 미국은 이 지역에 계속 머물면서 상호이익을 확보하고 지역 내 특정 강국의 영향력 확대를 견제할 수 있을 것이다.(여기서 특정 강국이 중국을 뜻한다면 아주 대담한 발언이라 하겠다. 이 역시 '통미'의 소망이자 김 주석의 뜻이기도 하다.)

아홉째, 북한은 제네바에서 미국과 약속한 것을 이행하고 있다. 국제원자력기구IAEA 및 남한과 대화를 시작했다. 오히려 원자력기구가 북한과 불공정성 문제를 논의하는 것을 거부했다. 그 이중 척도가 북한에 진정한 우려를 안겨준다. 남북 대화는 계속할 테지만, 북·미 고위급회담이 성사된 뒤에야 진정한 성과를 거둘 수 있을 것이다.

열째, 북한은 핵 문제를 정치적 카드로 사용하기를 원치 않는다. 일국이 다른 국가의 정치체제나 생활양식을 비난해서는 안 되며, 각기 국가 이익만을 기준으로 상대해야 한다.

김용순은 마지막에 미국 쪽 수석대표인 갈루치 차관보가 협상을 아주 잘하고 있다며 1992년 1월 22일 뉴욕에서 열린 첫 북·미 회담 때 자신과 상대했던 아널드 캔터 차관보다 낫다고 칭찬하기도 했다.

헤이스 소장이 내게 남긴 '관찰적 분석'도 흥미롭다. 그는 1992년 1월 이후 미국이 대북한 접촉창구를 차관보로 격하한 것은 전략적 실책이라고 지적했다. 이 때문에 북한에서 김정일 주변의 강경 세력이 핵 문제를 장악하게 되었고, 김일성 주석에게 더 가까운 김용순 같은 인물들이 주도권 다툼에서 상대적으로 소외된 것 같다고 했다. 또 김정일이 자신의 권력승계 과정에서 강경 세력을 지지 기반으로 확보하고자 핵 문제를 막다른 상황까지 몰고 갈 것으로 예측한 그는 그 때문에 북한이 합리적인 정책을 채택할 기회를 놓칠까 봐 우려스럽다고 덧붙였다.

〉 김덕 안기부장의 '북·미 일괄 타결' 답변 보도 파문

1993년 10월 12일, 북핵 문제로 머리가 지끈거릴 무렵 서울대 사회학과에서 고별 강연을 하게 되었다. 오랜만에 동료 교수들과 학생들 앞에서 강의를 하니 신이 났다. 300여 명이 자리한 가운데 '인간, 사회학 그리고 통일'을 주제로 이야기를 했다. 고향에 돌아온 듯 푸근한 느낌이었다.

나는 먼저 불행했던 20세기의 한국 역사 속에서 구조적 질병을 진단하고 치유하는 사회의사(소셜닥터)가 되고 싶어 1955년 서울대 사회학과에 입학했던 얘기부터 시작했다.

우리 세대는 청년기에 일제의 암울했던 식민지시대, 해방 아닌 해방, 6·25, 4·19, 5·16 등 시대의 격변을 겪었다. 독특한 세대였다. 역사와 사회의 구조적 질병을 고치겠다는 당찬 의욕을 가지고 사회학을 공부하고 연구하면서 사회의사로서 진단과 처방을 내리는 것은 병든 권력과 직접 맞서는 위험한 행동이란 사실을 몸으로 깨달았다. 유신정권과 5공 초기에 두 번이나 서울대 교수직에서 해임되기도 했고, 재야의 삶을 살면서 여섯 번에 걸쳐 체포·구금을 당하기도 했다. 1980년에는 내란음모사건으로 군사재판도 받았고, 잠시지만 서대문 구치소에 갇히기도 했다. 미국에서 3년간 외롭고 아픈 망명생활도 했다. … 무릇 모든 학문, 특히 사회과학은 인간이 인간답게 살 수 있는 환경을 조성하는 데 기여해야 한다. 그런데 사회의 구조적 질병을 제대로 진단도 못하고 처방은 더더욱 내리지 못하는 모습을 보고 안타까웠다. 오히려 때때로 기득권층의 질서를 정당화하는 일에 동료 사회과학자들이 적극 나서서 이데올로기적 도움을 주는 것을 보고 가슴 아파했었다. '부당한 인간 고통, 민족 고통을 극복해내는 일에 학문이 기여해야 한다. 그렇다면 민족분단을 극복하기 위해 학자는 최선을 다해 진단을 내리고 실천적으로 처방을 내려야 한다.' 바로 그런 신념과 의지를 가지고 새 정부의 통일 문제를 다루는 국무위원 자리를 맡았다.

이어 나는 인도주의 정신이라는 새롭고 과감한 패러다임으로 대북 정책을 펼치려고 했으나, 북핵 문제가 터져서 냉전 강경 세력의 끊임없는 견제를 받게 되었다는 사실도 지적했다. 새로운 정부가 들어선 지 6개월이 지난 시점에서 그간 국내 개혁은 힘차게 진행되는 편인데, 남북 관계만은 뒷걸음질하는 것 같은 모순 속에서 내가 몸부림치고 있음을 간접적으로나마 젊은이들에게 호소하고 싶었다. 국내 개혁이 진행되어도 남북 관계가 뒷걸음질하면 결국 평화도 자유도 훼손될 수 있다는 사실을 알리고 싶었다.

그로부터 한 달 뒤인 11월 12일, 나는 국회 외무통일위원회의 비공개 간담회에 참석했다. 북핵 일괄 타결에 관해 의원들로부터 질문을 받았다. 김영삼 대통령이 북·미 일괄 타결을 남한을 따돌리는 미국의 배신행위처럼 여기는 듯했던 것을 의식해, 미국도 일괄 타결 방안을 고려하는 것 같다고 다소 애매하게 에둘러 답했다.

그런데 공교롭게도 같은 시각 열린 국회 국방위의 비공개 간담회에서 같은 질문을 받은 김덕 안기부장은 나보다 더 자세하고 중립적으로 이야기를 했다. 북한은 현재 일괄 타결과 유엔 제재라는 두 가지 선택에 직면해 있다면서 북한 처지에서는 일괄 타결이 가장 유리한 카드이고 시기적으로 적절하다고 말한 것이다. 그러나 일괄 타결의 성공 여부에 대해서는 단언하지 않았다. 김일성 외에는 누구도 쉽게 예측할 수 없다고 신중한 태도를 취했다. 만일 북·미 협상이 실패하면 유엔 제재로 갈 수밖에 없는데, 유엔의 대북제재 간단치 않다고 하면서 촉구·경고·경제제재·군사제재 등 네 단계가 있다고 설명했다. 그러나 군사제재까지 가기는 어려울 거라고 그는 전망했다. 그는 미국과 우리 정부의 긴밀한 협조 없이 군사제재가 이뤄져서는 안 된다고 못 박았다.

그런데 흥미롭게도 김 부장의 일괄 타결 언급에 대해 보수 언론들이 다소 굴절시켜 '안기부장이 일괄 타결에 찬성한다'는 식으로 보도했다. 그러면서 나 역시 이미 같은 의견을 밝혔다고 거기에 덧붙였다. 청와대가 여기에 어떻게 반응했을지는 쉽게 짐작할 수 있었다. 그러나 나는 청와대의 불편한 심기에 예민하게 대응하고 싶지 않았다. 이미 10월 9일 대통령 주재 안보회의에서 내 의견을 분명히 밝혔기 때문이다. 어쨌든 김덕 부장으로서는 언론의 과장보도가 심히 불편했을 것이다. 이 문제로 오보 소동이 잠시 일었다. 한편 외무부는 미 국무부와 착실히 이 문제를 협의했고 상당한 의견접근이 이뤄지고 있었다.

짧고도 긴 문민정부 10개월

〉 "대북 강경책은 역효과" 연설에 보수 쪽 맹비난

1993년 10월 18일, 민족통일연구원 주최로 열린 국제학술회의에서 나는 주무장관으로서 기조연설을 했다. "북한 핵 문제가 해결되려면 북한 지도부로부터 긍정적 태도 변화를 이끌어낼 수 있는 실질적이고 합리적인 정책을 제시해야 한다. 북한을 강경하게 옥죄는 전술은 한계가 있을 뿐 아니라 역효과가 난다고 판단한다. 초기 대북 강경책을 구사하던 미국이 최근에는 좀 더 융통성 있게 일괄 타결 가능성을 모색하고 있다"는 요지였다.

그런데 이 연설에 대한 '냉전 전사'들의 반응은 실로 뜨겁고도 호전적이었다. 수구 정치인들은 여당인데도 국정감사와 본회의 때 비판의 날을 세웠다. 비판을 넘어 비난에 가까웠다.

바로 다음날 '스스로를 묶는 발언'이라며 나를 직접 겨냥한 《조선일보》 사설을 보면서 국회에서도 이에 동조하는 많은 정치인이 공격할 거라는 것을 쉽게 예상할 수 있었다. 예상대로 10월 20일 국정감사에서 이세기 의원이 "북한을 고립시킬 필요가 없으며, 또 고립시켜서도 안 된다"고 했던 내 발언을 국제공조에 정부가 총력을 기울이는 시점에 '김 빼기'라고 몰아붙였다.

"정책 결정자는 무릇 생각은 뜨거운 가슴으로, 대책은 차가운 머리로 해야 하는데, 부총리는 대책도 뜨거운 머리로 하는 것 같습니다." 이 대목에서 나는 속으로 실소를 했다. 이 의원 말과는 반대로 '생각은 차가운 머리로 하되 대책은 뜨거운 가슴으로 실천하는 것'이 맞기 때문이다. 그래야 정당하고 효과적인 실천을 할 수 있는 법이다.

앞서 이날 오전 열린 집권 민자당의 당무회의에서도 민정계 박정수 의원이 나를 지목해 정책 혼선을 일으키고 있다고 일갈했다. 고향 선배이기도 한 박 의원은 당시 내가 혹시나 자기 지역구에 출마하지 않을까 하여 노심초사하고 있었다. 나로서는 국회의원이 될 생각이 추호도 없었기에 선배의 기우가 오히려 걱정스러웠다.

여당에서 정부의 대북 정책을 소리 높여 비난하는 배경에는 사실 다른 이유도 있었다. 특히 여당 내 민정계 의원들은 김 대통령의 개혁 정책을 아주 불편해했다. 하나회 해체, 공직자 재산공개, 금융실명제 실시가 대표적이었다. 그 가운데서도 금융실명제에 대해 그들은 사유재산제 부정이라며 반발하며 분노했다. 그래서 국정개혁을 부추긴 것으로 짐작되는 청와대 참모들, 특히 김정남 교육문화사회수석이 비난의 표적이었다. 이인제 노동부 장관이 '부노동 부분임금'이라는 '무노동 무임금'에 대한 대안을 제시하자 그것도 사회주의적 발상이라고 비판했다.

10월 26일, 중견 언론인 모임인 관훈토론회에서도 총체적 공격이 쏟아질 것을 예상한 나는 최대한 여유 있게 대응하기로 마음을 먹었다. 마침 통일부총리로 취임한 지 꼭 여덟 달이 되는 날이기도 했다. '새 역사, 새 정부 그리고 통일' 제목의 기조연설에서 나는 "통일문제나 대북 정책을 미시적 관점에서 볼 것이 아니라, 세계 역사의 흐름과 새로운 정부의 개혁 비전의 연장선상에서 조명해야 한다"고 역설했다.

토론자로 나온 패널 네 명 가운데 세 번째 질문자로 나선 조갑제 조선일보 월간조선부 부장은 흡수통일을 반대하는 나의 확고한 입장에 대해 반론을 펼쳤다. 그는 '비록 대다수 국민이 당장의 흡수통일은 반대하지만, 최종적으로 북한이 자본주의체제와 민주주의체제로 흡수될 수밖에 없다는 것을 뻔히 알고 있다'며 정부 당국자가 흡수통일 반대론을 공언할 필요가 없다고 지적했다. 나아가 그는 새 정부의 단계적 통일 방안을 "그냥 말장난"이라며 국민들도 무시할 거라고 장담하기까지 했다.

"아주 좋은 질문을 하셨는데, 여러 여론조사 결과를 보면 점진적 통일 방안을 지지하는 비율이 최소한 4분의 3은 되는 것을 확인할 수 있습니다. 나는 오히려 이렇게 묻고 싶습니다. 동서독과 같이 짧은 시간에 어느 한쪽이 다른 쪽으로 흡수되는 것을 흡수통일이라고 불러야지, 장기적으로 가는 것에 꼭 흡수라는 공격적인 용어를 써야 하는가? 거기에 대해 저는 의문을 갖습니다."

나의 답변에 조 부장은 지금 정부에서 말하는 흡수통일은 단기적인 체제통합으로 알아서 해석하면 되겠느냐고 다시 물었다. 나는 대답했다. "그것은 각자가 자유롭게 생각하시되, 정부에 대해 어떤 입장을 강요하지 않는 것이 좋습니다."

〉 '감방동지' 한화갑 의원의 질문에 '옳소' 하고 속으로 응답하다

1993년 10월 28, 29일에는 제165회 정기국회가 열렸다. 첫날 국회 본회의에서 여당 의원들은 역시나 관훈클럽 패널들의 비판을 되풀이하는 듯 나의 대북유화책을 꾸짖고 강경 대응을 요구했다. 그나마 이튿날 야당의 한화갑 의원이 색다른 각도에서 흥미로운 질문을 해줘 숨이 트였다. 그는 나 자신도 얘기하고 싶었지만 국무위원이기에 감히 하지 못하던 얘기도 꺼내줬다. '북핵 문제를 근본적으로 해결하려면 핵 문제 우선 해결이라는 정부 방침을 뛰어넘어 햇볕론에 입각한 일괄 타결 방안을 김일성 주석이 생존해 있을 때 제시하고 실현해야 한다'면서 내 의견을 물은 것이다.

속으로 나는 "아멘" 하며, "한 의원 당신 질문이 옳소"라고 화답했다. 고마운 일이었다. 그러나 일단은 원론적인 대답을 할 수밖에 없었다. 다만, 청와대 일부 강경론자들의 비위를 거스를 줄 알면서도 말미에 한마디 동의를 표시했다.

한 의원은 이어 문민정부의 통일 방안 가운데 김대중 전 총재의 '공화국 연합제 통일 방안'을 수용하여 범국민적 통일 방안으로 채택할 용의가 없는지와, 정부 내에 흡수통일론이 여전히 존재한다고 지적하면서 내 의견을 물었다. 앞 질문은 런던의 DJ가 주문한 것 같고, 둘째도 DJ의 주장을 반영한 것이라는 생각이 들었다.

사실 DJ의 통일 방안과 새 정부의 통일 방안은 둘 다 단계적이고 점진적인 추진 구도여서 본질적 차이가 없다. DJ는 두 단계, 새 정부는 세 단계로 나뉘었을 뿐이다. 나는 국가연합 단계 또는 연방 단계에 들어가려면 남북 교류협력이 상당기간 가속화되어야 한다고 보았다. 그래서 첫 단계로 교류협력 단계를 공식적으로 설정한 것이다. 그리고 두 안 모두 흡수통일을 배제한 것을 강조했다.

"한 의원이 적절히 지적하신 것처럼 흡수통일이 남북한 사회에 가져올 엄청난 후유증을 독일 통일의 경험을 통해서 우리는 잘 알고 있습니다. 한반도의 현실적 여건을 감안하더라도 흡수통일은 바람직하지 않다는 점을 거듭 말씀드립니다. 정부가 통일 정책 추진 3대 기조 중 하나로 제시하고 있는 공존공영의 정신은 북한을 고립시키거나 봉쇄시키지 않고, 오히려 국제사회 일원으로 참여하도록 도와주는 참여 정책을 강조한 것입니다."

사실 나는 이미 여러 차례 보수 언론의 질의를 받고 현 정부는 흡수통일을 할 능력도, 할 필요도, 할 의지도 없다고 단호하게 얘기했다. 하지만 이날 국회 답변에서는 에둘러 표현했다. 우리 정부의 흡수통일 반대 정책이 바로 북한 당국이 그토록 염려하고 비난하는 국제공조 압력을 흡수통일의 수단으로 활용하려는 것이 아님을 그들 스스로 깨닫게 하기 위해서였다. 오히려 공존공영 정신이 북한 옥죄기의 반대임을 알리기 위함이었다.

국회 본회의에서 질문하는 국회의원들을 보면 때때로 딱하다는 생각이 들었다. 질문만 다그쳐 하고는 정작 국무위원들이 대답할 때는 자리를 지키지 않는 것이 관례처럼 되어 있었다. 질문하는 것으로 자기 할 일은 다 했다는 식이다. 그래서 허공에 대고 홀로 대답해야 하는 상황에 화가 난 적도 있었다. 그러나 허공이 아니라 역사를 보고 대답하는 것이요, 모든 것이 역사의 기록에 남기에 성실히 대답하려고 최선을 다했다.

한편 그날 한 의원과 질의응답을 주고받은 뒤 나는 13년 전 우리가 '감방 동기'였던 그때를 떠올리며 잠시 감회에 젖었다. '김대중 내란음모사건'에 엮였던 1980년 9월 서대문 교도소 2층의 내 방 바로 앞방에 그도 갇혀 있었다. 김 전 총재에게 계엄사령부의 군사재판에서 사형이 구형되던 9월 17일, 그는 앞으로 어떻게 될지 걱정스럽게 내게 물었다. "걱정하지 마시게. 선생님은 결코 죽지 않을 것이고 살아서 미국으로 가게 될 것이니." 내 말에 놀란 눈으로 어떻게 그런 일이 일어날 수 있겠느냐고 따지듯 묻는 그에게 내 나름대로 분석한 당시 정세와 상황을 설명해줬다. 인권 보호에 소홀하다는 비판을 받고 있는 미국의 레이건 행정부가 인권에 대한 관심을 짐짓 대내외에 과시하기 위해서라도 탄압받는 한국 야당 지도자를 구하려 할 것이고, 전두환 군부 역시 DJ가 국내에 있으면 계속 야권과 민주화 진영에 영향을 미칠 것을 우려해 '미국 망명'을 허용할 가능성이 높다는 얘기였다. 그는 그제야 고개를 끄덕이며 안도했다. 사실 내 예측은 그 후 현실이 되었다.

〉 청와대, 미 '북핵 포괄적 접근' 채택에 긴장

1993년 11월 12일, 나는 외무통일위원회에서 1994년도 통일원의 예산안 제안 설명을 했다. 그런데 의원들은 정작 예산안에는 관심을 두지 않고 북핵 문제에 대한 질문을 쏟아냈다. 결국 회의를 비공개로 진행하기로 했다. 그리고 북·미 회담의 북한 대표인 강석주 외교부 제1부부장이 전날 발표한 '일괄 타결 제안'의 담화 전문을 공개했다. 이를 놓고 여야 의원 사이에 격론이 벌어졌다. 내가 정부 입장을 밝히려 했으나 그럴 기회도 주지 않았다. 그렇게 회의가 끝났다.

마침 이날 김덕 안기부장도 국방위의 비공개 간담회에서 일괄 타결의 합리성을 인정하는 듯한 발언을 했다. 그 발언은 언론에 대서특필되었다. 그다음 날에는 내가 김 부장과 함께 미국의 일괄 타결책을 우리 정부도 긍정적으로 검토하고 있다고 발언했다는 보도가 크게 실렸다. 김영삼 대통령은 이 기사를 보고 화를 냈고 결국 다음날 아침 외무부를 통해 '우리 정부의 공식 입장은 일괄 타결이 아니라 선사찰 후타결'이라고 밝히게 했다. 그러자 새 정부 안에 통일·외교·안보 부서 사이에 균열이 있는 것처럼 인식되었다.

사실 이때 미국 정부는 새로운 대북 정책을 신중히 고려하고 있었다. 미국은 외교안보담당 차관급 회의에서 북한과 포괄적 접근책을 논의하고 있었다. 10월 초 청와대에서 김 대통령이 주재한 통일안보회의에서 논의한 내용이 미국에도 알려진 것 같았다. 그때 나는 일괄 타결을 논할 때가 되었다고 했으나, 한승주 외무부 장관은 아무 말도 하지 않았다. 그러나 미국 당국자들과 만난 자리에서는 그도 새로운 대북 접근책으로서 포괄적 타결책을 긍정적으로 생각한다고 말했을 가능성이 높았다. 미국은 우리 내부에서 생겨난 이런 새로운 흐름을 알게 되면서 차관급 회의에서 핵 문제부터 북·미 관계 개선까지 대북 포괄책을 정식으로 논의했던 것이다. 애커먼 의원이 김일성 주석을 만나고 와서 북한도 포괄적 접근을 선호한다고 알린 것도 새로운 대북 정책에 참고가 되었을 것이다.

결국 미국은 차관급 회의에서는 포괄적 접근책을 상부에 건의한 데 이어 11월 15일 열린 외교안보 장관급 회의에서는 포괄적 접근법을 마침내 승인했다. 토니 레이크 국가안보 보좌관, 워런 크리스토퍼 국무장관, 레스 애스핀 국방장관, 존 샬리카슈빌리 합참의장, 제임스 울시 중앙정보국CIA 국장 등이 참석했다. 한마디로 미국 정부는 지금까지의 대북 정책이 성공을 거두지 못했음을 인정하고 일괄 타결 같은 포괄적 대북 정책을 활용하기로 뜻을 굳힌 셈이다.

그런데 우리 정부에서는, 특히 청와대 안에서는 여전히 미국의 이런 흐름과 사뭇 다른 기류가 흐르고 있었다. 미국의 포괄적 대응방안에 대해 정부는 북한에 지나치게 양보하는 것이라고 보았다. 더 가혹한 채찍을 들어야 하는데 당근을 들고 있다고 판단했다. 국내 보수·냉전 언론을 너무 의식한 탓이었다. 나로서는 도저히 이런 판단을 이해할 수가 없었다.

이런 와중에 클린턴 행정부가 북핵 문제 포괄적 접근안을 승인했다고

《워싱턴 포스트》가 보도했다. 그러자 청와대는 긴장했다. 당시 김 대통령은 클린턴 대통령과 정상회담을 위해 미국을 방문할 준비를 하느라 예민한 상태였다. 김 대통령과 주변 참모들은 미국의 새로운 대북 접근책이 한국 정부의 안보 정책을 무시하는 것으로 속단하고 분노하는 것 같았다. 그래서 이번 한·미 정상회담에서 김 대통령 특유의 뒤집기로 미국의 정책을 바꾸려고 결심한 듯했다. 여기에는 당연히 비서실장과 안보수석의 입김이 작용했다. 한승주 외무장관은 이런 흐름 속에서도 미국 당국자들과 협의하면서 정상회담 때 두 나라 대통령이 서명할 새로운 포괄 정책안을 만드느라 분주했다. 한 외무와 미국 국무성은 청와대의 뒤집기 움직임을 감지하지 못한 듯했다.

11월 20일부터 이틀간 시애틀에서 열릴 아시아태평양경제협력체APEC 회의와 뒤이은 워싱턴의 한·미 정상회담을 위한 출국을 앞두고 김영삼 대통령은 16일 조찬 국무회의를 주재했다. 김 대통령은 미국 방문 일정을 설명한 다음 북핵 문제는 외무부로 창구를 일원화하겠다고 했다. 그리고 국회에서 답변할 때를 대국민 홍보의 계기로 삼으라고 했다. 일관성 있게 정책을 밀어붙여서 국민의 신뢰를 얻어야 한다면서 잘못된 결정도 밀어붙여야 한다고 했다. 불도저식 효율성을 강조하는 모습을 보고 박정희 스타일을 배우면 안 되는데 하는 생각이 스쳤다.

〉 클린턴 당황시킨 YS의 '북핵 뒤집기' 한판

1993년 11월 21일 김영삼 대통령 일행은 시애틀에서 이틀 동안의 아시아태평양경제협력체APEC 회의를 끝내고 워싱턴으로 날아갔다. 그런데 여기서 클린턴 행정부를 당혹시키는 사태가 벌어졌다.

23일의 한·미 정상회담을 앞두고 한국 대표단은 김 대통령이 묵고 있는 미국의 영빈관인 블레어하우스에 모였다. 김 대통령을 비롯해 한승주 외무장관, 정종욱 외교안보수석과 박관용 비서실장이 참석했다. 원래 이 회의에는 외무장관이 초청하지 않은 인물은 참석할 수 없었다. 그런데 유종하 유엔대사도 회의에 모습을 드러냈다. 평소 가깝게 지내며 함께 대북 강경론을 지지해온 박관용 실장이 그를 부른 것이었다. 치밀한 계산에 따른 행동이었다.

이 자리에서 한 외무는 미국 정부와 이미 합의한 포괄적 접근책을 설명했다. 그러자 유 대사가 반론을 제기했다. 포괄 정책 안에 팀스피릿 훈련 중지가 들어 있는데, 이렇게 큰 당근은 남북 상호사찰 때 써야 한다고 주장했다. 물론 박 실장은 유 대사의 강경책을 지지했다. 김 대통령도 유 대사의 발언에 찬성했다. 한·미 정상회담을 주도적으로 이끌려면 이런 강경책이 필요하다고 판단했던 것 같다. 박 실장의 계획이 멋지게 성공한 순간이었다.

한·미 정상회담은 두 부분으로 나뉘어 있었다. 먼저 양국 정상이 일대일로 만나는 단독회담이 있다. 두 나라 안보수석과 통역관은 당연히 참석한다. 원래는 주무장관들이 미리 합의한 포괄적 정책안을 단독회담에서 간단히 처리한 다음 각론 회의실에서 두 나라의 여러 현안을 두고 좀 더 깊게 논의하기로 되어 있었다. 그런데 단독회담에서 돌발 상황이 터진 것이다. 로버트 갈루치와 함께 북·미 회담 협상단이었던 조엘 위트와 대니얼 포너먼은 당시 상황을 이렇게 증언했다.

백악관 대통령 집무실에서 진행된 단독회담은 김 대통령이 볼멘소리로 '미국이 일방적으로 결정해서 한국에 통보한 일괄 타결안을 비롯해 북한에 대한 포괄적 접근방식에 대한 반대의사를 밝히는 것'으로 시작되었다. 김 대통령은 '일괄 타결' 방식이든 '포괄적 거래'든 결국 같은 것으로, 언론에서는 북·미 관계 정상화 같은 북한에 대한 양보를 의미하는 것으로 쓰고 있다고 반복해서 지적했다. … 김 대통령은 북한이 설사 국제원자력기구^{IAEA} 사찰을 수용하고 남북 대화를 시작한다 하더라도 팀스피릿 훈련 중단 여부는 여전히 '유보'해야 한다고 주장했다. 그리고 북한이 핵무기를 보유하고 있지 않다는 것을 남쪽에 증명한 이후에만 팀스피릿 훈련을 중단해야 한다고 주장했다. … 클린턴 대통령, 레이크 안보보좌관, 크리스토퍼 국무장관은 입을 딱 벌렸다. 일반적으로 우방국과의 정상회담은 사전에 철저하게 조율되고 준비되기 마련이기 때문이다. 클린턴 대통령은 포괄적 접근방식을 옹호했지만 김 대통령은 이미 결심을 굳힌 상태였다. 아예 상대방의 말을 듣지도 않은 것처럼 보였다."

(조엘 위트, 『북핵 위기의 전말』, 모음북스, 2005, 135쪽)

결국 이 자리에서 김 대통령은 한·미 외무장관들끼리 이미 합의한 대북 포괄적 접근책을 뒤집는 데 성공했다. 당시 정종욱 외교안보수석은 참담한 표정을 숨기지 못했다고 레이크 보좌관은 증언했다. 이때 클린턴 대통령이 '포괄적'이라는 표현 대신에 다른 표현을 찾아보라고 일렀다. 여기서 나온 새로운 용어가 바로 '철저하고 광범위한 접근방식'이다. 다소 애매한 표현이었다. 미국은 이것을 단순한 표현의 문제로 보는 듯했지만, 김 대통령, 박 실장, 유 대사 쪽에서는 '철저한' 접근을 당근이 아닌 채찍의 상징으로 보았다.

김 대통령과 주변 참모들은 잠시 승리감에 도취했을 것이다. 반면 실무 차원에서 그간 합의를 위해 노력했던 두 나라 외교 관련 인사들은 크게 당황했다. 한 외무장관은 특히 더 그랬을 것이다. 나 역시 앞으로 문민정부에서는 남북 관계의 진전이 없을 것 같은 불길한 예감에 사로잡혔다. '광범위한 접근'은 날아가고 '철저한 접근'만 남게 될 것 같았다. 앞으로 한·미 간에도 얼굴 붉힐 일이 자주 생길 것이 분명했다. 그런데도 정상회담에서 미 대통령의 뜻을 꺾었다고 자랑하는 것 같은 김 대통령의 모습을 상상해보며 마음이 한없이 울적해졌다. 앞날에 먹구름이 몰려오는 듯했다.

〉 경악할 남북회담 대통령훈령 조작과 은폐

1993년 11월 12일, 국회 외무통일위원회에서 이부영 의원(민주당)이 노태우 정권 말기인 1992년 9월 '제8차 남북고위급회담'에서 일어났던 이른바 '이동복 남쪽 대표단 대변인의 대통령 훈령 조작 사건'을 다시 거론하며 통일부를 압박해왔다.

그는 나를 지목해 당시 관련 자료를 제출하라고 강력히 요구했다. 국회의원의 거듭된 요구를 국무위원으로서 계속 무시할 수도 없는 노릇이었다. 집무실에 돌아와 차관에게 자료를 찾아보라고 했다. 통일원에 없으면 안기부에서 자료를 구해보라고 했다. 처음에 직원들은 그런 자료는 없으며 구할 수도 없다고 했다.

그래서 다음날 지난해 회담 대표로 현장에 있었던 임동원 당시 통일원 차관이 누구보다 실상을 잘 알 것이라 생각되어 집무실로 불렀다. 그는 질린 표정이었다. 주저하는 기색이 역력했다. 그는 이동복 대변인(안기부장 특보)이 훈령을 조작했다는 걸 알면서도 침묵으로 일관했다. 아마도 정부 안에 깊이 뿌리 내리고 있는 냉전 수구 세력을 두려워하는 듯했다.

사실 나는 통일원 장관으로 부임하면서 그가 계속 차관으로 일해주길 바랐으나 수구 세력의 반대로 포기했다. 그래서 그가 두려워하는 이유를 충분히 짐작할 수 있었다. 그러나 국회에서 이 문제를 끈질기게 제기하는 이 의원의 요구가 정당하다고 공감했기에 이번에는 훈령 조작에 관한 자료를 꼭 찾고 싶었다. 나 역시 진실을 알고 싶었다. 혹여 남북 관계 개선을 바라지 않는 세력에 의해 진실이 은폐된 것이라면, 이는 새 정부의 민주개혁 흐름에도 맞지 않는다고 생각했다. 그래서 임 차관을 설득했다. 그는 내키지 않아 했지만 결국 자료를 건네주었다.

나는 자료를 찬찬히 읽어보다가 경악했다. 그리고 조용히 분노했다. 어떻게 이런 조작이 가능했는지, 왜 당시 노태우 정권에서 문제를 삼지 않았는지, 어떻게 지금까지 은폐해왔는지 도무지 믿기지가 않을 정도였다. 문민정부 안에도 이데올로기적 편향으로 얼마든지 진실을 왜곡하고 끝까지 은폐할 수 있다고 확신하는 세력이 여전히 건재한 탓이리라. 그 순간 나 역시 지금 이들 세력에게 둘러싸여 있다는 생각이 퍼뜩 들었다. 왜 임 차관이 그렇게 주저하고 두려워했는지 이해가 되었다. 정치인이나 고위 관료에 의한 진실 은폐가 얼마나 심각한 잘못인지 우리는 미국 닉슨 대통령의 '워터게이트' 비극에서 확인하지 않았던가. 그가 탄핵 대상이 되어 대통령 자리에서 축출당한 것은 미국 민주당 사무실에 불법으로 들어가 문서를 훔친 행위 자체보다 그 사실을 끝까지 은폐하려 했기 때문이다. 만일 닉슨이 처음부터 자신의 지시였다고 깨끗하게 시인했더라면 탄핵까지 당하지는 않았을 것이다.

치솟는 분노를 억누르며 훈령 조작 사건의 문제점을 차분히 짚어보았다. 우선 국가안보를 볼모로 진실 은폐를 정당화하는 일이 문민정부에서도 계속된다니 참으로 부끄러운 일이었다. 안가나 밀실 같은 곳에서 더는 정치공작을 하지 않겠다고 공표하고 정치개혁을 추진해온 민주정부에서는 절대로 반복되어서는 안 되는 일이었다. 또 지난 정부 최고위층이 이런 조작 사실을 알고도 공명정대하게 처리하지 못했다니 참으로 한심스러웠다. 대통령이 직접 나서지 않더라도, 남북 고위급회담 대표였던 국무총리가 당사자를 불러 정식으로 문책을 했어야 마땅했다. '훈령 조작'은 남북 이산가족의 상봉을 무산시키고 긴장관계를 조성함으로써 다음 대선에서 집권 연장을 하려는 의도로 빚어진 일로 짐작했다. 그런 기막힌 사실을 이산가족들에게 어떻게 알려야 할 것인가. 인도적 교류를 정치적 목적으로 희생시키거나 악용해서는 안 된다는 사실을 역설적으로 입증한 사건이 아닐 수 없었다. 나는 투명한 국정운영의 본보기를 위해서, 진정한 민주개혁을 위해서, 분단으로 말미암은 민족의 고통을 줄이기 위해서 이 사건은 반드시 진상이 밝혀져야 한다고 생각했다.

그래서 나는 이 자료를 국회에 넘겨주기로 결정했다. 외로운 결정이었지만, 뜻 깊고 의미 있는 결단이라고 판단했다. 이날 오후 2시 무렵 이 의원을 만나 요청했던 자료를 제출했다. 그리고 4시께 김덕 안기부장에게 사건의 심각성을 알리면서 안기부 자체 감사를 통해 진상을 조사하고 확인해달라고 부탁했다. 이미 국회는 감사원에 이 사건에 대한 정식 감사를 요청한 상태였다. 더불어 나는 공신력 있는 국가기관 여러 곳에서 이 사건이 어떻게 조작되었고, 언론에 유출되었다면 어떤 경로로 유출되었는지 소상히 밝혀주길 바랐다.

이쯤에서 훈령 조작 사건의 개요를 간단히 살펴볼 필요가 있겠다. 1992년 9월 25일 당시 김종휘 청와대 외교안보수석이 노태우 대통령에게 보고한 내용을 기초로 했다.

그해 9월 15일에서 9월 18일까지 평양 인민문화궁전에서 '제8차 남북고위급회담'이 열릴 예정이었다. 회담 준비 기간에 고위급회담 우리 쪽 대표인 정원식 국무총리가 휴대하고 간 훈령에는 당시 노 대통령이 각별히 관심을 갖고 지시했던 이산가족 재회 문제가 있었다. 연말연시에 맞춰서 이산가족 상봉이 꼭 이뤄질 수 있게 하라는 대통령의 지시였다. 물론 이번 8차 회담에서는 각 분과위원회의 부속합의서를 채택하고 발효시키는 것이 주요 임무였다. 평양으로 떠나기 하루 전인 9월 14일에는 총리 주재로 고위 전략회의가 열렸고, 북쪽에서 리인모 씨 송환을 요구하면 세 가지 조건을 제시하기로 했다. '이산가족 고향방문단 사업의 정례화, 판문점에 이산가족면회소와 우편물교환소 설치 및 상설 운영, 동진호 선원의 송환'을 요구하기로 한 것이다. 이 조건을 관철시키되 협상 상황에 따라 융통성 있게 대처하도록 했다.

9월 15일 평양에서 열린 본회담에서 이산가족 문제를 논의하면서 북쪽은 남쪽이 제시한 핵 문제 해결을 위한 전제조건 철회와 리인모 씨 북송을 공식으로 요구했다. 그러면서도 이면에서는 리인모 씨 송환만 보장되면 올해(1993년) 안에 이산가족 면회소를 판문점에 설치할 수도 있다고 시사했다. 북쪽이 이렇게 융통성을 보이자 우리 쪽 대표단은 서울에 새로운 훈령을 요청하기로 했다. 청와대와 통일원, 안기부가 협의하여 새로운 지침을 내려달라고 청훈하기로 한 것이다. 청훈 결정은 9월 17일 0시 30분께 내려졌다.

이어 그날 아침 7시 15분께 서울로부터 답신이 왔다. "리인모 씨 건에 관하여 3개 조항이 동시에 충족되지 않을 경우 협의하지 말 것. 즉 기존 지침대로 행동할 것"이라는 융통성 없는 내용이었다. 전문이 조작된 것을 모른 채 우리 대표단은 그날 다시 북쪽과 교섭을 시작했다. 북쪽의 태도는 분명했다. 동진호 선원들은 모두 자진하여 월북한 자들이니 노부모 방문단과 연계하지 말라는 주장을 되풀이했다. 그런데 다음날 북쪽은 우리 쪽에서 제시한 세 가지 전제조건을 순차적으로 해결하자고 조금 누그러진

제의를 해왔다. 즉 남북면회소 설치 및 운영 문제를 해결한 다음에 리인모 씨 귀환 문제를 다루고, 그다음에 노부모 방문단 문제를 해결하자고 했다. 그러나 우리 쪽은 동진호 귀환 때만 리인모 씨 북송이 가능하다는 기존 원칙을 고수했다. 결국 회담은 결렬됐고 그렇게 이산가족 상봉의 기대는 사라져버렸다.

그런데 외교안보수석의 보고서를 보면, 9월 17일 0시 30분 이동복 남쪽 대표단 대변인이 독단으로 안기부 통신망을 이용해 또 다른 '훈령 지시 건의' 전문을 서울로 타전했다. "리인모 건에 관하여 면회소 설치, 이산가족 방문 정례화, 동진호 사건 해결 등 3개 조건이 충족되어야만 협의할 수 있다는 지침을 재확인하여 주시기를 건의합니다." 이 전문에 대한 긍정적 회신 역시 발신자 불명으로 같은 날 아침 7시 15분에 평양의 우리 쪽 대표단에게 도착했다.

그러나 그때까지 서울의 이상연 안기부장, 최영철 통일부총리, 김종휘 외교안보수석 중 누구도 평양에서 청훈이 온 사실조차 모르고 있었다. 안기부장이 청훈 내용을 처음 보고받은 시각은 오전 10시에서 11시 사이였다. 이어 통일부총리·외교안보수석과 만나 이 문제를 놓고 협의한 시간은 오후 2시께였다. 그러니까 이날 아침 7시 15분께 평양으로 '원칙 고수' 회신을 보낸 사람은 아무도 없었던 것이다.

진상은 이랬다. 9월 17일 오후 2시께 외교안보수석은 안기부장으로부터 평양의 청훈 내용을 전화로 처음 통보받았다. 이어 안기부장은 통일부총리, 김 수석과 협의해 오후 3시께 노태우 대통령에게 보고했다. 그리고 다음과 같은 내용으로 평양에 새 훈령을 타전했다. '첫째, 이산가족 고향 방문단 사업 정례화, 둘째, 판문점 이산가족 면회소 및 우편물교환소 설치와 상설 운영, 셋째, 동진호 선원 12명 귀환. 3개 조건의 동시관철이 바람직하나 불가할 때는 이 가운데 첫째와 둘째 또는 첫째와 셋째만 관철돼도 리인모 씨 북송을 허용할 수 있음.' 북쪽과 협의 가능한 융통성을 담고 있었다.

그런데 더 심각한 문제는, 대통령의 결심을 얻어 통일부총리·안기부장·외교안보수석이 작성해서 보낸 이 새 훈령을 이 대변인이 전달받고도 회담 대표인 총리를 포함해 그 누구에게도 끝까지 알리지 않았다는 사실이다. 경악할 만한 사건이 아닐 수 없었다.

1992년 9월 28일에 작성된 최영철 당시 부총리 겸 통일원장관의 보고서 「제8차 남북고위급회담 청훈 관련 통일부총리의 입장」에도 이동복 당시 남쪽 대표단 대변인의 훈령 조작 사실과 그 과정이 잘 드러나 있다. 이 보고서를 보면서 나는 몇 가지 역사적 교훈을 확인할 수 있었다.

첫째, 대북 강경 정책만 고수하면 이산가족의 아픔을 덜어주는 인도주의 교류 사업은 실패하고 만다. 한쪽의 강경책이 상대의 강경책을 자극해 남북의 강경 세력은 서로의 입지를 강화시키면서 남북 관계를 더 악화시킨다.

둘째, 강경수구 세력은 자신의 목적을 달성하기 위해 불법과 편법을 자유롭게 활용한다. 어떻게 한낱 대변인이 대통령의 뜻을 마음대로 묵살할 수 있겠는가. 이것은 우리 체제 안에 깊숙이 뿌리내린 냉전 세력이 얼마나 강고한지를 간접적으로 보여주는 사건이다.

셋째, 수백만 이산가족의 한을 풀어줄 기회를 무산시킨 이 땅의 수구 세력은 이산가족들에게 미안해해야 마땅하다. 그런데 그들은 오히려 이 사건의 본질을 은폐하고 안보에 관한 중요한 국가기밀을 유출한 사건으로 몰아가려고 안간힘을 쓰고 있다.

넷째, 시간이 흐를수록 문민정부의 대북 정책이 강경 방향으로 기울면서 노태우 정부 시절보다 더 남북 관계를 후퇴시키고 있다. 어떻게 문민정부의 대북 정책이 이전 군사정부 때보다 더 냉전적이고 수구적일 수 있는가. 남북 관계 악화는 안으로 자유와 인권을 훼손하는 반민주적 정치행태로 쉽게 이어진다는 사실을 진지하게 점검해야 한다. 평화의 가치와 인권의 가치는 항상 서로 도우면서 실현된다는 진리를 우리는 우리 삶 속에 소중히 체화해야 한다.

다섯째, 노태우 정부 당시 외교안보수석이 적절히 지적하고 정리한 대로, 훈령 조작으로 대통령의 지시도 무시되고 남북 관계도 악화되었음이 명백한데도 이런 사건을 일으킨 당사자에게 그동안 청와대나 안기부에서 적절한 조처를 내리지 않았다는 것은 정말 이해하기 어렵다. 회담 대표였던 총리가 사건을 은폐하기 급급하고 문제가 불거질까 봐 전전긍긍했던 것도 이해할 수 없다. 어떻게 이런 괴이한 일이 버젓이 일어나는 현실에서 개혁을 통한 역사 진전이 이뤄질 수 있겠는가.

사건을 폭로한 이부영 의원(민주당)의 요청에 따라 감사원은 1993년 11월 23일부터 12월 11일까지 통일원과 안기부에 대한 감사를 실시했다. 그리고 훈령 조작 과정, 청훈과 훈령 지연 보고, 훈령 조작 사실 은폐, 지휘보고체계 미확립, 국가기밀 유출 경위, 조치사항 등에 대한 감사 결과를 12월 21일 당시 이회창 감사원장이 직접 발표했다.

감사원의 감사 결과는 훈령 조작이 확실하다고 입증해냈다. 평양의 상황실장이 조작 사실을 감추기 위해 '원본은 파기하여 없는 상태에서 당시 보관 중인 사본을 근거로 평양에서 사용한 예비전문을 서울에서 온 것처럼 서울 발신용 전문으로 새로 만들고 나머지 발·수신 번호 내용을 일부 수정했음'을 밝혀냈다. 그리고 감사에서는 국가기밀의 취급 소홀 등 보안 의식의 결여를 지적하면서 임동원 당시 차관과 이동복 대변인 모두에게 문제가 있다고 지적했다. 특별히 이 대변인의 보안의식 결여를 부각시켰다. '이동복 특보는 III급 비밀의 내용이 그대로 인용된 보고서를 국회의원 등에게 해명자료로 제공함으로써, 국가기밀이 제3자에게 불법 유출되어 공개되는 등 사회 물의를 야기했다'고 적시했다.

한편 내가 11월 13일 오후 김덕 안기부장에게 요청했던 안기부 자체감사 결과도 11월 21일 나왔다. 김 부장은 훈령 조작이 사실로 드러났다며 안기부에서 이동복 특보를 해임하기로 했다고 밝혔다. 나는 이 사실을 직접 통보받고 이것이 정치적 쟁점으로 번지지 않기를 바랐다. 그리고 안기부가 신속히 자체감사를 통해 책임 소재를 분명히 밝힌 것을 고맙게 생각했다. 김덕 부장의 결단이 주효했다. 안기부는 조용히 이 씨 문제를 정리했다. 나도 통보받은 내용을 가슴에 깊이 묻어두기로 했다. 그런데 그 며칠 뒤 놀랍게도 이 특보가 직접 전화를 걸어 자신의 해임 사실을 알려왔다. 그의 해임은 11월 26일 김 대통령이 워싱턴에서 한·미 정상회담을 마치고 귀국한 직후 단행되었다.

이 사건을 계기로 냉전 전사들이 통일 부서 안에 건재하다는 사실을 새삼 확인하고 근심이 깊어졌다. 강경한 대북 정책이 '철저하고 광범위한' 접근이라는 이름 아래 더 이어질 듯했다. 크리스마스는 다가오는데, 평화의 주님은 왜 이리 멀리 계시는가 싶어 안타까웠다.

〉 YS, 레이니 대사 환영연 참석 세 번이나 말려

1993년 10월 하순 마침내 제임스 레이니 주한 미국대사가 부임했다. 미국 의회 청문회가 질질 끄는 바람에 서울행까지 제법 시간이 걸렸다. 나를 포함해 몇몇 지인이 초청인으로 나서 11월 5일 서울 하얏트호텔에서 환영연을 준비했다. 그중에는 이재은 기독교방송 사장과 박봉배 목원대 총장도 있었다. 두 사람은 레이니 박사가 지난 1960년 한국에 선교사로 왔을 때부터 교제해온 한국 교회 지도자들이었다. 표용은 감리교 감독도 마찬가지였다. 에모리 대학교 출신인 이홍구 평통 수석부의장은 레이니와 예일 대학교 대학원 동문이기도 하다.

그런데 얄궂은 일이 생겼다. 청와대의 주돈식 정치담당 수석이 전화로 레이니 대사 환영연에 가느냐고 물었다. 뜻밖의 질문이었다. 간다고 대답했더니 우물쭈물하면서 가지 않는 것이 좋겠다고 했다. 그것이 김영삼 대통령의 뜻이라고 했다. 도무지 무슨 말인지 이해할 수가 없었다. 절친한 동지가 미 대사로 부임했는데 환영연에 가면 안 되는 이유가 뭔지 짐작조차 할 수 없었다. 꽤나 당황스러웠다. 환영연까지 일주일이나 남았으니 달라질 거라고 생각했다. 그런데 주 수석에게서 또 전화가 왔다. 한 나라의 부총리가 차관급인 미 대사의 환영연에 가는 것은 격이 맞지 않는다고 대통령이 얘기했단다. 화가 치밀었다. 그래서 나는 부총리가 아니라 레이니 대사의 친구로서 초청인을 맡았다고 분명히 말했다. 중간에서 말을 전하는 주 수석도 꽤나 곤혹스러웠을 것이다.

나로서는 대통령의 속내를 도무지 알 수 없었다. 대통령이 야당 총재로 외롭게 투쟁할 때 레이니는 에모리 대학교 총장으로서 그를 미국에 초청해 강연을 맡기기도 했다. 그때도 내가 강연 원고를 작성해주었다. 김 대통령도 한국의 민주화 투쟁을 미국 정계와 민간에 알릴 수 있게 해준 레이니를 내내 고마워했다. 그런데도 내가 환영연에 가는 것을 못마땅해한다니 납득할 수가 없었다. 반대해도 가리라 마음먹었다. 그런데 환영연 전날 또 청와대에서 전화가 왔다. 참으로 불편하고 불쾌했다. 최근 미국의 대북 정책에 불만이 있다는 걸 감안하더라도 이해하기 어려운 행동이었다. 그러나 결국 나는 대통령의 뜻을 존중해 행사에 참석하지 않기로 했다.

그런데 11월 5일 조간신문에 레이니 대사 환영연에 대해 '관례 벗어난 레이니 환영연', '서글픈 사대주의 잔영', '레이니 대사 환영 초대형 연회에 사대 시비' 등등 비난 기사가 일제히 실렸다. 환영회 규모가 너무 크다는 것이 첫 번째 비판이었다. 초청 대상자에 총리 이하 장·차관들, 국회의장을 비롯한 국회 상임위원장들, 각 정당 간부들, 대법관 이상의 사법부 간부와 대한변협 간부들 등 700명이 들어 있다는 것도 꼬투리를 잡았다.

무언가 냄새가 났다. 신임 미 대사에게 불쾌한 인상을 주려고 누군가 뒤에서 조종한 것이라면, 북한과 일괄 타결을 추진하려는 미국의 의지를 꺾을 심산이 아닐까 하는 생각이 들었다. 그게 아니면 미 대사와 문민정부의 진보적인 자유주의자 사이의 결속을 미리 차단하려는 것일까? 그렇다면 그것은 한반도 평화와 통일을 염원하는 국민의 마음과도 거리가 먼 행위였다.

나는 초청인들에게 공무로 바빠 환영연에 참석할 수 없다고 통보하고 씁쓸히 뉴스로 소식을 전해 들었다. 순간 문득 두 가지 일이 머리를 스쳤다.

하나는 레이니 대사 부임 직전 주간지 《뉴스 피플》(10월호)에서 레이니 박사와 한국의 깊은 인연을 소개한 기사였다. '한반도 통일 문제에 뚜렷한 입장을 표시하고 있는 김대중 전 총재, 한완상 부총리와 교감을 나눠 두 사람에 대한 통일 정책을 뒷받침할 것으로 보인다. 레이니 대사가 김대중 전 민주당 대표와 한 부총리와의 특수한 관계로 인해 두 사람이 추진하고 있는 통일 문제에 상당히 진솔한 대화와 의견교환이 오갈 것이라는 전망이 나오고 있다.'

만일 누군가가 이 기사의 뜻을 부풀려 대통령에게 전했다면 대통령이 매우 속이 상했을 것이다. DJ에게 특별한 감정을 갖고 있는 YS가 두 사람, 곧

DJ와 레이니 간의 친밀한 관계를 불편해하는 것은 충분히 이해할 만했다.

새삼 기억에 떠오른 또 하나는 레이니 대사가 에모리 대학교 총장 시절 김 전 총재에게만 명예박사 학위를 주고 김 대통령에게는 주지 않았다는 사실이다. 혹시 이 일로 김 대통령의 자존심이 상했다면, 레이니 대사 환영연을 성대하게 준비하는 것이 못마땅했을 것이고 거기에 내가 초청인이 된 것도 불편했을 듯했다. 하여튼 씁쓸한 일이었다.

〉통일원 예방한 레이니, "환영연 안 와서 섭섭"

1993년 11월 6일 오전 9시 30분 레이니 주한 미 대사가 통일원 집무실로 예방했다. 먼저 전날 환영연에 참석하지 못한 것을 양해해달라고 하고 한 시간쯤 담소를 나눴다. 혹시 우리가 나눈 이야기에 관심을 가질까 싶어 몇 가지 대외용 공통 관심사에 대해 의견을 나누었다.

첫째, 북핵 문제 해결은 한반도와 동북아시아 지역의 평화 유지에 중요하다. 4일 열린 한·미 연례안보협의회의를 성공적인 것으로 평가한다. 둘째, 문민정부의 단계적 통일 방안은 정당하고 적합하다. 셋째, 한·미 양국은 북핵 문제 해결 과정에서 인내심이 소진되고 있지만, 모든 선택지를 활용하여 북의 핵투명성을 밝혀내야 한다. 넷째, 한국의 민주화와 인권 신장을 높이 평가한다.

마지막 넷째는 내가 부총리 겸 통일원 장관이 되었다는 사실 자체가 그 증거이니 너무 당연한 사항이었다. 하지만 역대 주한 미 대사와 레이니의 차이를 부각시키고자 새삼 확인한 것이었다.

다음날 조간신문에는 레이니 대사와 내가 악수를 하거나 친밀하게 대화를 나누는 사진이 실렸다. 《한겨레》는 이렇게 보도했다. "레이니 대사는

1993년 11월 6일 통일원
을 예방한 레이니 대사와
함께.

한 부총리를 만나자마자 환하게 웃으며 5일 저녁 자신을 위한 환영만찬에
참석하지 않은 데 대해 우리말로 '섭섭하다'고 해 두 사람의 친분을 과시했
다."

《조선일보》도 우리가 악수하는 사진을 실었는데 레이니가 미국 에모리
대학교 시절 나의 스승이라고 소개했다. 오보였다. 내가 에모리 대학교에
서 박사과정을 밟을 때 레이니는 예일대 신학부에서 박사과정을 밟고 있
었다. 학위를 받은 뒤 레이니는 밴더빌트 대학교 신학부 교수로 부임했고,
나는 테네시 공대에서 사회학을 가르치고 있었다. 그 뒤 레이니는 에모리
대학교 신학대학장을 맡았다.

11월 3~4일, 서울에서 열린 제25차 한·미 연례안보협의회의에는 뉴욕
에서 북한의 허종 유엔 차석대사와 긴밀하게 접촉해온 토머스 허버드 국
무부 부차관보가 참석했다. 그는 11월 4일 나를 예방했다. 그런데 보수 언
론은 허버드가 허종 대사와 자주 만나는 것을 못마땅해했다. 《조선일보》
(10월 22일치)는 허버드가 강대국 관리답지 않게 행동한다고 내놓고 비난
했다. 북한의 전략에 미국이 끌려 다닌다는 힐난이었다. 나는 한국 보수

언론의 이런 비난에 미국이 과잉 반응할까 염려했다. 허버드도 서울에 머무는 동안 냉전 강경 세력의 영향을 받았는지 북한이 3차 남북 실무접촉을 무산시킨 것은 미리 짜놓은 계략 때문이라고 생각하는 것 같았다. 그러나 북한 당국은 11월 1일 유엔 총회에서 대북 결의안이 140 대 1로 통과되는 것을 보고 크게 충격을 받은 데다, 남쪽 국방부 장관의 다소 심한 발언에 자극을 받아 실무회담을 무산시킨 것이라고 밝혔다. 생각할 시간이 필요하다는 것이었다. 나는 허버드에게 한 가지를 강조했다. 북·미 대화가 실패한다면 미국은 정책 하나를 실패한 것에 지나지 않지만, 북한은 체제 전체를 곤경에 빠뜨리게 된다는 점을 잊지 말라고 했다. 북한을 상대할 때는 시장논리의 합리성이나 예측성을 전제하지 말라고 했다.

레이니에게 들으니 허버드가 청와대를 예방했을 때 김영삼 대통령이 일을 잘했다고 두 번씩이나 칭찬했단다. 이즈음 미국은 북한에 채찍을 쓰려고 하는 것 같았다. 그렇다고 북한을 벼랑 끝으로 몰고 가려는 것은 아니었다. 미국은 채찍의 한계를 잘 알고 있었다. 그래서 항상 외교적 노력이 소진될 때까지 인내심을 발휘하면서 고심하는 듯했다. 한국의 냉전 강경 세력은 이런 클린턴 정부의 고민을 이해하지 못했다. 아니, 이해하려 하지 않았다. 그렇다고 현실적 대안이 있는 것도 아니었다.

주한 미8군 사령관 게리 럭은 전쟁불사 같은 강경책이 비현실적임을 잘 아는 현명한 장군이었다. 전쟁이 일어나면 미국이 승리할 것이 확실하지만, 치러야 할 대가와 비용이 엄청나다고 강조했다. 그래서 한반도에서 전쟁을 벌이지 않는 것이 곧 승리하는 것이라고 말했다. 한국군 장성 중에는 왜 그와 같이 지혜로운 장군이 없는지 안타까웠다. 전쟁을 안 하는 것이 승리라는 논리는 평화가 무력으로 이뤄지지 않는다는 지혜를 깨달았을 때에야 비로소 이해할 수 있는 진리다. 무력으로 잠시 평화를 지킬 수는 있다. 그러나 참평화를 오랫동안 이룰 수는 없는 법이다. 원수와 소통할 수 있는 힘으로 원수의 전의마저 사라지게 할 때 비로소 평화를 세울 수 있다. 내가 존경하는 '장공' 김재준 선생이 즐겨 썼던 애자무적愛者無敵의 진리가 바로 참평화를 세우는 힘이다.

〉 북한의 유연한 변화에도 남한은 압박만

1993년 12월에 들어서자 북한은 미국과 3차 회담을 성사시키려고 한층 더 노력했다. 12월 3일에는 미국과 우리가 제시해온 두 가지 조건과 관련해 좀 더 융통성 있는 자세를 보여주는 메시지를 미국 쪽에 전했다. 종전과 달리 국제원자력기구IAEA의 사찰을 받는 문제에서 유연한 태도를 취했다. 원자력기구가 사찰하고 싶어 하는 7개 시설 중 5개에 대해서는 임시사찰과 통상사찰을 받겠다고 했다. 나머지 2개에서도 필름 교체를 허용하겠다고 했다. 남북 대화 개시에 관해서도 원자력기구 사찰 팀이 입북하면 곧 남북 특사교환 문제를 다루는 실무접촉을 하겠다고 했다. 그리고 이 실무접촉이 개시되면, 한국과 미국은 1994년도 팀스피릿 훈련 중지를 발표하고 동시에 3차 북·미 회담 날짜를 발표해야 한다고 요구했다. 이 새로운 제안이 우리에게도 전달되었지만, 미국 국무부는 북한과의 접촉 사실을 시인할 뿐 자세한 내용은 발표하지 않았다. 다소의 진전은 있었으나 아주 만족스러운 것은 아니라고만 했다.

그 무렵 우리 정부는 미국에 일괄 타결보다 더 강경한 '철저하고 광범위한' 대북접근법을 채택하도록 요구하고 있었다. 12월 7일에는 김 대통령과 클린턴 대통령이 전화회담을 통해 북한이 원자력기구가 7개 시설을 모두 사찰하도록 허용하고 남북 특사교환을 위한 실무접촉을 재개할 때만,

1994년도 팀스피릿 훈련 중지와 3차 북·미 회담 날짜를 발표하기로 합의했다. 팀스피릿 훈련 중지는 한국이, 3차 북·미 회담 날짜는 미국이 발표하기로 했다. 북한의 12월 3일 메시지를 더 엄격한 잣대로 수용하겠다는 의지를 표명한 것이었다. 김 대통령이 강조한 '철저한' 조처의 한 단면을 보는 듯했다.

이런 흐름 속에서 12월 21일 뉴욕에서 허버드 국무부 부차관보와 허종 주유엔 북한대사가 만나 네 가지 조처를 동시 추진하기로 합의했다는 소식이 들려왔다. '첫째, 국제원자력기구가 영변에 있는 7개 시설 중 5개에는 전면사찰을 하고 2개에는 제한사찰을 한다. 제한사찰은 원자력기구와 협의 아래 카메라의 배터리를 교환하는 것이다. 둘째, 남북 간 실무접촉을 시작하는데, 남쪽의 진지한 자세가 보이면 북쪽은 당일 특사교환이 가능하도록 하겠다. 셋째, 한국과 미국은 1994년도 팀스피릿 훈련 중지를 발표할 것이다. 넷째, 미국은 북한과의 3차 접촉 날짜를 발표할 것이다.'

이러한 합의를 발표하면서 허 대사가 허버드 부차관보에게 흥미로운 얘기를 했다. 팀스피릿 훈련 중지와 3차 북·미 회담은 원자력기구의 사찰이 완료되고 남북 특사교환이 실현된 뒤에 해도 좋다고 한 것이다. 그리고 원자력기구에서 먼저 북과의 만남을 제의해주길 바란다고 했다. 북한이 3차 북·미 회담만큼은 어떻게든 실현시키고 싶다는 의지를 표명한 셈이다.

북한이 이렇게 조금 유연해진 이때 나는 통일 업무를 떠나야 했다.

그에 앞서 기억에 남는 따뜻한 만남에 대해 먼저 얘기해야 할 것 같다. 12월 3일 노신영 전 총리가 점심을 함께하자고 했다. 그렇지 않아도 그를 만나고 싶던 참이었다. 그는 나에게는 고마운 분이기도 했다. 1981년 '김대중 내란음모 사건'으로 수감되었다 풀려난 뒤 샘 넌 미국 상원 국방위원장이 전두환 군부에 나의 출국을 요청했을 때 외무장관이 바로 그였다. 아마도 강경 군부와 미국 사이에 끼어 그는 몹시 곤혹스러웠을 것이다. 주미 대사의 요청을 여러 번 받고도 전두환 정부에서 강경하게 반대했을 테니 말이다. 우여곡절 끝에 에모리 대학교 초빙교수로 나가게 됐던 그해 9월 말 유엔 총회 참석차 출국한 노 장관은 그를 배웅나간 딕시 워커 주한 미 대사에게 '한완상 박사 문제가 해결되었다'고 귀띔해주었다. 그때는 김대중 전 총재가 아직도 옥살이를 할 때라 나 같은 사람에게 출국은 꿈도 꿀 수 없는 일이었다.

그로부터 12년이 지난 뒤에야 그와 점심을 함께하면서 나는 뒤늦게 감사하다는 말을 했다. 그때 일을 잊지 않고 이렇게 연락해서 그렇게 어두웠던 시기에도 밝은 햇살이 사람들을 따뜻하게 감싸던 순간이 있었음을 상기시켜주니 더 고마웠다. 어떠한 절망의 시기에도 찬란한 희망을 만들어내는 사람은 있기 마련이다.

〉 문민정부와 10개월, '거창한 정치 감방'

1993년 12월 17일, 나는 유력 종합일간지 정치부장들을 오찬에 초청했다. 초대에 응하지 않은 유일한 사람은 조선일보 강 아무개 부장이었다. 공교롭게도 그는 서울대 사회학과에서 공부한 내 제자다. 그 무렵 조선일보와 나는 퍽 불편한 관계를 유지하고 있었다. 그래서 그가 오지 않은 것을 알고 퍽 쓸쓸했다. 이런 때일수록 사제관계는 아름답게 유지되어야 한다고 생각했기에 더 섭섭했다. 그런데 그의 처지에서 생각해보니 한편으로는 고마운 마음이 들었다. 어쩌면 자기가 그 자리에 참석하면 좋은 분위기가 깨질까 염려하여 그랬을지도 모른다는 생각이 들었다. 충분히 그럴 만했다. 역지사지가 주는 성찰의 기쁨이 이런 것 아니겠는가.

나는 지금까지 정부기관에서 일하는 내 제자나 후배 중 세계관이나 인생관, 역사의식이 나와 다르다고 해서 그들을 멀리하거나 미워한 적이 없다. 다만 너무 과격하고 진보적인 사람들은 독선과 교만에 빠지지 않기를 바랐고, 지나치게 보수적이고 냉전적인 인식을 가진 사람들은 부패하지 않기를, 좀 더 열린 사고를 갖기를 바랐다.

12월 21일, 각오의 시간이 다가왔다. 대폭 개각을 앞둔 태풍전야 같은 아침이었다. 김영삼 대통령의 맏사위 이창해 씨의 전갈이 있어서 대강 분위기를 짐작할 수 있었다. 내 문제로 김 대통령이 고심하는 듯했다. 사실 대통령 주변에 이미 '철저하고 광범위한 대북 정책'을 강행하려는 흐름이 강하게 흘러서 나 자신도 이제는 떠날 때가 되었다고 다짐하고 있었다. 당선인 시절 나를 불러 대통령 비서실장을 맡아달라면서 "한 박사와 5년 내내 개혁을 확실히 추진해야지"라고 격려하던 대통령의 모습이 새삼 떠올랐다.

사실 나는 지난 10개월 동안 남북 관계에서 과감히 개혁을 추진하려고 무척 애를 썼다. 그러나 그동안 남북 관계는 전혀 개선되지 않았다. 취임하자마자 '리인모 노인 북송'이라는 과감한 개혁조처와 결단을 내렸음에도 남북 관계는 한 치도 앞으로 나가지 못했다. 더 크게 보면 북핵 문제가 나의 발목을 잡은 셈이었다. 북한의 돌연한 핵확산금지조약NPT 탈퇴 선언이 남쪽의 냉전 강경 세력으로 하여금 내 행보를 더 완강하게 막게 했으니 말이다. 더구나 남북 간의 적대적 공생관계가 한층 악화된 상황에서 떠나게 될 것 같아 마음이 무거웠다.

오전 10시쯤 통일원 집무실에 앉아 있는데 김덕 안기부장에게서 전화가 왔다. 그는 대뜸 "일기가 좋다"고 했다. 나의 유임이 낙관적이라는 뜻이었다. 그래서 나는 이렇게 대꾸했다. "일기가 좋기는커녕 비바람이 부는 것도 같고 구름도 끼어 우중충한데." 김 부장은 대통령의 사돈 쪽과 가까워서 그쪽에서 얘기를 들은 듯했다. 그러나 이때 이미 대통령의 차남 현철 씨가 박관용 비서실장과 손을 잡고 대북 정책을 '철저한' 접근 쪽으로 끌고 가려 하는 것을 나는 알고 있었다. 그래도 위로와 격려의 전화를 해준 김 부장이 고마웠다.

오전 11시쯤 마침내 박 실장에게서 전화가 왔다. 대통령이 나에게는 미리 알려주라고 했다면서 '오늘 오후에 대폭 개각이 있고 거기에 내가 들어가 있다'고 했다. 총리 이하 14개 부처 책임자들이 개각 대상이라고 했다. 미리 알려주는 '따뜻한' 배려의 전화를 받고 나는 '알겠다'고, '고맙다'고 얘기했다.

통일부총리로 일한 지난 10개월 동안 나는 북한을 상대하는 본연의 임무보다는 남쪽의 냉전 강경 정치인들과 수구언론을 상대로 한 신경전 때문에 더 지쳤다. 대통령 취임사의 빛이 날로 사그라지는 현실을 보며 안타까웠는데, 떠난다고 생각하니 한편으로는 남북 관계가 염려되면서도 또 한편으로는 '이제야 쉴 수 있겠구나' 하는 안도감이 생기기도 했다. 여하튼 통일부총리 시절은 괴롭고 외로운 일로 점철된 시간이었다. 10개월이 마치 10년처럼 길게 느껴졌다. 그동안 '부총리 집무실'이라는 '거창한 정치 감방'에 자유롭게 갇혀 있다가 풀려난 것 같은 역설적인 기쁨이랄까, 홀가분한 해방감마저 들었다. 그러나 정말 많은 것을 깨닫고 배우는 소중한 시간이었다.

〉 후임 부총리 인선, 대북 강경세력 득세

1993년 12월 21일, 개각으로 부총리 겸 통일원 장관에서 물러나자, 아쉬

위하는 사람들은 내가 너무 진보적인 대북 정책을 고집해서 교체되었다고 생각하는 듯했다. 반대로 나의 경질을 고소해하는 사람들은 "거봐라, 감상적으로 대북 정책을 추진하니 그렇게 되지"라고 생각하는 듯했다.

특히 김관석·박형규 목사는 배신당한 기분이라고 했다. 김영삼 대통령이 외로울 때 재야에서 열심히 도왔던 분들이니 그랬을 것이다. 나는 좌파니 진보적이니 하는 평가에는 신경 쓰지 않았다. 정확히 말하자면 나는 북한을 인도주의 관점에서 바라보고 그 정신으로 대북 정책을 추진하려 했을 뿐이다.

사실 내가 국무위원 자리를 떠나게 된 것은 대북 정책 때문이 아니었다. 당시 김 대통령은 황인성 총리를 포함해 국무위원 8명을 교체했다. 농산물 개방으로 전국의 농민들이 분노했고 거센 저항을 하자 이 저항을 정치적으로 '한방'에 꺾고자 대폭 개각을 단행한 것이다. 김 대통령 특유의 위기 극복 방식이었다. 그런 점은 '양 김 대통령'이 다른 점이 없었다. 정치위기 때마다 각료들의 목을 날리는 행태는 따지고 보면 전형적인 비민주적 정치 행위이기도 하다. 각료를 동지로 보는 것이 아니라 장기판의 졸로 보는 것이다. 정치적 후진성의 단면이기도 하다.

물론 나의 햇볕론적 대북 정책을 반대하는 대북 강경론자들의 입김이 내 경질에 작용했다는 점도 부인할 수 없다. 박관용 비서실장은 내게 개각 소식을 미리 알리면서 묻지도 않았는데 자기와는 아무 상관없는 일이고 순전히 대통령의 결정이라고 강조했다. 그 말을 듣고 나는 피식 웃었다. 일부 보수 언론의 이간질도 한몫했다.

그러나 김 대통령의 대북 인식이 반공적 의식 수준에 머물러 있는 것도 사실이었다. 모친이 한국 전쟁 때 공산주의자의 손에 사살된 탓에 그의 반공 의식은 철저했다. 그렇다고 그가 교조적 반공주의자는 절대로 아니었다. 그러나 나의 대북관이 지나치게 친북적이라고 못마땅해하는 측근들의 영향을 계속 받다 보니 그도 자유로울 수 없었을 것이다. 아마도 조직적으로 나를 폄하하는 일들이 상당히 오래 지속되었을 것이다. 수백 통의 편지가 청와대로 날아들었을지도 모른다. 후임 통일부총리로 발탁된 인물은 독실한 기독교 신자이면서 북한 출신의 완강한 반공주의자인 이영덕 박사였다. 그가 내 후임이 되는 것을 보고 대통령 가까이 있는 반공주의자들의 작품임을 대번에 알 수 있었다. 그러나 어쩌하랴. 그것이 이 정부의 구조적 한계요, 문화적 한계인 것을.

정부를 떠나면서 제임스 레이니 주한 미 대사가 예전에 나에 대해 "김영삼 정부의 피뢰침"이라고 했던 얘기가 다시 떠올랐다. 좌파든 우파든 사실 멋지고 훌륭한 대통령은 정부에 지나치게 심한 비난이 쏟아질 때 그에 맞서 스스로 피뢰침 구실을 해야 하지 않을까. 그래야 그의 기품 있는 지도력에 감동을 받고 아랫사람들이 충성스럽게 보필하지 않겠는가.

어쨌거나 1993년 크리스마스는 나 개인에게는 평안을 주었지만, 우리 민족에게는 아직도 평화가 멀었음을 아프게 상기시켜주었다. 앞으로는 평화가 더 멀어질 것만 같았다. 지난해 크리스마스 때 충만했던 의욕과 감동이 1년 만에 깡그리 사라지고 그 자리에 좌절과 불안이 자리를 잡았다.

크리스마스 전날 《한겨레》 정연주 워싱턴 특파원의 '아침햇발' 칼럼이 나를 더 울적하게 했다. 21일 개각에 대한 신랄한 비판이 담긴 그의 글에는 강한 분노가 배어 있었다. "한완상 전 부총리 등은 김영삼 정권의 이미지 창조를 위한 화장품에 지나지 않았으며, 이제 화장품으로서 그의 효용 가치가 다하자 쓰레기통으로 던져진 참혹한 꼴이 되고 말았다. 문제는 그것이 그들 개인의 문제가 아니라는 것이다. 바로 우리 사회가 어느 방향으로 가게 될 것인지를 보여준다는 점에서 참으로 참담하고 음산하기까지

1993년 12월 24일치 《한겨레》의 '아침햇발'에 실린 삽화. 당시 정연주 워싱턴 특파원의 칼럼에 곁들인 그림으로, 문민정부를 떠나게 된 필자의 처연한 심정을 대변하듯 묘사했다.

하다. 특히 북한 핵 문제를 둘러싼 미국 언론과 보수파들의 음산한 호전적 분위기를 생각하면, 이번 개각으로 조그만 진보적 목소리조차 사라지게 됨으로써 앞으로 한반도가 또 어떤 긴장과 소모성 대결을 경험해야 할지 암담하다."

이 칼럼의 '화장품' 비유는 레이니의 '피뢰침'보다 더 혹독한 비판이었다. 조국의 앞날이 걱정되지 않을 수 없었다. 그날 칼럼에 곁들인 삽화마저도 처연했다. 한반도 지도를 두 손 위에 올려놓고 근심 어린 표정으로 처량하게 바라보는 내 모습이었다.

왜 우리에겐
만델라와 데클레르크가 없나

〉 샌프란시스코서 내 강연 듣다 울고 온 청년

1993년 크리스마스를 오랜만에 조용히 보냈다. 평화의 땅으로 오신 아기예수는 태어나자 곧 폭력의 왕 헤롯의 살육행위를 피해 피난을 가야 했다. 평화를 세우기 위해 태어난 모든 존재는 운명적으로 폭력의 권력에 의해 핍박을 받게 되어 있는 것 같다. 그런데 폭력과 독선의 체제와 구조가 결코 평화를 영원히 지우지 못한다는 것이 크리스마스가 주는 의미가 아닐까. 평화는 이 구체적인 역사 현실 속에서는 권력의 폭력에 의해 짓밟히고 빼앗기고 죽임을 당하지만, 그러한 고난 속에서 평화의 씨앗은 계속 깊이, 더 널리 뿌려지며, 그 씨앗들은 고통이라는 토양을 딛고 내일을 향해 끈질기게 자라는 것 아닌가. '평화의 왕' 예수가 서른 중턱에 로마의 실정법에 의해 극형을 당했지만, 평화는 부활한 것 아닌가. 팍스 로마나는 결국 역사에서 사라졌으나, 예수의 평화는 오늘도 씨앗으로, 생명나무로 조용히 그러나 착실히 자라는 것 아닌가. 당장 내 속에서도 자라고 있지 않는가. 지난주에 나는 통일부총리의 자리를 떠났지만, 조국통일과 평화의 뜻은 내 마음속에 더욱 깊이 씨앗처럼 뿌리내리고 있다. 나는 그것을 느끼고 있다. 지난 10개월간의 시달림이 이 씨앗의 옥토가 되고 있는 듯하다.

12월 27일, 아내와 함께 홀가분한 마음으로 미국으로 향했다. 샌프란시스코 비행장에 내리니 몇 가지 뚜렷한 영상이 내 가슴에 시리게 떠올랐다.

맨 먼저 1962년 9월 초의 내 초라한 모습과 한인감리교교회 송정율 목사님께 저질렀던 심야의 무례가 생각났다. 가난한 유학생이었던 나는 돈이 없어 서울에서 종착지인 애틀랜타까지 가는 비행기 표를 살 수 없어 샌프란시스코까지만 표를 끊었다. 거기서부터는 미 대륙을 관통하는 버스 표를 샀다. 그것도 중간 중간 쉬어갈 형편이 아니어서, 그레이하운드 버스를 계속 갈아타며 차 안에서 먹고 자며 가야 했다. 그렇게 70시간을 넘게 달려 에모리 대학교가 있는 애틀랜타에 도착할 수 있었다.

그때 샌프란시스코공항에 도착한 시각이 새벽 3시, 달리 아는 이가 없어 송 목사님께 전화를 했던 것이다. 한국감리교신학대학교 학장이셨던 홍현설 박사님이 친구인 그분에게 책 심부름을 보냈다는 명분이었다. 송 목사님은 일찍이 에모리 대학교에서 신학을 전공한 뒤 북부 캘리포니아 지역에서 민주화 운동의 구심 노릇을 한 분이었다. 낯선 젊은이를 맞아 말없이 비행장까지 직접 차를 몰고 와 주신 목사님 댁에서 나는 사흘이나 신세를 졌다. 미안하고도 부끄러운 마음이 지금도 남아 있다.

가슴을 뜨겁게 하는 또 하나의 기억은 꼭 11년 전인 1982년 가을의 일화다. 이때 나는 망명객으로 미국 전역을 다니면서 한반도의 평화와 민주화에 대한 지지를 호소하는 강연에 바쁜 나날을 보내고 있었다. 샌프란시스코 교외에 있는 한인교회에서도 여러 차례 강연을 했다. 어느 날 오전 강연 도중에 한 젊은이가 급히 자리를 떴다. 10분쯤 지나 그 젊은이는 제자

1962년 가을 에모리 대학교 대학원 첫 학기 때 기숙사에서 자취하던 시절 모습.

리로 돌아왔는데 얼굴을 보니 울고 온 것 같았다. 강연이 끝나자 그 젊은 이가 내게 찾아왔다. 그가 급히 나가서 실컷 울고 온 사연은 이랬다.

그날 강연에서 나는 1980년 가을 육군본부 군법회의장에서, 이른바 '김 대중 내란음모 사건'에 연루된 20여 명의 공동피고인들이 최후진술을 하는 긴장된 상황을 이야기했다. 그 가운데 서울한빛교회에서 시무했던 이해동 목사님의 증언이 온 법정을 울렸다. 그는 교도소 관례에 따라 세탁물을 가족에게 내보냈지만, 아직도 아내에게 보내지 못하고 있는 세탁물 하나가 있다고 했다. 그것은 남산 지하실에서 고문당할 때 입었던 피 묻은 속옷이었다. 아내가 충격을 받을까 봐 그랬던 것이다. 그러자 방청석에 앉아 있던 가족들 모두가 흐느끼기 시작했다. 나를 포함한 피고인들도 소리를 꾹꾹 눌러가며 뜨겁게 속으로 울었다. 그 젊은이는 바로 그 대목에서 끓어오르는 서러운 아픔을 견딜 수 없어 뛰쳐나갔다면서 자신도 서울에서 한빛교회에 다녔다고 했다.

나는 샌프란시스코에서 며칠 묵으며 그때 나를 초청해줬던 한인교회의 목사님을 비롯해 망명생활 때 만났던 친구와 지인들을 만나 즐겁게 지난 날을 회고했다. 나는 감사했다. 그들은 조국의 평화와 민주화에 대해 많은 것을 물어보았다. 한반도의 핵 문제를 걱정했다. 북핵 문제를 둘러싸고 한·미 관계가 불편해지고 있다는 것도 알고 염려했다. 문민정부가 보수적으로 변질되는 것도 걱정했다.

나는 이번 미국 여행에서 예수의 평화운동과 그의 하나님 나라 운동을 깊이 성찰할 수 있기를 바랐다.

〉 기꺼이 가난한 삶 택한 '꿈쟁이' 세 딸

1994년 1월의 첫 주일 샌프란시스코 교외의 한인교회에서 예배를 보았다. 그날 나는 예수께서 본격적인 하나님 나라 운동을 펼치시기 전 광야로 나가 운동의 목적과 본질을 깊이 성찰하는 기회를 가졌다는 점에 새삼 주목했다.

청년 예수는 자기 온 존재, 온 삶을 던져 이룩해야 할 새 운동의 가치를 온전하게 깨닫기 위한 처절한 몸부림을 쳤다. 40일 밤낮을 굶으며 이 운동의 의미를 깨닫고자 했다. 여기서 예수 운동을 달콤하게 좌절시키려 했던 악마의 꾐이 갖는 의미를 주목할 필요가 있다. 이 악마는 힘의 논리, 힘의 가치, 힘의 비전으로 예수 운동을 좌절시키려 했다. 무슨 힘이었던가? 그 힘이 오늘 우리 한반도의 참된 평화를 세우는 문제와 무슨 상관이 있는 것인가! 기독교 신자로서 국가의 주요 임무를 맡은 분들은 예수께서 그때 어떻게 광야의 유혹을 물리쳤는지를 올곧게 깨달아야 한다. 한반도의 평화를 위해서. 경제력·군사력·과학기술력 모두 필요하지만, 그것들만으로는 평화를 올곧게 세울 수 없다는 진리를 깨달아야 한다. 나는 예수교장로회의 장로인 김영삼 대통령께서 세속적 힘만으로 북한을 옥죄는 것이 결코 참된 평화를 세우는 데 도움이 되지 않는다는 진실을 깨닫기를 간절히 기도했다. 이번 미국 여행 동안 교회에서 증언을 한다면 이러한 메시지를 전하기로 마음먹었다.

며칠 뒤 시카고에서 우리 부부는 복음주의적 신학교에서 공부하고 있는 둘째 사위와 막내딸을 만났다. 둘째 사위는 미국에서 공대를 나와 미국의 큰 비행기회사 엔지니어로 일하다가 신학 공부를 하고 있었다. 미국의 명문 여대인 브린모어 대학 경제학부를 졸업하고 프린스턴 신학교에서 기독교육학 분야의 석사학위를 받은 둘째딸의 권유를 즐거이 받아들인 것이다.

막내딸은 레이니 주한 미 대사가 에모리 대학교 총장 시절 친딸처럼 여러 가지로 돌봐주었다. 덕분에 4년 내내 장학금까지 받았던 막내는 졸업한 뒤 둘째 사위와 같은 신학대학에서 카운슬링심리학 공부를 하고 있었다.

딸만 셋인 우리 아이들은 모두 '꿈쟁이'로 자랐다. 세속적 가치보다는 '예수 따르미'가 되고자 했다. 학부에서 경제학을 공부한 둘째딸도, 컴퓨터 사이언스를 전공한 막내딸도 모두 대학원에서는 신학 공부를 했다. 배고픈 길로 뛰어든 것이다. 아버지로서 나는 그들의 선택을 존중했다. 그리고 그들의 결정을 자랑스러워했다.

모처럼 딸과 사위 그리고 갓 태어난 손녀까지 만나 참으로 기쁜 시간을 보냈다. 삭막했던 지난 1년간 전혀 느껴보지 못했던 가슴 찡한 사랑이었다. 나는 이들이 돈·명예·권력 같은 세상 가치들에 때 묻지 않고 천사처럼 살면서 가난 중에서도 즐거워하는 여유, 그 참 여유를 알게 되기를 바랄 뿐이다.

이어 시카고를 떠나 눈이 펑펑 쏟아지는 날 뉴욕으로 갔다. 꼭 10년 전, 그러니까 1984년, 3년간의 망명 생활을 청산하고 귀국길에 올랐던 곳이다. 애틀랜타에서 1년을 지낸 뒤 뉴욕에서 보낸 2년 동안 목요기도회를 이끌었던 민주동지들은 이제 사방으로 흩어진 듯했다. 1980년대 초 그 긴박했던 순간들, 포트리에 있는 다이너 식당에서 자주 모여 조국의 민주화와 평화를 위해 머리를 맞대고, 가슴을 열어놓고 뜨겁게 토론하고, 논의하고, 합의하고 다짐했던 우리들의 대견한 모습들이 어제인 듯 선연했다. 이승만 목사 부부, 임순만 목사, 장혜원 박사, 안중식 목사, 김정순 교장 부부, 김홍준 선생 부부 등이 모두 그리웠다.

1월 9일 일요일에는 망명객인 우리 가족에게 피난처였던 브루클린 한인 교회에서 말씀 증거를 했다. 아내가 전도사로 온몸과 온 정성으로 교우들과 소통하고 섬겼던 교회였기에 감회가 더했다.

이튿날 밤 뉴욕을 떠나 서울에 오니 12일 아침이었다. 사실 1970년대만 하더라도 외국 나가는 일은 여간 어렵지 않았다. 나처럼 재야 민주화 세력으로 찍힌 사람은 정치적 이유로 더 어려웠다. 어쩌다 어렵사리 외유를 하고 돌아올 때면 정치적 자유가 없는, 곧 캄캄한 굴속으로 다시 들어가는 듯한 느낌마저 들었다. 그런데 민주화 이후 귀국의 맛은 달콤했다. '역시 집이 최고야'라는 느낌이 나를 즐겁게 해주었다. 내 개인 집뿐만 아니라, 한국이라는 큰 집이 그렇다는 뜻이다. 자유가 고향의 맛을 더욱 몸으로 느끼게 하는구나!

) 영부인, "쥐구멍 심정"이라며 하차 위로

1994년 1월 17일 저녁 7시 서울 인사동에 있는 한식당 목연에서 지난 대통령선거 때 김영삼 후보의 당선을 도왔던 '신한국 팀'이 모였다. 박관용 실장, 김정남 수석, 차동세 박사, 이명현 교수 등이 모였다. 지난해 이맘때만 하더라도 우리 모두는 희망에 들떠 있었다. 새 역사를 만들 수 있다는 자신감으로 다소 흥분해 있었다. 문민정부다운 새로운 모습을 국민과 역사 앞에 보여줄 수 있을 것으로 믿었다. 그런데 겨우 1년 만에 우리가 지녔던 자신에 찬 열정은 사라져버린 듯 모임은 내내 우울하고 불편했다.

마침 교육개혁위원회 설치 문제가 화제가 되었는데, 거론되는 위원들 모두가 비상임인 데다 예산이 제대로 뒷받침되지 않는 것 같아 위원회의 앞날이 험난할 듯했다. 전문위원들도 개혁적인 것 같지 않았다. 다만 12·12 사태를 쿠데타로 규정한 것은 올곧은 일이요 용기 있는 일이었음에 이견에 없었다. 하지만 12·12 사태의 정당성을 미국에 가서 설명하고 설득했던 당시 육군 대령을 문민정부의 국방부 장관으로 발탁한 것은 자가당착이요, 철학 부재에서 빚어진 것임을 지적했다. 이 자리에서 우리는 그렇게 썰렁하게 모여 썰렁하게 헤어졌다.

앞으로 더욱 염려스러운 것은 김 대통령이 변화시켜야 할 여론과 존중해야 할 여론을 제대로 분별하지 못한다는 생각이 새삼 들었기 때문이다. 마치 2,000년 전, 로마의 빌라도 총독이 청년 예수의 무죄를 알면서도 그를 죽이라는 들끓는 여론에 밀려 결국 예수를 십자가 극형에 처했던 것과 같은 잘못을 저질러서는 안 될 것이다. "본디오 빌라도에게 고난을 당하사 십자가에 못 박혀 죽으시고"라는 「사도신경」의 신앙고백을 2,000년이 지난 오늘에도 수억 명의 크리스천들이 일요일마다 읊조리며 기억하고 있다. 빌라도에게는 이것이 일종의 종교적 저주처럼 들릴 것이다.

그 며칠 뒤 아내가 구정을 앞두고 대통령 부인 손명순 여사에게 인사도 제대로 못 했다고 아쉬워했다. 정이 유달리 많은 분이었다. 그러면 직접 전화해서 말씀드려보라고 했더니, 아내는 어려워서 직접 못 하겠다고 했다. 그래서 내가 청와대 부속실을 통해 전화를 드렸다. 내 전화를 받으시자 손 여사께서 큰소리로 이렇게 말씀을 해서 깜짝 놀랐다.

"한 박사님을 그렇게 내보내는 게 아닌데. 쥐구멍에 콱 들어가고 싶었습니다….."

"제가 부족해서 그렇게 된 것이지요"라고 답을 했는데도 여사는 연거푸 세 번씩이나 쥐구멍 얘기를 하셨다. 나는 당황스러워 몸 둘 바를 몰랐다. 사실 지난달 개각하기 전, 김 대통령이 내게 직접 전화를 해서 '이번 개각에는 어쩔 수 없이 나가게 되었지만 신한국 창조를 위해서 정부 밖에서 더 도와달라'고 솔직하게 얘기했다면 조금은 덜 섭섭했을 것이다. 그런 까닭에, 손 여사의 인간적인 위로의 말씀, 그 직설적이면서도 정이 넘치는 '쥐구멍' 얘기에 내 속에 쌓였던 감정의 응어리가 한꺼번에 녹아 없어진 듯했다. 손 여사의 인간미 넘치는 직설이 김 대통령의 부족함을 메워주는 뜨거운 힘이란 사실을 실감했다. 전화를 끊고 뒤에도 한참 동안 그 목소리는 내 마음을 따뜻하게 해주었다.

그래서일까, 1월 22일 대통령께서 조찬을 함께하고 싶다는 연락이 왔다. 국무위원 자격이 아니라 자유로운 시민으로, 지식인으로 청와대로 갔다. 오전 7시 20분쯤 김 대통령이 밝은 표정으로 들어와 그다운 소박하고 소탈한 목소리로 식탁에 앉으면서 이렇게 얘기했다.

"아, 그 우루과이 라운드 문제만 아니면, 한 박사 나갈 필요가 없었는데, 고마 우루과이 라운드 문제에 걸려 이렇게 되었소, 아 참….."

대통령은 퍽 곤혹스러워했다. 그가 청와대에 오기까지 긴긴 야당의 민주화 투쟁에 앞장설 때 나는 항상 그를 지지하는 자리에 서 있었다. 때로는 그에게 고언도 했지만, 기본적으로 인간적 여백과 따뜻한 가슴을 지닌 정치인으로, 또 선배로 그를 지지했었다. 그러기에 이번에 쌀 개방 문제로 정부 14개 부처의 책임자들이 경질되는 사태에 나도 예외일 수 없음을 이해하고 이 일을 구태여 그의 인간성과 연계시키지 않았다.

김 대통령은 이번 개각에서 나와 황산성 환경부 장관을 경질한 것에 대해서 특별히 미안하게 생각하는 듯했다. 1시간 20분가량 함께 식사를 하면서 그는 금융실명제가 지닌 개혁적 의미를 다시 강조했다. 또 문익환 목사에 대한 서운함도 얼핏 드러냈다. 박형규 목사와 함께 문 목사가 지난달 대폭 개각을 신랄하게 비판했기 때문인 듯했다. 그리고 그는 곧 구성될 교육개혁위원회에 대한 기대도 언급했다. 혹시 내가 그 위원회에 들어가고 싶다는 말로 오해받기 싫어서 나는 한마디도 그 문제에 대해 언급하지 않았다.

〉 YS 전화에 '종합유선방송위원장' 수락

1994년 1월 22일 청와대 조찬에 다녀온 뒤, 요즘 정계에서 회자되는 세계화 문제가 나의 지적 호기심과 함께 근심을 자극했다. 김 대통령이 세계화라는 화두에 큰 관심을 갖고 있다는 인상을 강하게 받았기 때문이다.

마침 2월 28일 KBS에서 강연 초청을 받아 세계화에 대한 내 견해를 소개했다. "산업화와 민주화에서는 우리가 다른 나라들에 견주어 많이 뒤떨어졌다. 그래서 기껏해야 경제적으로는 개발도상국으로 인정받았지만, 군사권위주의 정치로 인해 정치적으로는 후진국으로 낙인찍혔다. 인권

유린에서도 부끄러운 수준에 머물러 있었다. 그런데 정보화 물결과 세계적 탈냉전 흐름이 21세기를 앞두고 거세게 우리에게 다가오고 있다. 이것은 확실히 우리 민족과 국민에게 커다란 도전이요 기회다. 산업화에는 뒤졌지만, 정보화에는 우리가 앞서나갈 수 있다. 또 앞서나가야 한다. 그런데 문민정부는 이런 정보화 비전이 없는 듯하다. 정보화로 21세기 문은 열릴 것이고, 냉전 체제의 해체로 20세기의 문은 닫히게 될 것이다. 그런데 그 문을 적극적으로 활짝 열어놓을 일꾼들이 보이지 않는다. 오로지 뚜렷하게 보이는 것은 20세기 냉전체제의 문을 한사코 더 열어놓으려고 안간힘을 쓰는 한국의 이념적 러다이트(신기술 반대자)들의 못난 모습이다. 딱한 몰골이다."

3월 7일, 나는 종합유선방송위원회KCCC 위원장으로 취임했다. 앞서 3월 2일께, 김 대통령이 직접 전화를 걸어 위원장 자리를 맡아달라고 요청했다. 나는 21세기의 정보화라는 새 역사를 올곧은 방향으로 나아가게 하는 데 도움이 되는 정책 기능을 지원할 수 있다고 생각해서 즐겁게 그 자리를 맡기로 했다.

바로 다음날 가진 기자간담회에서 조선일보 기자가 다소 비꼬는 어투로 질문을 했다. 부총리를 지낸 분이 종합유선방송위원장이 된 것은 '거물'에게는 격이 맞지 않는 것이 아닌가라는 얘기였다. 나는 "사람이 격의 주인이지, 격이 사람의 주인은 아니다"라고 답했다. 앞으로 종합유선방송의 위상을 높이는 데 노력하겠다고 했다. 위원회는 프로그램 심의 이외에 케이블 티브이 사업자의 자질 향상을 위해 노력할 것이라고 했다. 특히 프로그램 공급자PP와 케이블방송 운영자SO의 질 향상과 더불어 사업자들 사이의 상호협조가 요청된다고 했다. 이것은 너무나 당연한 지적이었다. 이런 나의 발언을 일부 언론은 위원회 업무를 규정한 종합유선방송법의 한계를 뛰어넘는 것으로 해석하기도 했다.

언론에서 나의 종합유선방송위원장 취임을 관심사로 보도하자, 공중파 (지상파) 방송을 관장하는 한국방송위원회KBC는 다소 긴장하는 듯했다. 김창열 선생이 위원장이었는데, 평소 나는 그 인품과 실력을 높이 평가하고 있었다. 듣자니, 한국방송위원회가 뉴미디어인 위성방송을 다루겠다고 한단다. 새로운 방송매체는 마땅히 종합유선방송위원회가 맡아야 할 것으로 나는 생각했다. 그래서 다소 두 위원회 사이에 긴장이 생길 수도 있겠구나 염려했다.

3월 10일, 서울대 사회학과 동문인 이상희·유재천 교수와 함께 시내 중식당에서 오찬을 함께했다. 서울대 사회대 교수 시절, 휴게실에서 정치·경제 현안들에 대한 의견을 백가쟁명 식으로 표출하곤 했던 단골손님들이었다. 그런데 최근 김 대통령이 김만제 박사를 포항제철 사장으로, 김경원 전 전두환 대통령 비서실장을 특정 위원회의 위원장으로 임명한 데 대해 교수들이 신랄하게 비판했다고 한다. 문민정부의 개혁 의지를 의심케 하는 인사라는 것이다. 그런 비판에 나는 또다시 씁쓸한 기분이 들었다.

3월 11일, 오인환 공보처 장관과 오찬을 함께했다. 그런데 그날 오전 오 장관이 청와대에 들어가니 대통령이 나를 잘 도와주라고 당부했단다. 나는 1980년대 후반 한국방송위원회의 상임위원으로 일한 적이 있었는데, 서울대 교수 신분으로 민주당 몫의 방송위원을 맡았다. 한승헌 변호사도 평민당 몫의 방송 위원이었다. 그때 나는 야당의 정책을 견지하는 상임위원으로 일했다. 아마도 이 경험을 대통령이 기억하고 내게 종합유선방송위원장 자리에 앉힌 것 같았다. 21세기 방송 환경이 급격하게 변화할 것이다. 세계적으로 강력하게 부상하고 있는 정보화 흐름을 적극적으로 활용하는 데 소중한 임무라는 생각이 들었다.

⟩ CNN, 서울 아닌 홍콩을 택한 이유

1994년 3월 20일께 다국적 케이블 뉴스 채널인 CNN의 소유주인 테드 터너로부터 종합유선방송위원장 앞으로 초청장이 날아왔다. 그때 CNN은 명실 공히 전 세계 뉴스를 담당하고자 아시아 거점으로 적절한 장소를 물색하다가 홍콩에 아시아 프런트를 세우기로 결정했다. 그래서 터너 회장이 아시아 주요 나라의 케이블 방송 책임자들을 홍콩으로 초청한 것이었다. 그는 아시아를 21세기 역사의 주요 축으로 이미 인식하고 있는 듯했다. 나는 호기심을 안고 홍콩으로 날아갔다.

테드 터너Ted Turner는 누구인가? 그는 보수 이데올로기로 세계 언론을 장악하고 지구촌을 호령하고 싶어 하는 루퍼트 머독과 정반대되는 언론 기업인이다. 그는 또 호방한 협객의 기질도 지녀 1997년 미국의 보수정권에서 유엔에 국가 분담금을 내지 않아 운영이 어려워졌을 때 개인적으로 10억 달러(약 1조 2,000억 원)의 거금을 쾌척해 유엔재단을 설립하기도 했다. 할리우드의 명배우 헨리 폰다의 딸인 그의 아내 제인 폰다도 배우이자 인권·여성 운동가로 유명하다.

나 개인적으로는 그가 메이저리그의 명문 애틀랜타 브레이브스의 구단주란 점이 친밀하게 느껴지기도 했다. 1960년대 애틀랜타에 있는 에모리 대학교 대학원에서 5년간 유학할 때, 주말이면 때때로 브레이브스의 야구 경기를 보러 갔다. '홈런왕' 행크 에런, 뚝심 좋은 포수 조 토리, 제비처럼 빠른 펠리페 알로우가 활약하던 시절이었다. 행크 에런의 홈런이 터지는 순간이면, 나는 모든 스트레스가 그 공과 함께 저 멀리 사라지는 듯한 쾌감을 느끼곤 했다.

3월 21일 저녁, 리셉션장인 홍콩 샹그리라 호텔에 나는 좀 일찍 갔다. 마침 안면이 있는 CNN의 존슨 부사장을 만나 이런저런 얘기를 하고 있는데 입구 쪽에서 키가 훤칠하게 큰 남녀가 정답게 손잡고 들어왔다. 터너 회장 부부였다. 웃으며 가볍게 악수를 하며 지나치는 그에게 "나는 브레이브스의 열렬한 팬이기도 합니다. 행크 에런, 조 토리, 펠리페 알로우 모두 내 영웅들이죠"라고 말을 걸었다. 그러자 역시나 그는 걸음을 멈추고 관심을 보였다. 그 순간 흐뭇하게 웃는 그에게 다소 도전적인 질문을 던졌다.

"CNN이 아시아의 교두보를 마련한 것은 잘한 일이지요. 아시아는 워낙 다원적이고 광활한 지역이지만, 경제·정치·문화적 힘은 동북아시아에 집중되어 있어요. 중국·한국·일본은 모두 한자와 유교 문화권에 속하지요. 그 가운데 한국은 비록 작은 나라이지만 중국과 일본 중간에 있어 두 나라 사이에 교량 구실을 할 수 있지요. 그래서 서울도 CNN의 아시아 교두보로 적합하다고 생각하는데, 본사에서는 그런 생각을 해보셨나요?"

그러자 터너 곁에 서 있던 부사장이 대신 답했다. 그는 물론 도쿄·베이징과 함께 서울에도 직접 와서 타진을 해보았다며, 세 가지 이유로 홍콩에 뒤졌다고 했다. 첫째, 서울의 교통이 너무 번잡해 일하기에 능률이 떨어질 것이라고 했다. 나는 그의 지적에 공감하지 않을 수 없었다. 둘째로, 서울 거리에서 영어를 알아듣는 사람을 만나기가 쉽지 않다고 했다. 그 말도 맞는다고 나는 고개를 끄덕했다. 그런데 셋째 이유를 듣고서는 내 얼굴이 슬며시 빨개졌다. 존슨은 직접 체험한 한국 공무원들의 고압적이고 관료주의적인 자세를 지적했다. "그런 일이면 이런 조건, 저런 조건을 다 갖추어 가지고 와야 한다"며 처음부터 안 된다는 점을 강조했다는 것이다. 도와주기는커녕 귀찮게 하지 말라는 자세라고 했다. 홍콩의 관리들이 "무엇을 도와드릴까요What can I do for you" 자세라면 한국 관리들은 "당신이 이렇게 하지 않으면 난 아무것도 도와줄 수 없다I cannot do for you unless"는 식이라고 했다. 존슨의 날카로운 관찰 사례를 함께 들으며 터너 회장은 잔잔히 미소를 지을 뿐이었다. 나는 부끄럽기만 했다.

사실 CNN의 본부는 뉴욕이나 워싱턴이 아니라 애틀랜타에 있다. 나는 에모리 대학교 일로 미국에 갈 일이 있으면 짬을 내어 CNN 본부를 방문해 존슨과 만나곤 했다. 친구 같은 그였기에 내 질문에 정직하게 정면으로 그러나 불쾌하지 않게 대답해주었던 것이다. 나는 기회가 되면 우리의 못난 자화상을 공무원 공직자들에게 꼭 전해야겠다고 마음먹었다.

〉 깊은 감명을 준 고르바초프의 '예언자적 강연'

1994년 3월 30일, 나는 귀한 역사적 인물을 만났다. 바로 옛 소련 공산당 서기장 고르바초프였다. 김대중 아태재단 이사장의 초청으로 방한한 그는 이날 서울 하얏트호텔에서 '환경과 생명을 위한 모임'(회장 김상현 의원) 주최로 특별강연을 했다. 여러 사람들과 함께한 자리여서 깊은 대화를 할 수는 없었지만 나는 그의 모습에서 깊은 고독감과 조용한 자신감을 동시에 느낄 수 있었다. 원래 뛰어난 예언자는 자기 고향에서는 환영받지 못하는 법. 그는 그런 예언자적 고독을 느끼는 듯했다. 그러나 그는 20세기의 냉전 역사를 종식시키고, 세계적 수준의 탈냉전을 통해 평화의 21세기를 열고 있다는 신념을 또한 가슴 깊이 지니고 있는 듯했다. 지금은 고국 러시아에서 외롭지만, 역사는 그를 외롭게 하지 않을 것이라는 자신감을 지니고 있는 듯했다. 그는 강연을 통해 격동의 20세기 말, 우리가 경청해야 할 주요한 메시지를 던져주었다.

첫째, 인류는 20세기 끝자락에서 심각하고 독특한 위기를 맞고 있다. 자연

1994년 3월 30일 하얏트호텔에서 특별 강연을 한 후의 고르바초프. 필자의 옆에는 김진현 전 장관이 있다.

과 인간 사이의 삐뚤어진 관계에서 나온 위기다. 자칫 이 위기를 잘못 대처하게 되면, 지구상의 모든 생명이 지속될 수 없는 위험상황으로 치닫게 될 수 있기 때문에 핵전쟁 못지않게 심각하다. 둘째, 이 위기는 지진이나 해일 같은 지층의 파괴로 나타날 수도 있고, 잘못된 소비구조의 변화로 나타날 수 있다. 셋째, 인간이 만물의 영장이라는 전통적 인간중심주의 관념을 버리고 인간도 자연의 일부분에 지나지 않는다는 겸손한 자기인식이 필요하다. 인간은 자연과의 조화로운 관계 설정을 통해 생존해나갈 수 있다. 넷째, 사상이나 체제 그리고 행위의 다양성에 대한 관용이 필요하다. 다양성은 위협이 아니다. 다가올 21세기에 다양성의 존중은 더욱 필요하다. 다섯째, 자원의 활용은 자연으로 자연스럽게 복원될 수 있는 한도 안에서 허용되고 지속되어야 한다. 그래서 재활용의 일상화가 중요하다. 여섯째, 과학기술 발전과 경제발전도 자연복원 방향으로 추진되어야 한다.

그는 이런 전 지구적 위기를 맞아 어느 나라에서나 밑으로부터의 변혁운동, 특히 민간 환경운동이 필요하다고 역설했다.

나는 '고르비'의 감동적인 강연을 경청하면서, 그는 단순한 정객이 아니라 인간의 가치 있는 삶에 대한 깊은 통찰력과 적절한 비전을 갖고 있는 정치철학자라고 느꼈다. 이 시대의 예언자라고 생각했다.

이어 4월 11일 점심 때 유네스코 한국위원회 사무총장인 차인석 박사와 만났다. 그와 나는 여러모로 소통이 잘되는 편이다. 그는 프랑크푸르트학파의 사회철학에 심취해 있는 양심적 학자다. 그는 오는 9월 말 한국 유네스코가 주최하는 국제회의에서 주제 발표 하나를 맡아달라고 요청했다. 주제는 썩 마음에 들었다. '관용과 민주주의'. 21세기에 적절한 사회·정치·경제 문제였다. 그는 기조연설자로 남아프리카의 데즈먼드 투투 성공회 주교를 모시고 싶어 했다. 적절한 분이라고 나는 동의했다.

4월 12일 KBS의 끈질긴 요청에 못 이겨 〈체험 삶의 현장〉 프로그램을 녹화했다. 새벽에 일어나 전남 고흥으로 내달았다. 섬마을에 가서 벼를 심을 수 있도록 쟁기로 논을 가는 일을 해야 한다. 평생 처음 소를 몰아보는데, 쟁기로 논을 가는 일이 이렇게 어려운 줄 미처 몰랐다. 농민들은 식은 죽 먹듯 잘하는데, 나는 여러 번 넘어질 뻔했다. 중간중간 논둑에서 쉬어가며 일했다. 문득 흙을 만져보다 이 흙이 바로 나 자신이라는 생각이 들었다. 내가 곧 돌아갈 고향의 냄새를 미리 맛보는 듯했다.

땅갈이의 힘겨움을 새삼 깨달으면서 나는 문명이 바로 이 땅갈이의 결과물임을 새삼 반추해보았다. 땅을 갈아 부드럽게 만들어줘야 생명 씨앗이 쉽게 뿌리를 내려 잘 자라게 되는 것이다. 농사짓기가 도시인에게는 이렇게 힘든 일이지만 농민들에게는 자연을 애무하며 생명을 잉태시키는 신나는 창조행위가 된다고 생각했다.

오후 늦게야 점심 겸 저녁으로 농민들과 밥을 달게 먹으며 진심으로 감사했다. 돌아오는 길 내내 나는 자연의 일부에 지나지 않으면서 만물의 영

장이라고 자연 위에 군림하려는 우리 인간의 오만한 모습을 경고한 고르
비의 강연을 새롭게, 부끄럽게 떠올렸다.

〉 이집트 신문, '한국특사 방문' 대서특필

1994년 4월 20일, 한승주 외무장관이 전화로 김영삼 대통령의 뜻이라며
뜻밖의 특사 문제를 전했다. 한 외무는 며칠 전 내게 중남미의 어느 작은
나라 대통령 취임식에 대통령 특사로 다녀올 의향이 있는지 물었고, 나는
좋다고 했다. 그래서 그의 전화를 받으며 중남미 쪽으로 가게 될 것으로
짐작했다. 그런데 김 대통령은 나를 남아프리카공화국 대통령 취임식에
특사로 보내라고 명했단다.

'남아공' 대통령은 누구인가. 평소 그의 민주화 투쟁, 인종차별제도에
대한 저항으로 세계에서 가장 존경받는 양심수 넬슨 만델라가 이제는 대
통령으로 취임하는 것이다. 김 대통령은 세계적 민주투사요 노벨 평화상
을 받은 만델라 대통령 취임식의 역사적 의미를 아시고 한 외무에게 나를
특사로 보내라고 한 것 같았다. 정말 불감청不敢請이나 고소원固所願이었다.
대통령이 아직도 민주화의 열정을 지니고 있다는 생각이 들었다.

나와 동행하면서 도와줄 외무부 중동심의관 배상길 국장이 찾아왔다.
그는 만델라 대통령 취임식인 5월 10일을 전후해 아프리카 4개 나라를 순
방하며 한반도 평화와 핵 문제를 국가수반들에게 설명하는 것이 내 임무
라고 일러주었다. 프랑스어에 능통한 성실한 배 심의관이 동행한다니 마
음이 한결 가벼워진다. 한편으로는 탄자니아 므위니 대통령, 케냐의 모이
대통령도 예방해야 하고, 만델라 취임식에 참석하는 아프리카 지도자들
중에 누군가를 특별히 만나라는 긴급훈령이 내려올지도 모르기에 긴장하

기도 했다. 하기야 이런 긴장은 얼마든지 즐길 가치가 있는 창조적 긴장이 아니겠는가.

4월 29일, 나는 배 심의관과 함께 대한항공(KAL 915편)으로 로마를 향했다. 아프리카까지 직항편이 없던 시절이었다. 밤 9시 40분 로마에 도착하니 이기주 주이탈리아 대사가 마중 나와 있었다. 이 대사는 서울대 문리대 동창이기도 하다.

필자의 방문 소식을 1면 머리기사로 전한
이집트의 영어신문 《이집션 가제트》.

이튿날 아침 이 대사가 찾아와 서울에서 새 훈령이 막 도착했다고 일러주었다. 남아공으로 가는 길에 먼저 이집트 카이로에 들르라는 내용이었다. 5월 4일 이스라엘과 팔레스타인해방기구PLO 간의 역사적인 중동평화협정 조인식에 대한민국 대표로 참석하고, 무바라크 이집트 대통령을 만나 북핵 문제와 함께 현재의 영사관계를 대사관계 수준으로 격상하는 문제도 논의하라는 훈령이었다.

나는 이집트 당국을 설득하기가 녹록지 않을 것임을 짐작했다. 지난 1967년 이집트가 이스라엘과 전쟁을 할 때 북한이 공군 조종사를 보내 지원해준 까닭에 두 나라는 혈맹의 친밀관계를 맺고 있었다. 특히 당시 공군 총참모장이었던 무바라크 대통령은 북한을 특별한 우방국으로 예우해왔다. 이집트 정부로서는 북한의 눈치를 보지 않을 수 없는 상황이었다.

5월 1일 저녁 7시에 카이로로 향하는 이집트 항공기 안에서 그 지역의 유일한 영어신문을 펼쳐보던 나는 깜짝 놀랐다. 1면에 한국 특사가 평화협정 조인식 참석차 카이로로 오고 있다는 기사가 크게 실린 것이다. 나는 우리의 비중이 이렇게 크다는 사실에 묘한 느낌이 들었다. 밤 11시 카이로 공항에 도착하니 늦은 시간인데도 이집트 외무차관보와 우리 총영사가 우리를 따뜻하게 맞아주었다. 숙소인 르메리디앵 호텔로 가는 나일 강변의 고가도로 양쪽에는 한국 대기업의 커다란 광고판들이 환하게 주변을 밝히고 있었다. 나는 한국 가전제품들, 특히 텔레비전 시장에서 우리의 엘지 제품이 무려 70% 이상을 차지한다는 얘기를 듣고 귀를 의심했다. 내가 믿기 힘들다고 하니까, 외무차관보는 조찬 일정이 잡혀 있는 재무 장관에게 직접 물어보라고 일러주었다.

아름다운 나일 강변의 르메리디앵 호텔에 들어가니, 방 안에 화사한 화분 두 개가 반갑게 맞아주었다. 하나는 김덕 안기부장이 보냈고, 다른 하나에는 삼성의 김헌출 사장 이름이 석혀 있었다. 김 사장은 동생처럼 아끼는 대학 후배다. 내 방 앞에서는 이집트 정부의 안전요원이 밤샘근무를 했다. 미안했다. 그만큼 이곳의 안전문제가 심각한 것 같았다.

이튿날 아침에 일어나 보니 방문 안으로 마닐라봉투가 들어와 있었다. 뜯어 보니 삼성 카이로지사에서 지난 24시간 동안 국내외에서 일어난 사건 뉴스들을 맵시 있게 간추려놓은 기사철이었다. "부총리께서 한국을 떠나신 뒤 생긴 사건들을 간추려 보내오니 참고하십시오"라고 적혀 있었다. 나는 그 친절한 배려에 고맙다고 생각하면서도, 삼성이 정말 국가기관보다도 더 효율적인 조직이라는 사실에 무서운 생각마저 들었다.

〉 무바라크와 '한·이집트' 대사급 수교 '담판'

1994년 5월 2일 오전에는 카이로 시내를 구경했는데, 놀랍고 흥미롭게도 우리나라 현대차 엑셀이 요란한 사이렌 소리를 내며 선도했다. 저녁 7

시 30분, 무사 외무장관을 만나 45분간 두 나라 간의 여러 현안 문제에 대해 의견을 나눴다. 나는 먼저 이번 역사적 평화협정 조인식에 초청해주어 감사하다고 인사를 했다. 두 나라의 경제협력과 함께 우리나라가 유엔 안보리 비상임 이사국으로 진출하는 데 협조를 당부했다.

그다음으로 나는 한반도 비핵화의 중요성을 강조했다. 한반도 비핵화 문제는 반드시 평화적으로 해소해야 할 문제임을 역설하면서 이집트 정부의 탁월한 외교력의 도움이 요청된다고 했다. 그런 차원에서 두 나라의 외교관계를 한 단계 높이는 문제에 대해 조심스럽게 그러나 정중하게 우리 정부의 입장을 피력했다. 예상대로 무사 외무장관은 잔잔히 웃으면서 적당하게 애매모호한 대답을 했다.

그 자리에 배석했던 정태익 총영사는 나보다 훨씬 애가 타는 눈치였다. 그는 아직 대사가 아니어서 무바라크 대통령으로부터 신임장을 받을 처지가 아니었다. 그러니 나의 방문을 계기로 외교관계 격상이 이뤄지기를 누구보다 절박하게 바라고 있었다.

5월 3일, 역사적인 협정의 서명이 이루어질 내일 평화잔치를 준비하느라고 카이로는 온통 법석이었다. 이날 오후 늦은 시간에 무바라크 대통령을 예방하기로 일정이 잡혔다. 오후가 돼서야 확정된 것이다. 정 대사와 배 심의관을 포함해 모두 4명인 우리 일행은 오후 5시 20분께 대통령궁에 도착했다. 궁에는 이미 주요 국가의 귀빈들로 꽉 차 있었다. 크리스토퍼 미 국무장관, 코지레프 러시아 외무, 일본의 가키자와 외상 등이 눈에 띄었다.

그런데 오후 6시가 되도록 아무 소식이 없어 의아해하고 있는데, 복도에서 갑자기 왁자지껄한 소리가 들려왔다. 내일 평화서명의 주역인 이스라엘의 라빈 총리와 페레스 외무장관이 도착했단다. 이들이 새치기를 한 셈이었다. 묵직한 마음으로 한 시간쯤 더 기다렸더니, 드디어 대통령 비서실장이 우리를 안내했다. 건장한 체격의 무바라크 대통령은 우리가 자리에 앉자 먼저 정중하게 사과부터 했다. 한순간 강퍅해졌던 내 마음은 그의 사과로 눈 녹듯 풀어졌다. 그는 돋보기안경을 코끝에 걸고 우리 대통령 친서를 음미하듯 숙독했다.

'과연 북한이 핵무기를 갖고 있겠는가'라고 스스로 문제를 제기한 그는 '핵무기가 없다'는 북한 당국의 주장을 존중한다고 했다. 이에 대해 나는 이렇게 대답했다. 오늘의 북핵 문제는 북한이 과연 핵무기를 얼마나 제조했느냐 하는 것에 있는 것이 아니라, 국제사회가 북한에 대해 갖고 있는 핵 의혹에 있다고 지적했다. 그는 몇 주 전 방문한 중국에서 장쩌민 주석과 북핵 문제를 논의했다고 하면서, 남북 간 문제의 핵심은 상호 신뢰의 부재라고 지적했다. 신뢰 회복에 가장 효과적인 방안은 경제협력이라고 강조했다.

상대방의 얘기를 경청해주는 그의 태도에 나는 용기를 내어 두 나라의 30년 넘은 영사관계를 이제는 대사관계로 격상할 때가 되었다고 말을 꺼냈다. 부쩍 늘어난 경제협력을 바탕으로 한국 대사가 이집트에서 정식 외교활동을 할 때가 된 것으로 판단한다고 말했다. 그러자 무바라크는 짐작한 대로 이집트와 북한의 특수관계를 솔직하게 언급했다. 그는 대사관계로 발전하게 될 것임을 암시하면서도 딱 부러진 날짜는 물론 밝히지 않았다. 그는 북한과의 의리를 지키면서 남한과는 상호 간 경제적 이익을 추구하는 무바라크식 중의중리重義重利의 정책을 선호하는 듯했다.

"서울과 카이로의 외교관계 발전은 얼마간 시간이 걸리겠습니다만, 그 방향으로 가는 것만은 틀림없습니다." 그의 말에서 나는 내년 봄쯤이면 외교관계가 격상되겠구나 하는 인상을 받았다. 동석했던 정 대사는 올가을

카이로의 대통령궁에서 무바라크 이집트 대통령, 정태익 주카이로 총영사와 함께.

쯤이면 좋은 일이 생길 것이라고 낙관했다. 실제로는 내 예측대로 1995년 4월 13일 정식 수교를 맺게 되었다.

이날 저녁은 총영사관저에서 동포 지도자들과 함께 만찬을 했다. 나는 순방국마다 동포들을 만나 위로와 격려를 해줄 참이었다. 이제 우리는 지난날의 정치·경제 후진국이 아니다. 인권을 유린하는 부끄러운 나라가 아니다. 번영하는 민주국가로 발돋움하는 조국이 뒤에서 밀어주고 있으니 새로운 자신감을 가지고 때로는 타국의 삶이 외롭고 때로는 괴롭더라도 좌절하지 말고 민족 자존심과 국가의 긍지를 가지고 살아가시길 바란다고 했다.

〉 '중동평화 협정' 조인식장에서

1994년 5월 4일, 청명한 봄날이었다. 거슬러 올라가 보면 수천 년간 대결과 반목, 긴장과 충돌의 비극에서 벗어나지 못했던 이스라엘과 팔레스타인PLO 민족 사이에 마침내 평화협정이 이뤄지는 날이었다. 하늘도 이날을 축복하듯 맑고 따뜻했다. 지금은 동화처럼 들리는 다윗과 골리앗의 대결도 이스라엘과 팔레스타인(구약에서 블레셋)의 대결이었다.

오전 11시 조금 지나 카이로의 그 넓은 국제회의장은 세계 각지에서 온 증인들로 가득 찼다. 한국 특사에게는 한가운데 맨 앞줄, 그러니까 무대에서 가장 가까운 곳에 자리를 마련해주었다. 일본 외상은 오른쪽 끝에 앉아 있었다. 무대 위에는 무바라크 대통령을 중심으로 그의 왼편에 아라파트 팔레스타인 의장, 크리스토퍼 미국 국무장관, 그리고 팔레스타인 외무장관 순으로 섰다. 무바라크의 오른쪽에는 라빈 이스라엘 총리, 코지레프 러시아 외무장관, 페레스 이스라엘 외무장관, 무사 이집트 외무장관의 순서였다.

평화협정 잔치의 중재자인 무바라크 대통령이 연설을 마친 뒤 곧 서명에 들어갔다. 아라파트 의장은 볼품없는 볼펜으로 탁자 위에 놓여 있는 여러 문건에 서명했다. 홀을 가득 채운 2,500여 명의 증인들은 그 서명을 환영하고 추인하는 듯 뜨거운 박수를 보냈다. 뒤이어 라빈 총리가 몽블랑처럼 보이는 고급 만년필로 서명했다. 그런데 잠시 뒤 그는 일어나더니 급히 자기 자리로 되돌아갔다. 갑자기 단상 위에서는 불길한 술렁거림이 일기 시작했다. 무언가 심각한 문제가 발생한 듯했다.

아라파트가 지도 경계선에 관련된 문건에 서명하지 않았음을 발견한 라빈이 이를 문제 삼았던 것이다. 수많은 증인들 앞에서 얼굴이 벌게지고 있는 라빈 총리, 지도에 대한 불만으로 입이 불쑥 나온 아라파트 의장, 그 사이를 급하게 왔다 갔다 하는 평화 중재자들 모습을 지켜보며 내 마음도 조마조마했다. 무바라크 대통령은 이런 어수선한 분위기를 수습하기 위해 잠시 정회를 선언했다. 10분쯤 지나자, 다시 서명 당사자들이 나타났다.

이들이 무대 위로 다시 등장할 때 평화 참관 증인들은 또 한 번 뜨겁게 박수갈채를 보냈다. 마침내 아라파트가 다시 서명을 하기 위해 책상으로 걸어갈 때 증인들의 박수는 더욱 뜨거웠다. 평화를 만드는 사람들을 위한 전 세계의 힘찬 응원의 박수였다.

소동 끝에 서명이 끝난 뒤 오늘의 주역들이 연설하는 순서가 이어졌다. 이미 점령했던 땅을 팔레스타인의 자치령으로 넘겨주기로 약속한 이스라엘 대표들이 먼저 연설을 했다. 나는 진한 감명을 받았다.

페레스 장관의 연설은 단문이기에 한층 힘이 있었다.

미래가 불가피하게 오듯, 평화도 불가피합니다. 1년 전만 해도 오늘의 이런 모임은 비현실적인 것으로 인식되었지만, 오늘 그것은 현실이 되고 있습니다.

새로운 기회는 과학자들의 캠퍼스에 있는 것이지, 군인들의 캠프에 있는 것이 아닙니다.

라빈 총리는 평화를 다음 세대와 연관시켜 이렇게 울부짖듯 강조했다.

조상의 땅을 위해 우리가 싸워온 전쟁은 우리의 자녀들이 갖고 있는 최선의 것을 희생시켰습니다. 그리고 우리의 육체적·정신적 힘을 모두 소진시켰습니다. 전쟁은 우리의 생명력과 존재를 우리 스스로 선택하지도 원하지도 않았던 길로 내몰았습니다. 그 길은 우리에게 슬픔만 안겨준 고뇌의 길이었습니다.

우리 어머니들의 사별이 다른 집안 어머니들의 슬픔과 다를 바 없고, 그들의 눈물도 우리 어머니들의 눈물과 다를 바 없이 짜고 고통스러운 것임을 알고 있습니다. 가슴 찢어지는 고통의 외침은 어떤 언어로 표현되든 마찬가지입니다. 이제 이 고통과 죽음의 고리를 부숴버려야 합니다.

라빈과 페레스 모두 후세의 행복과 복지를 위해 오늘 평화를 반드시 이룩해야 한다고 외치면서 내일의 지평선에서 동터오는 평화의 새벽빛을 바라보고 있었다. 그들의 모습은 경건하고 고매했다. 나는 그 순간 평화를 만드는 선수가 가장 영광스러운 사람임을 새삼 벅차게 깨달았다. 평화를 위한 경기에서 이기는 그 영광이 얼마나 뿌듯한가. 그러다 나는 갑자기 너무 부러웠고 또 부끄러웠다. 우리 남북한 대표도 국제적 증인들 앞에서 언제 이처럼 뜨거운 성원을 받으며 한반도 평화를 위한 서명을 하는 날을 맞을 수 있을 것인가. 언제 우리도 한반도 평화를 내다보며 이처럼 장엄한 감동의 서명 잔치를 할 수 있을까!

〉 축축해진 탄자니아 므위니 대통령의 눈

1994년 5월 5일, 새벽 2시 15분에 일어났다. 이집트에서 멀지 않은 남쪽 나라 탄자니아의 므위니 대통령을 만나러 가는데 직항 비행기가 없어 불편했다. 세계에서 가장 넓은 아프리카 대륙이었지만 아프리카 나라들을 잇는 항공편이 없던 시절이었다. 부득이 우리는 독일의 프랑크푸르트로 거슬러 올라가 되돌아 내려와야 했다. 새벽 3시 출발해 밤 9시 20분에 도착하는 지루하고 피곤한 일정이었다. 탄자니아 다르에스살람 비행장에 도착하니 박부열 대사 일행과 탄자니아 정부의 느자로 아시아 담당 국장이 마중 나와 있었다.

마침 탄자니아 외무부는 지난 4월 터진 르완다 대학살 사건으로 비상이 걸린 듯했다. 부족 간 갈등으로 어림잡아 100만 명이 희생된 비극적인 학살사건, 이 세기적 인종 학살 사건에서 탄자니아 정부는 자유로울 수 없었다. 므위니 대통령의 초청을 받고 방문했던 르완다 대통령과 부룬디 대통령이 같은 비행기로 되돌아가다 르완다의 키갈리 공항에서 나란히 피격을 당하면서 즉각 부족 간 전쟁으로 번져 끔찍한 살상이 벌어지고 있었기 때문이다. 이런 위기 국면에서 한국 특사 일행을 맞았으니 우리가 가는 날이 초상날이었던 셈이다.

그나마 공항에는 귀빈용 벤츠가 대기하고 있었다. 우리 박 대사의 신형 벤츠와 비교되는 정말 낡고 오래된 모델이었다. 느자로 국장은 마음 착한 시골 아줌마처럼 생겼는데, 정말 아줌마같이 편하게 우리를 영접해주었다. 호텔에 도착하니, 아직까지 브위니 대통령을 만날 일정이 확정되지 않았다고 한다.

이튿날 오전 반가운 소식이 왔다. 브위니 대통령이 잔지바르라는 섬에서 일정이 있어서 우리 특사 일행에게 전용기를 보낼 것이고 돌아올 때는 쾌속정을 활용하게 된다고 했다. 기분이 좋았다. 그런데 오후가 되자 그 계획이 또 바뀌었단다. 새로 알려준 접견 장소인 행정수도 도도마는 다르에스살람에서 내륙으로 480km 떨어진 먼 곳이었다. 접견 시간도 오전 11시라니 걱정이 되었다. 다음날 아침 일찍 예의 그 낡은 귀빈차를 타고 한적한 2차선 도로를 한참 달리다 보니 왼쪽 멀리 웅장한 산 밑으로 깔끔한 마을이 보였다. 외무부 관리의 말로는 그 마을이 북한의 천리마운동 일꾼이 개간했단다. 지금도 그 마음을 계속 발전시키고 있는 모범마을이라고 했다. 북한이 아프리카의 마음을 우리보다 훨씬 앞서 사로잡고 있다는 생각이 들었다. 그러다 갑자기 차가 요동쳤다. 펑크가 난 것이다. 길가에서 한참을 기다렸다.

도도마에 도착해서도 숨바꼭질은 계속되었다. 대통령 집무실로 연락을 했더니 관저로 갔단다. 위치를 확인하고 20분쯤 달려갔더니 관저 경비실에서는 대통령이 집무실로 갔단다. 다시 집무실로 차를 돌려 갔더니 이번

행정수도 도도마의 작은 농장에서 장화 차림으로 특사 일행을 맞은 므위니 대통령은 한국 기업의 적극적인 투자를 요청했다.

에는 농장으로 갔다고 했다. 물론 나는 화가 치밀어 올랐지만 내색할 수 없었다. 이런 예측 불가능성, 불규칙성이 아프리카의 현실이구나. 이 같은 비정상적 사태를 정상적으로 다루는 그들의 '여유'에 나는 놀라면서 그 여유가 없는 우리를 새삼 성찰해봤다.

포장도 안 된 붉은 흙길을 30분가량 달려가니 옥수수밭 한가운데 작은 농장이 나타났다. 낮게 앉은 단층건물 앞에 기관총을 장착한 지프차에 탄 군인 4~5명이 호위하고 있었다. 그곳에서 장화를 신은 초로의 농군이 얼굴 가득 미소를 띤 채 손을 내밀었다. 바로 므위니 대통령이었다. 그의 촌로 같은 소박한 모습이 치밀어 오르던 나의 화를 누그러뜨렸다. 그는 조금도 오만하지 않았다. 그렇다고 미안해하지도 않았다.

므위니 대통령은 참으로 초라한 농장의 응접실로 우리를 안내했다. 40

분 간 격의 없는 대화를 나누었다. 르완다 내전의 전망을 묻자 므위니의 눈동자는 잠시 축축해지는 듯했다. 그가 느끼는 곤혹스러움과 아픔을 짐작할 수 있었다. 하지만 그는 감정을 잘 절제해 가면서 소탈하게 상황을 설명해주었다. 이런 아픔 속에서도 탄자니아가 좀 더 착실하게 시장경제 체제로 나아갈 수 있기를 그는 바라고 있었다. 그래서 그는 한국 기업인들이 적극적으로 투자해주기를 바랐다.

다르에스살람으로 돌아온 뒤 현지 동포들과 만찬을 나누면서 므위니 대통령의 관심을 전달해주었다. 그곳에서 살충제를 제조하는 한국 기업인을 만났다. 이태조 사장인데 현지에서 존경받고 있었다. 그의 고생담을 들으면서 나는 이 사장이야말로 이 시대의 작은 장보고라고 느꼈다. 자랑스러운 신한국인이었다. 정부 파견 의사도 만났는데 오지에서 온갖 질병으로 고통당하는 아프리카인을 치유해주는 '한국인 슈바이처'라고 느꼈다.

〉 왜 우리에겐 만델라와 데클레르크가 없나

1994년 5월 10일, 화창한 봄날이다. 세계적인 반체제 인사, 인권운동가, 최장기 양심수로 널리 알려졌던 '야인' 넬슨 만델라가 합법적 선거를 거쳐 당당히 남아프리카공화국 대통령으로 취임하는 날이다. 역사가 질적으로 달라지는 날이다. 이상적 꿈이 현실로 육화되는 날이다.

오전 9시 30분 조찬 연회장인 행정수도 프리토리아(치와니)의 유니언빌딩에 도착하니 세계 각국에서 온 정상들로 북새통을 이루고 있다. 20세기 역사교과서에 이름이 올라갈 만한 거물들이 내 어깨를 스친다. 카스트로 쿠바 국가평의회 의장, 고어 미국 부통령, 클린턴 미국 대통령 부인 힐러리, 영국 여왕의 남편 필립공, 리덩후이 대만 총통, 아라파트 팔레스타인

PLO 의장, 한때 제3세계 지도자 중 가장 뛰어난 사상가로 꼽혔던 니에레레 탄자니아 초대 대통령, 디우프 세네갈 대통령, 무가베 짐바브웨 대통령, 봉고 가봉 대통령 등등과 잠시나마 얘기를 나눴다.

예정 시간이 조금 지난 11시 10분, 취임식이 시작되었다. 남아공의 햇살은 너무 밝고 따가웠고, 진행은 엉성하고 느슨했다. 그러나 따뜻한 인간의 정이 넘치는 축제 분위기였다. 순서에도 없는 것 같은데, 원주민 복장을 한 두 흑인 청년이 올라와 마이크를 잡고 10분간 한풀이하듯 고함을 질러 대는 것도 퍽 인상적이었다. 최대의 효율성과 절도 있는 진행이 요구되는 최고의 의식에서, 즉흥 드라마를 허용하는 신남아공의 여유와 저력을 보는 듯했다.

이날 취임식에서 나는 두 가지 메시지를 지금도 잊을 수 없다. 하나는 새로 지은 국가의 가사 내용이요, 다른 하나는 종교 지도자들의 축하 기원 내용이었다. 새 국가는 만델라가 의장으로 일했던 아프리카민족회의ANC 의 일꾼들이 즐겨 불렀던 대안적 희망의 노랫말이었다. 일종의 종말론적 희망을 드러내는 간절한 신앙고백 같기도 했다. "주님, 아프리카를 축복하소서/ 아프리카의 정신을 더 높이 올리소서/ 우리의 기도를 들으시어 축복하소서!"

노래는 신의 축복을 받아야 할 주체들과 그들의 사명을 차례차례 호명한다. 먼저 '우리들의 지도자'를 축복하시어 그들이 창조주를 기억하고 경외하게 해달라고 했다. 다음으로 공복公僕들의 공정한 지도력을 소망했다. 그다음 기원 내용이 참으로 흥미로웠다. 청년들이 인내로 기다릴 수 있게 해달라고 했다. 젊은이들이 좌절된 꿈을 실현하기 위해 때론 성급하고 무모한 행동을 할 수 있다는 성숙한 인식이 깔려 있는 듯했다. 그다음도 특이했다. '아내들과 젊은 여성'을 축복해달라고 노래했다. 인종차별과 함께 성차별을 받아온 이곳 여성들, 그러니까 이중차별로 억울한 고통을 받아온 아내들과 젊은 여성들이 이제는 나라를 이끌어가는 주체가 되도록 기도하는 듯했다.

뒤이어 '모든 교회의 사역자들', '농민과 목축자들', '나라의 하나됨과 자기 향상에 헌신하는 사람들', '교육과 도덕'의 지도력에 신의 축복이 내리기를 기원하며 노래했다. 나는 우리나라 거대 교회 지도자들의 종교적·세속적 탐욕과 독선이 떠올라 이 기원이 한없이 부러웠다. 노랫말의 마지막 부분도 감동적이었다. "모든 불의와 범법과 죄를 도말하시고, 아프리카를 축복하소서."

무엇보다 나란히 선서하는 두 부통령의 모습이 이채로웠다. 한 사람은 만델라를 도와 인종차별 정책의 철폐를 위해 헌신해온 흑인 타보 음베키였고, 또 한 사람은 바로 직전 백인통치체제에서 남아공의 대통령이었던 프레데리크 데클레르크였다. 참으로 희귀하고 멋진 정치적 융합이 아닐 수 없었다.

마침내 만델라 대통령이 선서를 했다. 자신을 27년간이나 감옥에 가뒀던 체제의 대통령과 함께 선서를 하는 그 마음속에는 만감이 교차할 터인데, 겉으로는 모두가 여유 있는 모습이었다.

정말 부러웠다. 그 성숙한 열림의 자세, 바야흐로 흑백의 대결과 증오의 시대는 막을 내리고, 아름다운 무지개의 시대, 관용과 평화의 시대가 오고 있다는 생각이 나를 조용하게 전율시키고 있었다. 과연 한반도의 냉전 대결은 언제나 종식되어 저 무대 위에서처럼 평화와 관용의 무지개 시대를 우리도 구가할 수 있을까, 왜 우리에게는 만델라와 데클레르크 같은 지도자가 없는가!

유대교 지도자, 무슬림 지도자, 힌두교 지도자의 평화 기도에 이어 마지막으로 투투 대주교가 마무리하듯 축복 기원을 했다. 모든 다른 종교를 이웃으로 보는 아름다운 관용의 물결이 모든 이의 가슴속으로 스며 흐르는 듯했다.

〉 "고르비보다 위대" 찬사로 축의금 부담 덜어

1994년 5월 10일, 취임식이 끝난 뒤 남아프리카공화국의 새 대통령 만델라는 저녁 8시부터 아시아에서 온 특사들을 접견하기로 되어 있었다. 그런데 데클레르크 부통령으로부터 그에 앞서 오후 5시 20분쯤 한국 특사를 만나고 싶다는 전갈이 왔다. 나는 당황했으나 내심 크게 기뻤다. 이렇게 바쁜 취임식 날 부통령이 무슨 연유로 한국 특사를 찾는 것일까?

사실 나는 데클레르크에게 이미 놀라 있었다. 그의 특이한 정치적 선택이 이번 여행 내내 호기심을 자극했기 때문이다. 전직 대통령이었던 인물이 혁명적으로 바뀐 새 정부에서 부통령을 맡는다는 것은 '일종의 정치적 변종'이 아닌가. 그의 선택은 정치학적 상식을 뛰어넘는 결단이었다. 그는 장기수요 반체제 지도자인 만델라를 석방시키는 특단에 이어 사면복권 조처를 단행함으로써 대통령에 출마할 수 있게 했다. 이로써 그는 일약 세계적인 인물로, 폴리티션(정치꾼)이 아니라 존경받는 스테이트맨(정치 지도자)으로 각광받게 되었다. 그는 만델라와 함께 노벨 평화상도 받았다.

그래서 이 이례적인 인물을 꼭 한 번 만나보고 싶었지만, 와서 보니 명망 높은 하객들이 줄지어 있어 기대조차 못하고 있었다. 그런데 뜻밖에 그 행운이 내게 찾아온 것이다.

오후 5시 15분, 최상덕 주 남아공 대사와 함께 부통령 집무실에 도착했다. 대기실로 가니 일본 특사 일행도 와 있었다. 혹시 경제적인 문제가 아닐까 하는 생각이 퍼뜩 들었다. 일본과 먼저 만날 줄 알았는데, 우리에게 먼저 들어오라고 했다.

데클레르크는 활짝 웃으며 내 손을 덥석 잡더니 자리에 앉자마자 예상대로 경제협력 문제를 끄집어냈다. 나는 속으로 찔끔했다. 우리 정부의 공식 축의금은 물론이고, 경제협력에 대한 구체적 지침도 갖고 있지 않았기에 당황스럽기도 했다. 게다가 그는 오늘 아침 워싱턴으로부터 6억 달러의 축하지원금 약속을 받았다고 자랑했다. 순간 화제를 바꿔야겠다고 판단한 나는 이렇게 말했다.

"부통령 각하, 저는 현재 살아 있는 정치 지도자들 중에서 고르바초프를 퍽 존경해왔습니다. 그런데 여기 오면서 가만히 생각해보니 각하께서 고르바초프 전 소련 서기장보다 두 가지 점에서 더 위대하다는 것을 깨닫게 되었습니다."

내 말에 그는 놀란 얼굴로 쳐다보며 되물었다. "고르바초프처럼 저도 노벨 평화상을 받긴 했지요. 그분은 정말 세계 역사의 흐름을 바꿔놓은 분인데, 어떻게 해서 내가 그분보다 더 위대하다고 하십니까?"

나는 즉각 대답했다. "첫째, 고르바초프 서기장이 무너뜨린 냉전체제는 반세기가 조금 넘게 지속했지만, 부통령 각하께서 해체시킨 아파르트헤이트는 300년 이상 버텨온 체제 아닙니까? 그러니 각하께서 훨씬 더 위대한 역사적 위업을 이룩한 것이지요."

"또 하나의 이유는 무엇입니까?"

"기존의 잘못된 체제를 해체하는 과정에서 고르바초프 서기장은 실권했지만, 각하께서는 감동적으로 다시 집권했기 때문입니다. 그래서 각하께서는 고르비보다 더 위대한 정치예술가임에 틀림없습니다."

그는 한 번 더 기분 좋게 웃고 나서 자기 자랑과 함께 만델라가 이끌었던

직전 백인정권의 대통령
으로서 사상 첫 흑인정
권의 탄생을 도운 데클
레르크 부통령(왼쪽)에게
존경의 찬사를 전했다.

아프리카민족회의를 탄압했던 일도 허심탄회하게 털어놓았다. "나는 대
통령 시절 고르바초프가 공산체제를 붕괴시키는 과정을 지켜봤어요. 베
를린 장벽이 무너지는 것을 보면서 나도 아파르트헤이트 체제를 해체시키
는 일에 지도력을 발휘해야겠다고 결단을 내렸지요."

20분의 예정된 접견시간이 훨씬 넘은 뒤 나는 "경제협력 문제는 언제든지
여기 최 대사와 의논해주세요"라고 마무리를 하고는 부통령실을 나왔다.

오후 7시 30분께 만델라 대통령을 만나러 대통령 궁으로 갔더니 먼저
와 있던 일본 특사가 반가운 얼굴로 다가왔다. "아까 데클레르크 부통령이
한국 정부에는 얼마나 내라고 요구합디까?" 나는 시치미를 떼고 말했다.
"부통령께서 우리에게는 돈 내라는 말씀을 하지 않았는데요. 우리는 서로
의 정치철학 얘기를 진지하게 나눴지요." "괜히 둘러대지 마시고, 얼마나
달라고 요구하던가요?" "정말입니다. 그런 얘기를 한 적 없어요. 부통령
비서실에 물어보세요. 그런데 도대체 일본 정부에는 얼마를 요구하던가
요?"하고 나는 되물었다. 그는 끈질기게 또 물었다. "혹시, 한국 정부에도
2억 달러 정도 내라고 합디까?" 끝내 내 말을 믿지 못하는 일본 특사를 보
면서, 나는 속으로 흐뭇해하지 않을 수 없었다.

예정에 없던 이번 경험을 통해 나는 외교야말로 수준 높은 국제정치의 예술이 되어야 한다고 생각했다. 그러나 여전히 냉전 중인 한반도를 떠올리자 갑자기 을씨년스러운 바람이 뜨거운 남아공 햇볕 아래 내 가슴을 시리게 스치며 지나가는 듯했다.

〉 감탄할 수밖에 없는 만델라 대통령의 '자기 비움'

1994년 5월 10일 저녁 8시, 우리 일행은 남아프리카공화국의 새 대통령으로 막 취임한 넬슨 만델라를 접견할 수 있었다. 아시아에서 온 특사들을 모두 초청한 것이 아니었다. 일본, 싱가포르, 브루나이, 베트남 그리고 한국 특사를 불렀다. 베트남 말고는 모두 아시아 지역에서 경제적으로 다소 여유 있는 나라들이다.

만델라 대통령은 76살 노인답지 않게 활기차 있었다. 나는 김영삼 대통령의 문안을 전하고 우리 대통령의 방한 초청장 친서를 전달했다. 그는 특사들에게 새 정부에 투자해줄 것을 정중히 요청했다. 나는 속으로 놀랐다. 혹시나 자기가 지난 정권에 의해 억울한 고통을 당했다는 사실, 야당의 줄기찬 민주화 투쟁, 인종차별 체제와의 지루한 싸움 등을 잠시나마 자랑삼아 언급할지도 모른다고 생각했는데, 상처받았던 과거 일에 대해서는 전혀 언급하지 않았다. 자기 자랑도 하지 않았다. 다만 신남아공의 미래 번영을 말하고 걱정하는 듯했다. 그는 남아공이 비록 아프리카 대륙에 있으나, 교육제도와 은행체제와 통신 분야에서는 유럽 수준이라고 지적하면서, 안심하고 투자해달라고 했다. 투자에서 나오는 이익금은 틀림없이 송금해주겠다고 했다. 장기수 만델라의 모습은 전혀 없었다.

그러자 일본 특사가 만델라 대통령에게 한 수 가르쳐주는 듯이 조언을 했다. 외국 자본을 끌어들이려면 민간부문이 활성화되어야 하고, 경제적 인센티브가 확실하게 제시되고 보장되어야 한다고 했다. 너무나 당연한 지적이었다. 만델라는 측근들에게 그가 누군가 묻더니만, 일본 특사라고 하니까 아무런 대꾸를 하지 않았다. 싱가포르 특사 역시 한 수 가르쳐주는 식으로 관광산업을 활성화하라고 제안했다. 나는 동석한 최 대사의 조언대로 전혀 다르게 축하 인사를 건넸다.

만델라 대통령 각하, 오늘 취임식은 인간 존엄성·정의·평화 같은 높은 이상과 가치의 취임식이라고 저는 생각합니다. 이것은 남아공 국민들에게만이 아니라 온 인류에게 희망의 실현이라고 생각합니다. 진심으로 축하드립니다. 대통령 각하, 오늘 와서 보니 우리 김영삼 대통령과 각하는 두 가지 점에서 공통점이 있다는 것을 확인했습니다. 하나는 두 분께서 평생에 걸쳐 인권, 민주화 그리고 정의를 위해 싸우셨다는 점입니다. 둘째로는 그 긴 투쟁의 결과 두 분은 모두 적법하고 당당하게 대통령으로 당선되셨습니다. 그리고 새로운 국가를 만들려고 노력하고 있습니다. 그리고 투자를 비롯한 양국의 경제협력 문제는 제 곁에 있는 한국 대사를 자주 부르시어 좀 더 자세히 말씀해주시면 소상히 말씀드릴 것입니다. 각하의 역사적 취임을 다시 한 번 축하드립니다.

만델라는 만족해했다. 헤어질 때 내가 만델라의 손을 잡고 건강 비결을 물었더니 그는 호방하게 웃으며 동쪽에 있는 자연으로 나아가 사냥하는 일이라고 말했다. 그가 계속 건강해서 건강한 남아공과 건강한 세계를 만드는 일에 지치지 않기를 바랐다.

나는 그때 대통령 선거 과정에서 보여준 만델라의 뛰어난 지도력을 듣고 새삼 감탄했다. 당시 그가 이끄는 아프리카민족회의ANC는 데클레르크

진심으로 만델라 남아공 대통령의 정치적 성공과 건강을 기원했다.

의 국민당과 줄루족의 잉카타자유당의 지지도를 압도하는 국민적 지지를 받고 있었다. 하지만 처음부터 만델라는 이런 압승을 원치 않았다. 투표 결과는 그의 소망대로 63%의 지지였다. 왜 그는 압승을 바라지 않았을까?

그는 우선 집권당인 아프리카민족회의가 3분의 2 이상의 지지를 받게 되면 국민당이 거국연립정부 참여를 두려워할 것으로 판단했다. 그는 백인들과 화합을 원했고, 데클레르크를 존중하고자 했다. 한풀이나 보복 정치의 싹을 근원적으로 제거하고 싶었던 것이다. 보복은 또 다른 보복을 낳을 뿐임을 그는 알고 있었다. 얼마나 성숙한 정치의식인가!

또한 만델라는 흑인 집권당일지라도 선거에서 압승해 헌법을 맘대로 개정할 수 있는 권력을 장악하게 되면, 국민들은 또다시 객체로 전락하지 않는다는 보장이 없음을 꿰뚫어보고 있었다. 절대 권력은 절대로 폭력화되고, 국민들은 반드시 고통을 받게 될 것임을 역사를 통해 깨달았기에 만델라는 스스로 압승과 압승에 의한 절대 권력을 취하지 않기를 원했던 것이다. 놀라운 자제력의 결단이요, 감동적인 권력의 자기 비움이다. 그 덕분에 남아프리카는 하루아침에 정치 선진국 대열에 서게 되었다. 정말 부러운 일이 아닐 수 없었다.

〉 '화해주의자' 투투 대주교에 던진 농담 같은 질문

1994년 4월 말 나는 대통령 특사로서 서울을 떠나기 전, 한국 성공회의 김성수 주교로부터 남아프리카공화국의 데즈먼드 투투 대주교에게 보내는 서신을 전해달라는 부탁을 받았다. 한국 성공회는 1993년 103년 만에 독립관구로 승격된 기념으로 투투 대주교를 초청하기로 했다.

투투 대주교는 누구인가. 그가 있었기에 오늘 만델라의 영광스러운 대통령 취임이 가능했던 것 아닌가. 그는 만델라와 데클레르크보다 먼저 노벨 평화상을 받았다. 인종차별 철폐를 위한 그의 헌신적 노력, 인권과 민주화를 위한 그의 희생적 지도력을 노벨평화위원회는 높이 평가했다.

만델라 대통령 취임식 이튿날인 5월 11일, 나는 소웨토로 향했다. 우리 외교부를 통해 미리 면담을 요청한 투투 대주교에게 가는 길이었다. 대주교는 관저에서 나를 반갑게 맞았다. 하기야 나는 그가 얼마나 행복해하는지, 전날 취임식 때 먼발치에서나마 똑똑하게 지켜봤다. 만델라 옆에서 그는 취임식 내내 흥에 겨워 춤추듯 몸을 좌우로 흔들고 있었다.

나는 주교를 만나자 다소 심각한 질문부터 던졌다. 앞으로 흑백의 정치적·법적 동거가 과연 심리적 동거로 나아갈 수 있겠는지를 물었다. 예상대로 그는 그것이 결코 쉽지 않을 것이라고 답했다. 당장은 정치적·법적 평등을 이뤘으나, 경제적으로 흑인 대다수가 빈곤상태에서 벗어나지 못한 데다 문맹률도 높아, 흑백 간의 불신과 갈등은 하루아침에 쉽게 사라지지 않을 것이라고 했다. 만일 앞으로 만델라의 신정부가 '살찐 고양이들', 즉 정치자금을 많이 낸 부자들에게만 유리한 정책을 쓴다면 자신은 단호하게 친구의 정부를 비판하겠다고 했다. 투투는 영원한 예언자처럼 보였다.

그러나 그는 철저한 화해주의자다. 평화를 만드는 일꾼이다. 그는 만델라와 아프리카민족회의ANC가 탄압받을 때 신랄하게 백인정부를 비판했다. 서로 협력하라고 촉구했다. 만델라 석방을 위해 노심초사했고, 그가 석방된 뒤에는 줄루족과 아프리카민족회의 사이의 갈등을 해소하는 일에 앞장섰다. 줄루족의 잉카타자유당은 한때 대통령 선거에 불참한다고 선언하고 유혈폭동까지 일으켰다. 이런 흑인들 사이의 마찰이 격화되면 극단적인 백인 분리주의자들도 이를 빌미삼아 폭력으로 선거를 방해하려 할 것이고 이것은 또 다른 심각한 위기라 하겠다. 그래서 투투는 줄루족의 왕을 직접 찾아가 설득했다. 잉카타자유당의 지도자 부텔레지도 만나 화해를 설득했다. 마침내 이들은 막바지에 선거에 참여하기로 결단을 내렸다. 이후에도 대주교는 집권당 내 신구세대의 갈등을 해소하는 화해자 노릇도 잘 감당하고 있었다.

"대주교님께서 화해자로서 하실 일 하나가 더 남아 있습니다. 만델라 대통령과 그의 부인 위니 여사와의 화해입니다. 목회자로서 가정의 평화를 위해서도 특별히 힘써야 하지 않겠습니까?" 농담 같은 내 질문에 투투는 진지하게 답했다. "만델라 대통령도 속으로 진심으로 위니를 사랑하는 줄로 압니다. 다만 위니가 해당 행위를 했다는 비판이 아직도 집권당 내에 강하게 남아 있으므로, 당의 기강을 세우기 위해서도 사사로운 감정을 앞세울 수 없겠지요. 당에 대한 그의 충정은 대단합니다. 앞으로 적절한 때에 두 사람은 화해할 것입니다."

마침 대주교의 책상 위에 미국의 애틀랜타 시에 관한 책이 눈에 띄었다. 자연스럽게 애틀랜타에서 시작된 흑인민권운동과 에모리 대학교, 그리고 그 총장이었던 레이니 주한 미 대사의 이야기를 꺼냈다. 그러자 대주교는 반색을 하며 나를 마치 십년지기를 만난 것처럼 더욱 반가워했다. 자신도 레이니 대사와 절친해서, 그의 초청으로 에모리 대학교 신학대학에서 강의도 했다고 했다. 자신의 딸이 지금 에모리 의대에 다닌다는 자랑도 했다. 그 덕분에 우리의 대화는 더 격의 없고 화기애애해졌다. 대주교의 사모도 우리가 선물한 한국 비단을 몸에 휘감아 보이며 아이처럼 좋아했다.

비극의 20세기 끝자락에서 가장 감동적인 역사적 희망봉으로 우뚝 선 남아공은 정말 신의 축복을 받은 나라로 보였다. 노벨 평화상을 받은 3명의 지도자는 하나같이 폭력과 독선을 거부하고 양보·용서·자기 비움을 통해 화합의 큰 정치를 펼치고 있었다. 이 잔치에 내가 대한민국 대통령의 특사로 참여하게 된 것은 끝없는 영광이요 기쁨이라 하겠다.

곧장 나이로비로 향해 날아가는 비행기 창문에서 남아공의 땅을 다시 내려다보며 나는 조용히 내 자신에게 기도하듯 이렇게 물었다.

'왜 우리에게는 투투가 없는가? 왜 우리에게는 만델라가 없는가? 왜 우리에게는 데클레르크가 없는가?

우리에게도 있었는데 멸종되고 말았던가? 누가 멸종시켰는가? 아니면 아직 나타나지 않고 있는 것인가? 이런 인물들이 한반도에 나타난다면 제일 먼저 한반도의 평화와 통일을 틀림없이 이룩할 것이 아니겠는가!'

〉 '하나님 자녀' 찬사에 표정 풀린 케냐 대통령

1994년 5월 12일, 케냐의 수도 나이로비에 도착한 나는 호텔에 여장을 풀자 곧 서울로 전화를 했다. 오늘은 아내의 생일이면서 어머님께서 소천한 날이었다. 해마다 가슴이 아려오는 날이다.

그 어지러웠던 1980년 '서울의 봄' 한가운데서 어머님은 하나님의 품으로 돌아가셨다. 여러 민주인사들과 동지들이 문상을 와주었다. 그런데 그 며칠 뒤 나는 김대중·문익환·예춘호·이문영 선생 등과 함께 신군부에 의해 '일망타진'을 당했다. 바로 내 어머니 상가에 모여서 '내란음모'를 했다는 이유였다. 남아프리카공화국의 감동적인 새 정치 현장을 확인해서인지, 야만스러웠던 그날의 기억이 새삼 쓰렸다.

5월 13일 오전 8시 30분, 대니얼 모이 대통령과 면담이 잡혀 있었다. 그런데 돌연 약속 취소 통보가 왔다. 마침 이웃나라의 정상 세 분이 한꺼번에 방문하는 바람에 한국 특사를 접견할 시간이 없다는 것이다. 원래 공식 방문이 예정됐던 콩고 대통령과 함께 다른 두 나라 정상이 만델라 대통령 취임식에 왔다가 예고 없이 들렀다고 했다. 상식으로는 이해하기 어려운 외교결례가 아닐 수 없었다.

그대로 물러설 수 없다는 생각에 나는 이날 오전 9시 30분 외무장관 집무실을 찾아갔다. 40대의 젊은 장관은 자신이 대통령을 대신해 한국 특사의 얘기를 듣겠다며 친서 내용을 물었다. 속으로 몹시 불쾌했지만 나는 정중하게 그러나 단호하게, 이틀 더 머무는 동안 잠깐이라도 대통령과 접견할 수 있도록 해달라고 정중하게 부탁하고는 그냥 나와버렸다.

나는 어떻게든 뜻을 관철하고 또 불쾌함을 케냐 외무부에 전달해야 한다고 생각했다. 그래서 권순대 한국대사를 통해 외무부의 오찬 초대에 내가 불참해도 좋은지 묻도록 했다. 허락될 리가 없었다. 나는 못 이기는 척 오찬장으로 갔다. 일본 대사를 비롯해 경제부처 사람들이 여럿 와 있었다. 초청자인 외무부 차관보는 내게 각별히 신경을 쓰는 눈치였다. 그가 3명의 아내와 19명의 자녀를 두고 있다고 자랑을 하기에 나는 세 아내 사이의 갈등 문제, 자녀의 교육과 반항 문제 등을 가볍게 물어보았다. 그러자 차관보는 농담 반 진담 반으로 다음에 또 방문하면 가장 젊은 아내가 있는 농장으로 특별히 초청하겠단다. 나는 속으로 웃으며 불쾌했던 감정을 삭이고자 했다. 다시 한 번 정중하게 모이 대통령과 면담을 요청하자 그도 최선을 다해보겠다고 답했다. 그날 오후, 오는 일요일 오후 5시께 잠깐 모이 대통령을 접견할 수 있다는 전갈이 왔다. 대단한 배려를 한 셈이었다. 그래서 주말 이틀 동안 이웃 탄자니아의 박부열 대사에게 연락해서 마사이족이 사는 거대한 초원분지인 '응고롱고로 분화구'로 여행을 다녀왔다.

마침내 일요일 약속 시간에서 한 시간 정도 더 기다린 뒤에야 4선째 장기집권 중인 칠순의 거구, 모이 대통령이 언짢은 모습으로 나타났다. 나는 수단과 소말리아의 분쟁을 해결하기 위해 헌신하는 모이 대통령의 외교노력을 높이 평가한다고 칭송한 다음 독실한 크리스천인 그에게 이렇게 물었다. "지역분쟁의 해결을 위한 각하의 평화외교 노력이 혹시 '마태복음' 5장 9절에 나오는 예수님의 가르침과 연관이 있습니까? 예수님은 '평화를 이룩하는 자는 복이 있다. 그들은 하나님의 자녀라고 불릴 것이다'라고 가르치지 않으셨습니까?" 그러자 모이는 갑자기 부드러운 어투로 자신의 기독교 신앙이 그의 정치와 정책에 영향을 준다고 말했다. 그는 '야고보서'와 사도 바울의 말씀을 언급하면서 평화와 정의를 위해 노력하고 있다는 사실을 길게, 힘 있게 설명했다. 이에 우리 김영삼 대통령도 '기독교 장로'이고, 나 역시 크리스천이라고 했더니, 그는 더욱 기뻐하며 표정이 풀어졌다. 나는 이렇게 말했다. "일요일인 오늘 교회에 가지 못했는데 마침 대통령 각하의 은혜로운 설교를 듣게 되니 감개무량합니다. 뜻밖의 장소에서 이렇게 좋은 말씀을 듣게 되었으니 참으로 감사합니다."

처음의 그 어색하고 딱딱했던 분위기는 이제 따뜻하고 친절한 분위기로 반전되었다. 대통령도, 외무장관도, 우리도 모두 웃으며 자리에서 일어났다. 모이는 마지막으로 "그리스도 예수 안에서 가장 좋은 친구에게 나의 가장 따뜻한 문안을 전해주시오"라며 김 대통령에게 보내는 인사를 당부했다.

밖으로 나오니 여러 방송 카메라맨과 기자들이 우리를 기다리고 있었다. 이날 밤 호텔에서 톱뉴스로 나오는 우리의 방문 장면을 보고 나는 깜짝 놀랐다. 비로소 아프리카 4개국 특사 순방을 무사히 마쳤다는 실감이 났다. 배상길 심의관이 감격에 겨워 말했다. "특사님, 미숑 아콩플리(임무 완수)입니다!"

조문 거부, 그 후

〉 남북정상회담 꿈 깨지고, 조문파동 일어

1994년 6월 18일, 남북은 해방 이후 첫 정상회담에 전격 합의했다. 평양을 방문한 카터 전 미국 대통령을 통해 전한 김영삼 대통령의 제안을 김일성 주석이 받아들인 것이다. 7월 25일로 예정된 역사적인 회담을 앞두고 김 대통령은 신바람 난 듯 분주해 보였다.

나는 남북 정상회담을 통해 세계 냉전이 공식적으로 종결되기를 간절히 바랐다. 한반도가 냉전의 외딴섬으로 남아 있는 한, 세계는 아직도 냉전 상태를 완전히 넘어섰다고 주장할 수 없다. 이번에 남북 정상이 한반도 비핵화 실현과 더불어 냉전체제의 종식을 선언한다면, 그리고 그 선언이 효력을 발한다면 그때 비로소 새로운 세계평화 체제가 구축되기 시작할 것이다.

6월 30일, 마침 한겨레신문사에서 '남북 정상회담'의 역사적 의미를 주제로 나와 최장집 교수의 대담을 주선했다. 이 대담에서 나는 '코리안 독트린'을 만들자고 제의했다. 남북 정상이 함께 냉전 해체를 선언한다면 세계사에 자랑스럽게 새겨질 일이 아닌가. 그런 세계사적 기념비를 김 대통령이 세울 수 있기를 '타는 목마름으로' 갈망했다.

"지난달 만델라 남아프리카공화국 대통령의 취임식에 참석하는 길에 아프리카 여러 나라들을 돌아보면서 확실히 냉전적 대결의 시대는 지났다는 사실을 확인했습니다. 세계는 자국과 민족의 이익을 위해 국제화 시대로 달려가고 있는데 우리만 거꾸로 가는 것을 느꼈습니다." "그런데 20여 일 만에 귀국해보니 국내에서는 여전히 북한에 대한 강경제재 목소리가 드세더군요. 그러다 겨우 몇 주 사이에 카터 전 대통령의 방북으로 국면이 완전히 전환됐습니다. 정상회담의 역사적 의미를 찾기에 앞서 우선 슬픕니다. 부끄럽습니다. 하지만 이나마 최선은 아니되 차선은 된다고 봅니다. 또 한 가지 마지막 냉전의 대립을 이번에 극복하지 못한다면 남북은 모두 20세기의 마지막 웃음거리가 될 것입니다. 이는 엄청난 부담입니다. 이 역사적 부담을 두 정상이 몸으로 느껴야 합니다."

사실 김 대통령이 리인모 노인 북송 직후 북핵 문제에도 불구하고 '남북 화해'라는 취임사의 비전을 착실하게 실천했다면 남북 정상회담은 좀 더 일찍 가능했을 터이고, 그래서 북핵 문제를 민족 당사자 원칙 아래 풀어가면서 남북 관계 개선뿐만 아니라 북·미 관계 개선에 이바지했다면, 노벨 평화상을 받을 수도 있었을 것이다. 그러나 안타깝게도 그에겐 평화에 대한 확신이 부족했고, 한반도 탈냉전의 필요성에 대한 인식이 아예 부족했다. 게다가 그 주변에는 한반도 냉전 강화로 국내적 정치이익을 도모하려는 냉전 세력이 포진하고 있었다. 그렇기에 문민정부가 주도적으로 냉전 해체에 적극 나설 수 없었던 것이다.

만시지탄이 있으나 크게 환영하고 기뻐할 일이다. 최장집 교수도 바로 이런 점을 적절하게 지적했다. "우리 사회의 냉전·반공·보수화의 분위기가 전체적인 민주화의 개혁을 가로막는 역효과를 가져왔습니다. 그런 면에서 이번 정상회담을 통해서 이런 민주화 진전을 막았던 장애를 타개함으로써, 급변하는 바깥세계에 대해, 이제 국내의 민주개혁으로 능동적으로 대응하는 계기가 마련됐으면 합니다."

그렇다. 한반도 냉전 해체는 한반도 전역에서 민주개혁을 촉진할 것이다. 그리고 정치적 선진국으로 나아가면서 평화민족의 모습을 세계에 보여줄 수도 있을 것이다. 얼마나 멋진 꿈인가. 그런데 7월 8일 돌연한 김일성 주석의 사망으로 그 모든 꿈은 사라지고 말았다.

이튿날 낮 12시 30분께 뉴코리아 클럽의 그늘막에서 '김 주석 급서' 소식을 듣는 순간 나는 잠시 아찔해짐을 느꼈다. 그때 제네바에서 북·미 3차 회담을 진행하고 있던 갈루치를 비롯한 미국 회담 대표 일행은 제네바 북한 공관에 마련된 분향소를 찾아가 정중하게 조의를 표했다. 그런데 김 대통령은 당장 군 경계령부터 내렸다. 그는 정상회담이 무산된 것만을 아쉬워했다. 이영덕 통일부 장관으로 하여금, 김일성이 한국 전쟁을 일으킨 주역임을 새삼 발표하게 했다. 그러니까 김일성에게 조문을 할 수 없다는 메시지를 간접적으로 밝힌 것이다.

클린턴 대통령의 '심심한 애도' 소식을 듣고, 나는 우리 정부도 훗날의 정상회담을 위해서라도 조문사절을 보내는 것이 좋겠다고 생각했다. 그런데 7월 12일 국회에서 이부영 의원(민주당)의 '조문 촉구 발언'은 수구 냉전 세력을 격분시켰다. 문민정부답지 않게 극우 반공 세력의 이 같은 비난을 적극 수용함으로써 김 대통령은 또 한 번 불규칙하게 우경화했다. 북한 당국은 조문해준 클린턴과 조문을 거부한 김 대통령의 차이를 깊이 유의하는 듯했다.

) 김현철 씨, 대통령 분신 노릇

1994년 7월 13일, 나는 종합유선방송위원회 위원장으로서 국회 문화체육위에 출석했다. 통일부총리 자리를 그만두면서 국회도 졸업한 줄 알았는데, 다시 출석하려니 유쾌한 기분은 아니었다. 우리 위원회가 네 번째로 업무보고를 하고 질문을 받게 된다고 한다. 나는 박종웅 간사와 박계동 의원에게 우리 위원회가 첫 번째로 업무보고를 할 수 있도록 순서를 바꿔달라고 요청해 받아들여졌다. 대부분 의례적인 질문을 해서 곤혹스러운 비난은 없었다. 다만 강용식 의원이 '오만한 충고'를 한마디 했지만 나는 웃으며 여유 있게 넘겼다. 예전 외무통일위에서 겪었던 어려움에 견주면 정말 아무것도 아니었다. 국회를 떠날 때 총무부장이 말했다. "상임위원회에서 산하단체장을 이렇게 예우한 것은 처음일 겁니다."

이날 오찬은 김영삼 대통령의 둘째아들 김현철 씨가 이례적인 요청을 해서 함께했다. 특별한 용건은 없었고 그냥 인사 차원이었다. 그는 정부 밖에 있으면서도 정부에 큰 영향력을 행사하고 있었다. 사실 그는 엄밀하게 말하면 대한민국의 한 국민에 지나지 않았다. 그런데도 '실세 중 실세'로 행세하고 있었다. 일요일마다 청와대에서 대통령과 함께 가족예배를 보고 점심을 하면서 그가 자연스럽게 전달·해석하는 정보가 대통령에게 큰 영향을 미치는 듯했다.

이런 일이 상례화된다면, 국가 공권력의 권위가 허물어질 수 있다는 것을 대통령은 반드시 알아야 했다. 그뿐만 아니라 심각하게 염려해야 한다. 그런데 실상은 그렇지 않은 듯했다. 대통령께서 아들이 전달해주는 새로운 정보에 귀 기울이면서 만에 하나 "우리 아들이 최고"라고 생각하게 된다면, 이는 국가의 공적 관리에 위해로운 일이 아닐 수 없다.

이를테면 경찰 총수가 보고하는 정보를 듣고 대통령의 눈빛이 반짝일 때 그리고 깊은 관심을 보여줄 때 비로소 그는 자신과 공공조직의 존재감을 뿌듯하게 느낄 수 있다. 이런 존재감을 박탈하는 것은 국가 권위를 허물어뜨리는 어리석은 짓이다. 공권력은 차용되어서는 안 된다. 대통령께서 이미 알고 있는 시들한 정보를 그가 보고한다면, 그만큼 경찰 조직의 힘은 떨어질 수밖에 없기 때문이다. 그러니 현철 씨가 휘두르는 힘은 정당한 영향력으로서 권위가 아니다. 그것은 일종의 위태로운 권력일 뿐이다. 원래 권위와 권력 사이에는 현저한 차이가 있는 법이다.

여하튼 이날 오찬에서 그와 얘기를 나누면서 나는 그가 대통령의 분신 노릇을 하고 있다는 생각을 떨쳐낼 수 없었다. 그는 이부영 의원의 김일성 주석 조문 발언에 대해 혐오감을 숨기지 않았다. 김대중 총재에 대해서도 질시와 경멸을 숨기지 않았다. 카터 전 미국 대통령이 남북 정상회담 합의 소식을 전해주었을 때 입을 딱 벌릴 만큼 좋아했던 그 태도가 진실로 김 대통령의 속뜻이었다면, 조문 발언을 이토록 혐오하는 것은 정말 앞뒤가 맞지 않는 일이었다.

원래 우리 전통예법으로는 원수가 죽어도 조의는 표하는 법이다. 죽은 사람 앞에 너그러워지는 것은 우리의 아름다운 전통이 아니던가. 여하튼 이번 조문파동은 문민정부로 하여금 또 한 번 대통령 취임사의 정신에서 멀어지게 하는 안타까운 일임에 틀림없었다. 일종의 역사 후퇴 현상이라 하겠다. 문민정부는 역사적인 남북 정상회담이 가져올 탈냉전을 통한 평화 정착의 효력을 소중하게 여기기보다는 그 회담이 갖는 정략적 중요성을 이용하고 싶었던 것 같다. 조문파동 과정에서 한국적 매카시스트들의 맹공을 이 정부가 의도적으로 방관한 것도 바로 그런 정치적 계산 때문이 아니겠는가.

7월 20일치 내 일기장을 열어보니, 국민들에게 '전쟁 불감증'을 지나치게 경고하면서 '전쟁 불가피'를 외치는 냉전 극우 세력의 목소리가 커지고 있는 현실을 어느 때보다 걱정하고 있었다.

"이런 위험하고 걱정스러운 흐름에 휩쓸려 정부는 춤추는 듯하다. 새삼 김일성의 남침을 강조한다. 지난번 김 대통령이 러시아를 방문해서 가져온 역사적 자료를 정치적으로 교묘하게 활용하고 있다. 이것은 민주화 투쟁에 앞장섰던 김영삼 총재의 모습이 아니다. 이런 정치적 활용으로 얻는 것이 하나라면, 잃는 것은 여러 가지다. 첫째가 남북 관계의 교착과 악화이다. 둘째로, 국내 민주적 개혁의 후퇴이다. 셋째, 미국과 중국과의 공조 약화다. 넷째, 정부의 통일 정책과 대북 정책이 일관성 없이 냉탕·온탕을 왔다 갔다 한다는 비판이다."

〉청와대, 북·미 합의 막으려 '귀순 강명도 회견'

1994년 7월 27일 아침, 공보처의 한 과장이 전화를 했다. 북한의 〈중앙방송〉에서 나를 문익환 목사가 만든 '7천만 겨레 통일맞이 운동'의 부이사장으로 소개하는 보도가 나왔는데 그게 사실이냐고 따지듯 물었다. 나는 금시초문, 모르는 일이었다.

지난해 2월 25일, 김영삼 정부 출범 때 대사면 조처에 따라 석방된 문익환 목사는 앞으로 통일운동을 정부와 맞싸우면서 하지는 않겠다고 선언했다. 문 목사만이 아니라 지난날 군사권위주의와 맞서 민주화운동에 앞장섰던 기독교 세력은 대체로 문민정부 출범을 환영했고 협력하고자 했다. 문 목사의 그런 '친정부 노선'을 두고 통일운동권의 극단적 세력은 오히려 못마땅하게 생각했다. 심지어 '안기부 프락치'라는 매도까지 당한 문익환 목사는 지난 1월 억울한 화를 가슴에 안은 채 돌연 세상을 뜨고 말았다.

여하튼 느닷없는 전화에 기분이 불쾌해진 나는 통일원의 송영대 차관과 '7천만 겨레 통일맞이 운동'의 부이사장인 김상근 목사에게 전화해 나의 불편한 심기를 전달했다. 문 목사가 오늘 살아 있다면 문민정부 아래서 펼쳐지고 있는 매카시즘적 광풍에 어떻게 반응할지 눈에 선했다. "이것이 진짜 문민정부인가?"라고 분개할 것이다.

이튿날 미국 워싱턴에서는 이스라엘 라빈 총리와 요르단의 후세인 왕이 클린턴 대통령의 주선으로 뜻깊은 화해의 선언을 했다. 그런데 서울의 조간신문들은 북한 강성산 총리의 사위라는 강명도 씨와 김일성종합대학 전임강사로 알려진 조명철 씨가 귀순해 전날 연 기자회견 내용으로 도배하다시피 했다. 2개월 전에 귀순했다면서 이제야 기자회견을 한 그들은 "북한이 이미 핵탄두 5개를 개발했다"고 주장했다. 왜 이 시점에 이런 폭탄선언을 했을까? 김일성 주석 사망 전에 귀순한 이들을 우리 정보당국에서 이제야 공개한 이유로 몇 가지 짚이는 게 있었다.

첫째, 8월 초에 열릴 3차 북·미 회담에 찬물을 끼얹으려는 냉전 세력의 저의가 감지된다. 문민정부의 끈질긴 반대에도 불구하고 북·미 일괄 타결 같은 결과가 나온다면 한반도 문제에서 종속변수로 밀려날 것을 우려한 것이다. 하지만 원하든 원하지 않든 한반도 문제는 북·미 관계의 변화가 독립변수이며, 남북 관계 변화는 종속변수일 수밖에 없다. 이것은 엄연한 현실이다.

그런데 강 씨의 기자회견은 결과적으로 북·미 회담에 아무런 영향을 주지 못했다. 미국은 이미 북한과 경수로 문제를 풀어가면서 핵 문제를 포괄적으로 해결하려는 의지를 분명히 견지하고 있었다. 미국 정부는 강 씨의 주장이 근거 없는 것이라 믿고 있었고 그만큼 김영삼 정부에 대해 불쾌하게 생각했다. 갈루치 등이 후일 써낸 책『북핵위기의 전말』을 보면 이렇게 간단명료하게 이 문제에 대해 판단하고 있다. "그(강명도)의 주장은 근거가 없을뿐더러 북한과의 대화를 훼방하기 위한 의도를 깔고 있을 것으로 보았기 때문이다. 청와대는 강명도의 주장은 소문에 의거한 근거 없는 말일 뿐이라고 물러섰다." 당시 청와대의 정종욱 외교안보수석이 백악관의 토니 레이크와 한 시간이나 전화로 강 씨의 주장을 해명했던 모양이다. 미국이 얼마나 강력하게 청와대에 항의했기에 이처럼 '백기 해명'을 해야 했을까. 김 대통령 주변이 새삼 염려스러웠다.

8월 5일, 레이니 대사의 초청을 받아 미 대사관저에서 오찬을 함께했다. 그는 퍽 외로워 보였다. 미국 정치권이나 행정부의 반북 인사들한테도 시달리고 있는 듯했다. 거기에 김 대통령 측근들마저 대북 강경론으로 그를 불편하게 만들고 있는 듯했다. 그들이 민족자존이나 한반도 평화를 위한 명분에서 주한 미 대사와 대립하는 것이 전혀 아니었기에 나는 오히려 부끄러웠다.

이날 레이니 대사도 강 씨의 강경 발언을 걱정했다. 강 씨의 기자회견에 앞서 미국의 대표적 보수 신문인《월스트리트 저널》에서 그의 폭로를 예고하는 듯한 기사가 나왔고, 그 때문에 국무부와 백악관이 아주 불쾌해하고 있었단다.

짐작건대 한국 내 냉전수구 세력이 의도적으로 그 신문에 정보를 흘린 듯했다. 클린턴 행정부로서는 김 대통령의 심술로, 아니면 그 측근들이 그런 간교한 술수를 쓴 것으로 판단할 수도 있겠다. 만약 그렇다면 한·미 냉전 세력이 일종의 내밀한 소통망을 유지하고 있다는 뜻이 된다. 레이니 대사의 마음이 무거운 것을 나는 이해할 수 있었다. 내 마음도 그 못지않게 무겁고 우울했기 때문이다.

⟩ 통일부총리의 '이중적 발언'

　1994년 7월 말 국제사면위원회(앰네스티 인터내셔널)는 '북한의 정치범수용소에 갇혀 있는 49명의 양심수 가운데 고상문(전 수도여고 교사) 씨가 포함돼 있다'는 사실을 발표했다. 그러자 정부는 기다렸다는 듯이 납북자 조기송환 대책을 강구하고 나섰다. 정말 신속한 대응이다. 물론 잘한 일이다. 하지만 내게는 몇 가지 의심쩍은 구석이 보였다.

　우선 오늘날 북한의 인권유린을 개탄하고 비난하고 나선 인물이나 집단들이 지난 군부독재 시절 남한의 인권유린 정책과 행동을 지지했거나, 집행했거나, 아니면 짐짓 구경했던 냉전 세력이었던 것이다. 이것은 일종의 양두구육식 위선 아닌가. 이번 앰네스티의 보고서에는 남쪽 정부의 냉전식 통제로 구금된 사람들의 실태도 균형 있게 담고 있었으니 우리 스스로 자기성찰부터 할 일이었다.

　최근 미국 정부는 다가오는 중간선거를 앞두고 어떻게든 북핵 문제를 일괄 타결하고자 애쓰고 있었다. 그런데 한국 정부는 인권문제를 빌미로 남북 관계를 더욱 악화시키면서 우방이요 동맹국인 미국과 쓸데없이 삐걱대고 있는 것이다. 문민정부에 포진하고 있는 그 많은 '친미 인사'들은 왜 침묵을 지키고 있는 것일까. 당장 이홍구 통일부총리, 한승주 외무장관, 정종욱 외교안보수석 모두 미국통 박사들 아닌가.

　사실 내키지 않는 얘기지만, 그즈음 이홍구 총리의 발언을 보면 그 세련된 이중적 표현에 감탄을 금지 못할 정도였다. 지난 5월에는 '한반도 비핵화 무효론'을 슬그머니 끄집어내어 수구언론으로부터 칭찬을 받았다. 그런데 그는 이런 발언으로 진보진영으로부터 공격을 받게 되면 슬쩍 "오보"라고 해명하곤 했다. 남북 관계가 갖는 모순이기도 한 '상황의 이중성'을 유달리 강조하면서, 자신의 발언도 이중적일 수밖에 없다며 재빨리 합리화한다. 겉으로는 비둘기처럼 행동하는 척하면서, 속으로는 독수리처럼 생각하는 듯하다. 그래야 이 땅의 매카시스트들이 보장해주는 안전망 안에 안주할 수 있기 때문일 것이다.

그는 8월 9일에도 국회에서 '흡수통일을 배제하지 않는다'고 한 데 이어 교수들과 토론회 자리에서도 비슷한 발언을 했다. 《조선일보》가 이를 머리기사로 크게 보도하며 환영했다. 이에 파문이 일자 '불가피하게 북이 자멸하게 되면 북을 흡수할 수밖에 없다'는 뜻이라고 해명했다. 그는 북한인권 실태도 국회에서 직접 보고했다. 남북 관계 개선을 정책의 최우선으로 삼아야 할 부총리가 남북 관계를 악화시킬 것이 뻔한 사안을 앞장서 떠든 셈이다.

언젠가 레이니 대사는 내게 이렇게 물은 적이 있다. "한 박사, 북한은 당신의 동족이 아닌가요?" 북·미 관계가 개선되어 한반도에 평화가 오면 한민족 전체에 엄청난 가치가 있는 일인데, 왜 문민정부가 일괄 타결을 반대하고 나서는지 따지듯 반문했다. 나는 정말 당황했고 부끄러웠다.

8월 15일, 김영삼 대통령은 경축사에서 이른바 '신통일방안'으로 '한민족공동체 통일방안'을 선언했다. 언뜻 보기에 지난해 2월 새 정부 출범 당시 내가 내세웠던 '3단계 3기조'와 유사한 듯하다. 특히 3단계는 그대로 수용했다.

그런데 냉전 지향적 성향이 드러나는 부분이 있었다. 3기조 정신(민족복리·공존공영·국민합의)이 자유민주주의란 표현으로 대체된 것이다. 북한의 공산주의와 대결하는 정치이념으로서 자유민주주의를 문민정부의 기조로 삼는 것은 남북 대결을 고조시킴은 물론 북한을 흡수통일하려는 의지의 표현으로 오해받기 쉽다. 그런 뜻에서 새로운 통일방안은 대결적이요 반민족적인 발상으로 오히려 남북 관계를 악화시킬 가능성이 있어 우려스러웠다.

게다가 민족 복리의 철학은 사라지고 이제 체제경쟁은 끝났다고 명시적으로 선언했다. 이는 간접적으로나마 남한이 승리했다는 우월감의 공식적 표시로 읽힐 수 있다. 결코 지혜로운 표현이라 할 수 없다.

한마디로 이번 '8·15 선언'은 한민족공동체를 강조했지만, 그 내용을 찬찬히 천착해보면 냉전대결 의지가 강고함을 확인하게 된다. 김 대통령이 취임사에서 밝혔던 탈냉전·평화·민족복리 의지가 겨우 1년 반 만에 일교차 심한 가을날 아침의 안개처럼 사라져버린 듯하다.

〉 YS의 대북 정책 보수화는 'DJ 콤플렉스'

1994년 8월 16일 아침, 미국 애틀랜타로 향하는 비행기에 몸을 실었다. 북미기독학자회의 참석도 하고 CNN 본사를 방문해 뉴스전문 케이블채널인 YTN과의 협력 문제도 타진할 목적이었다.

서울을 떠나기 전 나는 퍽 울적했다. 일종의 신공안정국이 스멀스멀 사회 전반에, 특히 대학가에 퍼지는 듯했기 때문이다. 『한국사회의 이해』란 진보적 사회과학자들이 엮어낸 책이 법적 제재의 대상이 되고 있다. 그것도 문민정부 아래서 말이다. 대통령 주변의 세력들이 역사의 시계를 매카시 광풍이 불던 1950년대로 되돌리고 있는 것 같다.

나를 정말 우울하게 만들면서 동시에 화나게 하는 것은 기독교 근본주의자들의 반공적 광기다. 그들은 종교적 신앙 차원에서 반공적 확신을 강화하면서 공안정국을 반기며 부추긴다. 종교 신앙의 열정이 세속적 정치감정에 접목되면 정말 무서운 파괴력을 지니게 된다. 냉전 원리주의와 기독교 근본주의가 결합되면 그곳에는 죽음을 향한 거친 보복의 악순환이 작동하게 된다. 증오·대결·저주·박살이 난무한다. 한반도에서 이 악순환의 비극이 지금까지 지속되고 있지 않은가.

8월 19일 오전, CNN 본사를 방문해 톰 존슨 사장과 조던 수석부사장 등과 의견을 나누었다. 전 세계를 움직인다고 할 만큼 강력한 뉴스방송사치고는 그 공간 규모가 크지 않았다. 좁은 공간을 정말 효율적으로 활용하고 있다. 건물 꼭대기의 펜트하우스에는 설립자인 테드 터너와 부인 제인 폰다가 살고 있었다.

다음날은 하루 종일 북미기독학자회의에 참석했다. 테네시 공대 교수로 있던 1960년대 후반 북미기독학자 모임이 시작할 즈음 나는 소중한 동지들을 만날 수 있었다. 이승만·은준관 목사, 김동수·함성국 박사, 서광선 교수 등이다. 우리는 그때 기독자 지식인들이 카뮈가 말하는 '반항자의 구실'을 해야 한다고 의견을 모았다. 기득권에 끊임없이 귀찮게 도전하는 역할을 하기로 했다. 나는 이날 저녁 만찬에서 연설을 했다. 지난 5월 아프리카 순방 때 느낀 소감을 증언하며 '왜 한반도에는 20세기 냉전 전체주의를 극복해낼 피스메이커들이 없는지, 기독교 지도자들 중에 냉전 용사들은 많은데 왜 평화일꾼은 드문지, 기독자 지식인들은 철저하게 자기성찰을 해야 한다'고 강조했다.

귀국해 보니 정부의 대북 정책은 한층 더 위태로운 국면으로 치닫고 있었다. 북한에서 전단 살포 사건이 일어났다며, 마치 북한의 붕괴가 임박했다는 조짐으로 속단하며 언론과 정부가 대대적으로 나발을 불고 있었다. 정보와 첩보 간의 차이를 세밀하게 살피지 않고 공개부터 하는 것은 정말 현명치 못한 짓이다.

남한이 북한보다 월등하게 부강하기에 남북 간 체제 경쟁은 이미 끝났다고 하는 문민정부의 자신감이 합리적이고 현실적인 판단에서 나온 것이라면, 남한은 맏형처럼 북한에 대해 아량과 포용의 힘을 겸손하게 그러나 확실하게 보여주어야 한다. 왜 문민정부는 그런 넓고 깊은 자신감을 보여주지 못하는가.

그 점에서 나는 김대중 총재와 김 대통령의 대북관이 퍽 흥미롭게 대조적이라고 생각한다. 김 총재의 접근은 합리적이고 현실적이며 평화 지향적이다. 그럴수록 김 대통령은 그 반대 방향으로 치닫는 것 같다. 그것도 충동적으로 말이다. 김 총재의 대북 정책이 뚜렷하게 탈냉전적 지향성을 드러낼 때마다 문민정부는 냉전적 지향성을 강화해가는 식이다. 야당 시절부터 김 대통령에게는 이른바 'DJ 콤플렉스'가 조건반사처럼 작동하곤 했다. 물론 김 총재도 김 대통령에게 일정한 콤플렉스를 보이곤 했지만 대북 정책은 그런 개인적 감정과는 무관한, 자신의 철학적 성찰과 평화에 대한 확신에서 나오는 것 같다.

8월 31일, 한승주 외무장관과 오찬을 했다. 그는 언제나 딱 부러지게 말하는 사람이 아니다. 세련된 간접화법을 통해 자신의 뜻을 전달하는 훌륭한 재능을 지니고 있다. 그는 지금 퍽 외로워 보였다. 때때로 좌절감도 느끼는 것 같았다. 나보다는 더 현실주의적인데도, 미국의 대북 정책과 청와대의 대북전술 사이에서 마음고생이 심한 것 같았다. 워싱턴의 정서를 이해하지도 못하고 또 이해하려고도 하지 않는 참모들에게 둘러싸인 대통령을 모시는 일이 결코 쉽지 않았을 것이다. 그때 이미 그는 자리를 떠날 결심을 한 듯했다. 결국 그는 1994년 말 문민정부에서 벗어나 대학 강단으로 돌아갔다. 이듬해 10월에는 국내 첫 유네스코 석좌교수가 되기도 했다.

〉역사평가보다 보수여론에만 신경 쓰는 대통령

1994년 9월 4일 일요일 아침, 김영삼 대통령의 전화를 받았다. 내가 방송대 총장으로 간다는 보고를 들었는지 다음 종합유선방송위원장으로 누가 적임자인지를 물으셨다. 나는 전날 유혁인 씨와 함께 점심을 하면서 그가 위원장으로 오고 싶어 하는 것을 확인했다. 그는 한때 박정희 권위주의 시대 한국 정계를 주름잡던 인물이 아니었던가. 내가 서울대에서 추방될 때 그는 막강한 자리에 있었다. 그런데 나는 지금 김 대통령에게 그를 내 후임으로 추천했다. 김 대통령도 그의 인간성에 매력을 느끼고 있었다. 그의 성을 빗대어 '부드러운 버드나무 같다'는 평을 들을 만큼 그의 성품은 부드러웠다.

하지만 휴일 아침 김 대통령이 직접 전화까지 한 진짜 이유는 딴 데 있었다. 내가 이사장을 맡고 있는 한국사회연구소에서 이틀 뒤 차세대 지도자를 주제로 한 세미나를 열 예정이었다. 물론 차세대 지도자에는 김 대통령도 포함되어 있었다. 다만 그는 사전 여론조사에서 여섯 번째 지도자로 뽑혔다. 현직 대통령은 으레 차기 지도자로서 높은 평가를 받기 어렵다. 그런데도 그는 이 여론조사 결과에 신경을 쓰는 것 같았다. 그는 정말 여론에 너무 민감하다. 특히 보수적인 여론에 민감하다. 나는 여러 차례 여론보다 무서운 것은 역사의 평가라고 조언했지만 ….

9월 27일, 서울 홍은동 스위스그랜드호텔에서 유네스코한국위원회 주최로 국제회의가 열렸다. 지난 5월 남아프리카공화국을 특사로 방문했을 때 데즈먼드 투투 대주교에게 이 회의의 주제 강사로 참석해 달라는 초청장을 전했으나 사정이 허락하지 않아 무산되었다. 또 카터 전 미국 대통령을 특별강사로 모시려던 계획도 이뤄지지 못했다. 결국 내가 '대타'처럼 주제 강연을 하게 되었다. 나는 '민주주의와 관용의 가치'를 제목으로, 오늘 우리 사회에서 민주주의가 활짝 꽃피지 못하는 가장 심각한 요인은 바로 분단을 합리화하고 강화하는 냉전 이데올로기임을 지적하고 남북 정상회담을 통해 이런 적대적 공생관계를 파격적으로 극복해내야 할 것이라고 역설했다.

바로 다음날인 9월 28일, 나는 7개월 만에 종합유선방송위원장 자리에서 물러났다. 방송통신대 교수들의 투표에서 후보로 뽑힌 나에 대한 총장 임명안이 국무회의에서 통과돼 이날 오전 이임식을 한 뒤 오후 2시 방송대로 옮겼다.

두 가지 감회가 나를 사로잡았다. 하나는 다시 대학으로 돌아왔다는 기쁨이었다. 지금과 달리 이때는 국무위원이나 국회의원이 되면 원래 몸담았던 대학으로 돌아갈 수가 없었다. 마치 고향에 돌아온 것 같은 느낌이 들었다. 또 하나는 이 땅의 무수한 젊은이들에게 제2의 기회를 주는 독특한 대학에 기여할 수 있게 되었다는 뿌듯함이었다. 서울대가 엘리트의 대학이라면 방송대는 바로 민중의 대학이다. 그런데 이제 정보화 흐름이 세계를 주도하게 되면, 방송대가 새 시대를 선도하는 첨단대학이 될 수 있다고 나는 믿고 있었다. 총장실 의자에 앉고 보니 "좀 더 일찍 앉았어야 할 자리로구나" 하는 감회가 나를 사로잡았다.

이틀 뒤 총장 취임식에서 30년 만에 박사 가운을 다시 입어 보았다. 서울대 교수 시절 내내 졸업식은 늘 어수선해서 한 번도 가운을 입고 졸업식에 참석해본 적이 없었다. 나는 취임사에서 방송대를 위한 세 가지 비전을 제시했다. 첫째는 열린 대학으로 우뚝 서자고 했다. 배타적인 엘리트 대학과 달리 모든 사람에게 학습 기회를 활짝 열어주는, 기회의 민주대학 구실을 해야 한다고 했다. 둘째는 첨단대학으로 나아가자고 했다. 새로운 멀티

종합유선방송위원장에서 물러나 한국방송통신대 2대 총장으로 취임해 오랜만에 박사모를 다시 써보며 감회에 젖었다. 사진은 이듬해 2월 졸업식에서 축사를 하는 모습이다. 사진은 방송대 신문사 제공.

미디어시대를 선도하는 대학, 정보화시대를 앞에서 이끌자고 했다. 셋째로 분단을 극복하는 민족대학으로 나아가자고 했다. 방송대만이 전 국토를 교정으로 활용할 수 있고, 온 국민을 학생으로 모실 수 있고, 온 가정을 교실로 사용할 수 있는 새로운 대학이라는 확신을 나는 갖고 있었다. 이날 한국예술종합학교의 김영미 교수(메조소프라노)가 '그리운 금강산'을 축가로 불러줬다. 평화롭게 하나 되는 민족의 앞날을 향해 성실하게 달려가도록 독려하는 노랫가락과 노랫말이 참 적절하다고 생각했다.

〉 '북·미 합의' 불평하는 YS에 클린턴 언짢아해

1994년 10월 7일, 민자당의 신상우 의원(2012년 1월 26일 작고), 김덕 안기부장과 모처럼 저녁식사를 함께했다. 화기애애한 분위기에서 담소했다. 우리끼리는 소통의 어려움을 느끼지 않았다. 그런데 문민정부 안에서는 대북 대응과 북·미 회담에 대해 여전히 강경 냉전식 흐름이 강하다.

그즈음 제네바에서 진행 중인 북·미 회담에 대해 김영삼 대통령과 그 주변에서는 여전히 불안감을 떨쳐내지 못하고 있었다. 김 대통령은 특히 북핵에 대한 특별사찰을 5년간 연기하기로 합의하자 몹시 화를 냈다. 즉 북한의 경수로 건설 작업이 70% 정도 진척될 때까지는 북의 핵 활동에 대한 특별사찰을 하지 않기로 미국이 합의를 해준 것이다. 북한은 경수로가 완공된 뒤에야 특별사찰을 허용하고 싶었겠지만, 미국의 반대를 고려해 70% 또는 75% 수준에 이르기까지는 특별사찰을 허용할 수 없다고 버틴 것이다.

하기야 김 대통령의 분노에는 그 나름의 이유가 있었다. 경수로 공사비와 장비 구입비의 대부분을 사실상 한국이 부담할 터인데 5년간이나 북의 과거 핵 활동을 검증할 수 없다니 결코 유쾌할 수는 없겠다. 이 때문에 청와대는 미국 쪽에 볼멘소리를 내고 있었다. 클린턴 행정부 역시 김 대통령의 불만을 불편하고 불쾌하게 바라보고 있었다. 특히 10월 8일 김 대통령의 《뉴욕 타임스》 회견 내용에 대해 클린턴 대통령이 못마땅해했다. 미국의 대북 대응을 "순진하고 설익은 짓"이라고 비난했기 때문이다. 동맹국의 대통령을 이렇게 순진할 정도로 설익은 방식으로 비난하는 김 대통령의 '철학적 성찰 없음'을 나는 안타까워했다.

이런 상황에서 이홍구 통일부총리는 간접적으로 북·미 회담의 미국 쪽 수석대표인 갈루치를 폄하하는 발언을 했다. 그가 남북 관계 전문가가 아니라 핵확산금지조약NPT과 핵 비확산 전문가라는 사실을 새삼 부각시킴으로써 우리 정부의 정서를 이해하지 못하는 사람으로 취급한 것이다. '미국통'인 그가 미국의 대북 전략이나 입장을 모를 리가 없지만, 김 대통령의 심기를 편하게 하고자 짐짓 그답지 않은 발언을 한 듯했다.

흥미롭게도 김 대통령의 '뉴욕 타임스' 회견에 대해 수구 냉전 언론이 적극 지지를 하고 나섰다. 왜 흥미로운가? 누구보다 친미적, 때로는 숭미적 논조를 펴온 그들 언론에서 문민정부의 대북 강경론을 지지하고자 이례적으로 미국 정부를 비난했기 때문이다. 반면 한반도의 탈냉전을 희구하는 진보 세력은 오히려 클린턴 정부의 대북 대응을 이해하려고 했다.

10월 11일 점심 전에 나는 레이니 대사와 통화했다. 나는 그를 성서 말씀으로 위로했다. 그 역시 김 대통령의 '뉴욕 타임스' 회견으로 심기가 매우 불편한 상태였다. 그는 내일 청와대에 들어가 김 대통령과 깊고 솔직한 얘기를 나누겠다며 그다음 날 오후에 대사관저에서 만나자고 했다.

그런데 약속대로 13일 대사관저로 찾아가니 레이니의 심기는 훨씬 나빠 보였다. 12일 오후 청와대는 레이니 대사에게 후문으로 들어오라며, 그것도 대사 전용차에 성조기를 달지 말고 들어오라고 했던 모양이었다. 미국 대통령을 대신해 한국 대통령을 만나러 가는 미국 대사에게 자국 국기를 내리고 오라 했으니 그는 대사로서 자긍심에 심각한 상처를 입은 듯했다.

여하튼 그는 그날 1시간 20분 동안 김 대통령과의 면담을 통해 미·북 회담이 결코 한·미 동맹을 약화시키는 것이 아님을 설득하면서 한국 정부가 소외감이나 불안감을 갖지 않기를 바란다는 뜻을 전했다고 했다. 이에 김 대통령은 제네바 합의에 따라 북핵에 대한 특별사찰을 연기한 것은 우리 국민을 불안하게 만들며 자신도 합의에 동의할 수 없다며 노골적으로 불평을 했다고 했다.

그날 김 대통령과 긴 대화를 마친 뒤 레이니는 한승주 외무장관을 만났다. 그 뒤 한 외무는 제네바 합의를 지지해야 한다고 김 대통령을 설득했고, 결국 마지못해 대통령은 마음을 바꿨다. 하지만 한 가지 조건을 붙였다. 클린턴 대통령이 직접 자신에게 전화해서 제네바 합의를 지지해달라고 요청해야 한다는 것이었다. 결국 클린턴은 그 요청대로 김 대통령에게 전화를 걸어 체면을 살려주었다. 물론 김 대통령에 대한 서운함도 부드럽게 표시했다. 이어 김 대통령은 클린턴에게 기자회견을 통해 한국에 대한 미국의 지지를 한 번 더 분명히 해줄 것을 요구했다. 그러면 자신도 제네바 합의에 대한 지지 의사를 기자회견을 통해 밝히겠다고 했다.

이렇게 해서 제네바 합의에 대해 한·미 공조는 가까스로 회복되었다. 두 대통령 사이의 불신도 수면 아래로 잠겼다. 그러나 잠시 숨어 있었을 뿐이다.

〉 "성수대교 사고는 대통령 탓" 말에 놀란 대통령

1994년 10월 21일, 미국과 북한은 마침내 북핵 일괄 타결을 원칙으로 한 '제네바 기본합의문'을 서명·발표했다. 지난해 11월 한·미 두 정상의 서명만 남겨둔 시점에서 청와대의 '몽니' 탓에 뒤집혔던 일괄 타결안이 끝내 관철된 것이다. 이번에도 북·미는 남북 대화 문제에 막혀 주춤했으나 북한이 미국의 체면을 존중하는 차원에서 막판 수용함으로써 아슬아슬한 고비를 넘겼다. 돌이켜보면 정말 안타까운 1년의 시간을 낭비한 셈이다.

제네바 기본합의문은 1993년 6월 11일 나온 '미국·북한 공동성명'의 원칙을 준수한다는 전제 아래, 크게 네 가지 사항에 합의했다. '첫째, 양쪽은 북한의 흑연 감속 원자로 및 관련 시설을 경수로 발전소로 대체하기 위해 협력한다. 둘째, 양쪽은 정치적 및 경제적 관계의 완전 정상화를 향해 나아간다. 셋째, 양쪽은 핵 없는 한반도의 평화와 안전을 위해 함께 노력한

다. 넷째, 양쪽은 국제적 비확산 체제를 강화하기 위해 노력한다.'

물론 한국의 수구 언론에서는 여전히 제네바 합의를 폄훼했다. 《조선일보》는 '통일이 멀어진다'고 호들갑을 떨었다. 특히 '북·미 관계가 대사급으로 전환될 수 있다'는 합의 내용에 민감하게 반응했다. '흡수해버려야할 악의 체제'를 혈맹인 미국이 국교 정상화 대상으로 명시했으니 받아들이기 힘들었을 것이다.

나는 마침 그 전날 '한반도 평화'를 주제로 초청 특강을 하러 광주에 내려와 있었다. 그런데 제네바 합의 조인식을 하는 10월 21일 아침 7시 40분, 성수대교 붕괴 사고가 터졌다. 다리의 중간 부분 상판이 내려앉으며 30여 명의 등굣길 학생들이 희생되고 말았다. 고질적인 부실공사가 원인이라니, 오랜 군사독재의 구조적 부패가 낳은 결과라고 생각했다.

그날 뜻밖에 청와대에서 연락이 왔다. 내일 오후에 들어오라고 한다. 10월 22일 낮에는 '거물급 탈북자'인 김정민 씨의 결혼식 주례를 맡았다. 그는 북한 노동당에서 직영하는 큰 회사 사장 출신이다. 그의 망명을 크게 반긴 정부는 신부도 짝지어 주었다. 나는 내키지 않았지만, 남북 관계 개선에 그의 결혼과 안정된 가정생활이 도움이 되기를 바라는 마음에서 기꺼이 축복을 해주었다. 실은 강영훈 전 총리의 간곡한 부탁을 물리치기가 어려웠다. 군인 시절, 박정희에게 바른 소리를 하는 드문 양심적 장군이었던 강 총리를 나는 좋아했다.

그날 오후 4시 정각에 청와대에서 김 대통령을 독대했다. 성수대교 참사로 그의 심기는 매우 불편해 보였다. 대통령은 이번 참사를 민심에 부합하게 수습하고 싶어 했다. 나는 조용히 이렇게 말했다. "이런 사고는 대통령 탓이기도 합니다"라고. 그는 놀라는 얼굴로 왜 그런지를 물었다. "요즘도 장관들의 행동이나 말이 마음에 들지 않으면 바로 전화해서 야단치십니까?" 그는 대답하지 않았다. 어느 날 밤 '9시 뉴스'를 보다가 대통령의 전화를 받고 야단맞았다는 어느 국무위원의 얘기를 전했다. 그는 그 이후 국무회의 때 대통령을 보기만 해도 다리가 후들후들 떨렸다고 했다. 자연히 그는 복지부동 상태로 빠져들어 갔다. 이런 장관이 무슨 확신과 소신으로 소임을 추진할 수 있겠는가, 다시는 대통령이 언짢아할 얘기는 하지 못하니 개혁은 실종되고 마는 것이라고 했다.

이어 나는 이 기회에 청와대부터 전폭 개편을 단행하시라고 진언했다. 용기 있게 일을 추진할 인물과, 특히 워싱턴과 평양이 모두 안심할 수 있는 소신 있고 평화 지향적인 인물을 기용하시라고 강조했다.

청와대를 나오면서 '대통령께서 정부 밖에 있는 나를 불러 의견을 들으려 하는 것을 보니 취임 초기의 개혁 의지를 잊지는 않은 것 같다'는 생각을 잠시 했다. 그 이틀 뒤인 10월 24일, 김정남 교육문화수석으로부터 전화가 왔다. 이번 사건과 관련해 대통령께서 사과 담화를 발표하는 데 좋은 의견을 달라고 했다. 나는 기술적 조언보다는 '지금 보수 쪽으로 역행하려는 역사의 흐름을 문민정부가 막지 못하면 지난 권위주의 정권 때 비리로 인한 사고는 계속 터져 나올 것'이라는 경계론을 전했다.

그런데 대통령의 대국민 사과문을 발표하는 바로 그날 하필 충주호 유람선 화재 사건이 터졌다. 30여 명이 죽어가는 참사 현장이 그대로 방송에 중계되었다. 이 무슨 괴이한 일인가! 나는 이런 때일수록, 김 대통령이 원점으로 돌아가서 스스로를 성찰해내는 원숙하고 도덕적인 지도력을 보여주기를 간절히 바랐다.

〉 '즉흥성 · 즉각성 · 즉물성 정치' 개각서 확인

1994년 11월의 첫날부터 국회에서는 벌써 썰렁한 겨울바람 같은 발언들이 난무했다. 여당인 민자당 의원인 노재봉 전 총리가 국회 본회의 대정부질문에서 북한의 통미봉남 정책에 이용당할 뿐이라며 남북 정상회담의 환상을 버리라고 김영삼 정부를 대놓고 비판했다. 김종필 대표가 김 대통령에게 사과를 한다는 등 여권에서도 큰 파문이 일었다.

그의 시각은 비록 냉전수구적이긴 하나, 예리하고 정확하다고 나는 생각했다. 그 책임을 현 정부에 돌리는 것도 일면 타당한 판단이다. 문제는 북한의 통미봉남 정책을 부추긴 장본인들이 이것을 문민정부만의 잘못으로 탓하는 것이니 이는 '적반하장' 아닌가. 김 대통령은 누가 지금 자신을 어렵게 만들고 역사적으로 자신의 미래까지 위태롭게 하는지를 헤아려서 판단을 해야 하는데 그것을 못 보는 것 같다.

11월 15일 저녁, '신한국 모임'에서는 박관용 비서실장을 중심으로 12월 개각 때 새로 입각할 인물들에 대한 하마평을 화제로 삼았다. 대체로 보수적인 견해를 갖고 있으면서도 결코 튀는 발언을 하지 않을 사람, 북한에 대해서는 대책 없이 강경한 노선을 선호하거나 선호한다고 말하는 사람들을 추천할 모양이었다. 대통령에게 직언할 만한 배짱 있는 사람은 고려 대상이 아닌 듯했다.

지난 10월 말부터 비난 여론이 들끓고 있음에도 검찰(총장 김도언)은 '전두환·노태우의 12·12 반란 사건'에 대해 11월 23일 끝내 기소유예 처리를 했다. '명백한 국가반란 행위'로 규정하고도, 엄격한 사법처리와 처벌 대신 면죄부를 주겠다는 것이다. 또 한 번 문민정부의 역사는 뒷걸음치는 듯했다.

김 대통령은 12월 23일에 이영덕 총리를 비롯한 18개 부처 장관을 경질한 대신 이홍구 부총리를 총리로 발탁했다. 나는 이번 개각을 보면서 '김영삼식 정치'의 세 가지 성격을 뚜렷하게 확인할 수 있었다. 첫째 즉흥성, 둘째로 즉각성, 셋째로 즉물성이다. 즉흥성의 정치이기에 예측하기 쉽지 않다. 정치의 즉각성을 강조하기에 장기적 비전이나 철학적 성찰을 거부하게 된다. 정치의 즉물성 때문에 자기 자신을 객관적으로 성찰하기 힘들다. 그만큼 반대자들과 역지사지의 소통을 해내기가 쉽지 않다. 그의 주변에서 "대통령 각하, 그렇게 하면 안 됩니다"라고 강력하게 그러나 정중하게 요청하는 인사들이 사라지게 될 것 같다. 그만큼 대통령께서는 복잡하게 돌아가는 국내외 상황을 제대로 보지 못하게 될 터이다. 자기가 듣고 싶은 정보만 상세하게 제공하는 사람들을 주변에 더 많이 포진시킬 섯 같다. 그럴수록 실세 아들(김현철)의 권한이 강해지리라는 것을 나는 쉽게 짐작할 수 있었다.

이즈음 김대중 총재의 행보도 위태롭기는 마찬가지였다. 그만한 정치 경륜을 갖춘 거목 정치인이 우리에겐 없기 때문에 안타까운 노릇이다. 그는 부쩍 TK(대구·경북) 수구 세력 쪽에 '아첨의 신호'를 보내고 있었다. 꼭 그렇게 해야 하나? 물론 그에게는 대구·경북 세력의 지지가 필요하다. 하지만 어디까지나 명분과 원칙의 바탕 위에서 그들을 당당히 설득해야 한다. 박정희 추모위원을 맡는다거나, 전 정권의 TK 실세를 만나 위로했다든지 하는 행위는 대범한 인도주의적 관용정신에서 비롯된 것으로 보기 어렵다. '정치 꼼수'로 여겨질 위험이 더 커 보인다, 어쩐지 불안하다.

김 대통령처럼 김 총재에게도 최대 거침돌은 바로 자기 자신임을 깨달아야 한다. '탐욕' 말이다. 1992년 대선 실패에 이어 영국에서 칩거와 자기 성찰을 거쳤으니, 이제 더 원숙한 지도자 이미지를 살려내야 한다. 되돌아보니, 1982년께 미국에서 함께 외로운 망명생활을 하던 시절, 나는 그에게 간디의 품위를 지닌 민족 지도자가 되기를 여러 번 말씀드리곤 했는데 그는 언짢아했다.

나는 늘 '양 김 씨'만큼은 정치지도자로 존경받게 되기를 바랐다. 아니, 간절히 소망했다. 그런데 김 대통령은 권력과 기회를 먼저 잡았음에도 수구 세력들에게 교묘하게 이용당하며 오히려 그들의 기득권을 강화시켜가고 있다. 거기에 김 총재마저 '꼼수와 술수의 대가'로 인식되어 그의 경륜과 비전이 훼손당하고 있는 듯해 서글픈 생각을 떨치기 어렵다.

'양 김 씨'의 성숙한 협력이야말로 한국 민주화와 한반도 평화와 한국 사회의 민주적 통합에 커다란 활력을 불어넣어 줄 터였다. 김 대통령이 먼저 김 총재를 자신의 정치적 동반자로 예우하면서 무엇보다 그 평화와 통일의 비전을 배운다면 어떨까. 김 총재도 김 대통령이 냉전수구 세력의 포위망에서 벗어날 수 있도록 친한 벗처럼 조언을 아끼지 말았으면 좋겠다. 그런데 이는 어디까지나 나만의 환상일 뿐이라는 엄연한 현실이 나를 더욱 아프게 한다.

〉 '등 돌릴라' 노심초사하는 청와대에 헛웃음

1995년 을해년은 해방 50돌을 맞는 뜻 깊은 해이다. 해방 아닌 분단의 쓰라림을 가슴 깊이 안고 아파해온 지 반세기가 되는 해이다. 진정한 해방이 되려면 먼저 민족 분단의 현실에서 조국이 해방되어야 한다. 1월 1일 첫날이 마침 주일이어서 나는 교회에 가서 해방과 희년의 기도를 드렸다.

"샬롬의 주님, 올해는 휴전선이 무너지는 소리를 듣게 하시며 휴전선이 평화 공원의 울타리로 변화되는 모습을 볼 수 있게 하소서. 우리 모두 올해는 주님 샬롬의 도구가 되어 주님께서 나사렛 회당에서 선포하셨던 그 희년의 기쁜 소식을 한반도 분단 상황에서 선포하게 하소서. 그리하여 분단의 족쇄에서 우리 민족이 벗어나게 하소서."

1월 3일, 나는 방송대 시무식에서 세 가지 비전을 제시했다. '모든 이들에게 활짝 열린 대학으로, 항상 배울 수 있는 평생대학으로, 밝은 미래를 환하게 열어주는 첨단대학으로' 나아가자고 했다.

1월 22일, 집권 민자당의 대표인 김종필 씨가 당에서 쫓겨났다. '정치 9단'이라는 김 대통령의 솜씨가 퍽 미숙하다. 애초에 그를 원칙 없이 '정치 동반자'로 우대한 것이 잘못이다. 앞으로 그가 당 밖에서 냉전·반공·수구 세력을 총집결시킨다면 차라리 '희망의 징조'가 될 수 있다고 나는 생각했다. 왜냐하면 일종의 대안으로 평화·인권·민주 세력이 뭉칠 수 있기 때문이다.

1월 말께 나는 한국민속씨름협회 총재인 김재기 씨의 초청을 받아 장충체육관에서 열리는 새해맞이 장사씨름대회를 보러 갔다. 그즈음 서울시장 출마 후보에 오르내리는 인사들이 여기저기서 보여 내심 당황했다. 그런데 법제처장 자리로 배정된 내 옆자리에 강창성 의원(민주당)이 앉아 있었다. 내게 할 얘기가 있어 일부러 그 자리에 앉은 듯 조만간 나를 찾아오겠다고 말했다. 나는 직감으로 민주당 서울시장 후보설 때문임을 알았다.

그때 김대중 총재는 조순 전 서울대 교수를 후보로 밀고 있었다. 이 얘기를 듣고 나는 정치 지도자들이 역사건망증에 빠졌다고 생각했다. 나는 그가 1970년대 후반 청와대 차지철 경호실장의 관심을 받았던 교수들 가운데 하나임을 잘 알고 있었다. 유신 말기 실세였던 차 실장은 청와대에서 매일 오후 6시 태극기 하강식을 할 때 자기가 좋아하는 교수들을 특별히 초대하곤 했다. 당시 서울대 사회과학대학의 이 아무개 교수와 함께 그도 가끔 불려갔던 것이다. 그런데 그는 김 대통령을 별로 좋아하지 않았다. 그래서 아마도 김 총재는 그를 서울시장 후보로 점찍은 게 아닐까.

약속한 대로 2월 2일 오후, 강 의원이 방송대 총장실로 찾아왔다. 그와 나는 1980년 서대문교도소에서 잠시 옥살이를 함께한 감방동지이기도 했다. 육사 8기의 장군 출신인 그는 하나회를 적발한 악연으로 전두환 신군부에 의해 구속됐었다. 아무튼 그는 김 총재는 조 전 교수를, 이기택 씨는 나를 염두에 두고 있다고 전하고는 이회창 전 총리를 만나 그의 생각을 확인한 뒤 내게 다시 찾아오겠다고 했다. 왜 그의 의견을 먼저 들어보려는지는 알 수 없었다.

하지만 나는 내심 헛웃음을 참고 있었다. 나 자신 서울시장 자리에 별로 매력을 느끼지 못하고 있을뿐더러, 무엇보다 김 총재가 내세우는 후보와 경쟁한다는 것 자체를 도무지 수용할 수 없었다.

그 사흘 뒤 2월 5일에는 김 대통령의 사돈인 이춘근 씨 부부가 찾아왔다. 1980년대 초반 미국 망명 시절 인연을 맺은 뉴욕 목요기도회의 동지였다. 1986년 3월 그의 셋째 아들과 김 대통령의 막내딸이 결혼을 했다. 결혼식 끝나고 두 사돈 내외와 우리 부부 이렇게 여섯이 오찬을 함께했던 기억이 있다.

이 씨는 유능한 치과의사로, 사돈인 김 대통령이 역사에 자랑스럽게 기록되기를 원했다. 그런 열망이 강한 만큼, 혹시 반대로 실패한 대통령이 될까 노심초사했다. 그는 김 대통령이 조만간 유능한 민주인사들을 다시 기용할 것이라고 운을 떼더니 혹시 내가 민주당에 입당하려는 것이 아닌지 타진했다. 그 순간, 김 대통령 쪽에서 그를 내게 보냈다는 것을 직감했다.

아니나 다를까, 오인환 공보처 장관도 비슷한 일로 걱정하면서 전화를 했다. 하기야 청와대에서도 걱정은 될 것이다. 1987년 대선 때 '두 김 씨'가

갈라졌을 때 후보단일화를 추진했던 민주화 세력의 태반은 고심 끝에 김 대통령을 지지했다. 예춘호·김상현 씨마저 그러했다. 그런데 지금 이들 대부분은 그에게 등을 돌리고 있으니 내 거취에 신경이 쓰일밖에. 내 마음을 모르고 불안해하는 청와대의 보수인사들을 생각하니 또다시 헛웃음이 나왔다.

한반도의 냉전 해체와 평화통일이 가장 절박한 이 시대의 과제임을 그들은 모르고 있단 말인가.

》 생각 깊은 연예인 차인표 - 신애라 결혼식에 주례를

1995년 3월 10일, 두 가지 뜻 깊은 행사가 있었다. 오후 3시에는 인기 절정인 탤런트 차인표와 신애라의 결혼식의 주례를 맡아 앞날을 축복해주었다. 신랑 인표는 생각이 깊은 젊은이다. 일찍이 이스라엘 키부츠에 들어가 사회주의적 공동체 생활도 해보았다. 철학 있는 연기자로서, 사회적 예언자의 구실도 담당할 만한 지식인이 되었으면 좋겠다. 신부 애라는 착한 젊은이다. 우리 부부와 그 부모가 막역한 사이여서 어릴 때부터 우리 아이들과 교회 안에서 서로 친구로 지냈다. 특히 애라의 어머니는 생각이 아주 깊은 분이다. 진보적 식견과 세련된 문화의식을 지녔다. 애라가 모친의 취향에서 배운 점이 적지 않을 것이다.

결혼식장인 횃불선교회관에는 1,000여 명의 하객이 들어차 열기가 가득했다. 카메라맨 50여 명의 극성스런 취재 경쟁 탓에 신랑 신부가 밀려날 뻔했다. 축가까지 유명한 가수 윤복희가 자청해서 부른 탓에 결혼식이 시장 바닥처럼 어수선했다. 주례의 위엄으로도 전혀 통제가 되지 않았다. 그래도 신랑·신부가 직접 써서 읽은 '사랑 서약서' 고백은 보기 좋았다.

당시 인기 절정인 연예인 부부의 탄생인 데다 신생 케이블방송사까지 몰려 결혼식장이 시장 바닥처럼 어수선한 가운데 신랑 신부가 사랑의 서약서를 읽고 있다. 사진은 신영표 씨 제공.

그날 저녁에는 미국대사관저에서 에모리 대학교 동창회가 열렸다. 30여 년 전 고락을 함께했던 소중한 벗들을 보니 반가웠는데 의외로 생소한 얼굴도 많았다. 김대중 아태재단 이사장의 처남 이성호가 추억담을 하는 중에 DJ를 에모리 대학교 출신 명사로 소개하기도 했다.

3월 22일, DJ가 지난해 7월 김일성 주석 조문 파동 때 문민정부의 대응이 현명치 못했다고 지적했다. 물론 정부와 보수 언론은 반격에 나섰다. 이홍구 총리는 자신이 당시 통일부 장관이었기 때문인지 주무장관 대신 직접 반박했다. 아마도 김 대통령의 심기가 불편할 것임을 눈치채고 미리 방어적으로 대응한 것 같다.

사실 DJ의 비판은 적절한 것이다. 한반도의 평화를 합리적으로 추구하는 정치인이라면 당연히 그러한 비판을 해야 한다. 다만 그의 발언을 그의 정치적 야망과 연관시켜 과잉해석하려는 사람이 많기에 그 진의가 때때로 왜곡되곤 한다. 하지만 정부의 반격에 신경 쓸 일이 아니다. 항상 긴 역사의 안목에서 오늘의 정치현안을 성찰할 수 있어야 한다. 지도자는 특히 그러하다.

3월 30일에는 베이징대의 최연구 교수가 찾아왔다. 그는 1993년 10월쯤에도 통일부 장관실로 찾아왔었다. 북·미 일괄 타결로 핵 문제를 풀어가야 한다고 생각할 때였다. 그때 그는 김 대통령에게 전해주길 기대하며 세 가지 주장을 했다. '첫째, 북한은 핵 개발을 하지 않는다. 둘째, 북한 당국은 김 대통령의 정치적 체면을 고려하고 있다. 셋째, 김 대통령은 북한과 관계를 개선하려는 미국의 발목을 잡아선 안 된다.' 이런 뜻을 대통령에게 전해달라고 했다.

그런데 그는 지난해 나를 만나고 난 뒤 평양에 갔을 때 북한 당국으로부터 상당히 질책을 받았다고 했다. 1993년 11월 아시아태평양경제협력체 APEC 정상회의에 갔을 때 김 대통령이 했던 발언과 미국의 대북 포용 정책을 YS가 견제한 것 때문에 김 주석이 격노했다는 것이다.

최 교수가 보는 북한의 상황은 내 판단과 일치했다. "북은 여러 면에서 상대적으로 강해진 남한이 자신들을 위협하기보다는 체제 인정을 해주기 바란다. 흥미롭게도 북한은 약해질수록 자존심과 체면을 더욱더 중요하게 여겨 힘으로 옥죄거나 흡수통일 같은 공격적 대북 정책에 더 민감하고 과격하게 대응할 수밖에 없다. 바로 이런 북한의 이중적인 처지를 남쪽 특히 문민정부는 깊이 이해하지 못하고 있다. … 북한은 냉전시대 활용했던 중·소 줄타기 외교 대신에 이제는 중·미 줄타기 외교에 열을 올리고 있다. 중국은 북한이 혹시나 미국이 바라는 방향으로 개방할까 봐, 특히 미국과 함께 대만하고도 관계개선을 할까 봐 크게 신경을 쓰고 있다. 따라서 북·미 관계 개선은 외교 정책이요 생존전략이기 때문에 경수로 문제로 인해 제네바 합의를 결코 깨지 않을 것이다."

최 교수의 얘기를 들은 뒤 나는 그에게 북한의 냉전적 강경 대남전략이 의도와는 반대 결과를 낳게 될 것이란 사실을 경고했다. 즉 북이 김 대통령과 문민정부를 비난하면 할수록 남한의 냉전수구 세력을 더욱 결집시키고, 반대로 북한의 냉전 강경 세력, 즉 군부도 자극해 결속시키게 될 것이라고 했다. 이렇게 되면 남과 북에서 평화를 추구하는 온건 세력의 입지는 더욱 좁아지고 약화될 것이라고 지적했다. 바로 이 진실을 최 교수가 북한 당국에 전달해주기를 나는 바랐다.

한반도의 긴장이 완화되기를 진심으로 바란다면 '눈에는 눈, 이에는 이'라는 적대적 상호주의를 이 땅에서 반드시 극복해내야 한다.

〉 손수 제자들 머리 깎아준 선친의 가르침

1995년 5월 1일 저녁, 이철 의원(민주당)의 『길은 사람이 만들고』 출판기념회에 참석했다. 혹독한 군사독재 시절 그가 민청학련 사건에 휘말려 사형선고까지 받았던 고통과 고뇌를 담아낸 소중한 증언을 펴낸 것이었다. 민주당에서 서울시장 후보 경선이 치열한 때라 신경이 쓰였지만 그는 내 제자 이철 군이기도 하기에 스승으로서 마땅히 축하의 덕담을 해주었다.

마침 가정의 달을 맞아, 이 군이 민청학련 사건으로 도피 중일 때 여러 번 서울대 연구실로 찾아오셨던 그의 부친을 떠올렸다. 그분은 진실하고 용기 있는 아버지였다. 자식의 처지를 걱정하면서도 스승들에게 폐를 끼친다고 항상 겸손하게 몸을 낮추곤 하셨다.

이 군은 유인태 의원과 함께 유신체제에서 죽음의 위협을 온몸으로 겪었으나, 그들의 기개는 결코 꺾이지 않았다. 용기 있으되 교만하지 않고, 겸손하고 소탈한 인간으로서, 정치인으로서 우리를 실망시키지 않았다. 그들은 우리에게 그만큼 소중한 정치적 자산이다. 그의 책 제목처럼 길은 사람이 만든다. 길을 처음 만드는 사람의 아픔은 크다. 그러나 그만큼 값지고 보람 있는 일이다. 그가 새로운 정치문화를 여는 새 길을 우리의 삭막한 정치풍토에서 단단하게 닦아주기를 기대했다.

5월 3일에는 우리 다섯 형제가 다 함께 아버님(한영직)께서 20대 중반 청년 시절 교편을 잡았던 충남 당진의 신평초교를 찾아갔다. 한반도가 일제의 가혹한 식민통치 아래 고통당하던 34~37년 사이 형과 내가 태어난 곳이기도 했다. 신평초교의 복도 벽에는 마침 1934, 1935, 1936년도에 찍은 졸업생들의 기념사진도 걸려 있었다. 사진 맨 앞줄 가운데 아버님의 모습이 보였다. 20대 후반의 단아한 미남 청년의 모습이다.

신평초교에는 서울대 농대 학장을 역임하신 이은웅 교수와 두 분의 어르신도 함께 와 계셨다. 아버님의 제자인 세 분과 함께 점심을 하면서 아버님에 대한 회고담을 들었다. 아버님은 교사로서 학생들에게 엄하면서도 대단히 자상하고 인간적이었다고 했다. 이런 일도 있었다. 어느 날 아버님이 60전을 주고 이발 기계를 사서는 한 학생의 머리를 직접 깎아주셨다. 그런 다음 그 학생에게 방법을 가르쳐줘서 다른 친구의 머리를 깎아주도록 하는 방식으로 서로 돌아가면서 이발을 하게 했단다. 이발 수고를 한 학생에게는 점심을 사주셨다. 너무 가난해서 이발소에 갈 수도 없거나 도시락을 싸오지 못하는 학생들이 많았기에 그렇게 베풂과 나눔을 가르친 것이다. 어머님(김석임)도 늘 학생들을 반갑게 맞아주었다고 회고했다.

아버님은 1936년 내가 태어난 뒤 곧 온양초교로 전근을 했다. 아버님이 신평초교를 떠날 때 학생들이 정말 아쉬워했는데, 특히 세 어르신은 당시 학생 시절 자전거를 타고 당진에서 온양까지 아버님을 뵈러 무모한 모험 여행을 나서기도 했단다. 아직 키가 작아 자전거에 올라탈 수 없자 다리를 바퀴 옆으로 넣어 운전했다고 하면서 자랑스러워했다. 얼마나 스승이 보고 싶었으면 그렇게 했을까.

회고담을 들으며 나는 과연 아버님만큼 학생들을 돌보았는가를 자성해 보았다. 하기야 대학교와 초등학교는 다르다. 그러나 선생님이 제자들에게 사랑과 권위를 동시에 베풀며 진리로 그들을 인도하는 일은 마찬가지가 아니겠는가.

사실 이 학장과 아버님과의 인연은 어느 날 신문을 보고 우연히 알게 되었다. 한 일간지의 '잊을 수 없는 스승' 난에 아버님을 추모하는 글이 실려 놀랐는데 그 필자가 같은 서울대 교수여서 더욱 반가웠다. 그래서 곧장 전화를 걸었고 그로부터 내가 몰랐던 아버지의 일화를 더 들을 수 있었다.

"한영직 선생님은 방학 전날이면 어김없이 검정 두루마기를 입으셨어요. 방학 동안 열심히 놀고 더 열심히 공부하라고 당부하시면서 두루마기를 입으신 것은 은연중 민족의 얼과 혼을 보여주시기 위함이었죠. 1930년대 중반은 일제가 가장 혹독하게 우리 민족의 정체성을 말살하고 수탈하던 때여서 우리말도 못 쓰게 하고, 심지어 이름도 일본식으로 바꾸도록 강압했잖아요? 이런 상황에서 선생님의 검정 조선 두루마기는 일종의 상징적 저항의 몸짓인 셈이었어요."

우리 형제는 이번 당진 여행을 통해 아버님을 다시 만나는 기쁨을 함께 느끼고 함께 나눴다. 뿌듯하면서도 살아생전 불효했던 우리의 모습을 되돌아보며 새삼 부끄러웠다. 나는 특히 1994년 6월 아버님이 돌아가셨을 때 뉴욕에서 망명 중이었기에 임종은커녕 장례식에도 참석할 수 없었다.

부모님께 속으로 용서를 빌었다. 객지에서 보낸 그날 밤, 돌아가신 아버님과 어머님 생각에 잠을 설쳤다.

〉'경수로 합의'에 화났던 YS, 클린턴 환대에 활짝 웃음

1995년 6월 13일, 북한과 미국은 말레이시아의 쿠알라룸푸르에서 마침내 제네바 합의에 따른 경수로 건설 방식에 합의했다. 북의 김계관 대표와 미의 허버드 대표는 경수로에 특정 국가의 이름을 붙이지 않기로 했다. '한국 표준형 경수로'라는 명칭 대신 지극히 중립적으로 기술적인 용어를 쓰기로 합의하여 모두 5개 항의 합의문 가운데 제2항에 다음과 같이 넣었다. "경수로 프로젝트는 각각 발전용량이 대략 1,000㎿(e)인 냉각루프가 두 개 있는 고압경수로 2기로 구성된다. 한반도에너지개발기구KEDO가 선정할 경수로 모델은 현재 생산 중인 미국을 원산지로 하는 디자인과 기술 중 신형이 될 것이다."

이 조항을 놓고 최근 몇 달 동안 미국은 한국을 설득하느라 애를 먹었다. 미국은 곤혹스럽지만 꼼수처럼 보이는 이중적 합의안을 만들어 북한으로부터는 동의를 얻어냈다. '첫째, 케도와 북한은 한국형이라는 표현이 언급되지 않는 경수로를 공급한다. 둘째, 케도는 이와 별도로 한국을 경수로의 제공자로 선정했다고 발표한다.' 이런 '꼼수'에 김영삼 대통령은 격노했다. 클린턴 대통령까지 직접 나서서 김 대통령을 설득했지만 청와대는 한국의 입장을 무시했다는 사실에 분노했다.

앞서 지난 2월 15일, 레이니 주한 미 대사의 관저에서 오찬을 함께했을 때가 생각났다. 그는 경수로의 명칭을 두고 '한국형'을 고집하는 완고한 냉전 전사들과 다투느라 지쳐 있었다. 원래 체면을 존중하며 소통하는 문화가 한국 전통 아닌가? 그 며칠 뒤 만났던 황병태 주중 대사 역시 우리 정부가 명칭 문제를 놓고 너무 소아병적으로 대응한다고 걱정했다. 그런데 사실 우리 쪽에서 주장하는 '한국형 경수로'의 국산화율은 50% 정도에 지나지 않고 그나마 핵심 부품은 일본산·미국산이었다.

그런데 '경수로 합의'에 대한 국내 여론은 청와대의 판단과 달리 우호적이었다. 국민의 62%가 지지한 것으로 나왔다. 이 결과를 보고 김 대통령은 한편 안심하면서도 6월 17일 클린턴 대통령에게 전화를 걸어 앞으로 경수로 사업에서 한국이 주도하며 미국이 이에 협조할 것을 요청했다. 무엇보다 김 대통령은 7월 말로 예정된 한·미 정상회담을 위한 워싱턴 방문 때 국빈 방문의 예우를 바랐다. 그다운 자존심이었다. 김 대통령은 7월 25일 두 번째로 워싱턴을 방문했고, 백악관은 그를 즐겁게 해주기로 한 것 같았다. 클린턴 대통령의 전술적 환대에 그는 크게 만족했다.

하지만 김 대통령은 이번에도 정상 간 대화에서 '북한의 임박한 붕괴설'과 같은 성급한 평가를 쏟아냈다. 북한의 심각한 식량난과 에너지난, 김정일의 취약한 권력 기반, 북한 권력의 무능과 부패, 김정일의 도덕적 약점 등을 거론했다. 마치 북은 운을 다해 최후의 숨을 헐떡이고 있는 것처럼 과장했다.

그러자 노련한 클린턴은 아주 현명한 처방을 내놓았다. 그는 북한의 위기 상황을 한·미가 협력해 잘 관리해야 함을 강조했고 이에 김 대통령도 동의했다. 클린턴은 한 걸음 더 나아가 이런 위기관리는 북한의 변화를 점진적으로 유도하는 데 초점을 둬야 한다고 강조했다. 이것은 대단히 세련된 대응전략이 아닐 수 없다. 다시 말해 미국 정부는 북한 정권의 수명을 연장시켜주면서 한반도 안정과 안보를 동시에 구축하겠다는 것이다. 북한의 급속한 붕괴를 미국은 원치 않는다는 뜻이다. 중국도, 러시아도, 심지어 일본도 이 점에서는 마찬가지다.

게다가 미국은 경수로 제공에 따른 비용을 한국에 떠넘기면서도, 한국 표준형이라는 명칭을 공식적으로 합의문에 사용하지 않음으로써 북한을 안심시켰다. 실질적인 성공을 거둔 것이다.

클린턴은 노회하고도 지혜로운 지도자다. 한반도의 항구적 평화와 안정을 가져오기 위해선 북·미 관계와 한·미 관계가 제로섬의 관계에서 벗어나 서로 도와주는 상보관계가 되어야 함을 알고 있다. 나아가 경수로 프로젝트의 성공으로 남북 관계까지 개선된다면 한반도 평화는 환상이 아니라 현실이 될 수 있다는 사실을 그는 내다보고 있는 것 같다.

문민정부 안에는 총리를 비롯해 비서실장과 안보수석까지, 누구보다 미국을 잘 아는 참모들이 있는데, 왜 우리 대통령의 인식은 1950년대에 머물러 있도록 보좌하는지 정말 알 수가 없었다.

4·11 총선 출마를 고사하다

〉 '6·27 지방선거' 참패하자 청와대에서 불러

1995년 6월 27일, 지자체 선거에서 김대중 총재가 이끄는 새정치국민회의의 후보들이 서울시장을 비롯해 주요 광역 자치 단체장으로 당선되었다. 국민의 선택이었다. 집권여당은 15개 광역 단체장 중 겨우 5석만 건졌다. 서울의 25개 구청장 가운데 야당이 23개 구에서 승리했다. 야당의 압승이다. 자민련도 '충청도 핫바지론'에 힘입어 세를 과시했다. 문민정부에 대한 중간평가는 혹독했다. 국민들은 냉전적 대북 정책을 지지하지 않았다. 문민정부의 개혁 후퇴와 대통령의 독선적 국가운영을 가혹하게 그러나 정확하게 심판한 셈이다.

7월 3일, 청와대에서 긴급 연락이 왔다. 1992년 대통령 선거 때 한국사회문제연구소란 이름으로 나와 함께 김영삼 후보의 당선을 위해 애썼던 사람들을 부른 것이다. 이명현 교수, 차동세 박사와 함께 청와대로 갔다. 그날 오후 6시 만찬을 대통령과 함께했다. 밤 10시까지 자유롭게 의견교환을 했다. 내가 주로 얘기했다. 지자체 선거 실패의 원인을 종합적으로 찾을 수 있어야 위기를 이겨낼 수 있기에 먼저 개혁 실종 문제부터 지적했다.

'무엇보다 개혁의 목표가 애매하고 일관성이 없다. 윗물 맑기 운동 같은 개혁은 중단 없이 항상 계속되어야 한다. 또 마땅히 시스템으로 작동되어야 한다. 대통령의 즉흥적 결단만으로 이런 개혁은 지속되기 어렵다. 대통령의 '3즉 정치'는 체계 있는 개혁을 오히려 어렵게 한다. 공직자들이 개혁의 주체로 나서야 한다. 대통령은 그 시스템을 효율적으로 올곧게 끌고 가면 된다. 그런데 개혁 주체는 안 보이고 대통령만 보인다. 깜짝깜짝 놀랄 즉흥적 결단을 대통령이 내릴수록 보이는 것은 대통령뿐이다. 이때까지의 개혁을 서로 논리적으로 연관시켜 개혁의 체계적인 모습을 국민에게 보여주어야 한다. 지지부진한 개혁 때문에 국민은 문민정부의 개혁이 실종되었다고 느끼는 것 같고 그 느낌이 이번 지자체 선거에서 잘 드러난 것이다.'

김 대통령이 북한과 관계 개선에 적극적인 미국과 지나치게 삐걱대면서 대북 강경노선을 고집하는 것이 몹시 염려스럽다고 했다. 국내 정치를 즉흥적으로, 즉각적으로, 즉물적으로 해내가는 것에 대해 국민 특히 비판적 지식인들은 크게 실망한 듯 보이고, 그들은 김대중 총재의 대북 포용책을 그만큼 더 높이 평가하는 것 같다고 했다.

이런 나의 따가운 지적에 대통령은 허심탄회하게 듣는 것 같았다. 그런데 정말 속으로 공감을 했을까? 그날 우리와 대화하는 중에도 SBS의 뉴스를 확인한 김 대통령은 일부 보도 내용에 화를 내면서 사장을 못마땅해했다. 정말 걱정되었다. 2년 4개월 대통령직을 수행하다 보니 자신감을 지나치게 많이 얻은 것 같았다. 지난주 선거에 참패했음에도 김 대통령은 여전히 제왕적 자세를 견지하는 듯했다. 이에 나는 에둘러서 말씀드렸다.

"선거 결과에 대해 대통령께서 겸허하게 수용한다는 선에서 한 발 더 나아가 대통령의 부덕의 소치라고 국민에게 솔직히 고백하는 것이 좋겠습니다." 이 말도 하기가 쉽지는 않았다.

7월 7일 저녁에는 만델라 대통령 환영 만찬에 참석했다. 지난해 5월 대통령 특사로서 그의 취임식에 참석해 전달한 우리 대통령의 초청에 따라 그가 한국을 방문한 것이다.

만찬사에서 그는 남아프리카 민주화 과정에서 투옥되었던 그의 외무장관과 통상장관을 특별히 소개했다. 나는 특히 신념 있는 각료를 자랑스럽게 여기고 아끼는 만델라의 마음이 부러웠다. 김 대통령은 한 번도 외국에 가서 이처럼 각료들을 자랑한 적이 없었다. 하기야 지금 문민정부에서 민주화·인권·평화의 가치를 위해 투쟁한 동지들은 거의 없는 듯하다. 지난날 반민주·반인권·반평화의 정권에서 일했거나 그 권력에 아첨했던 인사들이 적지 않게 김 대통령을 둘러싸고 있는 것이 현실 아닌가.

그 며칠 뒤 11일 '소산'이 오찬을 함께하자고 했다. '거산'(김 대통령의 호)의 둘째 아들 김현철을 세간에서 그렇게 불렀다. 그는 지금에야 겨우 위기의 심각성을 감지하는 듯했다. 김 대통령의 임기가 끝나면 청문회에 자기가 제일 먼저 끌려나올 것임을 늦게나마 감지하는 것이리라. 생각보다 그는 영리하다. 그런데 선거에 참패한 집권당의 위기에 그 자신의 영향이 결코 적지 않았음을 알고 있는지 궁금했다. 지난 2년간 대통령 아들이 지극히 사적인 영향력을 활용해서 얻은 소중한 정보를 즐기는 사이 민심이 등을 돌린 것이 아니겠나. 바로 이 점을 소산은 뼈아프게 반성해야 하는 때다. 이제라도 그는 부친의 곁을, 아니 정치 영향권에서 완전히 떠나야 하는데. 아직 나이가 있으니, 외국에 가서 대학원 수준의 깊은 연구에 몰입했으면 좋겠다.

) 새로운 개혁 동력 '정치개혁 시민연합' 꾸리다

1995년 7월 27일, 재야 민주화운동 동지인 예춘호(전 의원)·장을병(성균관대 교수)·김승균(전《사상계》편집장)과 오찬을 함께했다. 우리는 지자체 선거 참패의 위기를 개혁을 가속화시키는 반성의 계기로 삼아야 한다고 다짐했다. 나는 개혁의 동력을 상실한 문민정부와 여권은 시민사회로부터 새로운 피와 새로운 활력을 얻어야 한다고 주장했다. 그래서 참신한 개혁 정치세력이 새롭게 구성되어야 한다고 했다. 1988년 한겨레민주당을 창당해 대표를 맡았던 예춘호 선생은 그 쓰라린 기억 탓인지 내 제안에 다소간 소극적이었다. 그러나 지금은 그때와 다르다는 사실을 그도 시인했다. 지금은 YS(김영삼)·DJ(김대중)·KT(이기택) 모두 한계를 드러내고 있는 것 같다는 점에 동의했다. 그래도 기대를 걸어볼 만한 정치세력은 '힘은 작지만 당을 구해내겠다'는 구당파 젊은 의원들 아니겠나. 이들이 떠오르기 시작하는 시민사회와 연대할 수만 있다면 내일의 큰 힘이 될 것이라고 우리는 동의했다. 이 연합 세력이 내년 총선에서 원내 교섭단체를 구성할 만한 힘을 모을 수 있다면 정치개혁은 새 술은 새 부대에 담아내는 일을 해낼 것 같다.

그다음 날 이부영·제정구·원혜영·유인태·박계동 의원(민주당) 등을 오찬에 초청했다. 격의 없는 대화 끝에 우리는 몇 가지 주요 사항에 대해 의견일치를 보았다. 첫째, 민주당 이기택 총재를 설득해서 당권을 장악해야 한다. 다만 볼품없는 싸움은 해서는 안 된다(앞서 7월 13일 김대중 아태재단 이사장은 정계 복귀를 선언하고 이기택 총재와 결별을 선언해 민주당은 분당 위기에 놓여 있었다). 둘째, 당권을 잡게 되면 시민사회 특히 인권·평화·복지·민주화 등의 가치를 실현하기 위해 활동하는 비정부기구NGO들과 폭

넓게 연대하여 내년 총선에 임해야 한다. 셋째로, 내년 총선에서 원내 교섭단체를 구성할 수 있게 되면 곧 대통령 후보를 내세워야 한다. 그래서 1997년 참신한 새 세대가 충실한 국내 개혁과 한반도 평화를 동시에 이룩해내는 정치 마당을 마련해야 한다.

이날 저녁에는 이만섭 전 국회의장과 만찬을 함께하며 시국의 심각성을 논의했다. 그는 탈당의 수순을 밟고 있었다. 그는 당의 쇄신을 강력하게 주장하며 지난날 군부통치 때의 수구 냉전 인사들의 서명까지 받고 있었다. 나는 이 의장에게 김 대통령이 새로운 개혁 의지를 보이지 않는다고 판단될 때 나가는 것이 좋겠다고 했다.

8월 8일, 김정남·이명현·차동세와 함께 오찬을 하면서 '위기' 극복의 방안에 대해 의견을 나누었다. 김 전 수석이 김 대통령에게 우리의 의견을 전달하기로 했다. '첫째, 청와대 참모진은 개혁 주체로 완전히 바꿔야 한다. 지금의 비서실장 체제로는 안 된다. 둘째, 비서실장은 재야 시절부터 보좌해온 김덕룡 의원이 맡아야 한다. 셋째, 내각은 정당·지역·세대를 가리지 않고 민주화의 내실을 뚝심 있게 밀고 가면서 한반도 평화를 위해 헌신할 수 있는 개혁적 인물로 새로 짜야 한다.'

며칠 뒤 만난 김 전 수석은 우리의 의견을 대통령께 전달했다며 다소 낙관적으로 얘기했으나 나는 회의적이었다. 김덕룡 비서실장의 발탁은 쉽지 않은 듯했다. 본인이 이제는 비서실장보다 훨씬 더 큰 자리를 맡고 싶어 하기 때문이다. 이런 때일수록 나는 1991년 너무나 애석하게 병사한 김동영 전 정무장관 생각이 난다. 그는 김 대통령의 약점을 가장 잘 보완했던 지혜로운 참모요 동지였다.

며칠 지나 8월 18일, 김 전 수석과 다시 만났다. 그는 집권 후반기에 즈음한 대통령의 연설문에 좋은 아이디어를 달라고 했다. 나는 '개혁 몸통을 단단히 구축해 남은 임기를 개혁에 더욱 박차를 가해야 한다'고 주문했지만 큰 기대를 걸지는 않았다. 아니나 다를까, 김 대통령은 8월 21일 '허주' 김윤환을 민자당 대표로 지명했다. 허주는 그야말로 융통성 있는 정치인이지만, '좋은 게 좋다'는 식의 무원칙한 융통성이 개혁과는 어긋날 것이기에 은근히 걱정되었다. 그의 당 대표 지명은 한마디로 김 대통령의 정치적 한계를 더욱 드러내는 듯했다.

8월 28일 오후 2시, 서울 여의도 중소기업은행 강당에서 정치개혁을 위한 시민연합 발기대회가 열렸다. 나는 서울대 사회학과 제자이기도 한 서상섭의 부탁으로 축사를 했다. 오늘의 발기대회가 생산적 발기의 계기가 되길 바란다고 했다. 이 모임은 이 시대, 우리 상황에서 적합하고 정당한 시대적 요청에 부응하는 것이 되어야 한다고 했다.

〉 노태우 전 대통령, 눈물의 비자금 사과 방송

1995년 10월 18일, 늦은 아침식사를 하고 있는데 김영삼 대통령의 오랜 '집사'로 불리는 장학로 청와대 제1부속실장으로부터 전화가 왔다. 대통령께서 나더러 내년 봄 총선에 출마하라고 하셨단다. 나는 순간 어이가 없어 장 실장에게 이렇게 대답했다.

"지난 1992년에 대통령께서 내게 운명을 같이하자고 하셔서 나는 서울대도 그만두지 않았습니까? 며칠 전 고향 선영에 다녀왔는데, 그곳 부모님 묘지 비석에 김 대통령이 친히 써주신 비석 글씨를 다시 보며 새삼 운명 같은 것을 느꼈지요. 그런데 국회의원 출마 말고도 나라와 민족을 위해서 대통령을 도울 수 있는 일이 있을 것입니다. 장 실장도 잘 아시겠지만, 내가 염려하는 것은 표를 얻기 위해서는 원칙을 가볍게 여기거나 버려야 하는 건데, 나는 그 짓을 할 수 없습니다. 표 가진 사람들이 모두 다른데 이들 모두를 기분 좋게 해주려다 보면, 자연히 원칙을 버리게 되지요. 나는 '좋은 게 좋다'는 식으로 넘어가는 일에 아주 서툰 사람이지요. 대통령께 나중에 내가 종합적으로 말씀드리겠다고 전해주세요."

그러자 김 대통령으로부터 23일 예정인 유엔 총회에 다녀온 뒤 이달 말께 다시 연락을 하겠다는 전언이 왔다.

그런데 바로 다음날인 10월 19일 박계동 의원(민주당)이 국회 본회의에서 깜짝 놀랄 폭로를 했다. 노태우 전 대통령이 무려 4,000억 원이라는 엄청난 비자금을 '40분의 1'인 100억 단위로 쪼개어 여러 은행에 예치했다는 증거를 제시한 것이다. 노 대통령 쪽은 즉각 부인했다. 만일 이 폭로가 사실이라면 노 전 대통령은 재임기간 해마다 800억 원씩의 불법 비자금을 조성한 셈이다. 국민의 혈세를 매일 2억 2,000만 원씩 거둬들였다는 뜻이다. 그는 대통령이었나 대도령大盜領이었나, 의문이 들었다.

문민정부가 어찌 이 고발을 가볍게 처리할 수 있겠나. 5·18 쿠데타로 집권한 신군부 세력은 본질적으로 부패한 집단임을 스스로 증거해주고 있다. 10월 22일부터 노 전 대통령의 은닉 비자금 윤곽이 언론에 드러나기 시작했다. 이현우 경호실장이 문제의 300억 원을 관리해온 장본인이라고 했다. 이는 비자금 스캔들의 일각일 뿐이었다. 이 사건이 5·18 고소고발 사건과 맞물려 있어 문민정부의 목줄을 죌 것 같다. 김 대통령이 어떻게 두 문제를 풀어갈지. 근본적으로 철저하게 해결하지 못하면 그 역시 과거 군사권위주의 비리 사슬의 포로로 남게 될 것이었다. 이런 때일수록 현 정부를 '7공화국'이라 부르지 않고 '김영삼 정부'라고 부르게 된 까닭을 대통령은 새삼 깊이 이해해야 한다.

10월 24일, 최형우 전 민자당 사무총장, 김정남 전 수석과 함께 하얏트

호텔에서 저녁을 했다. 5·18 문제와 비자금 문제는 동근(같은 뿌리)의 문제임을 나는 지적했다. 김 대통령을 설득해 정치개혁의 발동을 새로 거는 계기를 만들어야 한다고 했다. 최 전 총장은 민주계를 약화시킨 김 대통령을 원망하며 안타까워했다.

그날 낮에는 소산(김현철)의 장인인 김웅세 사장(롯데월드)과 함께 오찬을 했다. 나는 그가 서울대 건설 본부장을 할 때부터 알고 지냈다. 그는 사돈인 김 대통령에 대해 불편한 심기를 감추지 않았다. 그와 사위의 사이가 좋지 않다는 소문을 듣긴 했으나, 그런 정도일 줄은 몰랐다. 게다가 김 사장은 거산과 소산의 부자간 갈등도 얘기했다. 한때 소산은 아버지로부터 토사구팽당했다고 투덜거렸단다. 권력욕이란 과연 부자의 천륜까지 넘어설 만큼 무서운 것인가 보다.

9월 27일 오전, 노 전 대통령이 대국민 사과문을 발표했다. 그런데 앙꼬 없는 찹쌀떡 꼴이다. 비자금 조성 과정, 사용 내역, 그 처리 문제에 대해 전혀 구체성과 성실성이 없다. 도대체 왜 그런 거액의 비자금이 필요했는지 해명을 못 했다.

그의 대국민 사과 방송을 들으며 나는 1980년 4월 26일을 떠올렸다. '서울의 봄'을 맞아 4년 만에 복직한 나는 서울대에서 신나게 강의를 하고 있었다. 그때 서울대 학군단장의 주선으로 수도경비사령관인 노태우 장군과 신라호텔에서 만찬을 했다. 나는 그 자리에서 겁도 없이 계엄령 해제를 요구했고, 우리 국군이 라틴아메리카 군부와 달리 민주 군대임을 증명해 보이라고 항변했다. 만약 그때 노 사령관이 내 말대로 신군부를 설득해 5·18 정변을 일으키지 않았다면 오늘 이처럼 부끄러운 고백을 해야 하는 참담한 처지는 피할 수 있지 않았을까.

〉 5·6공 세력, 5·17 처벌 시도를 좌파 음모로

1995년 11월 12일, '노태우 비자금 4,000억 원 은닉 사건'으로 연일 국민들의 규탄 여론이 비등했다. 새삼 육사 교육의 효율성 문제를 걱정하게 된다. 육사에서 명예와 국가 위신을 군인의 생명처럼 소중한 가치로 가르쳤다면, 어떻게 전두환·노태우 같은 '부패한 대통령'이 나올 수 있는가. 그들에게 대통령 재임기간 5년은 비자금만 모으는 데도 짧았을 것 같다. 돈세탁에, 수많은 가·차명 계좌의 이자 챙기기에, 여러 복잡한 중간관리자들 감독까지, 퇴임 뒤에도 부단히 감시의 눈을 번뜩여야 했을 터인데 말이다. 그러다 이현우 경호실장 같은 부하와 불화가 생겨 오늘의 비리가 더 빨리 노출된 것은 아닌지.

이런 생각을 하다가 나는 문득 1980년 5월 17일 중앙정보부의 남산 지하실에 갇혔을 때를 떠올렸다. '김대중 내란음모 사건'을 조작하느라 두 달 동안 밤낮으로 들볶으며, 신군부 졸개들은 입버릇처럼 우리에게 "국가관이 도무지 없는 인간들"이라고 욕을 해댔다. 민주화와 인권의 가치를 구현하라고 독재정부를 비판했던 우리의 행위를 북한의 위협을 받고 있는 대한민국에 대한 충성심 없음의 증거로 확신하면서 그렇게 나무랐다. 국가의 명예를 전혀 고려하지 않는 반국가적 행동을 했다고 우리를 준엄하게 꾸짖었다. 과연 '5·6공'의 신군부 실세들이 대권을 잡은 뒤 열중했던 비자금 모으기가 국가와 군인의 명예를 더 높이는 일이었던가, 나는 새삼 묻고 싶다.

또 한 가지가 생각났다. 1980년 봄 잠깐 서울대학교에 복직했을 때 대학본부 앞 아크로폴리스 광장에서 수천 명의 학생들이 '김상진 열사 추모제'를 열었다. 정부에 민주화를 촉구하는 집회이기도 했다. 그때 나는 복직된

해직교수 대표로 그들을 격려하며 이렇게 외쳤다. "지금 군부의 동태가 심상치 않습니다. 함정을 파놓고 여러분들이 그곳에 빠지기를 기다리고 있을지 모릅니다. 그들의 함정에 빠지지 말기를 당부합니다."

불행하게도 내 예감은 적중했다. 신군부는 5월 17일 24시를 기해 본격 쿠데타 작전에 돌입했다. 나는 17일 밤 10시 45분께 검은 옷을 입은 4명의 정체 모를 체포조에 끌려 남산 지하실에 갇혔다. 알고 보니 그날 우리에 대한 '일망타진'을 명령했던 장본인은 바로 육사 출신 장군들이었다.

노태우 전 대통령의 비자금 사건으로 집권당의 이미지는 땅에 떨어졌다. 11월 22일, 김영삼 대통령은 민자당의 당명을 바꾸도록 김윤환 대표에게 지시했다. 야당은 '호박에 줄을 그었다고 수박이 되느냐'고 비아냥거렸다. 하기야 눈 가리고 아웅이다. 지난 9월 동교동계를 이끌고 민주당을 탈당해 새정치국민회의를 창당한 김대중 총재는 이번 비자금 비리를 문민정부를 공격하는 데 잘 활용하고 있다. 하지만 '양 김'이 비자금 사건을 서로를 비난하는 수단으로 활용한다면 과거 군사문화와 독재 권력의 비리를 청산하는 일은 더욱 어려워질 것이다.

11월 28일 오전, 서울 YMCA 강당에서 부정부패추방시민연합 창립준비위원회 기자회견을 했다. 이세중 변호사와 함께 공동위원장을 맡은 나는 그 자리에서 '5·17 쿠데타'와 노태우 비자금 비리는 같은 뿌리에서 나온 악의 꽃이라고 했다. 김승훈 신부, 이문옥 전 감사관, 홍준표 변호사 등 41명이 동참했다. 그런데 언론은 온통 '비자금 스캔들'이라는 선정적 사건에만 쏠려 명분 있는 비정부 시민단체NGO의 태동에는 무관심했다.

이날 오후에는 마침 MBC TV에 출연해 1980년 신군부의 반동에 얽힌 가슴 아픈 기억들을 풀어놓았다. 그해 봄 신군부의 의중을 전혀 파악하지 못한 각료들의 안일한 상황인식, 4월 26일 당시 노태우 수도경비사령관과의

부정부패추방시민연합(부추련)은 1996년 1월 26일 서울 시직동에 사무실을 마련해 현판식을 하고 본격 출범했다.

만찬, 그리고 5월 17일 밤의 체포 등을 회고했다. 그해 7월 중순까지 남산 지하 2층에서 지옥심문을 당할 때 나는 구약성서의 「에스더기」를 온몸으로 읽으며 견뎌냈다. 페르시아 제국의 실세가 유대인을 처형하고자 세웠던 기둥에서 훗날 자신이 오히려 처참하게 처형당하는 이야기에서 사필귀정의 진리를 새삼 깨달았다. 신군부 실세들이 역사와 하나님의 심판을 두려워하게 되기를 기도했다.

그런데 이틀 뒤 민자당은 '5·18 특별법 제정을 위한 개헌'을 해서 5·17 쿠데타 관련자들을 사법처리하겠다고 큰소리쳤다가 야당의 '정략적 꼼수'라는 반발에 부닥치자 하루 만에 철회했다. 전두환 등 5·6공 세력들은 이런 움직임을 좌파의 음모로 몰아세웠다. 정말 뻔뻔스러운 가해자들의 공세다. 문민정부의 '역사 바로 세우기' 노력을 좌파의 음모로 몰아갈 때 김 대통령은 놀랐을 것이다. 그래서 물러선 것인가. 나는 불안하게 사태를 주시했다.

〉 '옥중서신' 발간 김정순 별세에 DJ는…

1996년 병자년, 나는 회갑을 맞았다. 60년 전에 나는 태어나기도 전에 죽을 뻔했다. 임신 여섯 달쯤 되었을 때 어머니께서 큰 화상을 입어 목숨을 잃을 뻔했고, 그 때문에 나도 세상 구경을 못할 뻔했단다. 어머니는 그때 새로운 삶을 얻은 뒤 예수님을 믿게 되었다. 나는 어차피 덤의 삶을 살아온 셈이다. 그런 이유로 어머니는 내가 성직자가 되길 은근히 바라셨다.

꼭 12년 전, 갑자년에 돌아가신 아버지의 유언이 새삼 가슴 시리게 다가온다. 미국 뉴욕에서 망명 중이던 1984년 2월 24일, 나는 정치 해금조처를 받았다. 이 소식을 듣고 아버지는 먼 이국땅의 아들을 생각하고 붓글씨를 남겼다. 그해 8월 15일 광복절에 내가 복권되기를 바라는 기원이었다. 그런데 신통하게도 그 예언은 적중했다. 광복절 특사로 내가 복권됐으니 말이다. 나는 귀국과 함께 4년 4개월 만인 1984년 9월 서울대에 두 번째 복직할 수 있었다.

1월 6일 새벽, 아까운 인물 김정순 교장이 세상을 떠났다. 그는 훤칠한 키에 낭만주의자였다. 서울대 사범대를 나와 진보적인 가치로 제자를 가르쳤다. 그는 해방 직후 신의주에서 한경직 목사가 보여주었던 진보적 신앙과 기독교사회당 추진에 매료됐는지 월남한 뒤 실향민들이 모여 만든 영락교회에 다녔다. 열성 신자이자 장로로 한때는 한 목사의 사랑과 신뢰를 받았다. 하지만 그는 홍동근 목사와 더불어 영락교회의 보수 신학을 뛰어넘는 분이었다. 1970년대 초반 서울대 초년 교수 시절 나는 기독교계 학교 교장들의 요청으로 신앙 강좌를 자주 맡았다. 그때 김 교장을 처음 만난 뒤 서로 의기투합했다. 그런데 그는 1970년대 초 홀연히 미국으로 이민을 가버렸다.

이후 1980년 '서울의 봄' 때 재미동포 민주화운동 단체의 사무총장으로서 그는 서울을 방문했다. 내가 서울대에 복직한 직후였는데 그가 불쑥 교수실로 찾아왔다. 나는 내심 걱정이 되었다. 혹시 신군부에 의해 체포·감금될 수도 있다고 느꼈기 때문이었다. 그 얼마 뒤 '5·17 쿠데타' 때 남산에 끌려가 가혹한 조사를 받을 적에 김 교장과 만남에 대해 잠시 조사를 받기도 했다.

그러다 망명 첫해 에모리 대학교 초빙교수를 거쳐 1982년 여름 뉴욕으로 옮겨간 나는 그곳에서 김 교장을 다시 만났다. 참으로 반가웠다. 그는 이승만 목사, 임순만 교수, 장혜원 박사, 김홍준 선생 등과 함께 뉴욕 목요기도회의 핵심 지도자로 활약하고 있었다. 서울대 사대 동문인 부인과 함께 델리 가게를 꾸려가면서 조국의 민주화와 통일을 위해 열과 성을 다했다.

그는 1980년대 후반 돌연 귀국했다. 예수교 장로회 소속인 한 고교에 교장으로 취임한 그는 가족은 뉴욕에 두고 오셨다. 쓸쓸하게 지내다 뇌일혈로 쓰러져 고생하시다가 홀연히 눈을 감았다.

병원 영안실에서 나는 새길교회를 대표해 그를 위한 추모예배를 인도했다. 1월 8일 발인 예배는 영락교회가 주관해 교회 묘지에 묻혔다. 그런데 평소 친하게 지냈던 교장 서너 분과 신도 20여 명만 모인 발인 예배는 너무나 초라하고 쓸쓸했다. 나는 가슴이 아팠다. 하기야 예수의 죽음과 장례식에 비하면 그래도 '화려했다'고 해야 할까.

다만, 나는 김대중 당시 새정치국민회의 총재의 무심함에 말할 수 없이 섭섭했다. 1982년 12월 말 '신병치료를 위한 형집행정지'로 풀려난 DJ가 미국 워싱턴에서 망명중일 때, 김 교장은 DJ의 '옥중서신'을 보고 감동했다. DJ는 감옥에서 가족들에게 보내는 편지에 깨알같이 작은 글씨로 수많은 이야기를 가득 채웠다. 그는 그 글들을 일일이 돋보기로 확인하며 풀어 『옥중서간집』을 출판했다. 결국 그 때문에 그는 빚더미에 올라앉았지만 조금도 서운해하거나 어려움을 드러내지 않았다.

사진은 1982년 12월 뉴욕에서 민주화운동을 하던 김정순 선생(오른쪽부터)과 김형(필자의 아내), 장혜원 박사(장기려 박사의 조카), 임순만 목사(장 박사의 남편)가 함께한 모습이다.

그런 김 교장이 서울에 와서 홀로 쓸쓸히 세상을 떠났는데도 동교동 쪽에서는 아무도 문상조차 오지 않았다. 정치적 이익에 민감한 만큼 인간적 의리에는 둔감한 DJ의 모습을 보는 듯해 참으로 쓸쓸했다.

김 교장을 떠나보내며 가슴에 와 닿는 성경 말씀이 있다. "모든 육체는 풀과 같고 그 모든 영광은 풀의 꽃과 같으니 풀은 마르고 꽃은 떨어지되, 하나님의 말씀은 세세토록 있도다"(「베드로전서」 1장 25절). 인간은 아무리 장수한다 해도 풀꽃처럼 단명한 존재다. 하지만 그 짧은 시간 안으로 육화되어 오신 하나님의 사랑은 영원하다. 시간 속에서 영원을 만날 수 있고 그것을 뜨겁게 체험할 수 있는 기쁨, 그 기쁨으로 짧은 인생을 넉넉하게 살자고 나는 다짐했다.

〉 "민주당 출마하면 배신", 협박을 받다

1996년 연초부터 한 달 내내 본의 아니게 '선거 바람'에 휘둘려야 했다. 1월 2일에는 서경석 목사와 이삼열 박사가 찾아왔다. 새해 인사차 온 줄 알았더니 올 4·11 총선 때 나보고 전국구 의원(민주당)으로 출마하란다. 나는 일단 정당정치와는 거리를 두기로 작정했고, 다만 기존 정치세력이 건강한 시민운동권으로부터 새 피를 수혈받고자 할 때는 주저 없이 격려해주겠다고 에둘러 거절했다. 두 사람 모두 보수적인 예수교장로회(통합)의 테두리에서 벗어나기 힘든 사람들인데 과연 과감하고 개혁적인 정치문화를 세울 수 있을까. 다소 불안하다.

1월 12일 오전에는 김원기 민주당 대표가 방송대 총장실로 나를 찾아왔다. 그는 나와 동갑이요 오랫동안 서로 친구처럼 지내왔다. 그는 인내하고 기다릴 줄 아는 내공을 지닌 정치인이다. "지둘려!"(기다려)는 그의 성품과 정치행태를 잘 요약해주는 그만의 말이다. 그는 김영삼 대통령을 설득하는 방법을 알려주면서 김 대통령이 반대하더라도 민주당의 전국구 후보로 들어오라고 재차 강권했다. 그러나 명색이 문민정부의 개혁 청사진을 그리는 데 일조했고 통일부총리를 지낸 내가 어떻게 야당 의원으로 나가겠느냐며, 김 대통령과 인연을 들어 완곡하게 거절했다.

마침 이날 경남대 박재규 총장, 곽태환 박사, 구영록 교수와 함께 오찬을 하면서 내 고민을 얘기했더니, 모두들 '전국구 1번'이라면 민주당에 입당해 내 뜻을 펴는 것도 좋겠다고 조언했다. 사실 남북 관계의 악화를 가슴 아파해온 나로서는 문민정부보다는 훨씬 평화 지향적인 민주당의 대북정책만 놓고 본다면 제법 유혹적인 제안이었다. 그러나 국무위원 시절 겪어본 정당정치·의회정치의 현실에 절망했던 까닭에 나는 미련을 떨치기로 했다. 더구나 나는 도무지 이런 일로 김 대통령과 만나기가 싫었다. 그의 허락을 받고 야당으로 가고 싶지도 않았다. 그가 어떻게 나올 것인지 너무나 잘 알기에 더욱 그랬다.

1월 15일, 아니나 다를까, '실세'인 소산(김현철)이 만나자고 했다. 신라

호텔 1023호실, 안기부 차장이 쓰는 방이다. 민주당에서 내게 전국구 출마를 권유한다는 정보를 들은 모양이다. 그는 내가 민주당으로 나간다면 김 대통령을 배신하는 것이고 절연하게 될 것이라고 은근히 경고했다. 그는 총선 전에 민주당을 '집권당의 제2중대'로 만들어야 한다고도 했다. 나는 몹시 불쾌했다. 배신으로 말하자면 이미 김 대통령 스스로 취임사를 배신했음을 깊이 깨달아야 할 일이다. 공인도 아닌 그가 무슨 자격으로 감히 이런 짓을 하는가.

1월 18일 오전, 감사원에서 내부 비리를 폭로했다는 이유로 부당하게 추방된 이문옥 전 감사관이 찾아왔다. 민주당 노원을구 후보로 출마하겠단다. 그는 내가 민주당에 들어와 정신적 지도자가 되어달라고 했다. 누구보다 정의감이 투철한 그를 실망시키기가 난처했지만, 점잖게 거절했다.

1월 20일, 전남 고흥 출신 국회의원 박상천 의원과 유철상 고흥군수 등과 얼어붙은 레이크사이드에서 모처럼 골프를 쳤다. 박 의원은 내게 지금 민주당에 들어가기보다는 4월 총선 이후 정계가 크게 재편될 때 결단을 내리는 것이 더 적절하다고 충고했다. 일리 있는 조언이다. 그러나 정치판에 뛰어들 생각은 없었다.

그다음 날 저녁에는 홍성우 변호사가 통합민주당 수석 최고위원 자격으로 나를 찾아왔다. 그는 정치개혁시민연합에 합류해 개혁신당의 창당 대표를 맡아 지난해 12월 21일 기존 민주당 잔류 세력과 함께 통합민주당을 창당해냈다. 민주당 대표들은 모두 지역구로 나가기로 해서 '전국구 1번 후보'가 전국을 돌며 선거 독려를 해야 한다면서, 그 역시 나보고 당에 들어오라고 했다. 사실 홍 변호사는 교회에서 함께 성가대 봉사도 하는 가까운 사이다. 그는 베이스이고 나는 지휘를 한다. 나는 그 자리에서 대번에 거절할 수 없어 김 대통령과 협의한 뒤 결정하겠다고 에둘러 거절했다.

그런데 그 무렵 김 대통령은 이회창 감사원장을 집권 민자당으로 영입해서 총선 과반수 확보를 자신하고 있는 듯했다. 이 원장은 세와 명분을 놓고 세를 택할 듯하다. 그렇게 되면 그도 언젠가는 머리칼 잘린 삼손의 신세로 떨어지지 않을까.

〉 야당의 총선 출마 권유에 끝내 고사

1996년 1월 23일, 지난 연말 대통령 비서실장을 맡은 김광일 변호사와 오찬을 함께했다. 그는 보수적인 크리스천이고 원칙주의자다. 그렇기에 융통성은 부족할지 몰라도 원칙에는 대쪽 같다. 그는 김영삼 대통령이 3당 합당을 했을 때 용기 있게 반대했다. 그런 정치인을 비서실장으로 기용한 걸 보면, 김 대통령이 아직은 중심을 잃지 않은 것 같기도 하다.

김 실장은 요즘 언론에 자신에 대한 불리한 기사가 나오는 것은 이원종 정무수석의 '장난' 때문이라며 분개했다. 김 실장 말로는 김 대통령의 심기를 재빨리 읽어내고 그 기분을 좋게 해주는 능력이 뛰어난 까닭에 대통령이 이 수석을 퍽 신임하지만 그는 대통령의 판단을 흐리게 하는 존재라고 했다. 정말 그러하다면 대통령 주변에는 '예스맨'들이 아니면 포진될 수 없는 것 아닌가. 박관용 전 실장은 너무 냉전적인 인식 때문에, 한승수 전 실장은 원칙 없는 실리주의 때문에 정책적으로나 역사적으로 대통령을 올바로 보필하지 못한 '예스맨'들이다. 김 실장은 '바른 소리로 불편하게 만드는(개드플라이)' 노릇을 해서라도 제 몫을 해낼 것이란 기대를 해본다.

나는 김 실장에게 한국방송대 졸업식 때 대통령의 참석과 축사를 부탁했다. 방송대의 학생은 자그마치 20만 명에 가깝다. 한국 사회에서 '제2의 기회'를 얻어 값진 성취를 해내려는 사람들과, 이미 대학을 나왔으나 평생

학습을 통해 자아실현을 해내는 사람들이 바로 방송대 학생들이다. 서민의 아픔을 공감하는 지도자라면 방송대 졸업식에서 격려해주는 일을 보람으로 여길 것이다. 김 대통령이 서울대 출신이기에 더더구나 방송대 졸업식에 오는 것이 의미가 크다고 했다.

그런데 바로 다음날 김 실장으로부터 대통령은 졸업식에 참석할 수 없다고 전화가 왔다. 그리고 그는 '내가 만약 오는 총선 때 민주당으로 가면 일종의 배신행위'라고 김 대통령이 생각하고 있다고 전했다. 이미 소산(김현철)을 통해 같은 경고를 받았기에 놀랄 일은 아니었다. 더구나 출마할 생각이 전혀 없었기에 신경 쓰지 않았다.

오후에는 강창성 의원(민주당)이 또 찾아와 이기택 총재의 뜻을 전해주었다. '전국구 1번'을 받고, '4·11 총선'의 선거대책위원장을 맡아달라는 것이었다. 그는 4월 이후 김 대통령의 정국 장악력과 영향력은 급격히 약화될 것이라고 강조했다. 이 제의에 나는 더욱 당혹스러웠다. 순간 한 번쯤은 이 일로 김 대통령과 독대를 해서 결판을 내야 하지 않을까 싶었지만 이내 그만두기로 했다.

1월 29일에는 홍준표 변호사와 점심을 함께하며 여러 얘기를 나눴다. 1993년 슬롯머신 사건 담당 검사로 명성을 얻은 그는 지난해 말 법복을 벗었고 며칠 전에는 민자당에 전격 입당했다. '4·11 총선'에 출마한단다. 그는 강력계 검사로 활약한 덕분에 당대 정치인들의 비리와 부정을 상당히 알고 있는 것 같다. 그는 '대선자금 비리' 의혹에서 김 대통령의 가신 출신 '거물 정치인'들도 자유로울 수 없다고 했다. 하지만 이들은 대통령의 '가신'이기에 최소한 문민정부에서는 안전할 것이라고 했다. 그러나 소산은 현 정권 아래서도 문제가 될 수 있으므로 미국 유학의 명목으로 한국을 떠나는 게 좋을 것이라고 했다. 홍 변호사는 김 대통령을 직접 만나면 세 가지를 꼭 말하겠다고 했다. '첫째는 소산 문제, 둘째는 통치 스타일 문제, 그리고 셋째 대선자금 문제'였다. 그는 대선자금과 관련해서 '양 김'을 싸잡아 비난했다. 이런 얘기를 들을수록 나는 정당 정치인이 되는 것에 대한 두려움과 역겨움을 함께 느끼게 된다. 아무튼 그의 자유분방한 말솜씨를 보며 언젠가는 정치적 돌풍을 일으킬 수 있는 인물이란 생각이 들었다. 다만, 힘 있는 자리에 있으면 실수하지 않을까 하는 염려도 되었다.

1월 30일에는 권오기 통일부총리와 오찬을 함께했다. 그는 나의 고교 3년 선배요, 노태우 전 대통령과는 경북고 동기로 노련한 언론인 출신이다. 그는 김 대통령이 스스로 통일 문제와 대북 관계 전문가로 확신해 주무 장관을 무시한다고 아쉬워했다. 북한에 쌀을 보내는 것도 인도주의적 차원에서 접근하기보다는 국내 정치적 관점에서 유불리를 판단한다고 한다. 그러나 권 부총리는 재임기간 내내 핵 문제로 시달렸던 나보다는 훨씬 쉽게 상황을 관리할 수 있음을 나는 상기시켰다.

〉 '4·11 총선' 3김 지역주의 부활에 '답답'

1996년 2월 7일. 미국에 있는 형제자매·조카들까지 함께 모처럼 대가족이 일주일간 말레이시아 여행을 다녀와 쉬고 있는데 미국 시턴홀 대학교의 토니 남궁 교수가 오랜만에 찾아왔다. 그는 미국 국무부와 북한 당국 사이에 소통역을 맡고 있는 듯했다. 독실한 기독교 신자인 그는 숭실대 학장이었던 부친의 뜻을 이어 미국에서나마 한반도 냉전구조를 해체하고 평화를 정착시키고자 애쓰는 지식인이다.

그는 지난 1월 31일 북한 아시아태평양평화위원회의 김용순 위원장이 남북 관계의 새로운 돌파구를 열 수 있는 연설을 했으며, 그 내용이 서울에 잘 전달되고 수용되기를 원한다고 했다. 또 김영삼 대통령의 강경 일변도 대북 정책에 워싱턴에서도 실망을 넘어 역겨워하고 있는데 정작 대통령만 그 분위기를 잘 모르는 것 같아 걱정이라고 했다.

그 사흘 뒤인 2월 10일, 미국 조지아 대학교의 박한식 교수(정치학)가 북한을 방문한 뒤 돌아가는 길에 서울에 들러 방송대 총장실로 찾아왔다. 그는 북한 당국자들은 레이니 대사 재임기간에 남북 관계를 함께 개선하고 싶어 한다고 했다. 김용순 위원장이 레이니 대사와 나의 관계를 잘 알고 있다고도 했다. 박 교수는 4월 말쯤 에모리 대학교가 있는 애틀랜타에서 북·미 기독학자회의를 준비하고 있는데 이 회의에 레이니와 내가 꼭 참석해주면 좋겠다고 초청했다. 이 부탁을 하려고 일부러 찾아온 것이다. 나는 그 자리에서 참석을 약속했다.

박 교수는 3월 11일 또 한 번 북한을 다녀오는 길이라며 나를 찾아왔다. 김용순 위원장과 함께 리종혁 부위원장을 만났는데 다음 달 말 에모리 대학교 부설 카터 센터에서 열릴 북·미 기독학자회의에 리 부위원장이 대표단을 이끌고 참석하기로 했단다. 그는 레이니 대사가 참석하므로 북에서도 격에 맞는 거물이 와야 한다고 설득했던 것이다.

그는 이어 북한의 식량부족 상황이 매우 심각해 5월을 넘기기가 어려울 정도라고 전했다. 그런데 북한 당국은 미국에서는 식량지원을 해주려 하는데도 남한 정부가 가로막고 있다는 판단을 하고 있다고 했다. 역시 독실한 기독교 신자인 그는 북한의 김일성 유훈통치에 대한 북한 주민의 태도를 2,000년 전 초대교회 신자들이 지녔던 예수 부활 신앙과 유사하다고 보았다. 김일성 주석이 여전히 주민들의 마음속에 살아 있다는 것이다. 그만큼 북한은 경제적 악조건 속에서도 '김일성 부활 신앙'으로 잘 뭉쳐 있다고 했다. 일리 있는 관찰이다.

4월 5일. 북한은 느닷없이 초강경 대남 협박과 함께 판문점에서 무력시위를 했다. '휴전협정을 준수할 필요가 없다'고 선포한 것이다. 그러나 이는 사실 휴전협정 서명 당사자인 중국과 미국을 위협하려는 것이 아니다. 당시 이승만 대통령이 끝내 서명하지 않아 협상 당사자 자격을 잃어버린 남한을 향한 분노이자 협박이다. 문민정부의 대북 강경책에 맞선 강경대응인 것이다.

그런데 하필 '4·11 총선'을 코앞에 둔 시점에 북한이 호전적 발언을 쏟아내는 것은 참으로 불행하고도 어리석은 선택이 아닐 수 없다. 나는 북의 이번 돌발행동이 문민정부를 도와주려는 명백한 의도로 나왔다고는 보지 않았다. 의도 차원에서 보면, 평양은 지금의 문민정부를 지난 군사권위주의 정권보다 더 증오하고 있는 것 같다. 그런데도 결과적으로 북의 강경세력은 문민정부를 크게 도와주는 전술적 오류를 또다시 범한 것이다. 지난 1987년 '대한항공기 폭파사건' 때처럼.

이른바 '북풍'은 당장 김 대통령의 오랜 가신인 '장학로 부정축재 사건'으로 곤경에 빠진 청와대와 여당에 뜻밖의 구원군이 되고 있는 듯하다. 앞서 지난 3월 김대중 총재가 이끄는 새정치국민회의 쪽은 'YS의 집사'로 알려진 장 제1부속실장이 무려 17개 기업으로부터 수십억 원의 뇌물을 받은 사실을 증인을 통해 폭로했다.

마침내 4월 11일. 총선 결과는 염려한 대로 걱정스럽게 나타났다. 북풍 덕분에, 지난 2월 민자당에서 '신한국당'으로 문패를 바꾼 집권여당은 서울에서 체면을 지켰다. 전체적으로 지역주의 판도가 강화되었다. JP(김종필)의 자민련이 충청도에서 약진하고, YS는 부산·경남에서, DJ의 국민회의는 호남을 휩쓸며 전국을 삼분했다. 특히 민주당을 깨뜨리고 나온 국민회의는 예상 밖으로 부진했다. 무엇보다 아쉬운 것은 지역주의 정치 극복과 세대교체 그리고 깨끗한 정치를 외쳤던 통합민주당이 참패한 사실이다. '3김 씨'의 정치적 장악력 또는 그 마력에서 한국 정치가 어서 빨리 깨어나야 하는데, 민주당은 또다시 '꼬마 민주당'이 되고 말았다.

한국 정치의 앞날이 지역주의와 냉전정치의 지속으로 한층 어두워질 것 같아 가슴이 답답해졌다.

언제든 역사를 거울로 삼아

⟩ 북 리종혁, 허심탄회하게 식량난 토로

1996년 4월 17일, 나는 청와대의 유종하 외교안보수석에게 전화를 했
다. 미국 에모리 대학교 부설 카터 센터에서 열리는 남북기독학자회의에
참석한다는 것과 북쪽 대표인 리종혁 아태평화위원회 부위원장을 만나면
'4자회담'에 긍정적으로 나올 수 있도록 설득하겠다는 것을 말했다. 그러
자 유 수석은 북쪽에서 4자회담 제의에 긍정적으로 나오지 않으면 미국이
북의 요구를 들어주지 않을 것임을 분명히 확인시켜주기를 바랐다. 또 북
쪽 인사와 대화 때는 어디까지나 내 개인적인 의견임을 밝히라고 주문했
다. 전형적인 관료적 자세다.

4월 24일, 애틀랜타의 하얏트호텔에서 박한식 교수(조지아대)의 주재로
남북 세미나 대표의 첫 상견례가 열렸다. 이번 회의의 주관심사는 나와 리
종혁 부위원장의 만남과 소통인 만큼 박 교수는 세심하게 일정을 짜놓았
다. 25일 오전 10시 리 부위원장이 먼저 내 방(2215호실)으로 예방했고, 오

후 5시 30분에는 박 교수의 방에서 또 만났다. 다음날 26일에도 둘은 카터 센터에서 방 하나 따로 빌려 샌드위치로 점심을 때우며 한 시간 동안 의견을 나눌 수 있었다.

리 부위원장은 북한에서 보기 드문 학자풍의 실세로, 세계정세를 두루 꿰뚫고 있는 합리적 지식인으로 알려져 있다. 그의 부친은 벽초 홍명희와 함께 월북한 당대의 작가 이기영으로, 그의 대표작 『두만강』은 『임꺽정』과 쌍벽을 이루는 민족소설로 북에서 꼽힌다.

그는 첫날 만나기 전에 박 교수를 통해 캐주얼한 옷차림으로 자유롭게 대화하자고 제의해왔다. 나도 좋다고 했다. 내 방에서 처음 만났을 때 그는 이 자리의 대화 내용을 김영삼 대통령에게 전달할 수 있는지를 먼저 확인하고 싶어 했다. 내가 그렇다고 대답하자 그는 지금 북한의 어려운 상황을 솔직하게 알려주고 싶다고 했다. 또 그도 평양으로 돌아가면 김용순 위원장은 물론 김정일 장군에게 보고를 할 것이라며 내게 허심탄회하게 많은 이야기를 쏟아냈다. 나는 주로 듣기만 했다.

첫째, 4자회담에 대해서는 북한 노동당에서 공식적 결정을 내리지 않았다. 미국 쪽에서도 아무런 설명도 제의도 없어 이번 기회에 워싱턴의 공식 설명을 듣고 싶다.

둘째, 북한의 식량문제는 너무나 심각해서 남쪽에서 신속한 인도주의적 지원을 해준다면 4자회담도 잘될 것이다. 그런데 그 순서가 중요해서 쌀 지원이 먼저 이뤄져야 한다. 미국이 4자회담의 성격과 의제를 잘 설명해주면 북한도 긍정적으로 대응할 것이다.

그는 이어 동구권과 소련의 몰락 이후 어려워진 경제상황이 지난해 대홍수까지 겹쳐 더욱 악화일로라고 솔직히 털어놓았다. 그는 수첩을 꺼내어 깨알처럼 적힌 통계자료까지 살피면서 설명했다. 겉으로는 잘 드러나지 않지만, 식량배급을 제대로 못 해서 실제로는 전체 주민 대부분이 하루 두 끼 먹기도 어렵다는 그의 솔직담백한 토로에 나는 적잖이 놀랐다. 북한식 '체면'이나 '자존심' 따위는 찾아볼 수 없었다.

리 위원장은 당장 5~6월이 큰 고비라고 했다. "이달 중으로 타이에서 쌀 30만 톤을 사오려고 했는데 남쪽에서 타이에 비료를 지원해주는 조건으로 판매를 막는 바람에 무산되었다. 그렇다고 운송비용이 많이 드는 먼 나라에서 쌀을 사올 만한 여유도 없다. 그렇기에 최선은 가장 가까운 남한에서 직접 지원을 받고, 차선은 이웃 중국과 러시아로부터 철도를 통해 차관 담보 방식으로 10만 내지 20만 톤을 받는 것이다."

그는 지난해 봄 대홍수 직후 남쪽에서 15만 톤의 쌀을 보냈을 때 어떤 포대에 "실컷 먹고 죽어라"라는 욕설이 적혀 있었다며 우스개처럼 얘기하기도 했다. 하지만 순간 나는 부끄러웠다. 또 지난해 6월 25일에 남에서 보낸 수해구호용 쌀 운반선이 북한 청진항에서 태극기와 인공기를 모두 달기로 한 사전 약속과 달리 인공기만 달고 하역작업을 하면서 "쌀 주고 뺨 맞았다"는 남쪽의 비난 여론이 일어나게 된 것은 소통 부재 탓이었다고 잘못을 시인했다. 베이징에서 열렸던 남북 쌀 회담의 합의사항을 현장 실무진에게 신속히 알리지 못했다는 것이다.

그래서 우리는 자연스럽게 남북 최고지도자의 실제적 접촉라인(또는 핫라인) 문제를 논의하게 되었다. 우선 나는 김정일 장군의 주석직 승계 여부를 물었다. 그는 북한 내부 사정과 연관된 절차와 일정의 문제라면서 그가 김 주석이 지녔던 전권을 이미 확실하게 장악하고 있다고 했다. 우리는 박정희 대통령 이래 노태우 정권 때까지 있었던 남북 핫라인을 복원할 필요

리종혁 조선아시아태평양평화위원회 부위원장. 사진은 2005년 6월 6·15 공동선언 발표 5주년과 금강산 관광객 수 100만 명 돌파 기념 남북공동 기념식에서 재회했을 때이다.

가 있다는 데 공감했다.

1996년 4월 24~25일에 미국 카터 센터에서 열린 남북기독학자회의에서 나는 리종혁 북한 아태평화위원회 부위원장과 이틀간의 대화를 통해 그가 북한의 고위관료란 사실을 의식하지 못할 만큼 말이 잘 통하는 느낌을 받았다. 그래서 클린턴 행정부와 북·미 관계의 전망에 대한 그의 의견이 궁금했다.

지금 여러 갈래로 진행 중인 북·미 대화를 통해서 미사일 문제, 유해송환 문제, 연락사무소 문제가 직간접으로 논의될 것이다. 올여름 휴가 이전에 이 모든 대화가 성과 있게 끝나 11월 미 대통령 선거 전에 잘 마무리되기를 바란다. 북·미 관계가 어긋나면 한반도의 긴장도 고조될 수밖에 없기에 대화가 잘 진행되기를 간절하게 바란다. 평양은 워싱턴을 격앙시킬 생각이 전혀 없다.

나는 그의 얘기에서 흥미로운 일치점을 발견했다. 평양과 워싱턴 간의 외교적 대화 실패로 관계가 악화되면 북한 군부의 강경책이 정당화될지 모른다는 그의 우려 속에서 평소에 내가 그토록 염려해온 '적대적 공생관계'가 남북만이 아니라 북·미 관계에도 적용된다는 사실이다. 어쩌면 이 원칙은 모든 적대적 관계의 국가들에서 어김없이 적용될 것이다. 이른바 극과 극은 서로 통한다는 통설이다.

리 위원장은 1994년 10월의 제네바협정을 미국 쪽에서 너무 느리게 이행하고 있다고 불만스러워했다. 그런데 그는 그 이유 역시 남한 당국의 탓으로 보고 있어 나를 난감하게 했다.

나는 귀국해서 김영삼 대통령을 만나면 반드시 전달해야 할 내용을 세 가지로 정리했다. '첫째, 북한의 식량 사정은 소문보다 더 심각한 것 같다. 5·6월의 식량 위기를 해소하는 데 민족적 결단을 내려 지원하는 것이 한반도의 안정과 평화를 위해 절대로 바람직하다. 중국이나 러시아보다 우리가 먼저 동족애를 발휘해 북을 도와줌으로써 평화의 발판을 마련해야 한다. 둘째, 쌀 지원과 4자회담을 연계시키되 먼저 쌀을 지원해서 4자회담으로 이어가게 해야 한다. 셋째, 남북 정상 사이에 실효성 있는 소통라인을 설치하는 것이 시급하다. 냉전대결 상황에서는 뜻하지 않은 긴장과 마찰이 조그마한 오해로도 발생할 수 있기 때문에 확실한 위기관리를 위해서도 핫라인은 꼭 필요하다.'

리 부위원장과 세 차례 순조로운 만남을 통해 나는 북한 체제 안에서도 이렇게 열린 대화를 할 수 있고, 상대방의 처지에서 상황을 '역지사지' 성찰할 수 있는 인사가 있다는 것이 놀랍고 반가웠다.

4월 25일 저녁 카터 센터 로비에서 개막한 남북기독학자회의에서 나는 남쪽 대표로, 리 부위원장은 북쪽 대표로 나란히 주제 연설을 했다. 그의 연설은 둘이서 나눈 대화 내용과는 사뭇 달랐지만, 으레 그러하리라 예상했기에 실망하지는 않았다.

나는 귀국한 지 사흘 뒤인 4월 30일 오후 4시 40분에 청와대에서 김 대통령과 마주 앉았다. 애틀랜타에서 리 위원장이 내게 들려준 북한의 참상, 특히 지난해 대홍수로 입은 피해상황을 메모해온 수치를 곁들여 보고했다. 김 대통령은 최근 참모를 통해 들었던 수치와 대체로 일치한다고 했다. 이어 나는 문민정부가 대국적·민족적·인도적 관점에서 북한을 도와주는 것이 좋겠다고 말씀드렸다.

그런데 김 대통령의 반응은 너무나 싸늘했다. 그는 북한이 남한을 무시한 채 미국만을 상대하려 한다는 기존 인식에서 한 치도 달라진 것이 없어 보였다. '통미'만 바라며 '봉남'에 열을 올리던 북한이 이제 경제 상황이 아주 어려워지니까 다급하게 '통남'에 매달린다는 판단을 하고 있었다. 경제가 어려워질수록 북한이 내부에서부터 급격하게 붕괴할 것이라는 '흡수통일의 가능성'을 실제로 믿고 있는 듯했다.

어떻게 이렇게까지 김 대통령의 냉전적 불신이 더 차갑게 강화되었는가, 도대체 누가 대통령 주변에서 북한의 임박한 경착륙 가능성을 계속 주입시키고 있는가, 나는 당혹스러움과 의아함만 가득 안은 채 청와대를 나와야 했다. 자리를 물러나며 나는 마지막으로 이렇게 정중하게 말씀드렸다. 사실은 크게 외치고 싶었지만 조용히 말씀드렸다. "대통령님의 손안에 한반도의 운명이 달려 있습니다."

〉통일원의 '베이징 쌀 회담' 방해

1996년 5월 1일. 권영해 안기부장과 오찬을 했다. 노태우 정권에서 국방차관이었던 그는 문민정부 초대 국방장관으로서 군부 내 최대 사조직인 하나회를 척결하는 임무를 수행했다. 그의 발탁은 아마도 소산(김현철) 계열의 추천이었던 것 같다. 그는 교회 장로이기도 하다.

그런데 그는 북한의 변화 조짐은 모두 철저하게 전술적 차원에서 나온 것이라고 단언했다. 내가 지난달 미국에서 열린 남북기독학자회의에서 만난 북한 아시아태평양평화위원회 리종혁 부위원장의 솔직한 얘기를 전하자 그는 그 역시 전술적인 표현이라고 했다. 북이 지금 처해 있는 경제적 궁핍, 특히 큰 물난리로 인한 식량난 모두 위장된 것이라고 했다. 북한 군부의 비축미만 4개월을 버틸 수 있는 양이라고 했다. 그런데 김정일 국방위원장은 술과 여자에 빠져 북한 주민들의 굶주림에 대해서는 잘 모르고 있을뿐더러 주변에서 아무도 바른말을 못 한다고 했다. 그의 얘기를 들으면서 김영삼 대통령의 북한에 대한 냉전적 불신이 어떻게 입력되고 있는지 짐작이 갔다.

미국에서 돌아온 뒤 대통령과 안기부장 그리고 통일부총리까지 만나서 북한의 경제난에 대해 의견을 나누었으나 뒷맛이 개운치 않았다. 지금 우리 정부는 고장 난 비행기 같은 북한 체제가 마침내 경착륙하게 될 가능성이 높아지고 있다고 판단하는 것 같다. 만일 그와 같은 성급한 기대가 사실로 나타난다면, 경착륙이 가져올 가공할 결과를 과연 우리 정부가 차분하게 객관적으로 파악하고 있는지를 묻고 싶었다. 그 결과는 한반도 주변국들에는 물론이고, 우리 남한에 가장 엄청난 재앙이 될 수 있는 것이다. 중국은 북의 경착륙이 불러일으킬 파편들의 파괴력이 얼마나 심각한지 현실적으로 잘 알고 있는 것 같다. 그런데 정작 우리는 알려고도 하지 않는 것 같다. 안일한 흡수통일론이 이토록 깊숙이 정부 핵심까지 자리 잡고 있다는 것이 나를 불안하게 한다. 정말 으스스하다. 소망 사항을 현실 인식으로 착각하고 있다.

이날 오후 4시에는 미국대사관저에서 레이니 대사를 만났다. 이번 주
나온 시사주간지 《타임》을 통해 '4자회담'의 아이디어가 원래 레이니 대사
에게서 나온 것임을 알게 되었다. 다만, 클린턴 대통령이 정치적 포용으로
김 대통령의 아이디어인 것처럼 표현했던 것 같다. 클린턴은 정말 놀랄 정
도로 유연하게 김 대통령을 기분 좋게 해준 것이다. 물론 어디까지나 미국
의 이익에 부합하게 유연성을 발휘하는 것이긴 하지만. 그런 배경을 아는
지 모르는지, 김 대통령은 자신이 4자회담 제안의 장본인이라고 믿고 있
는 것 같다.

일본 정부가 리종혁 부위원장의 방문을 달가워하지 않는다는 소식이
다. 일본 정부는 북한 당국이 먼저 4자회담에 긍정적인 대답을 하지 않으
면 리 부위원장의 방문을 거부할 듯하다. 혹시 일본 정부가 우리 정부의
눈치를 보는 것은 아닌지? 이런 복잡 미묘한 상황에서 만일 중국이 북한
에 쌀 100만 톤 정도를 유상 또는 무상으로 제공해준다면, 평양은 4자회담
에 적극적으로 대응해올까, 아니면 오히려 문민정부와 대화를 더 기피할
까, 차분히 검토해야 할 시점이다.

5월 6일, 이석채 정보통신부 장관과 오찬을 함께했다. 뱃심 있는 경제관
료로 알려진 그는 지난해 5월 재정경제원 차관으로서 베이징에서 열린 남
북 쌀 회담에서 15만 톤 지원에 합의했던 대표였다. 그는 북한의 식량난을
걱정하며 이렇게 어려울 때 도와야 앞으로 관계 개선과 평화를 위한 대화
와 협상에도 도움이 될 것이라고 했다. 그런데 그는 베이징 회담 때 통일
원에서 도와주기는커녕 오히려 불편하게 했다고 한다. 참으로 부끄럽고
놀라운 얘기다. 통일원의 송영대 차관이 마치 안기부 간부처럼 통제를 했
다니 나로서는 듣기에 민망하고 정말 부끄러웠다. 특히 송 차관이 그랬다

고 하니, 그를 발탁한 내 책임도 없다 할 수 없으니.

5월 21일치 《뉴욕 타임스》 사설을 보니 또 한 번 부끄럽다. 지금 북한의 기아상태가 미국과 동맹국들에 정치·도덕적 도전이 되고 있는 터에, 북한 당국이 4자회담을 수용하기 전까지 미국이 대북 식량지원을 보류하도록 한국 정부가 압력을 가하고 있다는 내용이다. 결국 이 사설은 우리 정부가 비인도적·비도덕적 정부이며 반민족적인 정권임을 은근히 시사한다.

북한에 쌀을 지원하려는 인도적 움직임이 국제적으로 확산되고 있다. 우리보다 훨씬 가난한 필리핀도 동참했고 국제기구들도 호응해올 듯하다. 그럴수록 냉전적이고 비정한 한국 정부를 보는 국제사회의 눈은 싸늘해지고 있다. 역사가 정말 후퇴하는 것인가!

〉 차기대권 겨냥 'DJP 연합' 움직임에 허망

1996년 6월 4일, 서울 프레스센터에서 내 회갑 논문 증정식이 있었다. 제자들의 수고 덕분이었다. 준비한 책 700권이 거의 다 나갔다. 이 시대를 주름잡는 인물들이 많이 다녀갔다. 김대중 총재를 위시해서 야당 인사들도 많이 왔다. 내 인생의 회춘이 역사의 회춘과 함께 만나 어깨동무하며 민족에게는 평화통일을, 국민에게는 민주화의 완성을 가져다줄 수 있기를 기도했다.

전날 아침엔 문민정부 초대 안기부장에 이어 잠시 통일부총리를 지낸 김덕 박사가 전화로 집권당의 향후 전망을 물었다. 마침 이회창 전 총리가 김영삼 대통령의 권위에 도전하는 형국이어서 걱정되는 듯했다. 나는 이 전 총리는 자기 나름의 명분을 가지고 계속 대통령의 권위와 맞싸울 것이고, 지난 노태우 정권 말기 때 김 대통령이 그랬던 것처럼, 이제는 김 대통령이 도전을 받아 어려움을 겪을 듯하다고 말했다.

6월 23일. 요즘 이른바 '3김 씨'의 행태를 보면 흥미롭기도 하고 염려되기도 한다. 1980년 불안했던 '서울의 봄' 때 세 사람은 전두환의 신군부 세력에 의해 'YS(김영삼)는 무능하고, DJ(김대중)는 사상이 불온하고, JP(김종필)는 부패 정치인'으로 부당하게 낙인찍혔다. 그런데 그해 4월 14일 전두환 소장이 중앙정보부장까지 겸임했을 때 '3김 씨'의 반응은 정말 흥미롭게 달랐다. YS는 전 장군의 겸직은 상관할 일이 아니라고 보았다. 어차피 민주화운동은 진행될 것이고 정치도 그 진행을 따라갈 것으로 낙관했다. 신군부의 움직임을 과소평가한 것이다. DJ는 전의 겸직은 민주화를 바라는 국민의 기대와는 사뭇 다르다고 우려했다. JP는 문제되지 않는 것을 괜히 문제 삼는 것이 오히려 문제라고 하면서 전의 겸직을 두둔했다. 재야와 비판적 지식인들은 일제히 그의 겸직을 비판하고 나섰다. 한 달 뒤 결국 계엄을 전국으로 확대해 전권을 장악한 전과 신군부는 민주화 세력의 핵심을 일망타진했다. DJ와 재야 대부분은 체포·구금되었다. YS는 정치 활동을 금지당했다. JP도 군의 후배들에게 수모를 당하면서 정계를 떠나야 했다.

그런데 지금 '3김 씨'는 다시 가까워지는 듯하다. 인간적으로 소통이 잘된다는 뜻이 아니다. YS는 한때 JP에게 집권당 대표 자리를 맡겼다. 지금 DJ는 차기 대권을 차지하기 위해 JP와 그 세력과 연대할 생각이 있는 듯하다. 정말 허망하고 허전하다.

7월 23일, '21세기 동북아연구회'라는 국회의원들의 모임에서 조찬 강의 부탁을 받고 모처럼 국회에 왔다. 강의와 토론이 끝나고 김수한 국회의장에게 인사했다. 그가 의례적인 말로 많이 도와 달라기에, 나는 "이 정부가 워싱턴과 베이징에 대해 너무 둔감해서 걱정입니다"라고 했다. 그랬더니 그는 "미국이 우리의 우방이니까 그렇겠지"라고 했다. 과연 우방이기에 그들과 역지사지를 못하는 것인가?

국회에 다녀온 뒤 오찬은 레이니 대사와 함께했다. 그는 지난 6월 말 내가 신문로 포럼에서 한 대북 정책 비판 강연에 고무된 것 같다. 김 대통령이 '4자회담'을 '4 - 2 회담'이라고 언론에 흘린 것을 염려했더니, 그 역시 퍽 불편해했다. '4 - 2'란 워싱턴과 베이징은 꼭두각시란 뜻인데, 어떻게 이렇게 무례하게 말할 수 있는지 뜨악해하는 것 같았다. 오히려 레이니는 '4 - 2'가 자칫 '4 - 3'이 될까 염려하는 듯했다. 즉 문민정부만 홀로 왕따를 당하게 될 것이기 때문이다.

7월 말.《뉴스위크》로컬 섹션에는 마이클 브린의 흥미로운 관찰이 실렸다. 그는 통일이라는 개념 자체가 분단 종식의 최대 장애물이라고 의미 있게 지적했다. 통찰력 있는 지적이다. 남한 당국자들이 통일을 강조하면 북한 당국은 그것을 즉각 공격적 흡수통일로 이해하는 반면, 북한 당국이 통일을 외치면 남한 당국은 그것을 곧 적화통일로 여긴다고 했다. 한반도 냉전 상황에서 강경 세력은 남북 가릴 것 없이 통일을 반통일, 반화해로 인식하고 있다는 것이다. 그러니 양쪽에서 통일을 앞세울수록 분단 종식은 그만큼 더 어렵게 된다고 했다. 이 모순과 교착을 극복하기 위해 우리는 어떻게 해야 할까?

〉 DJ를 계속 억압한다면 항상 그의 곁에서 도울 것

1996년 8월 30일, 정말 오랜만에 김대중 총재와 만났다. 김 총재의 정치담당 특보를 거쳐 지난 4월 15대 총선에서 국회의원(새정치국민회의)으로 당선된 길승흠 전 서울대 정치학과 교수가 주선한 자리였다.

김 총재는 문민정부가 남북 관계는 말할 것도 없고 대일 관계와 대미 관계마저 악화시켰다고 개탄했다. 나는 남북 간에 적대적 공생관계의 현실을 지적하며 염려했다. 그도 동의했다. 사실 남북 관계, 통일과 평화 정책에 관한 한 나는 YS보다 DJ의 비전에 훨씬 더 가깝다. 그래도 문민정부 초기 나는 YS와의 그 거리를 줄일 수 있을 것으로 낙관했다. 취임사는 물론이고 리인모 노인 송환 건의 때까지 나는 그의 과감한 정책 결단에 놀랄 정도였다. 그런데 북핵 문제 이후 지금은 문민정부가 노태우 정권 때보다 더 수구 냉전적 대북 정책을 과감하게 펼치고 있다. 이런 때 김 총재와 만나니 감회가 새로웠다. 그는 한반도 평화를 위해서 어떤 정책적 비전을 펼쳐야 하는지 알고 있었다.

김 총재와 대화를 마친 뒤 나는 김광일 청와대 비서실장을 만나 남북 정상 사이에 오해와 불신을 해소하는 방책으로 정상들이 신임하는 밀사 또는 특사끼리 소통의 문을 열어놓을 필요가 있다고 말했다. 그러자 김 실장은 그동안 정재문 의원(신한국당)과 장치혁 고려합섬 회장 등이 접촉을 했으나 북한 쪽에서 그들을 파트너로 인정하지 않았다고 했다. 평양 당국이 두 사람을 김 대통령의 심부름을 할 수 있는 인물로 여기지 않았다는 뜻이다. 하지만 그것은 평양이 신뢰할 수 있는 사람을 보내달라는 뜻일 수도 있으니 계속 이 문제를 신중하게 고려해볼 것을 나는 제안했다.

9월 2일, 방송대가 케이블 텔레비전 '채널 47'을 받아 방송을 개시하는 행사를 끝내고 저녁에는 김덕룡 정무장관, 현승일 국민대 총장과 함께했다. 다음 대통령은 비경상도인으로서 민주화와 정치개혁에 헌신한 인물 중에서 나와야 한다는 데 우리는 대체로 동의했다. 특히 김 장관은 최형우 의원과 연대를 강화해서 이런 방향으로 역사가 흘러가게 해야 한다고 나는 강조했다.

이런 얘기를 나누면서 나는 문민정부 출범 초기 김 대통령에게 김대중 총재를 껴안고 가자고 제의했던 사실을 새삼 떠올렸다. 정계은퇴를 선언하고 영국 런던으로 자진 유배를 가던 'DJ'를 대통령의 정치상임고문으로 모시게 되면 민주 세력을 대동단결시키는 효과뿐만 아니라 한국 정치의 고질병인 지역감정 정치도 극복해내는 효과를 낼 수 있다고 나는 확신했다. 그러나 나의 제언은 김 대통령의 한마디 엄명으로 묵살되고 말았다. "좋은 점이든 나쁜 점이든 다시는 내 앞에서 DJ 얘기는 하지 마시오."

9월 5일. 방송대에 출입하는 안기부 요원 권 아무개가 찾아와서는 지난달 30일 길승흠 의원과 함께 김대중 총재를 만나 무슨 대화를 나누었는지 물었다. 불쾌했다. 지금이 군사독재 시절인가. 게다가 문민정부가 DJ를 그렇게 두려워하는 데 놀랐다. 참으로 한심하다. YS가 지난 대선에서 투표로는 DJ를 이겼지만, 실상 정치적으로는 이기지 못했다는 생각이 퍼뜩 들었다. 진정한 승자라면 이렇게 옹졸하게 나오지 않을 것이다.

1984년 초가을 3년 만에 미국 망명생활을 끝내고 귀국했을 때도 안기부 요원이 김포공항에서 나를 기다리고 있었다. 그는 딱 한 가지만 물었다. "앞으로 DJ와 어떤 관계를 유지할 것인가?" 그때 나는 딱 떨어지게 이렇게 대답했다. "내가 DJ와 거리를 두기를 원한다면, DJ가 완전히 자유롭게 정치 활동을 하도록 허용해야 합니다. 그러나 계속 DJ를 억압하고 차별한다면 나는 항상 DJ 곁에서 그를 도울 것입니다."

9월 16일. 암투병 중인 서울대 이병설 교수(지리학과)를 문병했다. 그는 전교조 결성에 앞장선 제자의 배후 몸통이란 누명을 쓴 채 국가보안법 위반으로 옥고를 치르던 중 발병으로 출소한 상태였다. 그로부터 한 달쯤 뒤인 10월 13일 그는 끝내 세상을 떠났다. 서울대 교수 시절에는 서로 잘 몰랐으나, 그가 옥중에 있을 때 편지를 주고받으며 고난과 죽음에 대한 그의 신앙적 사색을 깊이 알게 되었다. 사실 그는 병사한 것이 아니다. 이 땅의 냉전 광기가 그를 죽인 것이다.

9월 16일에는 지난 15대 총선에서 낙선한 이철·유인태·원혜영 그리고 제정구 등을 만나 점심을 나누며 격려했다. 아직 젊은데다 그들의 지난날 민주화투쟁에서 겪은 소중한 경험이 있기에 앞으로 더 큰 일을 할 수 있을 것이라고 위로했다.

〉미군 총에 죽는 돼지 보며 깨친 '말의 힘'

1996년 9월 26일, KBS TV '신한국기행' 프로그램을 찍기 위해 경북 김천으로 내려갔다. 며칠 동안 제작진과 함께 지내며 내 어릴 적 추억이 얽힌 곳을 포함한 명소를 답사해 10월 10일에 방영한다고 했다. 나는 충남 당진에서 태어났지만 김천은 소년 시절 사회의식을 틔웠던 '고향' 같은 곳이다. 모교인 김천중학교를 비롯해 방학 때마다 찾았던 추풍령 고갯마루의 큰집, 전국 생산량의 11%를 차지할 정도로 넓은 포도밭 등을 둘러볼 참이었다.

나는 대구에서 무려 다섯 개의 초등학교를 다닌 뒤 여섯 번째로 김천의 중앙국민학교로 전학했다. 초등학교 교감이셨던 아버지의 전근을 따라 나도 자동으로 학교를 옮겨 다닌 것이다. 그래서 내 유년 시절은 새 환경에 적응해야 하는 긴장감과 정들면 떠나야 하는 아쉬움이 교차하는 아픈 체험의 연속이었다.

김천중학교 2학년 때 6·25가 터졌다. 우리 가족은 그때 중앙국민학교 안에 있는 교감 사택에서 살았다. 운동장에는 미군부대가 진주하기도 했고 영국 군대가 잠시 머물기도 했다. 그때 바로 그 운동장에서 벌어졌던 한 가지 소동은 어린 내게 충격과 함께 깊은 깨침을 안겨줬다. 집에서 기르던 돼지 한 마리가 운동장 주변의 풀을 뜯어먹으며 꿀꿀거리고 다니자, 미군들이 장난처럼 카빈총으로 돼지를 겨냥했다. 나는 그때 정말 장난인 줄 알았다. 그런데 미군 한 명이 돼지를 쏘았다. 아마 자기들끼리 내기를 한 듯하다. 돼지는 그 자리에서 허무하게 죽고 말았다.

그 순간 머릿속에 퍼뜩 이런 상상이 떠올랐다. 만약 그 돼지가 총을 겨누는 미군들에게 두 발로 벌떡 일어서서 이렇게 통사정을 했다면 어찌됐을까? "미군 아저씨, 나를 쏘지 마세요. 나한테는 새끼가 아홉 마리나 있는데 그놈들에게 젖을 먹이려면 어미인 내가 열심히 먹고 잘 살아 있어야 해요. 제발 내 새끼들을 생각해서라도 장난으로 나를 죽이지 마세요"라고 했으면 그 돼지는 죽음을 면하지 않았을까.

나는 그때 말의 힘이 얼마나 큰지를 새삼 깨달았다. 말하는 존재는 그래서 존엄한 인격적 존재임에 틀림없다. 그렇다. 그래서 언어의 표현과 그 표현의 자유가 가장 소중한 인간의 기본권임을 나는 그때 온몸으로 깨달았다. 민주주의는 바로 이 표현의 자유라는 땅 위에서만 피어나는 향기로운 꽃이다.

김천에서 나는 전쟁의 참상을 목도하기도 했다. 전투기의 폭격으로 초가집들이 초토화되는 장면도 여러 번 봤다. 이런 환난으로 아내와 자식 둘까지 잃고 우리 어머니께 찾아와 어린아이처럼 목 놓아 울던 사촌 자형의 모습도 잊히지 않는다.

40여 년 전의 추억을 회상하면서 나는 6·25와 같은 비극이 언제든지 한반도에서 일어날 수 있다는 현실을 새삼 주목하게 된다. 분단과 전쟁, 이념적 대결, 그리고 그 대결을 정치적으로 악용하는 강경 냉전 세력, 이들에 의한 민주주의와 인간 기본권의 훼손 등이 지금도 우리 민족과 국민의 마음과 몸을 아프게 한다. 이 아픔을 종식시킬 수 있는 정치지도자들이 하루빨리 나와야 한다. 그런데 현실은 그런 지도자가 나오기 어렵게 꼬여가는 듯했다.

마침 월간《신동아》10월호 부록에서 '10·26 박정희 대통령 저격사건'을 주도한 김재규 장군의 법정 최후진술이 실렸다. 1979년 12월 18일 군사재판의 비공개 진술 내용이었다. 그는 해방 직후 한때 김천중학교에서 체육교사로 재직한 인연이 있었다. 내가 김천중학교에 다닐 때 그는 이미 군에 들어간 까닭에 직접 배우지는 못했다. 김 장군의 최후진술에서는 역사란 낱말이 자주 나왔다. 그는 역사의식으로 자기의 상관이었던 박정희를 쐈다고 했다. 그러자 검사는 화가 났는지 김 장군을 나무라며 역정을 냈다. "자꾸 역사, 역사 하지 마시오!"

나는 왠지 그 역정 속에서 오히려 역사의 준엄한 심판을 두려워하는 검사의 마음이 보이는 듯해 씁쓸했다. 역사를 거울로 삼지 못하는 오늘날 정치지도자들의 어리석은 모습도 보이는 듯하다. 역사를 무시하는 정치인들은 더듬이 정치, 즉물 정치만 일삼다가 훗날 호된 역사의 평가를 받게 될 것이 아니겠나.

〉 전두환·노태우 상고심에서의 희한한 감형 논리

1996년 10월 19일 새벽 1시에 안병무 박사(한신대 명예교수)가 소천하셨다. 지난 8월 말 중국 연변에서 만났을 때 어린아이처럼 환하게 웃으며 반가워했던 모습이 눈에 선하다. 걸음걸이는 아기처럼 불안했으나, 꿈에도 그리던 간도 땅을 밟으면서 '엄마 젖가슴 같은 고향'의 따뜻한 내음에 취하여 마냥 기뻐했다.

그는 한국이 낳은 민중신학자로 제3세계에도 널리 알려졌다. 내게는 서울대 사회학과 대선배이기도 하다. 군사독재 치하에서 인권과 자유, 정의와 평화가 조직적으로 파괴되는 현실을 겪으며 그는 민중의 힘을 새롭게 깨달았다. 예수의 하나님 나라 운동을 민중운동으로 보았다. 그의 신학과 신앙은 한국의 반민주적·반민중적·반민족적 현실을 종식시키는 운동으로 그를 인도했다. 그는 한국기독자교수협의회를 중심으로 민중신학의 비전을 세워 치열하게 투쟁했다. 또 삶의 마지막 순간에는 동양사상과 민중신학을 이어보려고 애썼다.

서남동 선생, 유인호 선생, 그리고 며칠 전 이병설 선생도 한 많은 삶을 마쳤다. 이제 안 박사마저 우리 곁을 떠났다. 민중신학을 온몸으로 살았던 이분들의 뜻이 우리의 역사 현실 속에 실현될 수 있도록 나의 남은 시간 동안 여러 몫을 짊어지고 살아가겠다는 다짐을 해본다. 정말 어깨가 '신나게' 무겁구나.

새로 나온 《시사저널》(10월 24일치)에는 "김일성 최후의 발언록 — 유훈교시"라는 흥미로운 기사가 나왔다. 사망 하루 전인 1994년 7월 6일 김 주석이 남긴 말이다.

김영삼이 나를 만나기 위해 이달 25일 평양에 오게 된다. 그는 대통령 취임 연설에서 내가 한라산에서 만나자고 하면 한라산에서 만나고, 백두산에서 만나자고 하면 백두산에서 만나겠다고 했다. 그 후 미국이 핵 문제로 우리에 대한 압력을 강화하자 그는 핵무기를 가진 상대와는 악수할 수 없다고 했다. 그런데 이번에 카터가 나를 만나, 김영삼이 김일성 주석을 만나보았으면 좋겠다는 의향을 표시했다고 하면서 그를 만나지 않겠는가라고 했다. 그래서 나는 카터에게 나는 김영삼을 만나지 않겠다고 한 적이 없다, 그가 자기가 한 말을

취소하고 오겠다고 하면 만나겠다고 했다. 그래서 평양에서 북남 최고위급 회
담을 하기로 했다.

이 글을 읽고 나는 그때 직감한 대로 1993년 6월 초 취임 100일 회견에
서 김 대통령의 "핵 가진 자와 악수하지 않겠다"고 했던 강경발언이 김 주
석을 격동케 했음을 알 수 있었다. 또 이로써 김 대통령의 이중성을 확인
했다. 1994년 봄, 당시 문민정부는 카터 전 미국 대통령의 방북을 반대하
고 막으려고 애썼는데, 막상 북한 방문길에 서울에 들른 카터에게 김 대통
령은 김 주석을 만나게 해달라고 부탁했다는 것이 아닌가. 훗날 카터의 회
고록을 보면, 카터가 다시 서울로 돌아와 남북정상회담의 성사 사실을 알
려주자 김 대통령은 너무 놀라 입을 닫지 못할 정도로 반겼다고 했다. 이
어 정상회담을 반대하는 반공 세력을 향해 그 당위성을 역설하던 김 대통
령은 김 주석이 돌연 사망하자 태도를 표변해 이른바 '조문 파동'이 일어나
게 했으니 이 또한 이중성이 아닐 수 없다.

혼히 남북 관계 자체를 상황적 이중성으로 보는 사람들이 있다. 하지만
이는 이중성이 아니라 심각한 모순성이다. 이를 근본적으로 극복하려 하
지 않고 상황의 이중성만 얄팍하게 부각시키는 것은 일종의 잔머리 굴리
기 대북전술에 지나지 않는다.

10월 23일, 신라호텔에서 허주(김윤환)와 저녁을 함께했다. 그는 앞으로
김대중 총재가 내각제나 이원집정제 카드로 보수 세력과 권력을 나누는
전략을 펼 것이라고 내다봤다. 그래서 DJ가 오래전부터 내각제를 선호해
온 JP(김종필 자민련 총재)와 '이익연대'함으로써 전라도의 지역적 한계와
진보라는 이념적 한계를 한꺼번에 뛰어넘으려 할 것이라고 했다.

나는 허주의 예리한 판단에 어느 정도 수긍하면서도 그대로 상황이 전

개되는 것을 심히 우려했다. '양 김' 가운데 DJ마저 보수 세력과 연대해 대권을 잡는다면 또다시 새로운 정치와 역사는 좌절되고 말 것이 아닌가. 그렇다고 내년 대선에서 그가 이회창 중심의 신진 보수 동맹을 과연 이길 수 있을지도 자신할 수가 없다.

12월 22일, 상고심에서 전두환·노태우 두 전직 대통령에게 각각 사형과 무기징역형에서 무기와 17년형으로 줄어든 선고가 나왔다. 재판부는 '항복한 장군은 죽이지 않는다'는 희한한 명분을 감형 이유로 내세웠다. 하지만 그들은 단 한 번도 공개적으로 반인륜적 죄를 시인하고 그 많은 피해자들에게 사과도 항복도 한 적이 없다. 나도 이제 그만 군사 독재자들에 대한 증오에서 자유로워지고 싶다. 그래서 그들의 입에서 진솔한 고백이 나오기를 목이 타도록 기다리고 있는 것이 아닌가. 용서해주고 싶어서 말이다.

〉'노동법 날치기', 문민정부의 '정치적 치매'

1997년 1월 11일. 요 며칠 사이 세계 주요 언론에서 약속이라도 한 듯 한국 정부를 비판했다. 미국의 《뉴욕 타임스》·《워싱턴 포스트》, 영국의 《더 타임스》, 독일의 《슈피겔》까지 지난해 12월 26일 새벽 6시 집권 신한국당이 마치 군사정권 때처럼 국회에서 노동관계법과 안기부법을 '날치기 통과'시킨 사실을 겨냥했다. 프랑스의 《르 몽드》는 민주화는 제도적 개혁을 통해 이뤄져야 하는데 한국 정치지도자의 의식은 아직도 권위주의적이라고 예리하게 지적했다. 그 가운데 나를 가장 놀라게 한 비판은 미국 자동차노조 위원장인 스티븐 요키치의 말이었다. "한국 정부는 이 뻔뻔스러운 반노동자적 행동에 스스로 부끄러움을 느껴야 한다. … 김영삼 대통령은 차라리 민간복을 벗어버리고 국제사회의 조롱거리가 되었던 이전 독재자들의 장군복으로 갈아입어라!"

정말 창피한 일이었다. 문민시대에 이 무슨 망신인가. 문민정부는 일종의 집단적 치매에 걸린 것 같다. 지난날 군사정권이 저질렀던 잘못들을 까맣게 잊어버리고, 심지어 그 짓을 반복하고 있었다. 유신 말기 국회에서 김 대통령을 부당하게 추방했던 그 벌거벗은 군사 권력을 여당 대표(이홍구)를 앞세워 지금 그가 휘둘러대고 있다. 지난 1월 7일 그의 연두기자회견을 지켜보며 나는 속으로 '아! 이 문민정부가 마침내 정치적 치매에 걸렸구나' 하고 외쳤다. 더욱 딱한 건, 모든 치매환자가 그렇듯, 정작 정부만 정치적 치매에 걸린 것을 모른다는 슬픈 사실이었다.

1월 15일, 퇴근길 종로와 을지로 일대가 막혔다. '노동관계법' 날치기에 항의해 민주노총을 비롯해 총파업에 나선 노동자들이 연일 거리로 쏟아져 나오고 있다. 꼭 10년 전 6월의 모습이 떠오른다. 10년 만에 역사가 후퇴했단 말인가! 김 대통령이 과연 야당 지도자 시절 진정 민주화를 위해 투쟁했는지조차 의심스럽다. 다만 대권을 잡기 위해 민주화운동을 잠시 이용한 것은 아닌가.

1월 17일, 전직 장군들과 오찬을 함께했다. 퍽 이례적이고 흥미 있는 자리였다. 김진기 전 헌병감, 장태완 전 수경사령관, 김영관 전 해군참모총장, 이들은 모두 신군부에 의해 억울하게 고통을 당했다. 장 장군은 처음에는 몹시 조심하는 듯했지만 차츰 말문이 열리자 전두환과 그 부하들이 앞으로 꾀할 문제들을 심각하게 염려했다. 김 대통령 퇴임과 더불어 지금까지 와신상담해온 '전 씨 일당'이 하나회의 복귀와 조직 강화를 꾀할 것이며 보복작전을 구사할 것으로 그는 내다봤다. 그런데 정작 김 대통령은 군 장성들이 모두 자기에게 충성하기에 문제될 것이 없다고 낙관한다고 그는

1997년 1월 21일 김영삼 대통령, 김대중 새정치국민회의 총재, 김종필 자민련 총재, 이홍구 신한국당 대표가 청와대에서 만나 여야 영수회담을 열고 있다.

두려운 마음으로 걱정했다. 이들의 얘기를 듣고 보니, 이래저래 YS는 퇴임 뒤 외롭고 괴로운 삶을 살 것 같아 마음이 아팠다. 민주화 세력, 평화 인권 세력도 지난날처럼 그를 지지하지는 않을 것이기에 그의 외로움은 더욱 커지고 깊어질 것 같았다.

김 대통령이 마지못해 이 정치위기를 극복하기 위해 여야 영수회담을 수용했다. 과연 그 자리에서 노동법 파동을 풀어낼 수 있을까? 김 대통령은 영수회담에서 정치 승부수를 던질 터인데, 당장은 이길지 몰라도 멀리 보면 역사의 패배자가 되고 있는 것 같다. 안타까운 일이었다.

1월 21일. 청와대에서 영수회담이 열렸다. '3김 씨'가 다시 만난 것이다. 아직도 한국 정치는 그들의 영향력에서 벗어나려면 먼 것 같다. 흥미롭게도 김종필JP 자민련 총재가 문민정부에 대해 가장 비판적으로 나왔다. 날치기로 통과시킨 법안들을 원천무효화하지 않는 한 문제 해결의 길은 없다고 그는 강경하게 말했다. 자민련 대변인은 신한국당이 날치기 통과에 대해 먼저 사과한 뒤 재발 방지를 보장해야 한다고 여당을 옥죄었다. 안기부법에 대한 태도에도 JP가 DJ보다 더 강경했다. 이 또한 역설적으로 흥미롭다. 안기부(중앙정보부)를 창설해 한국 민주화를 옥죄었던 그가 이제 반대로 안기부법을 개악했다며 '민주 투사' 출신 김 대통령을 옥죄고 있다니.

영수회담을 마친 뒤 JP는 YS가 아직도 현실을 모르고 있다고 비판했다. DJ는 오히려 성과 있는 회의였다고 긍정적으로 평가해주었다. 그의 이런 너그러움이 계산된 꼼수에서 나온 것 같은 인상이 들어 뒷맛이 개운치 않다. JP가 차제에 이철승 전 의원 등과 함께 수구연합을 구성해 민주연합 세력과 민주적으로 경합한다면 오히려 한국 정치가 좀 더 예측 가능해지지 않을까. 여하튼 영수회담은 떨떠름하게 끝나고 말았다.

〉레이니 대사에 "성조기 달지 말고 오라"

1997년 1월 21일 오후 3시, 지난 연말 클린턴 대통령에게 사의를 표하고 이달 말 임기를 마치는 레이니 박사가 나를 처음으로 자기 집무실로 초청했다. 공사인 리처드 크리스텐슨도 함께 1시간 가까이 환담을 했다.

전라도 사투리까지 잘하는 크리스텐슨 공사와는 레이니 대사 부임 이전, 재야 시절부터 여러 번 만난 적이 있다. 나는 옛날 주한 미 대사의 막강한 영향력을 언급하면서 한국 민주화운동을 회고했다. 1980년 '서울의 봄'과 이후 급박했던 5·6·7월에 윌리엄 글라이스틴 미 대사의 우유부단함과 존 위컴 8군사령관의 망언("한국인의 들쥐 같은 성격")에 대해서도 언급했다. 미국 대사의 영향력이 조금씩 약화되고 있는 것은 한국인들의 민주 역량이 그만큼 커진 반증이 아닐까.

레이니의 후임으로 누가 올지는 아직 아무도 몰랐다. 나는 '군림하는 총독형'이 아니라 그레그나 레이니처럼 '이웃 친구형' 대사가 오기를 바랐다. 앞으로 미국이 한국에 대해 군사·정치적 영향력을 조금씩 줄이면서도 경제적 영향력, 즉 시장개방 압력만은 더욱 가중시키지 않을까 하는 생각이 든다.

　1월 24일 오후, 레이니 대사의 환송식이 있었다. 그를 아끼는 한국 교회 지도자들, 주로 열린 신학과 신앙으로 살아오신 분들이 주선한 송별모임이었다. 1993년 11월 레이니 대사의 부임 환영 모임을 주선하고도 김영삼 대통령의 만류로 참석하지 못했던 나는 그를 위해 감회 어린 환송사를 했다. 내가 짤막한 환송의 변을 마치자 레이니는 고맙다는 인사에 이어 다소 충격적인 얘기를 들려줬다. 낮은 목소리여서 나만 들을 수 있었다. 3년 전 그의 환영식에 부총리인 나를 참석하지 못하도록 청와대가 압력을 넣은 것은 미국을 의도적으로 격하시키려는 김 대통령의 뜻이 있었기 때문이라고 했다. 한국의 거의 모든 분야의 거물 인사들이 많이 참석한 환영식에 나 같은 사람 하나 가지 않는다고 해서 미국의 격이 낮아진다고 여기지 않았기에 그 순간 나는 레이니의 판단이 조금 과민하다는 생각을 했다. 그런데 그가 좀 더 조용한 목소리로 털어놓은 다음 얘기는 참으로 당황스러웠다. 부임 초기 북한에 대한 미국 정부의 포용적 대응을 못마땅해한 김 대통령을 설득하고자 청와대에 가기로 했는데, 그때 비서실에서 대사의 전용차에 성조기를 달지 말고 들어오라고 했다는 것이다. 레이니는 그때 불쾌했던 경험을 3년이나 혼자 참고 있었던 것이다. 성조기는 미국의 국기요, 대사는 미국 대통령을 대신하는 직분인데, 그런 요구는 외교관례에 비춰 있을 수 없는 무례한 행위가 아닐 수 없기 때문이다.

　김 대통령이 정말 미국을 길들이겠다는 치기라도 부렸던 것일까, 아니면 미국 대사의 잦은 청와대 출입을 보고 국민들이 혹여 오해할까 염려했을까, 여하튼 상식과 양식 밖의 일이라 나는 믿기 어려웠다. 그러나 레이니의 불편한 심기를 나는 충분히 역지사지할 수 있었다. 심각하고도 어이없는 실수다.

1월 27일 오전 9시 30분께 오인환 공보처 장관이 전화를 했다. 오늘치 《한겨레》에 실린 "시평 ― 즉물정치와 넥타이의 반발"에서 내가 '정치 치매'란 표현까지 써가며 대통령에게 직격탄을 날린 것으로 보여 놀랐다고 했다. 오 장관은 김 대통령을 취임 때부터 지금까지 계속 보좌해온 문민정부 최장수 각료였지만, 적어도 냉전수구 노릇은 하지 않았다. 그도 내 논리의 잘못을 지적하지는 않았다. 나는 그에게 문민정부가 지금처럼 계속 나간다면 모두가 '역사의 하수구'에 빠질 것이라고 경고했다.

그가 청와대 지시에 따라 전화를 했는지는 모르겠지만, 그는 내 얘기를 경청했다. 그가 《한국일보》 편집국장으로 있을 때인가, 나는 5개월 남짓 매주 한 차례씩 그 신문에 칼럼을 쓴 적이 있었다. 그때도 한국 정치지도자들에게 편지 쓰는 형식으로 고언을 쏟아냈기에 이번 내 글을 보고 그가 새삼 놀랄 턱은 없었다. 다만, 그도 김 대통령을 모시는 처지이니 다소 곤혹스러웠을 것이라고 나는 이해했다.

이튿날 저녁 미 대사 관저에서 열린 레이니 대사의 환송 리셉션에 갔더니 600명 가까운 정치인들이 모여 있었다. 이회창 전 총리도 내 칼럼을 읽었다며 인사를 했고, 한 방송사의 사장과 호남 출신 한 여당 의원은 잘 썼다며 격려해주었다. 나는 여러 정치인들의 유사한 인사를 받고 보니 오히려 불편해져서 서둘러 관저를 빠져나왔다.

〉 '정치 치매' 지적한 나의 칼럼에 대통령 격분

1997년 1월 27일 점심때는 이각범 정책기획 수석비서관과 함께했다. 그는 내가 아끼는 제자이자 서울대 사회학과 동료 교수이기도 했다. 그는 김영삼 대통령이 야당 당수일 때부터 도와주고 싶어 했다. 그러나 지금 그는 보좌관으로서 대통령을 제대로 보필하지 못하는 외로움을 느끼는 듯했다. 대학에 남아 있었다면 이런 곤혹스러움은 느끼지 않아도 됐을 텐데 하는 아쉬움이 있었다.

그날 저녁에는 후배인 박세일 사회복지 수석비서관과 현승일 국민대 총장, 이명현 전 교수와 함께했다. 모두 김 대통령을 좋아하는 이들이다. 그들도 오늘 아침 《한겨레》에서 내 칼럼을 읽고 착잡했을 터인데, 나를 원망하거나 비난하지는 않았다. 그러나 그들은 김 대통령이 임기 마지막 해를 맞아 새로운 방식의 개혁으로 초기의 인기를 만회할 수 있을 것이라고 낙관하는 듯했다. 뒤집기와 깜짝쇼를 잘하는 그의 정치 스타일이 다시 한 번 멋지게 발휘된다면, 얼마나 좋겠는가. 그렇게 하려면 모세가 했듯이, 먼저 철저한 자기반성을 위해 시나이 산이나 광야로 잠시라도 나가야 한다. 진솔한 사과와 함께 새로운 출발을 다짐해야 한다. 사실 나는 이렇게 제안을 하면서도 힘이 빠졌다. 이미 너무 늦은 것 같았기 때문이다.

1월 30일 오전에는 뜻밖에 교육부의 이영탁 차관이 전화를 해서는 《한겨레》에 실린 내 칼럼에 대해 비난을 쏟아냈다. 고위 관료 특유의 맹목적 충성심인가. 그러더니 다음날 오전에는 안병영 교육부 장관이 이 차관과 함께 내 방송대 총장 집무실로 찾아왔다. 안 장관은 점잖은 지식인이다. 그는 전날 이 차관의 절제 없는 언어 사용에 대해 나의 이해를 촉구했다. 그러면서도 그 역시 '집단적 정치 치매'란 칼럼의 표현은 너무 직설적이었다고 정중하지만 날카롭게 지적했다. 고마웠다. 그래서 나도 이런 글을 쓰게 된 고뇌를 설명하며 주말에 김 대통령에게 전화를 드려보겠다고 했다.

오후에는 내가 회장을 맡고 있는 한국사회문화연구원의 대표인 이장현 교수(홍익대)가 전화해서는, 김 대통령이 내 칼럼을 읽고 대로했다고 전했다. 역지사지해보니, 내 글의 참뜻과 달리 오해를 할 수도 있겠다는 생각이 들었다.

2월 2일 일요일 아침 9시 35분에 안 장관에게 약속한 대로 청와대에 전화했다. 김 대통령께서 가족예배 중이라 전화를 받기 어렵다고 했다. 10분쯤 뒤 대통령께서 전화를 해주셨다. 예상한 대로 화가 풀리지 않은 목소리다. 나는 차분하게 내가 그런 글을 쓸 수밖에 없었던 정황을 말씀드렸다. 세계 여론의 악화와 국내 지지도의 10% 하락 현상을 보고 팔짱 끼고 구경만 하기에는 마음이 너무 무거웠다고 이해를 구했다.

그런데 김 대통령은 국내 민심과 인기 하락을 심각한 현실로 받아들이지 않았다. 그는 낙관하고 있었다. 게다가 연말 대선에서 야당이 집권하는 일은 없을 것이라고 강조했다. 이것은 DJ(김대중)가 대통령이 될 수 없고, 돼서도 안 된다는 뜻이기도 했다. 나는 대통령께 남은 1년이 길면 길고 짧다면 짧은데, 이 소중한 시간을 값지게 활용해 취임사의 정신으로 돌아갈 수 있기를 바란다고 했다. 대통령은 '시간이 많이 남아 있다'는 점에 대해서만 공감을 표시했다.

통화가 끝난 뒤 내 마음은 더욱 허전해졌다. 최악의 경제 상황, 최저의 인기, 썩은 냄새 나는 한보 부정사건, 노동관계법과 안기부법의 날치기 통과 강행, 최악의 외신 평가, 미묘한 한·미 관계 등등의 상황 속에서 정부는 대선 승리에 온 정신을 쏟고 있다. 대통령은 남북 관계만 아니라 야당과의 관계도 제로섬 게임으로 보고 있다. 승리하지 않으면 끝장난다는 강박관념에 사로잡혀 있는 듯하다.

때마침 워싱턴에서는 클린턴 대통령이 연두교서를 발표했다. 그는 교육개혁을 강조했다. 한반도 정책으로는 '4자 회담'을 성공시켜 마침내 북·미 관계를 개선하겠다고 다짐했다. 그리하여 한반도 냉전체제를 해소시키겠다고 했다. 나는 속으로 외쳤다. '아! 정말 부럽구나, 부끄럽구나.'

문민정부 출범과 함께 통일부총리 임명장을 받을 때만 해도, 나는 재임 기간 동안 분단된 조국과 민족을 하나로 잇고 한반도 냉전체제를 종식시킬 수 있는 확실한 기반을 마련하고 싶었다. 그리하여 중동평화협정의 주역 사다트 대통령과 베긴 총리처럼, 남아프리카공화국의 만델라 의장과 데클레르크 대통령처럼, 한반도의 김영삼 대통령과 김일성 주석이 나란히 노벨 평화상을 받는 꿈을 가슴에 간직하고 있었다. 그런데 오늘 1997년 초의 이 엄혹한 현실을 보며 나는 더욱 비감에 잠기고 있다.

〉 황장엽 탈북에 김현철의 관여 의혹까지

1997년 2월 15일, 미국 여행 중에 북한의 노동당 고위 인사이자 주체사상 이론가인 황장엽 국제담당비서가 망명했다는 소식을 들었다. 나는 직감적으로 문민정부가 기획한 사건이고, 이로써 남북 관계가 새로운 차원에서 심각하게 악화될 것이란 불길한 생각이 들었다. 그렇지 않더라도 1982년 귀순해 정착해 살던 북한 최고위층의 친인척 이한영의 피살사건으로 뒤숭숭한 때라 황 씨의 탈북이 미칠 영향에 대해 걱정하지 않을 수 없었다.

미국 정부는 이한영 피살과 황장엽의 기획탈북이 클린턴 대통령의 대북한 포용 정책을 방해하는 사건이 되지 않기를 바라는 것 같았다. 이를 계기로 한국 내 반북 감정을 부풀리고 부추기는 사태를 경계하는 듯하다. 흥미로운 점은 《뉴욕 타임스》가 이 두 사건으로 문민정부가 지금 겪고 있는 당혹스러운 부패 스캔들로부터 국민의 시선을 딴 곳으로 돌리고 있다고 보도했다는 사실이다. 일종의 냉전식 잔머리 굴리기요, 꼼수를 쓰는 것이라는 지적이다. 또 한 번 부끄러웠다. 이것이 'YS'다운 과감한 대북 정책이라면 두고두고 좋은 평가는 받지 못할 것 같았다. 황장엽은 김일성 주석이 생존했을 때 두터운 신임을 받았으나, 김정일이 집권하자 심각한 푸대접을 받았던 것 같다. 그래서 망명을 했다면 그는 앞으로 김정일에 대한 비난을 계속할 것이고, 결국 남북 관계는 확실하게 악화될 것이었다.

2월 25일, 문민정부 출범 4돌을 맞았다. 오전에 김영삼 대통령은 텔레비전을 통해 대국민 담화를 발표했다. 국민 앞에 사과한 것이다. 지난 4년간 평화는 더욱 멀어지는 듯하고, 민주화는 엉거주춤하며 민생고는 깊어가는데 부패는 더욱 심화되는 모습. YS가 더욱 초라하고 외로워 보인다. 내 가슴도 시리게 아프다.

2월 27일, 김 대통령의 사돈인 김웅세 롯데월드 사장과 오찬을 했다. 최근 한보 비리 사건에 연루돼 검찰 수사를 받고 있는 소산(김현철)이 찾아와 지난날 자신의 행동이 잘못되었다고 사과했단다. 2년 전쯤인가, 김 대통령 앞에서 장인을 '이 사람'이라 칭하면서 장인의 말을 듣지 말라고 한 적이 있을 정도, 소산은 오만불손했단다. 믿기 어려운 일이다. 설사 장인이 귀에 거슬리는 얘기를 했다 하더라도 이것은 도덕이나 상식으로나 용납할 수 없는 일이다. YS도 이제 와서 아들을 용서해달라고 했단다. 어쩌겠나, 장인이 사위의 잘못을 용서해주는 것이 가족의 도리가 아니겠는가.

이날 저녁엔 1970년대 외롭고도 고통스러운 민주화운동을 함께한 기독자교수협의회 동지들이 오랜만에 모였다. 이문영·현영학·김용준·노명식 선생 등과 지난날을 회고하고 서로 위로했다. 우리는 변하지 않고 우정과 의리를 지키고 있는데, 왜 정치에 몸담고 있는 민주화 동지들은 그렇지 않은지 답답하다고 했다. 특히 새로운 한국을 세워줄 것으로 기대했던 문민정부가 국민의 지탄을 받게 된 것이 정말 우리 모두에게 아쉬움과 분노를 함께 안겨주었다.

3월 19일, 김 대통령이 국가 공권력을 아들인 소산에게 나눠준 사실이 조금씩 드러나면서, 한보 비리 사건의 윤곽이 뚜렷해지고 있다. 심각한 국가기강의 문제라 아니할 수 없다. 그런 와중에 소산의 왼팔 노릇을 했다는 박경식이란 의사(비뇨기과)가 베이징에 가서 황장엽을 만났다는 보도가 나왔다. 만에 하나 황의 기획탈북에 소산이 관여했다면, 이야말로 국가 최고 공권력의 사적 남용이 아닐 수 없다. 어찌 이런 심각한 사태가 민주정부에서 일어날 수 있다는 말인가! 아직도 나는 이를 믿고 싶지 않다.

5월 17일, 17년 전 내가 남산 지하실로 끌려갔던 바로 그날이다. 하필 이날 끝내 소산이 구치소에 갇혔다. 이 무슨 얄궂은 역사의 곡절인가. 문민정부 출범 때는 도무지 상상도 할 수 없었던 수치가 아닐 수 없다. 1992년 12월 모두들 대선 승리의 기쁨에 취해 있을 때 이미 YS의 맏사위는 처남의 사려 깊지 못한 행동을 예감하고 심각하게 염려했는데, 대통령 주변의 참모들은 진정 그것을 몰랐단 말인가. 대통령 아들이 대통령의 명예뿐만 아니라 문민정부의 본질과 명예까지 훼손하도록 모두들 수수방관만 했단 말인가. 하기야 소산의 무소불위 힘을 빌려 신세를 진 이들이 한둘이 아닐 터, 누가 감히 그를 관리할 수 있었겠는가. 이 순간 나는 맏사위가 주고 간 지침을 새삼 떠올리며 가슴을 쳤다.

) YS, DJ 당선 위해 판세 관리 내비쳐

1997년 11월 16일, 세계 거대대학 총장회의에 참석하고자 3년 만에 남아공을 다시 방문했다. 방송통신대는 학생 수 10만 명 이상의 거대대학이다. 회의 중에도 남아공 주재 대사관을 통해 한국의 경제위기 소식이 속속 들려왔다. 내 마음은 불안하기만 했다. 아무래도 국제통화기금IMF의 관리를 받게 될 모양이다.

12월 16일. 대통령 선거 이틀 전이다. 오후 3시 20분쯤 청와대에서 들어오라는 전갈이 왔다. 1시간 남짓 김영삼 대통령과 둘이서만 얘기했다. 나는 그동안 하고 싶었던 얘기들을 쏟아냈다. 김 대통령은 힘이 많이 빠져 보였다.

나는 우리 경제위기가 얼마나 심각한지 물었다. 김 대통령은 강경식 경제부총리나 김인호 경제수석비서관은 다소 낙관적이지만 이제는 IMF에 의존할 수밖에 없는 딱한 상황임을 알게 되었다고 했다. 그래서 임창열 장관에게 대응책을 강구하라고 지시했다고 한다. 나는 이 위기가 오히려 기회로 전환되기를 바란다고 했다.

김 대통령은 얼마 전 아시아태평양경제협력체APEC 회의 때 우리 경제의 심각한 위기를 클린턴 미국 대통령에게 호소했고, 이어 귀국 뒤 클린턴이 직접 전화해 어떻게든 도와주겠다고 했단다. 또 보즈워스 신임 주한 미 대사가 이번 경제위기가 전화위복이 될 것이라고 했단다.

최근 대선후보들이 앞다퉈 김 대통령을 공격하고 있는데, 여당인 신한국당 이회창 후보의 공격이 특히 그를 아프게 하는 것 같다. 또 후보들은 전두환·노태우 두 전직 대통령의 사면을 주장하며 결자해지 차원에서 김 대통령이 앞장서야 한다고 했다. 나는 이 주장에 대해 신중해야 한다고 강조했다. 결자해지에서 '결'은 역사 청산과 개혁의 차원에서 내린 맺음인데, 이를 너무 쉽게 풀어주면 역사 바로 세우기는 역사 바로 지우기로 변질될 수 있기 때문이라고 했다.

이날 나는 5년 전을 회고하며 몇 가지 아쉬웠던 점을 조목조목 말씀드렸다. 특히 보수 언론에서 나와 김정남 수석을 '색깔론'으로 모함했을 때 대통령께서 단호하게 방어해주지 않아 섭섭했다고 털어놓았다. 나는 그때 대통령께서 조선일보 사장에게 단 한 번만이라도 친히 전화로 "한 부총리 그런 사람 아니오!" 하고 단호하게 변호해주기를 기대했다고 했다. 그러자 YS는 다소 열없어하면서 그때 하루에 수백 통의 편지가 들어왔는데 대부분이 나를 비난하는 내용이었다고 했다.

김 대통령은 이틀 뒤 선거에서 누가 당선될 것 같으냐고 물었다. DJ가 1~2%의 아주 근소한 차이로 이길 것이라고 하자 대통령은 "그렇지, 그렇지" 호응하면서 은근히 이인제 후보를 견제하지 않았다고 말씀하셨다. 그때는 그 얘기를 그저 흘려들었다.

12월 18일, 대통령 선거에서 예상대로 박빙의 차이로 김대중 후보가 당선되었다. 12월 31일 정축년의 마지막 날 원격화상회의를 통해 전국의 지역학습관(지역대학) 직원들을 연결해 종무식을 했다. 거리의 제약을 정보통신혁명으로 뛰어넘는 기쁨을 체험했다. 퇴근길에 병원에 들러 며칠 전 태어난 손자의 자는 모습을 보았다. 나는 내 호인 '한민'을 손자의 이름으로 주었다. 평온하게 잠든 그 모습을 보며 이 사악하고 오염된 세상에서 그가 앞으로 겪게 될 성장의 아픔을 잠시 상상해보았다.

그런데 이날 저녁 교회에서 송구영신 예배를 보고 돌아와 막 잠들려는 순간 전화가 울렸다. 밤 11시 40분께다. 청와대였다. 김 대통령께서는 "지난 16일 우리 얘기할 때 감을 잡았소?"라고 밑도 끝도 없이 말씀하셨다. 나는 수화기를 들고 잠시 멍청히 서 있었다. 내가 대답을 못하고 망설이니까, 이인제 후보 얘기를 꺼냈다. 그를 사퇴시키지 않았다고 했던 말이 퍼뜩 생각났다. 속으로 '아! 이인제 후보를 막지 않음으로써 DJ가 당선되도록, 적어도 간접적으로 판세를 관리했다'는 뜻이로구나 하고 깨달았다. 그래서 "예, 알았습니다"라고 대답했다.

김 대통령은 이회창 후보가 자신과 DJ를 싸잡아 비난했던 것을 상기시키면서 그렇게 욕하는 사람을 지지할 수는 없다는 점을 분명히 했다. 이 후보가 선거 때 YS와 DJ의 닮은 점을 신문에 대대적으로 광고했던 것이다. 그러면서 임기가 끝날 때까지 남은 두 달을 DJ와 힘을 합쳐 이 경제 난국을 이겨내겠다고 하셨다. 내가 이런 YS의 속뜻을 DJ에게 전달해주기를 바란다는 뜻이었다.

나는 전화를 끊은 뒤 내일 아침, 우선 김대중 총재의 최측근인 권노갑 전 의원부터 찾아봐야겠다고 생각했다. 그를 통해 YS의 속뜻을 꼭 DJ에게 전달해야겠다고 다짐했다.

〉'DJ 가신' 권노갑에게 YS 메시지 전달

1998년 새해를 맞자마자 나는 김영삼 대통령의 메시지를 김대중 대통령 당선인에게 전달하기 위해 권노갑 전 의원의 행방을 수소문했다. 사촌 동생인 한용상 전 《기독교방송》 정치부장을 통해 그가 지난달 30일부터 병보석으로 강북삼성병원에 입원 중이란 사실을 확인했다. 그는 한보특혜비리 사건에 연루돼 수감되어 있던 중 신병치료차 형집행정지를 받은 상태였다. 마침 심재권 박사(현 민주통합당 의원)가 세배하러 찾아왔다. 그가 권 전 의원과 가깝다는 얘기를 듣고 나는 빠른 시일 안에 그를 만나 DJ에게 전할 말이 있다고 했다.

1월 5일, 병원을 찾아가 건강해 보이는 권 전 의원을 만났다. 우선 나는 DJ의 대통령 당선이 지닌 역사적 행운과 기회에 대해서 얘기한 뒤, 김 대통령이 전하고 싶어 하는 메시지를 여러 각도에서 풀어서 알려주고, 개혁은 혁명보다 어려운 정치·역사적 과업이라는 점을 또한 강조했다. 개혁 전쟁의 성공을 위해 무엇보다 청와대 안에 지휘상황실이 필요하다는 점을 각인시키려 했다. 권 전 의원은 내게 오늘 얘기한 내용을 종이에 적어달라고 했다. 나는 퍽 망설였지만 'A4' 용지 8장으로 요약해 그에게 전달했다. 대강의 요지는 이렇다.

'지금 IMF 구제금융 체제라는 객관적 경제위기가 김 당선인에게는 엄청나게 소중한 정치적 기회가 될 수 있다. 무엇보다도 냉엄한 구조 개혁 또는 자기 비리를 깎아내는 구조조정을 경제주체가 결단해야 하는데 이번 위기 같은 경제 비상상태로 그런 개혁을 추진할 수 있게 되었다. 쿠데타가 일어난다 해도 기업의 과감한 구조조정과 기업경영의 투명성을 동시에 확보하기 어려운데, 이번 위기로 국민의 성원과 세계의 지지를 받으며 경제주체들로부터 과감한 양보를 얻어낼 수 있게 되었다. 이를 통해 국가가 재벌개혁을 강력하게 요구할 수 있고, 노동시장의 유연성 못지않게 공공성을 제고할 수 있어야 한다. 게다가 경제번영과 민주화를 동시에 추진시켜 성공으로 이끌 수 있어야 한다. 여기에 동서화합과 남북 관계 개선을 함께 추진하되, 남북 관계 개선을 경제협력의 중심으로 삼아 그 효과를 창출해 내야 한다. 이번 경제위기는 김 대통령에게는 뼈아픈 고통을 안겨주었으나, 당선인에게는 모든 국민들의 고통분담을 끌어내면서 새로운 한국의 번영과 평화를 구현하는 발판이 될 수 있다.'

이어 나는 YS가 참으로 딱한 상황에 놓여 있는 지금, DJ가 도움의 손길을 뻗칠 수 있는 기회이기도 함을 강조했다. YS가 이인제 후보를 의도적으로 견제하거나 통제하지 않은 덕분에, 이회창 후보에게 갈 표를 챙김으로써 DJ가 근소한 차이로 승리할 수 있었던 것이라고 했다. DJ가 이 사실을 명심해주기를 바라는 YS의 뜻을 전했다.

김 대통령의 아들(현철)은 구치소에 갇혀 있고, 앞으로 김 대통령도 청문회에 불려나갈 수도 있겠다. 이런 상황에서 DJ는 YS보다 도덕적으로 훨씬 더 성숙하고 바람직한 관용을 보일 수 있을 것이다. 5년 전 YS는 DJ를 매정하게 무시했지만, 이제 DJ가 그를 너그럽게 포용하는 모습을 보여준다면, 새 정부는 국민의 지지를 받으며 위기를 더욱 효과적이고 정당하게 극복해낼 수 있을 것이다. 권 전 의원도 내 설명에 수긍하는 듯했다. 나는 DJ가 YS보다 한 수준 더 높은 도덕적 지도력을 보여주길 바란다고 했다. 그는 이 메시지를 반드시 DJ에게 전하겠다고 했다.

내친김에 나는 그에게 YS가 해내지 못한 정치개혁을 DJ가 훌륭히 해내기 위해서 지녀야 할 몇 가지 새로운 정책적 인식에 대해 설명했다.

'첫째, 개혁은 혁명보다 어렵다. 개혁은 힘으로 하는 것이 아니라 말의 설득으로 하는 것이다. 그렇기에 개혁 지도자에게는 혁명 지도자보다 더 높은 수준의 내공과 자기관리 능력이 요구된다. 둘째, 개혁 주체 또는 개혁 몸통은 더욱 단단하고 또 커야 한다. 개혁은 지도자 한 사람의 카리스마로 성공적 결과를 얻을 수 없다. 개혁 몸통의 시스템이 더 중요하다.'

만일 DJ가 '심기경호'의 달인들이나 성격 좋은 냉전보수 인사들을 주로 참모로 활용한다면 5년 뒤 지금의 YS가 겪었던 전철을 밟을 수도 있다. 당당하게 '아닙니다' 할 수 있는 동지요 전문가를 중용해야 한다. 그리고 그런 참모들은 대통령과 임기를 같이해야 한다고 나는 덧붙였다. 다소 긴 얘기였지만 반드시 DJ에게 전해지기를 바라며 나는 병실을 나왔다.

〉 청와대 임기 말 만찬에서 대통령 "외롭다"고

1998년 1월 5일, 이제 집권 새정치국민회의의 원내총무가 된 박상천 의원과 함께 저녁을 했다. 나는 그에게 조지 소로스 퀀텀펀드 회장의 철학과 비전을 설명해주었다. IMF 위기 해결에 그런 인물의 경륜이 도움이 되고 필요할지 모른다고 생각했기 때문이다. 그리고 그가 법무장관으로 발탁되다면 수구검찰들, 냉전 잣대로 인권을 훼손했던 검찰을 과감하게 개혁하라고 주문했다. 그도 그렇게 할 것이라고 했다. 기분이 좋았다. 그러나 그도 대북 문제에는 다소 보수적임을 알고 있기에 마음은 놓이지 않았다. 마침 그 전날 소로스가 한국을 방문해 김대중 대통령 당선인을 만났다. 나는 두 사람이 깊은 대화를 통해 우리 경제위기의 해법을 찾을 수 있기를 바랐다.

1월 10일에는 미국의 한반도 전문가이자 비핵화론자인 셀리그 해리슨이 《한겨레》에 김대중 새 정부에 조언하는 칼럼을 기고했다. "대통령직의 성공적 완수 여부는 뉴욕 월가의 금융자본을 어떻게 상대하느냐만이 아니라 북한 그리고 더 중요하게는 한국 내부의 남북화해 반대 세력을 어떻게 다루느냐에 달려 있다고 생각한다." 정곡을 찌른 조언이다.

그런데 1월 12일 김 당선인은 방한한 미셸 캉드쉬 국제통화기금 총재와 만나 남북 관계 개선을 서두르지 않겠다고 말했다. 꼭 이런 말을 그에게 해야 했는지 잘 모르겠다. 정말 차기 대통령으로서 그가 지금 해야 할 일은 경제 난국 극복과 남북 관계 개선을 동시에 추진하는 것이리라. 이 둘은 제로섬 관계가 아니기에 조화롭게 동시에 다루어 해결할 뜻을 보여야 한다. 취임하기도 전에 그가 DJP 연합을 너무 의식한 나머지 냉전수구 세력의 비판에 예민하게 반응하는 것은 아닌지 은근히 염려되었다. 엄청난 분단냉전체제 유지비용을 경제 활성화, 민주화의 완성, 평화구축 등을 위한 비용으로 창조적 전환을 해낼 과감한 지도력이 지금 절박하게 요청되고 있다. 이런 역사적 전환을 YS에게 기대했다가 가슴 아프게 실망한 나로서는 김 당선인이 험난하지만 올곧은 그 길을 뚜벅뚜벅 힘차게 걸어가주기를 갈망했다. 타는 목마름으로.

1월 25일. 설훈 의원 사무실에서 전화가 왔다. 1980년 5월 '김대중 내란 음모사건' 관련자들도 광주민주화운동 특별법에 따라 보상을 받게 될지 모르니 몇 가지 서류를 긴급하게 제출하라고 한다. 명예회복과 함께 보상을 해준다면 최소한의 정의는 구현되는 것이지만, 17년이 지난 지금에야 그 논의가 시작되는 현실이 왠지 허탈하다. 사실 이런 명예회복은 문민정부 때 이미 이뤄졌어야 했다. 신군부의 쿠데타를 사법적으로 제대로 정리했더라면 우리 공동피고인들의 명예는 그 정리의 부수결과로 이미 회복되었을 터인데….

1월 29일. 설 연휴여서 서울 거리는 조용한데 뉴욕에서는 우리 정부와 미국 채권단 간의 협상이 잘돼 일단 단기외채의 압박에서 벗어났다는 소식이 들렸다. 그러나 연간 120억 달러를 이자로 지불해야 하니, 최소한 연 200억 달러의 경상수지 흑자를 내야 한다. 그런데 이런 협상 결과에 대해 언론은 문민정부의 노력이 아니라 대통령 당선인의 덕으로 보고 있었다.

그날 밤 9시가 지난 시간 김 대통령한테서 전화가 왔다. 그는 뉴욕의 채권단 협상을 직접 지시해서 좋은 결과가 나왔다고 먼저 말씀을 꺼냈다. 그래서 나는 지금 정부의 모습이 협상 과정에서 잘 보이지 않는다고 했더니 그는 5년 전에도 모든 언론의 시선은 당선인인 자신에게 쏠리지 않았느냐고 태연히 말씀하셨다. 이어 그때 자신의 당선을 도와주었던 분들과 저녁을 함께하자고 말씀하셨다.

솔직히 나도 김 당선인이 어떻게 새 시대, 새 역사를 펼칠 것인지에 자연히 더 신경이 쓰였다. 민주평화 세력을 중심으로 튼튼한 진지부터 구축해 합리적 보수 세력을 활용해야 하는데, 그는 진지 구축 작업은 할 필요가 없다고 생각하는 것 같기도 하고, 이미 구축해놓았다고 판단하는 것 같기도 했다. 권노갑 전 의원을 통해 전한 '개혁이 혁명보다 어렵다'는 나의 메시지를 정말로 받았는지 궁금하기도 했다.

2월 2일, 청와대 상춘관에서 김 대통령과 그의 당선을 도왔던 분들과 만찬을 함께했다. 김덕룡·이경재·오인환·이명현 등등이었다. 그날 YS는 몹시 외로워 보였다. 저녁에 썰물 빠지듯 사람들이 떠나버린 청와대의 넓은 관저에 노부부만 덩그렇게 남아 있으면 외로움이 밀물처럼 밀려온다고 했다. 세속의 힘이 하늘을 찌를 듯 강할 때 오히려 고독을 느끼는 것이야말로 그 힘을 올곧게 활용하게 하는 힘이리라. 그 힘이 쇠잔하게 될 때 오히려 해방감을 느낄 수 있는 지도자야말로 행복하리라. 한데 YS는 그 반대인 것 같다.

〉 김대중 정부 출범 앞두고 '내각제 논란'

1998년 2월 5일, 오랜만에 김종완·정대철·이부영 등 재야 출신 정치인들과 만났다. 김 전 의원(평민당)을 볼 때면 늘 '작은 고추가 맵다'는 전통적 지혜가 떠오른다. 1993년 6월 김영삼 대통령이 '5·16 군사정변'을 쿠데타로 규정했을 때 국회에서 한바탕 소동이 일었다. 야당에서 황인성 총리에게 5·16의 역사적 성격에 대해서 어떻게 생각하는가 다그쳐 물었는데 그는 한마디도 대답하지 못했다. 이만섭 국회의장은 황 총리에게 대답하라고 여러 번 촉구해도 여전히 우물쭈물하자 질책을 한 뒤 일시 정회를 선포했다. 그런데 그 순간 김 의원이 황 총리 앞으로 걸어 나왔다. 황 총리 바로 뒷자리 국무위원석에 앉아 있던 나는 그를 주의 깊게 관찰했다. 그는 준엄한 자세로 총리에게 손가락질을 하면서 꾸짖었다. 황 총리는 당황해하더니 김 의원이 물러가자 내게 '저 사람이 누구냐'고 물었다. 정대철 의원 부친인 정일형 박사의 비서로 일했고 대단한 민주투사라고 했다. 김 전 의원의 그 '기품 있게 당돌한' 행동을 보고 나 역시 놀랐다. 국회 사진기자가 그 자리에 있었다면 꼭 찍었어야 할 역사적 장면이었다.

그날 우리는 김대중 대통령의 취임과 함께 예견되는 정계개편에 대해 얘기를 나누었다. 내각제를 선호하는 세력과 대통령제를 고집하는 세력 사이에 이견이 생길 것이 분명해 보인다. 우리는 분단된 오늘의 상황에서는 대통령중심제가 더 적합하다고 생각했다. 그렇기에 대통령의 지도력으로 힘 있게 해결해나가야 할 역사적이고 정치적인 중대과제를 더욱 선명하게 부각시켜야 하고, 나아가 이 과제들을 풀어갈 구체적 정책 프로그램들을 다듬어 내놓아야 한다고 생각했다. 세 가지 과제는 바로 민주화의 진전, 경제회생, 한반도 평화 구현이다. 그 엄청난 냉전 유지와 강화 비용을 민주화와 경제회생 쪽으로 돌릴 수 있는 지도력이 그 어느 때보다 절박하다. 대통령에게 탈냉전의 신념과 철학이 요구되는 것도 바로 이런 지도력이 요청되는 시기이기 때문이다. 지난 문민정부의 한계를 겪으면서 나는 그런 강력한 지도력의 필요성을 누구보다 절감했다.

한데 새 정부가 막 들어서려는 때 나는 왠지 불안해졌다. 김 당선인의 선거대책위원장을 맡았던 정대철 전 의원도 DJ가 냉전 세력을 두려워하는 것 같다고 했다. 하기야 평생에 걸쳐 누구보다 냉전 세력에게 시달려온 DJ이기에 그 심경을 충분히 이해할 수 있다. 그렇다고 그들을 두려워한 나머지 정부와 사회 곳곳에 깊이 내면화된 냉전체제의 해체에 소극적으로 나온다면 결코 역사 진전은 기대할 수 없다.

2월 10일, 김근태 의원(새정치국민회의)과 함께했다. 그는 며칠 전 김 대통령과 식사를 했다고 했다. 퍽 쓸쓸하게 보였다고 했다. 그 역시 DJ와 YS가 지금이라도 힘을 합쳐 동서화합을 이룩하고 나아가 민주 세력을 집결시켜야 한다고 했다. 그는 곧 권력구조 문제로 정치권이 다소 어지럽게 재편될 터인데 이런 때일수록 민주 세력 대동단결이 절박하다고 했다. 나는 그의 깨끗하고 순수한 제의에 마음이 따뜻해졌다. 저렇게 정갈하게 생각하는 정치 지식인이 주변에 있다는 것이 든든하고 흐뭇했다.

이날 오후에는 미국 동남부에서 큰 영향력이 있는 메이저 신문인 《애틀랜타 저널 컨스티투션》의 키스 그레이엄 기자가 찾아왔다. 레이니 전 주한 미 대사가 소개했단다. 고향 사람이 온 듯 반가웠다. 그는 김대중 당선인의 정치비전에 대해 물었다. 나는 DJ가 당면한 경제위기를 슬기롭게 극복해낼 수 있기를 기대한다고 했다. 그는 경제에 대해 일가견을 갖고 있는 탁월한 정치인인 만큼 경제를 회복시키면서 주춤했던 민주화를 더욱 진전시키기를 바란다고 했다. 그리고 무엇보다 그간 악화된 남북 관계를 새 대통령께서 크게 개선해줄 것을 기대한다고 했다. 또 자주 삐걱거렸던 한·미 관계도 원만해질 것이라고 했다. 그레이엄은 불쑥 DJ의 새 정부에 참여하고 싶으냐고 물었다. 나는 이렇게 간단히 대답했다. "태양에 너무 가까이 있으면 데게 되고 너무 멀리 있으면 추워지지요. 그래서 적당한 거리에 있는 것이 안전하고 좋지요."

2월 12일. 점심때 윤철상 의원(새정치국민회의)과 만났다. 그 역시 DJ의 비서요 충직한 가신이기에 나는 지난번 권노갑 전 의원에게 했던 얘기 중에 DJ가 이 시점에서 YS를 보호해주어야 할 이유를 다시 한 번 강조했다. 윤 의원은 내 의견을 경청했다. 그는 권 전 의원의 주거가 병원으로 제한돼 있다며 김 대통령이 임기 끝나기 전에 그를 풀어주면 좋겠다고 했다. 나는 방송대 총장실에 돌아오자마자 청와대 김기수 비서실장에게 전화해 김 대통령께 '주거제한 해제조처'를 요청해달라고 정중히 부탁했다.

〉북 다녀온 옥수수 박사, "굶주림부터 해결을"

1998년 2월 13일, 옥수수 박사로 알려진 김순권 박사가 찾아왔다. 그는 얼마 전 북한에 다녀왔는데, 그곳에서 비교적 자유롭게 말하고 행동했다고 한다. 주일날 영하 20도의 추위 속에 난로도 없는 교회에서 예배를 보면서 가슴이 아팠다고 했다. 그는 북한 실정을 몸소 겪어보고 앞으로 김대중 대통령 당선인이 남북 관계 개선과 평화를 구현하려면 세 가지 원칙을 존중해야 할 것이라고 말했다. '첫째, 정경분리 원칙이다. 이 원칙으로 먹지 못하는 북한 주민의 아픔부터 덜어주는 것이다. 둘째는 인도주의 원칙이다. 남북 이산가족의 한을 풀어주는 것이다. 셋째로, 민족당사자 원칙이다. 이 역시 굶어 죽어가는 동족의 문제를 해결하는 것이 시급하다는 뜻이다.'

나는 그의 견해에 전적으로 동조했다. 사실 이 세 원칙은 문민정부 초기에 내가 존중했던 대북 정책의 원칙이기도 하다. 나는 이 원칙에 앞서 진실로 존중해야 할 두 가지 전제조건이 있다고 했다. 하나는 한반도에서 절대 무력 불사용이고, 또 하나는 흡수통일 반대다. 무력에 의한 흡수통일 기도는 한반도에서 또 한 번 전쟁을 불러일으킬 수 있음을 국민에게 확실하게 인식시키는 것이 필요하다. 새 정부는 문민정부의 대북 정책을 거울삼아 전향적인 통일 정책을 제시하고 실현해주기를 바랄 뿐이라고 했다.

김 박사는 3월 23일 자신이 이사장을 맡고 있는 국제옥수수재단에서 여는 '북한 옥수수 심기 국민운동 발기대회'에서 축사를 해줄 것을 부탁해 기꺼이 수락했다. 나는 물론 이 실사구시 운동이 잘되기를 바라지만, 내심 잘될 것인지는 불안했다.

2월 16일 오후, 일월서각 출판사의 김승균 사장이 찾아왔다. 김 당선인을 돕기 위해 지난날 민주화운동 동지들 가운데 평화와 통일의 추진을 위해 헌신할 분들을 모으는 일이 중요하다고 했다. 또 민간 통일운동 조직을 전국적으로 묶어내는 일이 필요하다고 했다. 김영삼 대통령이 이런 조직을 활용하지 못했기에 5년 내내 수구 냉전 세력을 두려워하다가 남북 관계를 악화시켰다고 하면서 DJ 정부는 이 점을 반면교사로 삼아야 한다고 했다. 모두 옳은 말이었다. 나는 이런 때 1987년 대선 때 이른바 '비판적 지지'를 내세워 동교동 쪽을 지원했던 분들이 그때 '후보 단일화'를 내세웠던 분들을 포용해야 한다고 말했다. 그때 결국 DJ와 YS 쪽으로 갈라졌던 재야 민주인사들을 이번에 하나로 묶어내야 한다고 했다.

나는 임동원 전 통일원 차관에게 전화했다. 그는 1985년부터 아태평화재단 사무차장으로 햇볕정책을 연구하다 DJ의 당선 뒤 정부개편위원회 심의위원을 맡고 있었다. 나는 그가 새 정부에서 통일관계 일을 다시 맡게 될 것으로 믿었기에 두 가지를 부탁했다. 하나는 현재의 평화통일자문회의를 대폭 개편 또는 축소해야 한다고 주문했다. 이 기구는 헌법기구인데, 헌법이 명시한 평화통일 정신에 어긋나는 생각과 행동을 하는 반통일 냉전 인사들이 주류를 이루고 있음을 상기시켰다. 대통령의 평화와 통일 의지를 존중하는 기구로 탈바꿈해야 한다고 했다. 둘째로 통일고문회의도 반통일 수구 인사들이 주도하고 있으므로 역시 DJ의 통일 비전과 정책의 발목을 잡지 않도록 개편해야 한다고 했다. 그도 내 생각에 깊이 동의하고 있었다.

2월 18일 오후에는 정범구 박사와 KBS 라디오에 출연해 대담을 했다. 일주일 앞으로 다가온 새 대통령의 취임에 즈음해 새 정부의 성공을 바라는 고언을 하기로 했다.

'먼저 이 땅의 수구 세력은 DJ 정부에 개혁보다 안정을 더 바란다는 사실에 주목하되, 그들이 개혁과 안정을 모순관계로 보는 점에 유의해야 한다. 보수 세력은 개혁을 하려면 반드시 안정을 기반으로 해야 한다면서 선안정·후개혁을 내세운다.' 나는 이 논리의 허구성을 꿰뚫어 보아야 한다고 역설했다. 참다운 안정, 오래 지속하는 안정은 항상 그리고 반드시 개혁의 성과물로 이뤄지는 것이다. 그러므로 진정한 안정을 위해서도 개혁을 착실히 추진해야 한다. 개혁은 안정의 필요조건임을 잊지 말아야 한다.

만약 보수 세력의 설득에 넘어가 '안정 속의 개혁'을 내세우다 보면 결국 개혁은 실종되고 만다. YS의 5년이 대체로 이 실패의 길을 따라갔다. 수구 세력은 늘 '국민 화합'을 내세우거나 '유능한 전문가'의 가치를 내세우며 원칙 없는 포용과 원칙 있는 관용을 헷갈리게 한다. 능력이 있는 사람은 언제든지 기용해야 한다고 주장한다. 요즘 '좋은 게 좋다'는 무원칙한 인물들이 새 정부 쪽으로 몰려가는 조짐이 엿보인다. DJ의 새 정부는 그들의 유혹에 빠져서는 안 된다.

〉 북 다녀온 박한식 교수, "북, DJ 정부에 기대"

1998년 2월 22일 오전에 미국 조지아 대학교의 박한식 교수가 집으로 찾아왔다. 그는 며칠 전 코카콜라 컴퍼니와 ABC 방송의 의뢰로 북한을 다녀왔다고 했다. 오는 4월에 ABC의 간판 앵커인 피터 제닝스와 함께 북한을 다시 방문할 계획이라고 한다. 그리고 놀랍게도 미 상원 군사위원장을 지낸 샘 넌과 레이니 전 주한 미 대사가 이번에 북한 아태평화위 김용순 위원장으로부터 초청장을 받았다고 전했다. 지난해 7월 20일 두 사람이 북한 외교부 초청으로 방북했을 때는 내내 푸대접을 받았지만, 이번에는 북한 실세로부터 초청을 받았으니 제대로 대접을 받을 것이라고 한다.

평양은 지금 북한에 대한 미국의 '경제적 엠바고(봉쇄)'를 해제해줄 것을 갈망한다고 박 교수는 말했다. 북의 아태평화위원회가 이 문제를 주도하고 있는데, 곧 취임할 김대중 대통령의 새 정부에도 큰 기대를 갖고 있다고 한다.

주로 김용순 위원장의 의견을 전달한 박 교수는 세 가지를 강조했다. '첫째, 북은 DJ의 새 정부가 평양 당국과 의논 없이 통일문제를 일방적으로 불쑥 발표하지 않기를 바란다. 이를테면 65살 이상 고령자에게는 이산가족 상봉을 허락한다든지, 6자회담을 불쑥 제안한다든지 하면 남북 관계 개선에 도움이 되지 않는다는 것이다. 평양 당국은 정경분리의 원칙 아래 새 정부와 공식 또는 비공식 접촉을 바란다. 흥미롭게도 자민련 박태준 총재에게 관심을 갖고 있다고 한다. 둘째, 평양은 김대중 대통령이 취임사에서 남북 관계 개선의 뜻을 분명하게 밝히기를 바란다. DJ가 남북 기본합의서에 따라 남북 대화를 추진할 것으로 평양은 짐작하지만, 이 합의서에는 절차와 수단에 대한 언급이 부족하기 때문에 남북 간 물밑접촉이 더 필요하다고 했다. 셋째, 평양은 워싱턴 쪽과의 협상에만 매달려 서울을 따돌리는 전략을 이제는 그만둬야 한다는 인식을 하고 있다. 이런 통미봉남 전술이 효과가 없다는 것을 북한 당국도 알고 있기에 DJ 정부와는 새로운 관계를 모색하고 싶어 한다.'

이어 박 교수는 남북이 모두 군축문제를 심각하게 고려해 협상에 임해야 한다는 샘 넌 의원의 제안에는 북에서 별 반응이 없다고 했다. 샘 넌은, 남한이 IMF 사태로 경제적 곤경에 빠져 있는 지금 미국의 군수업자들이 한국 경제를 더 어렵게 만들게 해서는 안 된다는 생각을 전했다고 한다. 나는 샘 넌의 성숙한 인식에 내심 안심했다.

여하튼 평양은 북·미 관계는 말할 것도 없고 남북 관계도 함께 개선되기를 원하는 것 같았다. 이미 김 대통령 당선인이 흡수통일을 반대한다는 원칙을 강력하게 천명한 만큼, 이에 호응해 북한도 적화통일 전략을 확실히 포기한다는 선언을 해주기를 나는 바랐다.

박 교수는 평양을 떠나올 때 북한의 리종혁 조국통일연구원 원장이 내게 안부를 전한다고 했다. 그리고 혹시 내가 DJ 정부에서 일하게 될 것인지도 물었다고 한다. 아마도 얼마 전 한 신문에서 나와 관련한 기사를 읽은 것 같다고 했다. 아니면 나의 햇볕정책의 아이디어가 DJ의 대북 정책에 가깝다고 생각했을지도 모른다. 하지만 DJ는 통일문제에 관한 한 자신이 대가요 최고의 전문가로 확신하기 때문에 나 같은 사람을 그 분야에 활용하지는 않을 것이다. 자기가 주도적으로 대북 정책을 세우고 실천해나갈 것이고, 다만 그에게 필요한 충직한 참모들을 활용할 것이다.

2월 25일, 마침내 김대중 대통령이 취임하며 '국민의 정부'를 출범시켰다. 오늘 DJ의 취임사는 다소 산문적이었으나 그의 삶 자체가 파란만장해서인지 그 속엔 시적인 영감이 깊이 스며 있는 듯했다. 앞으로 그가 진부한 정치, 산문적 정책을 뛰어넘는 시적 감동의 정치를 펼쳐나가기를 나는 바랄 뿐이었다.

2월 28일, 총장으로서 마지막으로 방송대 졸업식에 참석한 뒤 제정구 의원과 친동생인 제정원 신부, 김문수 의원 등과 저녁을 함께했다. 나는 이제 막 출범한 김대중 정부가 반드시 성공해야 하고, 그래야 이 땅의 민주 세력이 설 자리를 얻을 수 있다고 말했다.

그런데 제정구 의원은 새 정부에 대해 낙관하지 않았다. 그는 늘 DJ에 대해 회의적이었다. 제 의원은, 지금으로서 가장 바람직한 선택은 한나라당 안에 내각제를 선호하는 세력이 DJP 쪽으로 합세하고, 민주개혁 세력은 그에 맞서 대동단결하는 것이라고 했다. 나는 언뜻 그 의견에 찬성할 수 없었다. DJ가 JP와 결별하고, 대통령중심제를 지지하는 민주개혁 세력의 구심점이 되어 내각제나 이원집정제 세력과 겨루어야 한다고 생각했다. 제 의원은 내 생각이 현실성이 없는 것으로 판단하는 것 같았다. 내가 더 순진한 생각, 그래서 더 비현실적인 생각을 하고 있는지도 모르는 일이었다.

|제2부|

오해받던 햇볕정책,
역사적 평가 받다
(1998.3~2007.8)

2000년 9월 백두산, 한라산 교차관광 남쪽 여행단 자문위원장으로 방북했던 당시 삼지연 혁명 전적지에서 북한 대학생들과 함께.

회담 결렬, 방북 무산

〉 DJ의 둘째 홍업 씨에게 "이권 세력 조심하라" 조언

1998년 3월 2일, 점심은 김대중 대통령의 둘째 아들인 김홍업 아태재단 부이사장과 함께했다. 그는 DJ의 세 아들 가운데 가장 덜 정치적인 편이다. 나는 DJ가 YS의 실패를 거울삼아야 한다는 점과 개혁은 혁명보다 훨씬 어려운 역사적 작업임을 그에게 설명했다. 특히 YS의 아들(소산)이 당하고 있는 오늘의 곤경을 반면교사로 삼아야 한다고 강조했다.

또 나는 아태재단을 김 대통령의 정치와 정책 성공을 위한 개혁 상황실로 활용할 것을 제안했다. 흩어져 있는 민주개혁 세력을 네트워크로 묶어내는 일을 해야 한다고 했다. 자칫 잘못하면 이 재단에 온갖 불순한 이권욕을 지닌 이들이 몰려들 위험이 있다고 나는 우려했다. 특히 그런 이들이 대통령의 아들들을 결코 가만히 놓아두지 않을 것임을 나는 너무나 잘 알기에 내심 삼형제가 모두 잘 견뎌낼 수 있기를 바랐다.

대북 정책에 대해서는 북한 당국에서 체제가 약해질수록 자존심을 앞세우고 대남 강경 발언을 일삼는다는 점에 유의해야 한다고 했다. 무엇보다 평양 당국과 물밑소통의 길을 열어야 한다고 했다. 남북 간, 특히 최고위층 사이에 소통의 길이 열려 있으면 불필요한 대결과 불신을 미리 관리해 나갈 수 있기 때문이다. 문민정부의 실패가 이 소통의 문을 완전히 닫았기 때문임을 환기시켰다.

그는 내 얘기를 무겁게 듣는 것 같았다. 1980년대 초반 미국 망명 시절 내가 자기 부친에게 하는 고언들도 곁에서 자주 들었던 그였기에 내 속뜻을 누구보다 잘 알고 있다고 생각했다. 그가 미국에서 결혼할 때는 고맙게도 내게 주례를 부탁하기도 했다. 하지만 그때 나는 아버지에게 먼저 물어보라고, 그러면 틀림없이 신부님이 주례해야 한다고 말씀할 것이라고 했다. 내 말이 맞았다.

3월 5일. 만 62살 생일을 맞아 큰딸과 사위가 만찬을 베풀어주었다. 스물여섯에 미국 유학 때 품었던 그 꿈과 한을 과연 이뤘는지 새삼 지난 삶을 되돌아보고 남은 삶을 더 충실하게 살아야겠다고 다짐했다. 남은 시간을 더 값진 '사회 의사'의 삶을 위해, 무엇보다 분단 고통을 극복하는 데 여생을 바쳐야 한다고 다짐했다. 시간은 넉넉하지 않다. 몸은 쇠잔해질 것이다. 기회도 줄어들 것이고, 총기와 비전도 희미해질 것이다. 그러기에 지금 내게 꿈과 희망의 가치가 더 절박하게 필요하다. 죽는 날까지 꿈을 꿀 수밖에 없다. 새날이, 새 하늘과 새 땅이 이 비극의 한반도에서 펼쳐질 때까지.

3월 6일 점심때 이신범 의원(한나라당)이 찾아왔다. 그는 내가 김대중 대통령을 만나 김종필 총리 인준을 둘러싼 지금의 정국 경색을 풀어내야 한다고 했다. 아마도 내가 DJ를 쉽게 만날 수 있다고 오해하고 있는 것 같았다.

그는 먼저 집권 새정치국민회의 쪽에서 먼저 사과를 하고 총리 신임투표를 다시 해야 할 것이라고 했다. 나아가 이제 대통령이 된 DJ가 개혁전선을 명확히 하면서 개혁 세력의 연대를 형성하는 조처를 내려야 한다고 했다. 맞는 말이다. 이어 그는 이제 야당이 된 한나라당 안에서 초·재선 의원들 70명 정도는 묶어낼 수 있다고 했다. 어떻게 하든지 민주개혁 세력의 대동단결이 절박하다고 한다. 그 말도 맞다. 그래서 곧장 여당의 원내총무인 한화갑 의원에게 전화를 했더니 다음 주 중 연락하겠다고 한다.

그런데 김 대통령은 이이제이以夷制夷 전술을 쓰는 것 같기도 했다. JP계의 보수 세력을 존중해서가 아니라 그들을 이용해 냉전수구 세력을 관리·통제하려는 것 같다. 한데 자칫 잘못하면 바로 그 '오랑캐'에 의해 포위되어 그들의 포로가 될 위험이 적지 않다는 것을 항상 명심해야 하겠다. 이들 '오랑캐'들은 늙은이들, 특히 소탐대실형의 늙은 정치인들을 즐겁게 해주는 기쁨조의 특기를 갖고 있음을 잊지 말아야 한다.

3월 11일 오후, 국민회의 당무위원인 심재권 박사가 찾아왔다. 권노갑 전 의원의 주거제한이 아직도 풀리지 않아 강북삼성병원에 여전히 갇혀 있다고 했다. 곧바로 박상천 법무부 장관에게 전화했더니 13일 사면 발표 이후 곧 그의 주거제한을 풀겠다고 한다. 현 대통령의 최측근 가신의 병원 구금을 내가 풀어달라고 요청하는 것이 어이없는 일처럼 여겨진다.

벌써부터 DJP 정부 안에 대북강경책을 선호하는 세력들이 포진하고 있는 것 같다. 통일부의 최고 책임자들은 물론이고 박태준 자민련 총재까지도 YS 정부의 대북 정책 실패가 나 같은 대북 유화론자 때문이라고 믿고 있다니 기가 찬 인식이다. 이런 흐름이 과연 김 대통령의 햇볕론적 대북 정책과 만날 때 어떤 작용이 일어나게 될지 궁금해졌다. 아니, 염려되었다. 다만 나의 기우이길 바랄 뿐이었다.

) 씁쓸한 '북풍공작' 전 안기부장 자해 소동

1998년 3월 16일. 이른바 '북풍공작'의 진실이 차츰 밝혀질 분위기였다. 앞서 2월 초 새정치국민회의가 공개한 안기부의 '북풍공작 계획서'를 보면, 지난 대선 막바지에 안기부에서 김대중 후보의 당선을 막고자 '월북한 오익제(전 천도교 교령) 활용 계획' 등을 세워 색깔공세를 시도했다고 했다.

나는 DJ가 대통령이 된 마당에 수구 냉전 세력을 자극하지 않기 위해 북풍공작에 관련된 진실의 전모를 밝히는 데 주저할지 모르겠다는 생각을 했다. 하지만 김 대통령은 냉전시대의 온갖 정치적 공작을 파헤쳐 그 진실을 밝혀내고 근절시켜야 할 역사적 책무를 지닌 정치지도자가 되어야 한다고 나는 확신했다.

그는 외교·안보·통일 분야의 각료들과 주요 보직을 놀랍게도 냉전수구 세력 또는 평화의 신념 없는 '전문가'로 채우고 있었다. 미국·일본·중국·러시아 대사도 그런 인물을 앉힐 것 같았다. 한반도의 평화와 국내 민주개혁을 위한 큰 싸움을 성공적으로 치러내야 하는데, 이런 사람들을 데리고 과연 바람직한 햇볕정책의 성과를 낼 수 있을지 은근히 걱정되었다.

김 대통령과 국민의 정부는 절대 실패해서는 안 된다. YS에 이어 DJ마저 실패한다면 한반도의 평화는 더욱 멀어질 수밖에 없기 때문이다. 반평화·반민주 세력이 계속 우리의 삶을 지배할 것이고 그만큼 역사는 후퇴하게 될 것이다. YS와 반대로, DJ는 늘 생각을 너무 많이 해서 문제인 것 같다.

3월 19일. 저녁은 현대건설의 이내흔 사장과 함께했다. 북한 옥수수 심기 운동을 펼치고 있는 김순권 박사의 국제옥수수재단이 과연 믿을 만한 조직인지, 김 박사와 DJ의 관계는 어떤지를 물었다. 현대그룹에서 5억 원을 재단에 희사하기로 했는데 과연 이 재단을 믿을 수 있는지 나를 통해 확인하고 싶었던 것이다. 나는 김 박사의 순수한 열정은 믿을 수 있으나 DJ와의 관계는 잘 모르겠다고 했다. 나는 다만, 북한의 식량난을 극복하는 데 현대그룹이 도와주는 것은 매우 의미 있는 일이라고 했다. 이런 인도주의적 지원을 통해 신뢰가 구축됨으로써, 언젠가 나중에 북한의 인프라 구축에 현대건설이 큰 구실을 할 수 있게 되기를 바란다고 했다.

그는 새 정부 들어 각 조직 안에 호남 인사들이 점령군처럼 진입하고 있다는 얘기가 나온다고 했다. 나는 여러 국가기관에 호남인이 진출하는 것에 대해서는 그렇게 심각하게 생각하지 않았다. 과연 그들이 평화와 민주개혁에 헌신할 수 있는 인물인가 하는 것이 더 중요한 것 아니겠나. 나는 오히려 대통령 주변과 각료들 중에 냉전 인사들이 포진하고 있는 게 더 염려스럽다고 했다.

3월 23일. 점심때 두레교회의 김진홍 목사가 찾아왔다. 그는 북한의 합영제를 통해 대규모 농장을 만들어 식량난을 해소하는 데 도움을 주고 싶어 했다. 참 좋은 선교 활동이라고 나는 격려해주었다. 다만 북한 동포들의 자존심을 상하게 하는 십자군식 선교는 조심하라고 했다. 사도 바울의 공감적 선교로 북한 사람들을 복음으로 이끌 수 있기를 바란다고 했다.

그나저나 지난 21일 권영해 전 안기부장의 자해소동으로 북풍공작 수사가 더욱 꼬이게 되었다. 극우 냉전 세력의 처량한 뒷모습을 보는 듯했다. 권 전 부장은 YS 정부 초기 군의 사조직이었던 '하나회'를 해체하는 개혁을 추진한 인물이다. 안기부장으로 발탁되면서 YS의 보수화와 함께 그도 수구화되더니, 이제 자해라는 불행한 사건의 주인공이 되고 말았다. 착실한 기독교 신자요 장로인 그가 어떻게 이렇게 되었나. 참으로 안타깝고 안쓰러웠다.

3월 24일. 세계교회협의회의 아시아지역 간사로 민주화운동을 지원했던 오재식 선생과 점심을 함께하면서 기독교 재야의 화합 문제를 논의했다. 1987년 대통령 선거를 앞두고 '후보 단일화'와 '비판적 지지'로, YS 대 DJ 지지로 갈라졌던 재야 세력을 통합시켜 김대중 대통령의 개혁이 성공하도록 지원해야 한다는 데 우리는 전적으로 동감했다. 이를 위해 박형규·김상근·이해동 목사와 이문영 교수, 예춘호 선생과 곧 만나서 논의해보기로 했다.

〉 외교무대 환대받은 DJ, 국내 개혁은 머뭇

1998년 3월 31일. 며칠 전 오재식(전 세계교회협의회 아시아 총무간사) 선생과 약속했던 대로, 나는 예춘호·이문영 선생과 박형규·김상근 목사를 점심에 초대했다. 예춘호 선생과 박형규 목사는 1987년 '후보 단일화'를 지지했고, 이문영 교수와 김상근 목사는 '비판적 지지'에 속했다. 결국 둘로 분열된 민주화 세력은 둘 다 실패했다. 그때 두 김 씨 모두 낙선했으니 말이다.

나는 김대중 대통령의 실패는 이 땅에서 극우 반개혁세력의 득세를 의미하므로 혹여 그를 인간적으로 좋아하지 않더라도 이제 모든 민주 세력은 힘을 모아 그를 도와야 된다고 말했다. 이제는 실패할 역사적 여유도 없기 때문이었다.

그런데 내 의견에 대해 다소 다른 견해들이 나왔다. 예 선생은 당분간 그대로 지켜보자고 했다. DJ의 당선에 힘을 쏟았던 김 목사는 벌써부터 실패 여부를 염려할 필요는 없다고 했다. 이 교수도 김 대통령의 반개혁 보수인사 기용은 YS를 닮아서가 아니라 반DJ 세력의 저격으로부터 보호하려는 자구책이라는 김 목사의 의견에 동의했다. 또 문민정부의 실패는 경험 없는 아마추어들과 정치를 했기 때문이라고 봤다. 이는 문민정부의 실제와는 다른 평가였다. 초기에는 YS 주변에 아마추어들이 더러 있긴 했지만, 점차 경륜과 국정 경험이 지나치게 풍부한 냉전보수 기술 관료와 원칙 없는 전문가에게 둘러싸인 게 문제였다.

나는 그 자리에서 아직도 1987년 대선의 불신이 깊이 남아 있다는 것을 느꼈다. 우리 사이의 작은 차이를 극복하지 않고서 한반도의 평화·지속적 국내 개혁을 이룩하는 데 필요한 협력과 단합을 끌어내기는 쉽지 않음을 안타깝게 느꼈다. '화이부동和而不同'의 민주적 자세가 참으로 아쉬웠다. 목숨 걸고 민주화 운동을 같이한 사람들끼리도 하나가 되지 못한다면, 또다시 수구 냉전 세력은 DJ 정부가 실패하도록 그들의 힘을 모을 것이다.

4월 2일, 새정치국민회의 한화갑 원내총무와 만났다. 1980년 서대문형무소에서 만난 지 18년 만에 사형수 DJ는 지금 당당한 대한민국 대통령이 되었다. 지금 그의 가신 중에 가장 원숙한 정치인과 나는 마주한 것이다.

그간 그의 정치력은 성장했다. 특히 듣는 내공을 쌓은 것 같다. 나는 김 대통령의 카리스마가 탁월한 나머지 평화도 개혁도 혼자서 다 해낼 수 있다고 속단하지 않을까 우려된다고 했다. 바로 YS가 빠졌던 오류이기도 하다. 또 YS가 정치적 반대 세력을 너무 가볍게 여겼다면, DJ는 너무 두려워하고 소심해서 오류가 우려된다고 했다.

4월 5일, 김 대통령이 영국에서 열린 아시아·유럽정상회의(아셈ASEM 회의)에 참석한 뒤 귀국했다. 취임 이후 첫 국제 외교무대에서 특별한 환대를 받아서인지 자신감을 되찾은 듯 보인다. 그런데 국내 개혁전쟁에서는 여전히 너무 소극적이다. 물론 YS의 무모함에 견주어 마음이 조금 놓이긴 하지만, 개혁은 집권 초기에 확실히 추진하지 않으면 시간이 지날수록 어려워진다는 것을 나는 알기에 얼마간 불안하다. 초기부터 합리적 보수인사들을 적절히 활용해 개혁전쟁에 과감하게 참여시켜야 한다. 그런데 여기도 위험이 따른다. 전세가 불리하다고 판단하면 그들은 언제나 카이사르Caesar(시저)의 브루투스로 돌변할 수가 있다. 그러기에 개혁전쟁의 장수들은 신념·경험·성실성을 공유한 동지가 되어야 하고 이들이 개혁의 튼튼한 몸통 구실을 해야 한다. 튼튼한 개혁 몸통이 있어야만 비로소 좌우에 합리적인 전문가들을 날개로 활용할 수 있다.

4월 6일에는 남궁진 의원(새정치국민회의)과 만나 1993년 국회 외통위에서 벌어졌던 장면을 떠올리며 함께 회상했다. 그때 여당의 이세기·박정수 의원 등이 통일부총리인 나의 햇볕론적 접근을 신랄하게 공격하자 야당이었던 남궁 의원이 오히려 나를 옹호해주었다. 그런데 흥미롭게도 그때 냉전투사 노릇을 했던 박 의원이 지금 국민의 정부 초대 외무장관이 되지 않았는가.

4월 9일, 이문영 교수와 점심을 나누며 우직하리만큼 견고한 그의 DJ에 대한 충정을 확인했다. 그는 1,300여 년 민족의 수난사가 곧 호남 탄압의 역사였다며 호남인들이 부당하게 억압당해왔다고 분노했다. 그런 만큼 그간 설사 민주화를 거역했거나 무관심했던 호남 사람이라 하더라도 국민의 정부에 참여하는 것은 정당하다고 강변한다. 내가 염려하는 DJP 연합에 대해서도 1,300년 만에 맞은 집권의 호기를 잡기 위해선 필요불가결하다고 주장했다. 나는 그의 강철 같은 신념을 듣고, 과연 우직하리만큼 목숨 걸고 싸웠던 민주화의 큰 장수를 집권한 김 대통령이 앞으로 어떻게 활용할 것인지 궁금해졌다.

〉 DJ 취임 첫 남북회담 끝내 결렬에 '실망'

1998년 4월 20일, 베이징에서 김대중 대통령 취임 뒤 처음 열린 남북 당국자 간 회담이 결렬되고 말았다. 국민의 정부는 대북 정책에서 문민정부보다는 훨씬 유연성을 발휘할 것으로 기대했던 평화진영에게는 적잖이 실망스러운 소식이다.

정부는 정세현 통일부 차관을 대표로 한 이번 회담에서 기존의 상호주의 원칙에 따라 협상했다. 식량난에 허덕이는 북한에 절박한 비료 지원과 이산가족 상봉을 연계한 것이다. 하지만 인도주의 문제는 상호주의 원칙으로 풀어낼 수 없고, 또 그렇게 해서도 안 된다.

사실 북한은 남쪽 정부가 보수적인 국민들의 정서를 존중해 이산가족 문제를 항상 중요한 협상 안건으로 들고 나온다고 본다. 전금철(본명 전금진) 정무원 책임참사를 대표로 내세운 북한 당국은 이번에도 남쪽에서 이산가족이라는 '정치 문제'를 일부러 들고 나온 것으로 판단했을 것이다. DJ로서는 국내 보수 세력에게 처음부터 북한에 쉽게 끌려가는 모습을 보여주고 싶지 않았을 것이다. YS보다 북에 약한 것처럼 보여서는 안 된다는 조심성이 이번 협상을 어렵게 한 것은 아닐까.

'비료'와 '이산가족' 모두가 진정한 인도주의 문제란 확신을 남북 당국자들이 갖고 있었다면 이번 회담이 이렇게 결렬까지는 되지 않았을 텐데 정말 아쉬웠다. 시급한 비료는 5월 초에 먼저 보내주고, 이산가족은 몇 달 뒤 날짜를 못 박아서 상봉할 수 있게 협상했어야 했다. 남이나 북이나 서로 역지사지를 못했다. 전금철 대표는 평양에 빈손으로 돌아가면 혹독한 시련을 겪을지도 모를 일이었다.

4월 30일,《당대비평》의 문부식 주간이 방송대 총장실로 찾아왔다. 며칠 전 시국과 역사를 놓고 심층적 대담을 하고 싶다고 전화를 했기에 나는 흔쾌히 동의했다.

그는 부산 미문화원 방화사건의 주범으로, 혹독한 고난을 겪은 젊은 지식인이다. 그는 보수적인 신학교 출신이지만, 진보적인 에큐메니컬 운동에 몸을 던진 기독교 지식인들보다 더 과감한 평화·민주운동을 몸소 실천했다. 우리는 김영삼 정부에 대한 평가, 혁명과 개혁의 상대적 어려움, 김대중 정권의 개혁 성공 가능성, 통일문제와 국내 개혁의 관계, 산업화 세력과 민주화 세력 간의 바람직한 협력 관계 등을 놓고 서너 시간 동안 진지한 대화를 나눴다.

특히 문 주간의 첫 번째 질문인 '21세기 오늘의 역사적 좌표로서의 의미'에 대한 답이 이날 대담에서 내가 정말 던지고 싶었던 메시지였다.

20세기가 동터올 때 사람들은 민주주의가 세계적으로 계속 확산되리라는 낙관론을 가졌습니다. 그런데 1차 세계대전을 겪으면서 많은 지식인들이 '민주주의가 평화를 보장하지는 못한다'고 생각하기도 했습니다. 특히 독일에서는 1차 대전 이후 여러 가지 경제적 중압감과 어려움 속에서 바이마르공화국이 안겨준 자유를 오히려 부담으로 여겼던 중산층이 자유를 팽개치고 히틀러 독재의 품으로 도피했습니다. 제가 염려하는 것은 바로 이런 역사반동이 우리나라에서 생기지 않을까 하는 점입니다. 김영삼 정부의 실패가 김대중 정부에서도 되풀이된다면 우리나라에서도 바이마르공화국과 같은 비극적 현상이 나타날 수도 있습니다. 우리로 말하자면 수구 냉전 극우 세력들의 품으로 다시 빠져들지 않을까 하는 두려움 때문에, 바로 이 두려움 때문에 오늘의 이 좌표가 매우 중요한 것입니다.

5월 1일. 김 대통령은 여권의 서울시장 후보로 고건 전 총리를 발탁했다. 그는 직전 문민정부의 마지막 총리이자 노태우 정부 때 서울시장을 지내기도 했다. 대신 정치 야망생인 한광옥 의원은 주저앉혔다. 무색무취한 테크노크라트를 중용한 것이다. 생각해보니 '양 김'은 철저한 현실 정치인이다. 대통령이 되기 위해서 누구라도 활용할 수 있는 그런 정치인이다. 그래서 개혁을 위한 헌신은 뒷전으로 밀리는 것이 아닌가 싶다.

며칠 뒤 만난 김상근 목사도 김 대통령이 표와 세에만 관심을 쏟는다고 염려했다. 대통령이 된 뒤에는 재야 세력과 함께 새 정치를 시도할 생각이 별로 없는 듯하다고 걱정했다. 그는 당장 청와대 사람들과 '말이 통하지 않는다'고도 했다. 정말 정권교체를 한 것인가를 묻게 한다.

〉 국정원장 만나 '남북 관계 개선' 역설

1998년 5월 13일, 이종찬 국가정보원장과 오찬을 함께하면서 몇 가지 중요한 요점을 놓고 의견을 나눴다.

나는 마셜 플랜 같은 큰 계획을 세워 북한을 돕는다면 결국 우리 스스로를 돕는 일이 될 것이라고 힘주어 말했다. 나는 남과 북에서 냉전 강경 세력이 약화되어야만 한반도에 평화가 온다고 말했다. 또 남쪽 냉전 강경 세력의 뿌리가 친일 세력임을 상기시켰다. 따라서 그 세력의 척결 없이 김대중 대통령과 국민의 정부의 개혁은 어려울 것이라고 했다. 그런데 그는 내 의견에 모두 쉽게 동의해주었다. 너무 싱겁다. 좋은 인품 덕분인지, 쓰라린 인생 경험의 지혜인지, 아니면 신념인지 짐작이 잘 안 간다. 심중을 헤아리기 힘든 사람이다.

5월 30일, 북한 옥수수 심기 운동에 동참하고자 방송대 총학생회에서 큰 노래잔치를 벌였다. 약 4,000명이 모여 성황을 이뤘다. 이런 노력 덕분에 북한 어린이들이 조금이라도 기아에서 벗어날 수 있기를 바랐다.

다음날 오후 골프장에서 우연히 소석 이철승 전 의원을 만났다. '반공'을 내세운 여러 보수단체의 장을 맡고 있는 그는 나를 보자 잔잔히 웃으며 "그간 고통 많이 받았지요"라고 말했다. "소석이 그간 저를 많이 괴롭히지 않았습니까?" 하고 나도 웃으며 대꾸했다. 그는 친절하면서도 어딘가 미안해하는 표정을 숨기지 않았다. 그와 헤어지면서 나는 속으로 중얼거렸다. '적대적 공생관계를 즐겨온 냉전 강경 세력들이 만약 한반도에 우호적 공생관계의 시대가 온다 해도 즐거워할까. 그때도 소석의 얼굴에서 나는 웃음을 보고 싶다.'

6월 2일, 김덕 전 안기부장과 조지아 대학교 박한식 박사를 초청해 점심을 함께했다. 박한식 교수는 북한의 붕괴 가능성은 거의 없으며, 군부가 권력을 완전 장악하고 있다고 했다. 북한 군부가 힘을 갖고 있기에 남북 간 적대적 공생관계가 강화될 수도 있지만, 힘이 있기에 남쪽과 대화를 시도할 수도 있을 것 같다고 했다. 박 교수는 DJ가 이런 점을 참고해서 현명하게 대화 국면을 열 수 있기를 바란다고 했다. 나도 동의했다. 김 전 부장은 중국 관료들 중에 북의 임박한 붕괴를 예견하는 사람이 있다고 했다. 박 교수는 이에 대해 북을 제대로 아는 것은 중국이 아니라 오히려 우리라고 대응했다.

6월 3일. 서울 힐튼호텔에서 국정원의 라종일 차장을 만났다. 박 교수도 나와 있었다. 6일로 예정된 김 대통령의 취임 첫 미국 방문을 앞두고 남북 관계 개선 방안에 대해 솔직한 의견을 교환했다.

무엇보다 우리 남한에 북한을 흡수통일할 힘이 없다는 데 라 차장과 내 생각이 일치했다. 그는 삼풍백화점 붕괴사고 처리도 제대로 못하는 형편에 북한 체제의 붕괴를 우리가 관리해낼 수 있겠는가 물었다. 박 교수도 "북이 붕괴하지 않도록 우리 쪽에서 현명한 정책을 써야 한다"고 했다. 옳은 판단이다. 박 교수는 남북 간 깊은 냉전의 불신을 제거하려면, 우리 대통령의 평화 의지를 김정일 국방위원장에게 정확하게 전달하는 통로가 있어야 한다고 역설했다.

라 차장은 이번 방미 때 김 대통령이 미국 정부의 북한에 대한 무역금지 조처 해제를 요구할 것이라며 혹여 북한 당국이 미국의 봉쇄 해제를 놓고 "제국주의자들이 북에 무릎을 꿇었다"는 식으로 선전방송에 이용하지 않을지, 반대로 미국 정부가 미국 내 보수 세력의 비판을 너무 의식해서 해체 자체를 거절하지 않을지 염려된다고 했다.

나는 김 대통령께서 매사 중요한 결정을 내릴 때는 그것이 훗날 역사에서 어떻게 평가받을지를 먼저 깊이 생각해야 한다고 강조했다. 라 차장에게도 그 자리에 있는 한 대통령을 '역사적 시각에서 보필해야 할 것'이라고 격려했다.

박 교수는 오는 8월 조지아 대학교 자신의 연구소에서 남북 주요 인사들을 초청해 세미나를 열려고 한다며 강원룡 목사 등 통일문제 고문 몇 분과 함께 나를 초청하겠다고 한다. 그런데 라 차장은 내가 그 세미나에 가지 않는 것이 좋겠다고 한다. 아마도 나의 적극적인 대북 정책이 조심스럽게 이 문제에 접근하려고 하는 김 대통령에게 짐이 된다고 판단하는 듯하다. YS 때처럼 내가 대북 정책을 신랄하게 비판할까 봐 지레 겁을 먹는 것 같기도 하다. 대통령을 안전하게 모시고 싶은 마음에서 그렇게 생각할 수 있겠다고 나는 이해했다.

여하튼 이번 방미에서 김 대통령이 과감한 한반도 평화 구상으로 미국 정부를 설득할 수 있기를 바란다. 동행하는 참모들이 대통령에게 '정치의

욕망' 대신 '역사의 욕망'을 권고해줘야 할 텐데.

〉 '햇볕정책'이 각광받는 날이!

1998년 7월 1일, '8·15 민족통일대축전' 개최 준비를 협의하기 위해 참으로 오랜만에 옛 재야 민주인사들이 함께 모였다. 성공회 성당 회의실에서 강만길·이우정·구중서·김중배·이창복 선생과 김상근 목사 그리고 조성우 민화협 집행위원장이 모였다. 7월 4일 남쪽 준비위원회 결성식 때 나는 김대중 대통령의 축하 메시지가 꼭 필요하다고 주장했다. 그래서 김상근 목사가 청와대에 타진해보기로 했다.

7월 3일에는 이튿날 발족할 남쪽 준비위원회에 대한 폭넓은 시민의 참여와 지지 방안을 논의하고자 방송대 내 집무실에서 공동대표자 회의를 했다. 중도보수 이미지의 원로인 서영훈 선생과 이영덕 전 총리의 참여를 설득하기로 했다. 또 정부와 조율하는 게 좋겠다고 해서 내가 직접 임동원 외교안보수석에게 전화를 걸어 협조를 부탁했다.

그날 오후 이 전 총리에게 제안을 했더니, 그는 정부와 협의해서 결정하겠다고 했다. 30분쯤 뒤 다시 전화한 그는 강인덕 통일부 장관과 의논해보니 7월 6일 열릴 4당과 8개 시민단체 대표의 간담회 이전에는 남쪽 준비위 공동위원장 자리를 수락하기가 곤란하다고 했다. 그 얼마 뒤 서 선생도 전화로, 강 장관의 뜻에 따라, 약속했던 내일 회의에 참석할 수 없겠다고 한다. 나는 퍽 언짢았다. 과연 통일부 장관이 청와대의 뜻, 특히 김 대통령의 뜻을 제대로 이해하고 제대로 반영하고 있는지 궁금했다. DJP 체제가 주는 불안감을 또 한 번 떨쳐버릴 수가 없구나.

통일부는 먼저 북쪽의 진행과정을 살펴가며 대응한다는 전략이다. 북한 당국은 민족화해협의회 산하에 8·15 민족대축전을 위한 준비위원회를 두는 듯하다. 우리도 민족화해협력범국민협의회(민화협)를 먼저 구성해 그 아래 8·15 축전 준비위를 두려는 것 같다. 민화협은 정당과 시민단체 대표자들을 포함시키는 범국민적 조직으로 만든다고 한다. 그런데 통일부는 준비위의 공동대표자들이 내일 모여 북쪽에 남북 간 준비위 회담을 먼저 제의할까 봐 신경을 쓰는 것 같다. 특히 중앙정보부의 핵심 간부 출신인 강 장관은 임동원 수석과 코드가 잘 맞지 않는 것 같다.

그날 오후 명사들의 초상화 전시회에 내 그림도 있다고 해서 잠시 들렀다가 설훈 의원을 만났더니 무척 흥미로운 얘기를 했다. "북쪽은 남한의 보수우파 가운데 돈 많은 사람들과 대화하려고 하지, 운동권이나 재야와의 대화에는 별로 관심이 없습니다." 사실 그럴 것이다. 나 역시 그의 관찰이 틀렸다고 생각하지는 않는다. 그렇지만 이런 미묘한 시점에 재야의 중심에 섰던 설 의원까지 그런 냉소적인 촌평을 계속한다면, 이번 8·15 축전을 통해서 남북 관계를 개선하려 애쓰는 민주 세력에게 찬물을 끼얹는 결과가 되지 않을까 염려되었다.

7월 4일 오후 1시 30분, 나는 부랴부랴 남쪽 준비위원회 결성식이 열리는 서울 프레스센터로 갔다. 행사장에는 참석자들로 이미 가득 찼다. 나는 공동대표의 한 사람으로서 이렇게 인사 말씀을 했다.

'세월이 빠르다. 5년 전 내가 통일원 장관으로서 햇볕론적 대북 정책을 펼치려 했을 때 정부 안팎에서 심한 색깔론적 저항을 받았다. 그런데 지금은 클린턴 대통령을 위시해 한반도 주변국 지도자들이 김대중 정부의 햇볕정책을 긍정적으로 평가해주고 있다. 격세지감이 든다. … 햇볕정책은 한반도에서 냉전 악순환을 지속·강화해온 적대적 공생관계를 불식시키는 정책이다. 햇볕정책은 북한만이 아니라 남쪽도 변화시켜 민족공영을 도모하는 평화 정책이다. 그간 음습한 냉전제도와 냉전문화에 의해 부당하게 고통받아온 국민들에게 평화의 배려를 해주는 따스한 정책이다. 그간 고생한 많은 평화 인사들이 이번 8·15 대축전을 계기로 복권되기를 희망한다.'

뒤이어 열린 공동위원장 회의에서 나는 우리가 배타적으로 주도권을 행사하기보다는 열린 자세로, 정당 대표자들과 시민운동가들을 잘 모시면서 연대해야 할 것이라고 말했다. 7월 8일 오후 통일축전준비위 공동상임대표 회의에서도 나는 모든 민주 세력이 지역이나 세대차를 뛰어넘어 합의하고 공동 대응해야 한다고 강조했다. 7월 10일 오후 서울YMCA 자원방에서 열린 남쪽 준비위 공동상임대표 회의를 통해 대체로 의견이 수렴되었다. 정부와 맞서지 말고 정부의 햇볕정책을 성공적으로 펼쳐낸다는 관점에서 이번 8·15 축전을 추진하기로 했다.

7월 15일 저녁, 박상천 법무장관과 만나 '광복절 대특사'를 제안했다. 국민의 정부 출범 이후 첫 경축일에 8·15 대축전으로 남북이 화합하고, 대사면으로 양심수와 생활범죄형 국민들을 석방한다면 한층 뜻깊은 날이 되지 않겠는가.

〉 박지원 대변인의 '전향적 대북관'

1998년 7월 23일, 김대중 대통령의 초청으로 오랜만에 청와대 만찬에 갔다. 이른바 '김대중 내란음모 사건'으로 함께 고초를 겪었던 옥중 동지들을 위로하는 자리였다. 모두들 감개무량한 모습이다.

나는 문득 지난 문민정부 출범 초기 "청와대는 감옥이야"라고 갑갑해했던 YS의 얘기가 떠올라, 청와대와 감옥의 유사점과 다른 점을 덕담으로

애기했다. '감옥은 인간의 자유와 희망을 동시에 잔인하게 빼앗아가지만, 청와대는 국민에게 희망과 자유를 불어넣어주는 따뜻한 감옥이다. 그래서 청와대 지붕은 희망처럼 파랗다'고 했다. 그러자 옆자리의 한승헌 감사원장이 재치 있게 내 말을 받았다. 한바탕 웃음꽃이 피었다. '청와대 감옥은 들어올 때는 기분 좋지만 진짜 감옥은 들어갈 때 기분 나쁘다. 그런데 청와대는 나갈 때 기분 나쁘지만, 감옥은 나갈 때 기분 좋다.' DJ가 청와대를 나갈 때도 웃으며 나갈 수 있기를 바라며 주위를 둘러보니, 함께 고생했던 동지들 중에 서남동 목사, 김녹영 전 의원, 유인호 교수가 안 보였다. 그들은 벌써 유명을 달리했다. 만찬이 끝나고 나오려는데 이희호 여사께서 따로 한번 만나자고 하셨다.

7월 24일 오후, 김순권 박사에게 북한 옥수수 심기 기금으로 1,000만 원을 전달했다. 저녁에는 자유총연맹 이사장으로 취임한 양순직 자민련 상임고문을 만났다. 항상 냉전수구인사들이 차지했던 자유총연맹의 수장에 DJ가 예춘호 선생과 민주화 투쟁을 함께했던 그를 임명한 것은 참 잘한 일이다. 양 이사장은 총연맹을 반북반공 조직에서 이름 그대로 자유와 민주주의를 심화시키는 단체로 탈바꿈시키겠다고 했다. 그는 대쪽 같은 정의파이기에 큰 기대를 걸고 싶다.

8월 9일, 안병무 박사 등이 세운 향린교회에서 8·15 기념 설교를 해달라고 해서 나는 사도 바울의 원수사랑 선교와 햇볕정책을 연결하는 메시지를 던졌다. 원수를 사랑하라는 예수의 명령이 바로 악을 사랑하라는 뜻은 전혀 아님을 분명히 깨달아야 한다고 했다. "악이 우리 속에도 존재하듯이, 원수 속에도 선이 존재한다는 진실을 잊지 말아야 한다. 만일 냉전 근본주의 기독교인들이 확신하듯이 우리만 선이고 원수는 악이라면, 예수께서 원수를 사랑하라고 명령하지 않았을 것이다. 왜냐하면 그 명령은 악을 사랑하라는 뜻이 되기 때문이다. 오히려 원수를 사랑함으로써 원수와 선한 관계, 곧 평화의 관계를 만들라고 한 것이다."

그런데 바울은 원수를 사랑할 때 나타나는 놀라운 효과를 '머리 위에 숯불을 쌓는 셈'이라고 표현했다. 이것이 도대체 무슨 뜻이며, 이 뜻이 한반도 냉전 대결을 해소하는 일과 무슨 관계가 있는가? "원래 머리 위에 숯을 얹는 행위는 죄를 강제로 자백받기 위한 고문행위였다고 한다. 그런데 바울은 이를 양심의 작동 효과를 내는 사랑 행위로 해석한 것 같다. 원수 속에 꽁꽁 얼어붙다시피 한 선한 마음, 곧 양심이 상대방의 따뜻한 사랑으로 녹음으로써 제대로 양심을 작동하게 한다는 진실을 부각시킨 것이다. 이런 양심의 작동은 원수 간의 증오의 관계를 대화와 화해의 관계로 바뀌게 한다. 그래서 마침내 악순환은 선순환이 되고, 적대적 공생관계가 우호적 상생관계로 아름답게 변화하게 될 것이다."

나는 지금 국민의 정부가 표방하는 햇볕정책의 본질도 남북의 냉전제도와 냉전의식을 모두 녹여줄 '숯불의 힘'에서 비롯된 것이라고 설명했다. "이런 복음의 진리를 한국 기독교인들이 진실로 깨닫게 된다면, 예수를 믿고 따른다고 하면서 북한을 악으로만 정죄하는 냉전식 독선의 삶을 마땅히 부끄러워해야 한다. 한국 교회, 특히 대형교회일수록 냉전근본주의와 밀착되어 있기에, 숯불의 힘으로 한반도의 평화를 세우는 일에 기독교인들이 마땅히 앞장서야 한다. 앞으로 이 같은 평화복음을 더욱 외치려고 한다. 숯불의 힘은 복음의 힘이요, 사랑의 힘이다. 이 힘으로 냉전동토에 햇볕을 더욱더 따뜻하게 비추어야 할 것이다."

8월 10일. 청와대에서 김대중 대통령이 주재하는 전시 대비 을지연습 준비회의에 참석했다. 서울에 전쟁이 일어났을 때 끔찍하게 파괴되는 가상 영상도 보았다. DJ는 다소 피곤해 보였다. 박지원 대변인은 내가 며칠 전 〈정범구의 세상읽기〉(KBS 2TV)에 출연해서 '8·15 민족대축전, 국민의 정부의 통일 정책 그리고 개혁과 지식인'을 주제로 대담한 방송을 보았다며 "퍽 감동적이었다"고 했다. DJ의 가장 가까운 참모인 그가 남북 관계에 대해 생각보다 전향적인 자세를 갖고 있는 듯해 다행스러웠다.

〉 북한 민화협의 초청장, 방북길에 나서다

1998년 8월 12일 오전 10시 무렵, 통일부의 황 아무개 국장이 전화로 모레 오전에 방북을 위한 교육을 받아야 한다고 했다. 지난달 26일 북한 민족화해협의회 김영호 회장의 이름으로 초청장을 받아, 남북민간교류협의회 이사장인 김승균 사장(일월서각)과 함께 방북 신청을 했더니 이제야 답이 온 것이다. 통일부의 태도가 무척 미묘하고 부정적이다. 기자들이 내가 혹시 김대중 대통령의 특사로 방북하는 것이 아니냐고 캐물어 곤혹스럽다고도 했다.

그런데 이날 내 방북 소식을 짤막하게 보도했던 〈연합통신〉에서 다음 날 아침 일찍 나의 방북이 무산될 가능성이 있다는 속보가 나왔다. '13일 통일부에 따르면, 한 전 부총리의 방북 신청일이 22일부터 열흘 동안으로 이 기간 중 북한 김정일 총비서의 국가주석 추대 및 취임이 이뤄질 가능성이 매우 높아, 자칫 북한이 한 전 부총리의 개인 차원 방북을 남한 고위인사의 '축하 방문'으로 미화·선전할 것이 우려된다고 한다'는 내용이었다. 마침 그날 《동아일보》에서 보도한 '햇볕정책의 원조 한완상 씨 방북'이란 제목의 표현을 보고 나는 이 표현이 자칫 청와대와 통일부에서 불쾌할 수도 있겠다는 생각이 퍼뜩 들었다. 한편으론 통일부에서 나의 방북을 막으려고 하는 게 아닐까 의구심도 들었다. 나는 분명 북한 민화협 명의의 초청장을 받았는데도 통일부가 언론에 사회과학연구소 초청이라고 발표해 언론들은 그렇게 보도하기도 했다. 나도 헷갈린다.

이날 오전 '김대중 선생 납치생환 25주년 기념식'에 참석했더니 마침 통일부의 황 국장도 와 있었다. 연합통신 기사에 대해 물었더니, 그는 통일부에서 정보를 흘린 게 아니라고 부인했는데 과연 그럴까.

8월 20일 아침 일찍 황 국장이 또 전화를 해서는 오늘 오전 중으로 통일부에서 방북 허가 수속을 끝내주겠다고 했다. 동행할 김 사장에게 소식을 전했더니, 내일 우리가 베이징공항에 도착하면 북한에서 나온 영접인들이 차를 대기할 것이라고 한다. 나는 의아스럽고 당황스러웠다. 어차피 북한의 비자를 얻기 위해서는 그들의 도움이 필요하겠지만, 굳이 공항까지 나올 필요는 없는데 말이다. 이번에 남북 언론교류 협력방안 협의차 초청받은 언론인 5명과 이건희 삼성그룹 회장 부인인 홍라희 호암미술관장도 함께 방북할 터여서 더 신경이 쓰였다.

이어 오전 10시 20분께 안기부 대북담당 과장과 직원이 방송대 집무실로 찾아왔다. 그들은 내가 이번에 평양에 가서 리인모 노인과 김정일 비서를 만나게 되는지 물었다. 나는 전혀 모른다고 했다. 실제로 평양 일정은 전혀 잡혀 있지 않았다. 북한 민화협에서 보낸 초청장에는 "우리는 한완상 선생이 평양을 방문하도록 정중히 초청합니다. 선생이 평양을 방문하는 동안 우리 측 해당 기관에서 신변안전과 무사귀환을 보장해드릴 것입니다"라고만 적혀 있었다. 일종의 백지 초청이다.

나는 이렇게 대답했다. "리인모 노인을 인사차 만나게 된다면 거절하기 어렵겠지만, 그 만남이 정치선전 목적이 명백하다면 사양하겠다. 다만, 내의지와 상관없이 평양 비행장에 나와 있어서 불가피하게 만날 수도 있으니 안기부에서 잘 이해해달라." 김 비서와의 만남 여부에 대해서는 내가 오히려 궁금해서 되묻고는, 만에 하나 만나게 된다면 김 대통령의 '8·15 경축사'를 통한 대북 제안에 대해 북쪽에서 긍정적으로 응답하도록 촉구하겠다고 했다.

나중에 알고 보니, 그날 북한의 조국평화통일위원회(조평통)는 김 대통령의 8·15 대북 제안에 대해 5개항의 공개 질문장을 보내왔다. 그런데 조평통 서기국은 DJ의 제안을 '허황성, 모순성, 기만성'이라며 신랄하게 비난했다. 문민정부 때 못지않은 비난 강도여서 나는 놀랍고도 당황스러웠다. 특히 세 번째 질문인 '상호주의와 햇볕론 따위를 들고 상대방을 우롱하려 들면서 진정한 협력교류가 실현될 수 있다고 보는가'는 DJ 정부의 독특한 대북 정책인 햇볕론을 정면으로 거부하는 표현이다.

8월 21일 오전, 김 사장과 함께 베이징행 아시아나항공에 오르니 중앙일보 홍석현 사장이 옆자리에 앉아 있다. 그는 내가 평양에서 김 비서를 만나게 되는지 은근히 물었다. 내가 전혀 모르겠다고 하자 그는 '만일 만나게 되면 그 면담 내용을 중앙일보에서 특종 보도하게 해달라'고 부탁했다.

이어 낮 12시 30분께 베이징에 도착해 켐핀스키 호텔에 여장을 풀었다. 우리 방북 일행을 안내하는 조선족 '강 선생'이 평양에서 온 거물급 인사가 나를 기다리고 있다고 했다. 누구냐고 물었더니 그는 확실치 않으나 전금철 책임참사 같다고 했다. 4개월 전 남북 차관급 회담 때 북쪽 대표였던 그가 왜 베이징까지 미리 와서 나를 만나려는지 의문이 생겼다. 오후 3시 약속 장소인 자오룽 호텔로 가는 내내 도무지 마음이 편치 않았다.

〉 베이징 마중 온 전금철, 햇볕정책 비난

1998년 8월 21일 오후 3시, 베이징의 자오룽 호텔에 도착하니 예상대로 전금철 북한 정무원 책임참사와 김경남 사회과학연구소 부소장이 기다리고 있었다. 우리는 1층 회의실에서 저녁 7시 30분까지 얘기를 나누었다. 이 자리에는 나와 김승균 사장 그리고 전 책임참사와 김경남, 이렇게 4명이 마주했다. 김 부소장은 주로 대화 내용을 적기만 했다.

4시간 넘게 대화를 한 뒤 일행은 북쪽의 제안으로 북한 직영식당인 평양관으로 옮겨 만찬을 함께 했다. 하지만 나는 대단히 불쾌했다. 식사 도중 언짢은 심경을 드러내지 않으려고 노력했으나 참으로 힘들었다. 전 책임참사가 그 눈치를 채고 접대하는 젊은 북한 여성들에게 자꾸 노래를 시켰다. 마침내 밤 9시 40분 호텔로 돌아온 나는 곧장 우리 대사관의 윤아무개 통일부 참사관에게 내일 평양 방문 일정을 연기하기로 했다고 짧게 알려주었다. 전금철 책임참사의 말 때문이었다.

전 참사는 얼굴이 면풍으로 입이 약간 삐뚤어져 있었다. 그는 이틀 전 갑자기 상부에서 베이징으로 가서 나를 만나라는 명령이 내려왔는데, 평양과 베이징을 오가는 비행기 편이 일주일에 한 번밖에 없어, 기차를 타고 23시간 걸려 고생하며 왔노라고 말했다.

나는 그에게 내일 평양에 가서 충분히 대화할 수 있을 터인데 왜 이렇게 불편한 몸으로 여기까지 미리 나왔느냐고 다그쳐 물었다. 하지만 그는 즉답을 피하면서 평양 가는 문제는 대화를 마친 뒤 다시 하겠다며 자신이 준비해온 얘기를 쉬지 않고 쏟아내기 시작했다.

그쪽에서 내게 의견을 듣고 싶어 하는 문제는 대체로 네 가지였다. 첫째, 남쪽 집권당의 진로와 권력구조 문제, 둘째, 김대중 대통령의 대북 정책, 셋째, 김 대통령의 대외 정책, 넷째, 햇볕정책과 비료문제. 이 가운데 둘째와 넷째는 중첩되는데, 아마도 햇볕정책의 본질에 대한 북쪽의 회의와 불신에서 나온 문제 같았다.

전 책임참사는 지난 YS 정부도 그렇고 지금 남쪽 정부에서도 북쪽 식량난의 원인을 제도와 체제의 문제로 보는 것은 잘못된 판단이라고 지적한 뒤 DJ 정부의 대북 정책을 본격적으로 비판했다.

먼저 그는 햇볕정책은 강풍 정책과 수단만 다를 뿐 위장된 흡수통일 정책이라고 단정했다. 따뜻한 햇볕을 비추면서 북한 체제를 궁극적으로 흡수해버리려는 정책이라는 것이다. 겉보기에는 정경분리를 내세우지만 실제로는 정경연계 정책이고, 바로 지난 4월 비료 회담의 실패에서 그 본색이 드러났다고 주장했다. 이어 그는 김 대통령이 '8·15 제2건국 선언'에서 발표한 대북제안들, 즉 남북공동위 가동, 장차관회담 상설기구 운영, 특사 파견 등도 언뜻 보기에 괜찮은 것 같으나, 따지고 보면 근본 철학과 대책이 없다고 지적했다.

그는 점차 분노에 찬 목소리로 지난 비료회담 실패의 정치적 의미와 자기 신변의 변화 등에 대해 솔직하게 털어놓았다. 결론적으로 말하자면, DJ 정부에 대한 큰 기대가 완전히 무너졌다고 했다. 서울 쪽에서 비료 20만 톤을 제공해줄 것이란 기대로 '비료가 그리워서' 나왔는데 DJ 정부는 '다급하고 인도적인 비료문제'를 이용해 평양 쪽에 수모와 고통과 한을 심어주었다고 했다. 더구나 남쪽에서 주장한 이산가족 상봉은 인도주의 사안이기에 최대한 융통성을 발휘해 6차 남북적십자회담을 언제든지 열도록 하겠다고 했는데도 끝내 회담을 결렬시켰다고 꼬집었다. 그의 결렬 원인에 대한 해석이 흥미로웠다. 북의 절박성을 잘 아는 남쪽 정부가, 특히 통일부 장관이 보수여론을 업고 결렬을 밀어붙였다는 것이다. 이 때문에 북에서는 YS 정부 때의 조문 파동과 같은 심각한 충격을 받았다고 했다.

개인적으로도 그는 회담 결렬로 빈손으로 귀국한 뒤 "인민에게 볼 면목이 없어 대의원 출마를 할 수 없었다"고 했다. DJ가 자기의 대의원(우리의 국회의원) 자리를 떼어내 버린 셈이라고 항의하듯 말했다. 비료회담이 남북 관계의 전반적 개선을 위해 대단히 중요한 기회이자 첫 시험이었는데, 이 모든 것을 놓쳐서 너무 아쉽고 너무 아프다고 했다. 앞으로도 DJ 정부가 북의 처지를 무시하고 남쪽의 보수여론에만 귀를 기울인다면 남북 관계는 계속 어려울 것이라는 그의 마지막 얘기는 일종의 경고로 들렸다.

1998년 8월 21일 저녁, 베이징의 자오룽 호텔에서, 나와 김승균 남북민간교류협의회장은 전금철 북한 정무원 책임참사의 얘기를 인내심을 가지고 끝까지 들었다. 이제 내가 한 대답을 대충 정리해본다.

우선 국내 정치문제에 대해 나는 두 가지만 언급했다. 남쪽의 언론은 지나치게 자유롭게 보도하기 때문에 때로는 현실을 파악하기가 힘든 것 같지만 열린 남한 사회의 현실을 이해해야 한다고 했다. 햇볕정책에 대해서는 결코 흡수 정책의 변종이 아님을 조목조목 따지며 얘기했다. 5년 전 문민정부의 첫 통일부총리로서 내가 주도해 리인모 노인을 가족 품으로 조건 없이 돌려보낸 인도적 조처가 바로 햇볕론적 포용 정책에서 비롯된 것임을 강조했다. 그때 YS 정부는 핵 문제까지도 인도주의 문제인 이산가족 문제와 연계하지 않았고 김대중 정부에 들어서도 북쪽에서 동해에 잠수정을 침투시켰어도 경제인들의 방북을 막지 않았다. 김 대통령께서 미국 방문 때 클린턴 정부에 대북 경제제재 조처의 해소를 건의한 것은 대단한 햇볕정책적 결단이라고 했다.

무엇보다 햇볕론적 포용 정책은 남북이 공변 공영하자는 뜻을 담고 있다. 북한 체제의 변화, 즉 북한의 냉전 세력의 옷만 햇볕으로 벗게 하려는 것이 결코 아니다. 남한 안에 깊이 뿌리내린 냉전제도와 냉전의식의 옷도 함께 벗게 하자는 것이다. 함께 냉전체제를 극복하자는 뜻으로 공변을 말하는 것이다.

내 설명을 듣자 그는 참고가 되었다고 간단히 대답했다. 이어 나는 햇볕 정책과 정경분리 정책은 동전의 양면같이 함께 갈 것이라고 했다. 바로 이런 햇볕정책 아래서 현대그룹 정주영 회장의 대북사업은 계속 진척될 것이고, 이런 원칙에 따라 남북 민간교류도 그 어느 정권과 비교할 수 없을 정도로 진척될 것이라고 나는 낙관론을 폈다.

정경분리가 진실로 실현되려면 경제는 냉전논리에서 자유로워져야 한다. 남에서 북에서 모두 이른바 '적대적 공생관계'를 극복해야만 정경분리 원칙은 실천될 수 있다. 지난번 강릉 앞바다에서 침몰한 북한 잠수정 사태 때처럼 남북 간에 냉전 긴장이 고조되면 누가 덕을 보며 누가 좋아하는지를 생각해 보라. 남북 체제 안의 강경 세력에게만 이로운 결과가 될 것이고, 남북의 화해협력과 평화를 갈망하는 이들에겐 불리하게 작용할 수밖에 없다.

내 설명을 경청한 전 책임참사와 김경남 부소장은 이해하는 듯했다. 내 친김에 나는 그가 의문을 제기한 한·미 합동 군사훈련과 '통일 뒤에도 한반도에 미군이 주둔할 필요가 있다'는 DJ 발언의 의미도 내 나름대로 설명했다. "남쪽 국민들은 한·미 군사훈련을 대수롭지 않게 여겨 전쟁 분위기를 전혀 느끼지 않는데, 북쪽에서 지나치게 민감하게 반응하는 것 같다." "우리 생전에 통일되는 것을 볼 수 있을지 모르지만 언젠가는 통일될 터인데, 일단 통일이 되었다고 가정해보자. 지금 남북 분단 상태에서 미군은 북에 대한 군사적 억지 정책에 따라 주둔하고 있다. 하지만 통일이 되면 주변 강대국인 중국과 일본 간의 전면적인 경쟁으로 동북아시아 지역이 불안해질 가능성이 높으므로 한반도가 지역의 안정과 번영을 위해 균형자나 조정자 구실을 감당하는 데 미국의 힘을 활용할 가치가 여전할 것이다."

나는 서울로 돌아가는 대로 오늘 오간 대화 내용을 청와대에 알리겠다고 약속하는 한편 김 대통령의 8·15 제안에 대해 긍정적으로 해석하고 9·9절에 북쪽의 응답이 있기를 바란다고 했다. 사실 나는 이때까지 조평통 서기국에서 이미 서울에 부정적인 공개질문서를 보낸 사실을 알지 못했다. 전 참사는 DJ의 8·15 제안에 대해 김정일 장군의 5개 원칙에 대한 응답이 아니어서 실망했다고 했다. 귀국한 뒤에야 나는 그의 얘기가 조평통에서 공개질문서를 보낸 이유였음을 짐작했다.

그날 밤 9시 40분께 우리는 식당에서 나왔다. 무려 7시간 가까이 대화를 한 것이다. 북쪽 대표 두 사람은 처음보다 표정이 풀어져 있었지만 나는 내내 심히 언짢았다. 그쪽에서 돌연 내일 우리의 평양행을 연기해달라고 했는데, 그 이유를 도무지 납득할 수 없었기 때문이다. 그래서 다시 물었더니 전 참사는 지금 평양이 몹시 바쁘다고 했다. 9월 초 큰 행사를 앞두고 북한의 행정력이 총동원되고 있다며, 이달 말 큰일이 벌어질 것임을 암시했다. 그는 나를 위로하려는 듯 한마디 덧붙였다. "한 선생을 정중하게 모셔야 하는데 이번에는 평양에 그럴 만한 여유가 없습니다." 도무지 무슨 뜻인지 알 수가 없었다.

이튿날 서울에 돌아와 보니, 언론들이 내가 북한 당국에서 비자를 거부당해 평양에 가지 못했다고, 나한테 확인도 없이 '오보'들을 해놓은 상태였다. 내내 불쾌한 일이었다.

〉 평양행 막은 북측의 '급박 사정'은

1998년 8월 24일 오후, 임동원 청와대 외교안보수석을 만났다. 베이징에서 전금철 북한 정무원 책임참사와 만난 사실, 대화 내용, 특히 북한 당국이 가장 예민하게 반응하는 몇 가지 문제의 요점을 들려주었다. 그중에서도 지난 4월 비료회담 결렬을 북한 당국은 매우 아쉬워하면서 그로 인해 국민의 정부의 햇볕정책을 매우 고약한 흡수통일 술책으로 오해하고 있다고 전했다. 그러자 임 수석은 전 참사가 강경파요 냉전인사라서 곧 그만두게 될 것이라고 했다.

나는 이번 베이징 대화에서 청와대가 참고하고 성찰해야 할 일거리가 한두 가지가 아니라고 생각했다. 김대중 대통령의 햇볕정책이 빛을 발하려면 무엇보다 DJP 체제의 한계를 하루빨리 극복해내는 것이 시급하다는 생각이 다시 들었다.

나는 임 수석이 내가 전한 대화 내용을 김 대통령에게 심도 있게 보고해주기를 기대했다. 비록 개인적인 신념에서 했지만, 햇볕정책이 결코 위장된 흡수 정책이 아니란 사실을 북한의 대남 정책 당국자에게 설득했다는 점을 DJ에게 꼭 전달해주기를 바랐다.

그날 저녁 늦게 인터콘티넨탈 호텔에서 안기부의 라종일 차장과 만나 베이징 대화를 놓고 좀 더 솔직한 의견 교환을 했다. 그는 전 책임참사가 제기한 몇 가지 문제에 대해 내가 한 대답을 듣고 퍽 놀라워하면서 열린 마음으로 이해해줬다.

8월 31일. 북한은 또 한 번 세계를 놀라게 했다. 평양 당국이 인공위성을 발사했다고 발표한 것이었다. 국제사회는 이를 위성이 아니라 장거리 미사일 개발 실험으로 보는 것 같았으나, 미국과 일본은 이번 발사를 전혀 예측하지 못했기에 더욱 놀라고 당황하는 듯했다. 특히 한국의 냉전 세력들은 경악했다. 다만, 러시아는 미리 확인한 것 같았다. 북한은 김정일의 권력기반을 확실히 다지기 위해 이른바 '강성대국'의 신호로 일종의 무력시위를 한 것으로 보였다.

지난주 베이징에서 전 책임참사가 암시했던 비상한 사태의 하나가 '바로 이것이로구나' 하는 생각이 퍼뜩 들었다. 그런데 이것이 과연 북·미 관계나 남북 관계 개선에 도움이 될 수 있는가? 전혀 그렇지 않다고 나는 판단했다. 비록 제네바 합의 사항 중에는 미사일 문제가 없다고 하지만 이 발사로 미국 정부를 난처하게 한다면 북한 당국은 도대체 무엇을 노리는 것일까? DJ 정부에는 무슨 신호를 주고자 하는 것일까? 조만간 또 북에서 어떤 충격적 조처를 터뜨리지 않을까 적이 걱정되고 긴장된다.

9월 6일. 북한은 전날 밤 최고인민회의에서 적어도 두 가지 중요한 결정을 내렸다.

첫째는 김정일을 국방위원회 위원장으로 재추대했다. 국방위원장 자리를 국가를 대표하고 총괄하는 최고 지위로 격상했다. 전문가들이 예상했던 주석 자리에는 취임하지 않았다. 주석은 오직 김일성뿐이라고 밝혔다. 김 위원장은 군을 완전히 장악했다. 그는 군부에게 힘을 실어주면서 군부를 전적으로 통솔해나갈 것이다. 또 정무원을 내각으로 개편했다. 경제 테크노크라트들에게 실권을 갖게 할 것 같다. 안으로는 군부를 장악해 강성대국을 이룩하고 밖으로는 경제의 문을 열어 실리를 챙기려는 듯하다. 일종의 북 나름의 정경분리책을 내놓은 셈이다. 그렇다고 남북 당국 간 대화의 물꼬를 터놓은 것 같지는 않다. 남쪽 정부가 정경분리책으로 먼저 북의 경제난 극복에 협조한다면 북에서도 호의적으로 나오겠지만, 핵 개발 등 경제 외적 문제에서는 대화를 선호하지 않을 것 같다.

둘째로 북한 최고인민회의는 헌법을 개정했다. 이는 경제 분야에서 변화의 바람을 예고한다. 그 변화를 이끌어갈 주체로 대외경제위원회 대신 정무원을 내각으로 개편한 것 같다. 개정 헌법에는 '독립채산제 실시와 원가·수익성 개념의 도입, 개인 소득범위 확대, 특허권 보장, 주거와 여행의 자유권 규정(주민의 경제생활에 관련된 자유권), 국가 이외 사회협동단체도 대외무역 주체가 될 수 있음, 특수경제지대 안에서 기업 창설과 운영을 장려함' 등을 새롭게 명시했다.

북한은 당장 미국의 대북 경제봉쇄(엠바고) 해제에 외교력을 집중할 것 같다. 부분적이나마 시장경제의 특성을 수용할 의지도 보여주고 있다. 이로써 북한도 중국식 개방경제 쪽으로 나아갈 수 있기 위해 최소한의 제도적 장치를 마련했지만, 과연 그렇게 될까? 나는 이제야 지난달 베이징에서 전 책임참사가 나의 평양행 연기를 요청하면서 얘기한 '평양의 바쁜 형편'을 어렴풋이 이해할 수 있었다. 평양은 지금 급박하게 돌아가고 있다.

〉 '사면복권 기록 없다'는 연금공단의 엉터리 공문

1998년 9월 25일, 나는 조용히 퇴임식을 치르고 한국방송대 총장에서 물러났다. 지난 9월 9일 경남 마산 방송대 준공식 때 나는 방송대의 비전으로 큼직한 바위에 직접 붓글씨로 이렇게 새겼다. '온 겨레가 우리의 학생/ 온 가정이 우리의 교실/온 나라가 우리의 교정'. 남쪽 바다를 바라보는 곳에 방송대가 앞으로 나아가야 할 길과 방향을 그리고 그 본질을 영원히 밝혀두고 싶었다.

9월 27일. 일요일이었지만 박한식 교수(미국 조지아 대학교)가 북한 가는 길에 들렀다며 연락을 해와 인터콘티넨탈 호텔에서 만났다. 라종일 안기부 차장을 먼저 만나고 왔다는 그는 '라 박사가 냉전수구 세력을 의식해서인지 퍽 소심해진 것 같다'고 했다. 총리, 외무부 장관, 통일부 장관 모두 뚜렷한 반공주의자들이어서 이 같은 DJP 체제 아래서 라 박사 같은 자유주의자가 자기 목소리를 내기는 쉽지 않을 것이다.

1998년 9월 9일, 경남 마산 방송대 준공식에 참석하여 직접 쓴 붓글씨를 새긴 기념비 앞에 섰다.

박 교수와 이런 얘기를 나누다보니 심기가 불편해졌다. 지금 김대중 대통령은 문민정부의 냉전대결 방식을 버리고 '햇볕정책'을 펴는데도 왜 남북 관계가 냉전적 제자리걸음을 하고 있는가. 나는 DJ가 처음부터 단추를 잘못 끼웠다고 생각했다. 화합과 사회통합의 명분을 앞세워 냉전 세력과 원칙 없는 전문가나 테크노크라트와 손잡고 개혁정치·탈냉전 대북 정책을 펼쳐내기는 참으로 어려울 것임을 나는 이미 짐작하고 있었다. 그러니 이런 상황에서는 대통령의 원칙 있는 용기가 더욱 요청되는 것이다.

10월 2일, 4년간의 총장의 짐을 벗고 난 뒤 처음으로 운동을 하고 가벼운 심신으로 집에 돌아오니 희소식이 두 가지 기다리고 있었다. 하나는 모교인 에모리 대학교 체이스 총장이 보낸 편지였다. 대학 이사회에서 내년 5월 입학식 때 나에게 명예박사학위를 주기로 결정했다는 내용이었다. 김 대통령과 이홍구 현 주미 대사에 이어 한국인으로는 세 번째 영광이다.

또 하나는 광주민주화보상 심의위원회에서 관련자들에게 보상금을 지급한다는 통지가 왔다. 1980년 '김대중 내란음모사건'의 공동피고인 전원이 받게 된다고 한다. 당연하고 명분 있는 일이지만 한편으로는 좀 쑥스럽기도 하다. 그때 그 사형수가 대통령이 됐으니 세상이 확실히 변하고 있구나.

10월 12일에는 광주에 내려가서 광주시장과 '5·18 광주항쟁 지원' 담당자를 두루 만났다. 앞으로 '5·18' 유공자로 인정받으면 갑종의 의료보험 혜택을 준다고 한다. 국회에서 법이 통과되면 5·18 관련자들은 국립5·18 민주묘지에 묻힐 수 있다고 한다.

그런데 집에 돌아오니 공무원연금공단에서 보낸 어이없는 통보가 기다리고 있었다. 연금을 지급받으려면 신원조회를 해야 하는데 경찰청 감식과에서 보내온 기록에는 내가 아직도 사면·복권되지 않은 것으로 나와 있단다. 나는 1984년 8월 15일 광복절 특사로 복권이 돼서 미국 망명에서 돌아올 수 있었고, 그해 가을엔 서울대 복직도 했는데, 복권이 안 되었다면 그 후 어떻게 문민정부의 통일부총리로 임명될 수 있었다는 말인가.

이튿날 아침 라종일 안기부 차장에게 전화로 이 사실을 말하고, 김정길 행정자치부 장관에게도 알려 속히 바로잡아 달라고 요청했다. 오후에 김 장관은 알아보니 행정착오가 있었다며 사과전화를 해왔다. 1984년 당시에는 복권 사실을 수기로 기록을 했는데, 이후 컴퓨터 등록 때 누락된 것이란다. 한심한 경찰이다. 아직 민주개혁은 멀었구나 싶었다.

이날 저녁에는 후농(김상현)의 초대로 예춘호·한승헌 선생 등과 함께했다. 우리 모두 김대중 내란음모사건의 공동피고인들이니 5·18묘지에 다 함께 묻힐 판이다. '살아서 동지, 죽어서도 동지'가 되었으니, 맛있게 저녁을 먹었다.

10월 31일, 《한겨레》에서 이른바 '최장집 교수 사상논쟁'에 대한 의견을 듣겠다며 집으로 취재를 왔다. 《조선일보》를 무기 삼은 보수 우익 세력의 매카시즘 공세를 어떻게 봐야 하고 어떻게 대응해야 하는지 물었다. 《월간조선》은 11월호에서 "최장집의 충격적 한국전쟁관 — 6·25는 김일성의 역사적 결단"이라는 선정적인 표제로 진보 정치학자인 최 교수의 사상검증을 시작했고 이를 받아 《조선일보》는 연일 마녀사냥을 하고 있었다. 사법부·입법부·행정부는 물론, 국민도 그들에게 사상검증의 권한을 부여한 적 없는데도 말이다.

나는 《조선일보》가 남북문제만 나오면 발작처럼 극우적 광기를 보이는 이런 '반공 알레르기'는 반인권적 전쟁으로 점철된 20세기 역사 흐름에서 아무런 교훈을 얻지 못했기 때문이라고 생각한다. 또한 다원주의 문화, 화이부동의 가치, 관용 등이 세계를 묶어 나갈 21세기의 열린 시대정신임을 전혀 이해하지 못한 탓이 아니겠나. 참으로 딱하고, 참으로 한심하고, 참으로 안타깝다.

〉 냉전 세력이 나의 방북을 막은 것인가

1998년 11월 2일, 오랜만에 일본에 갔다. 오사카를 거쳐 6일에는 교토로 이동해 서승 교수와 점심을 했다. 재일동포인 서 교수는 내가 미국에서 돌아와 서울대 문리대 사회학과 교수로 부임하기 직전인 1968년 서울대로 유학을 와 이듬해에는 사회학과 대학원에 입학했다. 내 연구실에 책상을 하나 마련해주면서 조교처럼 각별하게 지냈다. 그는 1971년 3월 어느 날 갑자기 '증발'했다. 알고 보니 이른바 '재일동포 학생 학원침투 간첩사건'이라는 엄청난 죄목으로 동생(서준식)과 함께 국군보안사령부(사령관 김재규)에 끌려갔던 것이다. 억울한 누명과 혹독한 고문을 견디지 못해 스스로 목숨을 끊으려다 얼굴에 심한 화상까지 입은 그는 무기형을 받아 1990년 2월 19년 만에야 풀려날 수 있었다. 일본으로 돌아가 뒤늦게 법학 공부를 다시 한 그는 얼마 전 리쓰메이칸대 교수로 부임했다.

이어 7일에는 '평화' 관련 국제세미나에서 최장집 교수에 대한 '사상검

중 논란'을 두고 '평화학의 주창자'로 불리는 노르웨이의 요한 갈퉁 교수 부부와 리쓰메이칸 대학교의 한 일본인 교수와 의견을 나누었다. 그런데 갈퉁 교수는 북한에 갔을 때 황장엽을 만난 적이 있다고 했다. 그때는 대단히 열린 사고를 하는 지식인으로 생각했던 그가 남한으로 귀순해서 너무 실망했다고 한다. 그가 북한에 남아서 열린 체제로 개혁하는 일에 앞장서야 했다고 아쉬워했다. 이후 짧은 평화순례를 마치고 9일 귀국했다.

11월 20일에는 이화여대에서 주최하는 '한반도 평화와 인권' 세미나에 초청받아 주제 강연을 했다. 강연을 마치고 나오는데 《시사저널》의 오아무개 기자가 만나기를 청했다. 그는 지난 8월 21일 내가 베이징에서 전금철 북한 정무원 책임참사와 만났을 때 김대중 대통령의 특사로 방북하려 했느냐고 물었다. 나는 단호하게 아니라고 했다. 왜 새삼스럽게 묻느냐고 했더니, 그는 충격적인 얘기를 들려주었다.

그때 전 참사가 불편한 몸으로 다급하게 베이징까지 달려온 이유는, 평양 당국에서 나를 DJ의 특사로 알고 당황해서 나의 방문을 막으라고 했기 때문이라고 했다. 북한은 '왜 그런 잘못된 판단을 했을까?'라고 내가 묻자 오 기자는 남쪽에서 '대통령 특사로 간다'는 거짓 정보를 북쪽에 흘렸다고 했다. 나의 방북으로 남북 관계가 개선되는 것을 못마땅하게 여기는 사람들이 그런 비열한 짓을 했을 것이라고 했다. 퍼뜩 8월 19일 강인덕 통일부 장관이 내게 사람을 보내 방북을 연기해줄 것을 요청했던 일이 떠올랐다. 그때 임동원 외교안보수석도, 이종찬 국정원장도, 심지어 김 대통령도 '막으라'는 지시를 하지 않았음을 확인했던 나로서는 누가 '그런 짓'을 했는지 짐작이 갔다. 오 기자는 당시 북한 당국도 비료회담 결렬로 남쪽 정부에 매우 분노하고 있었던 탓에 누가 DJ의 특사로 오든 반갑게 맞을 분위기가 아니었으므로, 이를 이용했던 것이라고 했다.

과연 오 기자의 얘기를 어디까지 믿어야 할지 몰랐다. 설마 남북의 냉전 세력들이 그렇게까지 결탁했을까 싶었다. 그렇다면 DJ는 과연 임기 안에 역사적인 남북 관계 개선의 돌파구를 만들어낼 수 있을까? 참으로 걱정스럽고 안타깝다.

앞서 11월 13일, 나는 송철원·김연갑·유재만 등의 끈질긴 설득으로 한민족아리랑연합회 이사장을 맡았다. 그런데 11월 27일 연합회 김연갑 사무총장이 '남북 합작으로 영화 〈아리랑〉을 제작할 수 있는 길이 생겼다'고 전해왔다. 도쿄에서 우리를 돕고 있는 김경원 여사가 보내온 기쁜 소식이었다. 북한 아태평화위 김용순 위원장이 남쪽에서 내가 직접 나선다면 도울 수 있다는 의사를 표명했단다. 한국 영화사는 물론 한민족의 역사에 커다란 평화의 전기가 될 수도 있는 작업이다. 과연 내가 해낼 수 있을까?

12월 14일, 대통령 직속 방송개혁위원회가 발족했다. 강원룡 목사가 초대 위원장을 맡고 나도 위원으로 참여했다. 위촉장을 받으러 오랜만에 청와대에 갔더니 예전보다 의전이 더 까다로워진 듯하다. DJP의 불안정한 동거 탓일까, 대통령은 내내 피곤해 보인다. 강 목사는 언제나처럼 천진한 어린아이처럼 자신의 얘기에만 몰두하고 있다.

12월 16일에는 《말》지의 「정범구가 만난 사람」에서 인터뷰를 하자고 한다. 정 박사와 우리 집에서 '김대중 정부 10개월의 개혁과 한계'를 화두로 연말 결산 대담을 나눴다. 허심탄회하게 제법 장시간 이야기를 나눈 그는 마지막으로 웃으며 DJ 정부에 참여할 의사가 있는지 물었다. "현 정부가 수구 냉전 세력에게 포위되어 스스로 개혁을 포기하고, 개혁 세력을 쫓아내는 그런 전철을 밟는다면 아예 고려할 필요가 없겠지요. 그러나 현 정부가 일관성 있게 개혁을 추진하면서 요청을 한다면 명분이 있는 한 참여할 것입니다." 나의 대답이었다.

남북공동선언의 새 역사

〉 배타적 지역정치는 TK 사람들에게 더 큰 책임

1999년 1월 1일 아침, 새해를 맞는 기도를 드렸다. '20세기의 마지막 해를 맞아, 자신과 가족, 민족과 인류 모두가 파란만장의 지난 역사를 되돌아보며 반성하게 하소서. 그리하여 교훈을 얻게 하소서. … 이제는 남과 북이 함께 승리하는 상생의 길로 나아가게 하소서. 그 길에 부족하나마 당신의 심부름꾼으로 쓰임 받게 하소서.'

1월 5일. 점심때 최장집 교수와 만났다. 그는 내가 지난해 11월 일본에 갔을 때 조선일보의 '마녀사냥 식 표적'이 된 그의 신념을 알리고 변호해준 것에 대해 답례를 하고 싶은 듯했다. 그런데 흥미롭게도 최 교수는 지금 국민의 정부의 개혁 의지에 대해 회의하고 있었다. 그동안 그는 퍽 외로웠다고 한다. 청와대에 자신의 문제를 함께 고민해주는 보좌진이 단 한 사람도 없었다고 한다. YS 정부 때 나와 김정남 수석의 처지가 오히려 부러울 정도라고 토로했다. 나는 이 말을 듣기가 거북했지만, 왜 DJ가 최 교수를 보호해주지 않는지 궁금했다. 국가정책자문위원장까지 맡고 있던 그가 여태껏 한 번도 DJ와 독대를 못 한 것도 이해하기 힘들었다. 그러니 어쩌면 그의 외로움은 내가 이미 겪었던 것보다 더 아플 수가 있겠다.

최근 들어 조선일보는 박지원 공보비서관을 통해 화해의 신호를 보내는 듯한데, 정작 최 교수는 실감을 하지 못하고 있다고 했다. 사실 조선일보와의 싸움은 개인적인 사사로운 사건이 전혀 아니다. 제도와 세력과 역사간의 싸움이기도 하다. 아마도 DJ는 냉전기득권 세력을 너무 두려워하고 있는 것 같아 걱정스러웠다.

1월 6일. 한·일 국방장관이 만나 두 나라의 군사협력을 위한 핫라인을 설치할 모양이다. 이는 물론 북한에 군사적으로 공동대응하려는 전략이다. 한마디로 부끄럽다. 민족사의 눈으로 볼 때 더욱 부끄럽다. 군사력으로 우리 주권을 찬탈했던 일본 제국주의의 어제를 결코 잊어서는 안 되는데 말이다. 북한에서 볼 때 이를 주한 미군의 위협보다 더 심각한 공세로 보지는 않겠지만 치욕적인 반민족적 국제공모라고 비난할 것 같았다. 정부가 남북 당국자 대화를 추진하겠다고 발표한 직후에 이런 일이 벌어졌으니 평양을 더욱 자극할 듯하다. DJ는 왜 이 시점 한·일 안보협력을 과시하려고 하는지 모르겠다. 청와대 외교안보수석은 이런 시점을 조정할 능력도 없는 것인가, 아니면 이 또한 DJP 때문인가?

1월 14일. 《대구매일신문》에 매주 '한완상 칼럼'을 쓰기로 했다. 이제는 TK 문화도 변해야 한다. 배타적 지역정치가 정치적 삶의 양식처럼 이 땅에 뿌리내리게 된 데는 대구·경북 지역 출신 정치인들의 책임이 적다 할 수 없다. 나 자신도 TK 출신이지만, 바로 그 세력에 의해 정치·사회적으로 'TKO'당한 쓰라림을 겪어야 했다. 나는 작심하고 자랑스러운 TK 문화를 위해 글을 쓰기로 했다.

1월 25일, 남궁진 의원, 최장집 교수와 만나 모처럼 따뜻한 그러나 심각한 이야기를 나누었다. '지금 김 대통령은 비장한 각오로 정계를 개편하려고 한다. 그런데 이 개편작업이 성공하려면 잡스러운 여러 인물과 세력들을 규합하려 해서는 안 된다. 그렇게 되면 어쩔 수 없이 또 반개혁적 인물들이 요직을 차지할 것이며, 그만큼 개혁은 가로막히게 될 수밖에 없다. 그러니 개혁은 무조건 사람들 많이 모아서 해낼 수 있는 일이 아니다. 과감하게 개혁을 추진할 적절한 인물들을 발탁해 써야 한다. 개혁은 항상 주도 세력을 중심으로 추진되어야 성공할 수 있다. 지금 DJ는 JP에 전두환 정권 세력까지 껴안고 정계를 개편하려는 것 같은데, 이는 스스로 개혁을 좌절시키는 결과로 이어질 위험이 크다. YS의 실패에서 배워야 한다. 정말 혁명보다 어려운 개혁을 과감하게 추진하려면 좋은 사람들을 모셔 와야 된다. 원칙에 확고히 서되, 수단 선택에는 부드럽고 넓게 일을 처리하려는 실력과 신념을 갖춘 개혁인사들을 자연히 모이게 해야 한다.'

나는 지금 논의되는 내각제나 이원집정제도 개혁 주도 세력이 추진해야만 개혁 정신을 살리는 성과를 거둘 수 있다고 강조했다. 부산·경남(PK)만 고립시켜 정계를 개편하려 든다면, 지난날 호남지역만 소외시킨 3당 통합과 다를 바 없다. 명분 없는 짓이다. 그렇다고 원칙 없이 경상도 세력, 특히 냉전 세력을 영입하려고 해서도 안 된다고 했다. DJ는 YS를 존중하지도 않으면서 왜 그의 잘못된 전철을 따르려 하는가!

나는 DJ가 미래의 역사에서 들려올 박수 소리를 미리 들을 수 있는 경세가적 능력을 갖추기를 바랐다. 그러기 위해 오늘 여기서 쏟아지는 쓴소리까지도 들을 용기가 있어야 한다.

) 유신 시절 장군들과 격세지감 만남

1999년 2월 2일. 점심때 한학자 기세춘 선생 등이 나를 찾아왔다. '동서화합 국민연합'이라는 새로운 비정부기구NGO가 출범하는데 총재를 맡아달라고 요청했다. 나는 사양했다. 대신 요즘 권력 실세인 권노갑 전 의원을 추천했더니, 그가 '한보 비리 사건'에 연루된 사실과 호남 출신이라는 이유로 적절하지 않다고 하면서 내가 나서야 한다고 집요하게 요구했다. 하지만 나는 사실 조직이나 재정 관리에 자신이 없는 데다 정계에 나갈 뜻도 전혀 없기에 끝까지 사양했다. 순수한 기세춘 선생 같은 분을 실망시켜서 미안했다.

2월 22일. 세계적 시사주간지《타임》에서 주필인 노먼 펄스타인과 장쩌민 중국 국가주석의 대담을 읽다가 한반도 냉전체제를 해체하는 데 매우 유익한 지혜의 메시지를 발견했다. 특히 펄스타인의 혜안은 부러울 정도였다. "중국과 그 지도자들이 꾸준히 변해왔다는 사실을 깨달았다. 하지만 미국은 여전히 '마오를 악마쯤으로 보는' 보수주의자 루스의 냉전적 관점에서 중국을 바라보고 있다." "중국 경제가 강력해질 것이 두려워 중국을 봉쇄해야 한다는 보수적 견해에 동의하지 않는다." 이는 분명 '북한 불변론'을 신앙처럼 받아들이고 있는 남한 냉전 세력의 인식을 바로잡는 데 의미 있는 길잡이가 되는 글이다.

2월 25일에는 오전 10시 아태재단에서 주최한 국민의 정부 첫돌 기념 세미나에 '대북 정책'을 평가해달라는 요청을 받고 참석했다. 나는 김대중 대통령의 햇볕정책을 전적으로 찬성하는 만큼 북·미 일괄 타결책에 대해서 몇 가지 긍정적 평가를 했다.

'김 대통령께서 미국 정부에 북·미 간 모든 현안을 일괄해서 타결함으로써 북핵 문제도 풀고 북·미 관계도 향상시키면서 더 나아가 정전협정도 평화협정으로 바꿀 수 있는 길을 열도록 권고한 점을 나는 높이 평가한다. 다만 일괄 타결의 내용 가운데 한·미 간에 서로 관점이 맞지 않는 점에 주목해야 한다. 이를테면 미국은 북의 금창리 의혹과 미사일 개발 같은 단기적이고 직접적인 문제에 더 큰 관심을 둔다. 그런데 한국 정부는 그런 미국의 관심을 이해하면서도 보다 중장기적인 문제에 더 큰 비중을 두어야 한다. 북·미 수교, 미국의 대북 경제제재 해제, 평화협정 문제 등이 그러하다. 이러한 차이를 잘 조율할 필요가 있다. 또 북한이 보다 쉽게 지킬 수 있는(또는 실천할 수 있는) 사안과 시간이 걸려야 해결 가능한 문제에 대해서도 서울과 워싱턴 사이에 사전 조율이 필요하다.'

이어 누군가가 일괄 타결책보다 단계적 타결책이 더 나은 선택이 아니냐, 리인모 노인 북송 결정을 후회하지 않느냐고 질문을 해왔다. 나는 단계적 타결만 고집하다 보면 총체적으로 한꺼번에 핵심 문제와 부차적 문제를 모두 해결할 수 있는 호기를 놓칠 수 있다고 답했다. 문제가 중요하고 복잡할수록 일괄 타결이 힘들겠지만, 그만큼 큰 역사적 성과를 거둘 수 있다고 했다. 또 나는 북한이 총체적으로 그리고 특히 경제위기로 인해 안보 위협까지 느끼는 상황일수록, 한반도의 통일과 안정을 위해서는 평화협력책 말고 다른 유효한 선택이 없다고 강조했다.

3월 8일, 참으로 만나기 쉽지 않았던 분들, 특히 유신 시절에는 상상조차 할 수 없었던 분들과 만찬을 했다. 이제는 사라진 '하나회'의 리더이자 경북고 1년 선배이기도 한 이종구 전 국방장관, 장태완 전 수경사령관, 기세춘 선생 등이었다. 전두환 보안사령관에게 핍박받던 장 장군은 스스로 평생 군인으로만 살아왔기에 세상 보는 눈이 좁았다고 점잖게 시인했다. YS 시절 내가 색깔론에 시달릴 때 구경꾼처럼 지켜만 봤다고 털어놓기도 했다. 하기야 가해자가 아닌, 한 예비역 장군으로서 그럴 수밖에 없었을 것이다.

이날 자리는 내게 동서화합을 위한 범국민 운동에 앞장서 달라고 요청하기 위해 마련된 것이었다. 이미 지난 2월 그랬듯이 나는 또 한 번 사양했다. 그런데 4월 2일에 이 장군, 기 선생 등과 다시 만났더니 또다시 대표 자리를 강권했다. 내가 TK 출신이면서도 TK 세력으로부터 핍박받던 DJ 편에 있었으니, DJ가 대통령이 된 지금 그래서 내가 적임자라는 것이다. 나는 끝내 고사했다. 대신 공동대표로 이만섭·이돈명·예춘호 선생을 추천하고, 양순직·이종구·장태완·권노갑 그리고 나를 고문으로 하는 것이 좋겠다고 역제의했다. 아무튼 이 기구는 결국 무산된 듯하다.

〉 새 대북조정관 페리의 보고서 앞두고 '촉각'

1999년 4월 14일. 점심때 임동원 청와대 외교안보수석과 긴 얘기를 나누었다. 주한 미군 지위 변경 문제에 대한 배경 설명을 들었다. 미국 국방정보국DIA에서 레이건 대통령 때 추진했던 '별들의 전쟁 계획'을 부활시키려는 미국 정부 내 보수적 흐름이 감지되고 있다고 한다.

럼스펠드 전 국방장관의 이름을 딴 위원회가 구성되어 지난해 7월 대북한 정책에 관한 보고서도 나왔는데 국방정보국에서 이 보고서 내용을 언론에 슬쩍 흘렸다고 한다. '앞으로 미국에 위협이 될 나라는 러시아나 중국이 아니라, 북한과 이란 같은 '깡패국가'다. 그리고 향후 5년쯤 지나면 북한의 미사일도 미 본토까지 도달할 수 있을 만큼 위협적이 될 것'이라는 내용이다. 그런데 공교롭게도 지난해 8월 말 북한이 위성발사를 했다. 그러자 공화당 내 냉전수구 세력들이 '그것 보라'는 듯 의기양양해졌으며, 결과적으로 럼스펠드 보고서가 힘을 받게 되었다고 한다. 이런 상황에서 클린턴 대통령은 전 국방장관 페리를 대북정책조정관으로 임명했다. 좀 더 종합적이고 합리적인 대북 정책을 새롭게 정리하기 위한 틀을 마련하고 싶어 한 것이다.

요즈음 DJ는 북·미 관계 개선을 위한 탈냉전적이고 종합적인 협상책을 구상 중인데, 그 핵심은 이미 1975년에 키신저가 제시했던 교차승인이라고 한다. 즉 남쪽은 러시아·중국과, 동시에 북은 미국·일본과 관계 정상화를 이루자는 안이다. 사실 이는 노태우 정권 때 이미 나온 것이다. 그런데 그간 북한과 일본 간에는 한 치도 관계 향상이 이뤄지지 않았다. 이것은 한국 정부, 미국 정부 그리고 일본 정부 모두가 탈냉전적 정책을 통해 한반도의 안정과 평화를 이루려는 정책 의지가 부족했기 때문이다. 특히 김영삼 정부는 클린턴 정부의 대북 포괄 정책을 아주 못마땅하게 생각하며 이런저런 딴죽을 걸지 않았던가. 사실 교차승인의 완성을 위해서는 미국 정부의 한반도 평화 실현의지가 무엇보다 요청된다.

그런데 지난 3월 '북한에 대한 포괄적 접근방안'이라는 아미티지 보고서가 또 나왔다. 이는 만일 북한이 DJ 정부의 포괄적 포용 정책을 수용하지 않을 땐 미국이 어떤 대응을 할 것인지 심각한 고려를 촉구하는 보고서이다. 그렇다면 미국의 선택은 무엇인가? 북한 폭격인가? 혹여 일부 대북 강경 세력에 이끌려 '북폭'을 결정하게 된다면, 3만 명의 주한 미군과 7만 명의 주한 미국인들의 생명을 어떻게 보호할 것인가에 대해 미국 정부는 심각한 현실적 숙고를 해야 할 것이다. 또 그 못지않게 중요한 것은 수백만 명에 이를 한국민의 희생을 막는 일에 효과적인 대책을 마련하는 일이다.

확실히는 모르지만, 조만간 나올 페리 보고서는 공화당의 보고서와 달리 이 시점에서 북폭 같은 대응 전략은 거론할 필요가 없으며, 어디까지나 외교적 노력으로 문제를 해소하는 것이 최상책임을 강조할 것 같다. 그렇다면 다행스럽겠다. 무엇보다 미국은 지금 국민의 정부가 역대 정부와 달리 햇볕정책으로 한반도의 안정과 평화 그리고 번영을 이룩하려고 애쓰고 있다는 점을 인식하고 존중해야 한다. 그리고 현 정부의 햇볕정책을 북이 거부한다 해도 성급하게 정책 실패로 단정하지 않았으면 한다. 실패에 대한 판단을 내림에 한·미 당국 간의 깊고 넓은 소통이 반드시 있어야만 한다.

4월 21일. 수유동에 있는 크리스찬아카데미에서 전날부터 국제회의가 열렸다. 전 독일 대통령 바이츠제커 박사와 레이니 전 미 대사도 참석했다. 대체로 한반도 평화를 갈망하는 사람들이 국내외에서 참석했다. 이 회의에 즈음해 DJ는 CNN과 인터뷰를 했는데 대북 정책의 다섯 가지 요소를 적절하게 제시했다. 이 다섯 가지를 미국과 일본 정부에서도 그들의 대북 정책에 긴요하게 참고하고 존중해주면 좋겠다. 중국과 북한 정부도 더 신중하게 결정했으면 좋겠다. '미국과 일본 정부는 북한과 관계정상화에 나서야 한다/ 북한이 안심하고 변화와 개방을 해나갈 수 있는 환경이 조성되어야 한다/ 한반도에서 대량학살무기는 제거되어야 하고 군비는 통제되어야 한다/ 한반도의 휴전체제는 평화체제로 전환되어야 한다/ 남북 간 화해협력이 추진되어야 한다.'

더불어 김대중 대통령은 미국에 대북경제제재를 철회하도록 촉구했고, 일본 정부에는 북한에 전쟁배상금을 지급해야 한다고 주장했다. 정말 정당하고 적절한 대통령다운 요구다.

다만 클린턴 정부는 다음 선거에서 포용적 대북 정책 비판을 무기로 삼으려는 공화당 내 보수 세력을 너무 의식한 나머지 북한이 중국처럼 개혁·개방으로 나아가는 길을 시원하게 터주지 않고 있다. 진실로 북한이 바람직한 방향으로 변할 수 있는 환경을 조성해주려면, 국민의 정부도 지혜롭게 클린턴 정부와 협상하여 용기 있게 한·미 군사훈련 중단을 건의해볼 필요가 있다. 노태우 정부 때도 이미 훈련을 중단한 적이 있지 않았던가.

〉 에모리 대학교 명예박사학위 받으며 윤치호가 떠오르다

1999년 5월 8일. 모교 에모리 대학교에서 주는 명예박사학위를 받기 위해 아내와 함께 애틀랜타로 날아갔다. 1962년 에모리 대학교 대학원으로 유학 왔을 때 이곳에는 한인교회가 없었다. 그래서 에모리 대학교 신학대학원에서 조직신학을 공부했던 조종남 목사, 구약을 전공했던 문희석 목사 등과 함께 매주 모여 조촐하게 예배를 보았다. 이 모임이 이제는 가장 오래되고 가장 큰 한인교회로 발전해 있었다. 마침 일요일이었던 다음날 우리는 그 교회에서 예배를 보고 오후 2시에는 '조국통일과 동포사회 ― 평화와 기독교 정신' 제목으로 강연을 했다. 햇볕정책과 기독교 평화정신의 본질적 유사점을 하나님의 창조 작업에서, 예수님의 취임 설교에서, 그리고 사도 바울의 로마 선교지침(로마서 12장)에서 확인하면서 동포교회가 한반도의 평화를 위해 헌신해주길 촉구했다.

이날 저녁에는 에모리 대학교에서 명예박사학위 받은 다섯 분을 환영하는 리셉션이 열렸다. 이 자리에서 평생 만나기 힘든 소중한 분들을 나는 한꺼번에 만날 수 있는 명예와 기쁨을 누렸다.

카터 전 미국 대통령의 추천으로 명예과학박사 학위를 받는 노먼 볼로그는 일찍이 파키스탄과 인도에서 농업의 '녹색혁명'을 일으켜 세계 식량위기를 극복하는 데 기여한 공로로 1970년 노벨 평화상을 받은 분이다. 클린턴 행정부의 노동부 장관을 지낸 로버트 라이시 박사는 저서『국가의 일The work of nation』에서 21세기 국가경영의 방향을 날카로운 시각으로 제시해 유명해진 학자요 실천가다. 그는 예일대 동기생인 빌 클린턴 대통령과 함께 영국 로즈 장학생으로 유학했는데 그때 같은 유학생인 힐러리를 빌에게 소개해줬다며 자신이 클린턴 부부의 '중매쟁이'인 셈이라는 이야기를 내게 들려주기도 했다.

미국 감리교 최초의 여성 흑인 감독으로 감리교 감독회의 집행위원인 레온틴 켈리는 명예신학박사 학위를 받는다. 그는 1972년 에모리신학대학장이었던 캐넌 감독에게 목사 안수를 받은 뒤 1992년까지 샌프란시스코 지역 감리교 감독으로 시무했다. 인도적 인문학 박사학위를 받는 찰스 예이츠는 에모리 대학교 출신으로 세계 골프사를 장식한 보비 존스를 기리는 스칼러십위원회의 위원장으로 다양한 지역사회 봉사 활동을 통해 널리 존경받고 있었다.

5월 10일, 1만여 명이 모인 졸업식에서 윌리엄 체이스 총장은 나를 구한말 최초의 에모리 대학교 한인 유학생이자 선각자였던 좌옹 윤치호 선생의 초기 업적에 비견하며 과분하게 치켜세웠다. 내가 어떻게 감히 좌옹의 젊은 시절의 그 정열과 헌신에 따라갈 수 있겠는가. 족탈불급일 뿐이다. 대학 신문인 《에모리 휠》은 명예박사학위를 받는 사람들의 경력을 소개하면서 '노벨 평화상 수상자와 민주화 투사가 명예박사에 오르다'는 제목으로 볼로그 박사와 나를 대표자로 거론했다. 진실로 감당하기 힘든 찬사였다. 물론 나를 추천한 사람은 전 에모리 대학교 총장이자 주한 미 대사였던 레이니 박사였을 텐데 그는 내내 시치미를 떼고 있었다.

37년 전 에모리 대학교 유학 초기 나는 도서관 지하 2층의 구석진 자리에서 살다시피 했는데, 그때 우연히 좌옹의 『영문일기』를 발견한 적이 있었다. 그가 갑신정변 실패 이후 방황 끝에 1888년부터 5년간 밴더빌트 대학교와 에모리 대학교 등에서 유학할 때 쓴 그 일기를 읽으며, 내 나이와 비슷한 26살 무렵이었던 그의 출중한 영어 실력에 나는 압도되고 말았다. 비록 그가 훗날 친일로 변절하게 되지만, 초기 유학 시절 그의 마음속 깊이 쌓여가는 민족적 한과 울분을 영어로 표현해낸 것을 보고 범상치 않은 인물임에 틀림없다고 느꼈다.

그날 오후에는 에모리 대학교 사회학과 교수들이 나를 위해 특별히 조촐한 축하잔치를 베풀어주었다. 1962년 당시 사회학과장이었던 도비 박사도 은퇴한 뒤 살고 있는 켄터키 주에서 일부러 나를 보러 왔다고 했다. 새삼 그 시절 겪었던 불안과 좌절, 기쁨과 보람의 순간순간을 떠올리게 하는 자리였다.

저녁에는 중세의 고성처럼 고색창연한 총장관저에서도 간단한 만찬이 있었다. 체이스 총장이 졸업식 때 나를 과찬해준 것에 내가 감사 인사를 하자 곧장 옆방으로 뛰어가더니 가서 흰 티셔츠 한 장을 가져왔다. 그 셔츠에는 우리 애국가 가사가 적혀 있고, 윤치호 지음이라고 적혀 있었다. 그는 얼마 전 한국을 방문했을 때 얻은 소중한 선물이라고 자랑했다. 70여 년 전 좌옹이 애국가 가사를 지을 때 온통 민족의 자강과 자립 그리고 독립과 번영을 타는 목마름으로 갈망했음을 새삼 짐작할 수 있었다. 19세기 말 에모리 대학교에서 조국과 부모와 백성을 가슴 시리게 그리워했을 때 이미 그 애국가의 가사가 그의 가슴속에서 잉태되고 살아 움직였을 것이다. 다만 그의 말년이 안타까울 뿐이다.

〉'자유의 메달' DJ, "날 죽이려 한 이들 용서"

1999년 5월 31일. 온 나라가 '옷 로비 사건'으로 시끌시끌하다. 아침에 권노갑 의원과 김정남 전 수석을 함께 만났다. 마침 러시아의 모스크바를 방문 중인 김대중 대통령께서 귀국하게 되면 그에게 어떤 지혜를 줄 수 있을까를 논의했다. 나는 이 사건이 단순히 '고급 옷' 문제가 아니라, 자칫 잘못 다루게 되면 국민의 정부의 도덕적 위기를 불러올 심각한 사태라고 했다. 마치 YS가 취임 1년 3개월 만에 이회창 총리 '파면 사건'으로 민심 이반을 겪었듯이, DJ 역시 취임 1년 3개월 만에 '옷 로비 사건'을 맞아 그럴 가능성이 있다고 경고했다. 나는 그동안을 개혁을 위한 준비 기간이었다면, 이 사건을 개혁을 본격 추진하라는 국민과 역사의 명령으로 보자고 했다. 그러기 위해서는 이 위기를 개혁 몸통을 시스템으로 구축하고 시스템으로 작동시키는 기회로 삼아야 한다고 역설했다.

6월 1일. 한국선명회 오재식 회장이 북한에 다녀왔다고 해서 오찬을 함께하며 여러 가지 얘기를 나누었다. 세계선명회 총재와 함께 방북한 그는 국수공장 경영과 수경농법 기술을 전수해줬다고 했다. 북한 아태평화위원회의 김용순 위원장과 리종혁 부위원장도 만났는데, 특히 리 부위원장은 만날 때마다 각별하게 내 안부를 묻고 자신의 안부도 전해달라고 했다고 한다. 그가 내부 강경 세력들에 의해 상처받지 않고 견디는 것을 보면 대단히 지혜로운 분임이 틀림없다. 지난 1996년 북의 식량난 지원을 호소한 그에게 아무 보탬이 되어주지 못한 나로서는 늘 미안한 마음뿐이다.

6월 2일. 오늘은 내내 마음이 들떠 있었다. 아침에 서부전선의 25사단에서 사단장 이하 군 간부들에게 '21세기에 대비한 군 간부의 의식전환' 제목으로 특강을 했다. 1957년 당시 학보병으로 징집된 나는 가을과 겨울을 이 지역 모범사단 모범연대 모범중대에서 사병으로 근무했다. 42년 전 한 학보병의 일상적 고통과 고뇌, 특히 배고픔을 증언하자 모두들 아득한 선사시대 이야기를 듣는 듯했다. 그만큼 지금 군대는 좋게 달라졌다는 뜻이리라.

6월 20일. 지난 15일 서해 연평도 일대에서 남북 해군이 무력충돌을 빚어 양쪽 모두 상당한 피해를 입었다. 남북의 강경 세력은 때를 만난 듯 서로 극단적인 증오와 비난을 쏟아내고 있다. '신북풍' 얘기도 계속 나온다. 특히 이번 충돌에서 수십 명의 사상자가 발생한 것으로 추정되는 북한 해군은 심각한 수모를 당한 셈이다. '패배'를 당했다고 생각할수록 북한 군부는 더욱더 DJ 정부에 강경으로 나올 것이다. 아니나 다를까 북한 당국은 〈평양방송〉을 통해 지난 16일 선군정치의 필승 불패론을 들고 나왔다. 이미 사회주의 체제가 붕괴된 지 10년 가까이 되는 이때 북한 당국의 선군정치 찬양은 빛바랜 옛 그림을 보는 것 같은 느낌을 준다. 북의 강경 세력은 코소보 분쟁이 끝나가는 요즘, 제국주의 세력이 북한을 공격해올 것이라며 과잉대응을 하고 있다. 이런 때 남쪽에서 승리를 자축하듯 의기양양해하며 북을 경멸하는 발언을 계속한다면, 남북 관계는 처참하게 뒷걸음칠 수밖에 없다.

6월 30일 저녁, 경실련에서 햇볕정책의 적합성과 정당성을 강조하는 강연을 했다. 나는 전쟁 위험이 높은 때일수록 합리적이고 용기 있게 남북 관계를 관리해나가는 지도력이 절실하다고 전제하고, 이제야말로 DJ가 냉전 세력의 눈치를 보지 말고 대통령답게 더 따뜻한 햇볕정책으로 남북 관계를 평화롭게 발전시켜나가야 한다고 제언했다. 이날 경실련에서는 민간 중심의 통일운동체를 결성하려 한다며 내게 대표를 맡아달라고 요청했다. 나는 생각해보겠다고 했으나, 속으로는 나보다 더 적합한 인물을 모시라고 말하고 싶었다.

7월 2일 오후 3시쯤, 〈연합뉴스〉 기자가 베이징에서 진행 중인 남북 차관회담이 또 결렬될 것 같다고 전하며 내 의견을 물었다. 최근 남북 관계가 연평해전으로 미묘하게 꼬이듯 민감해지고 있는 터에 이번 회담이 또 다시 경직한 상호주의적 잣대로 결렬이 된다면, 남북 관계는 더 깊은 수렁에 빠지게 될 것이고, 그 어떤 파격적 계기가 생기지 않는 한 계속 더 악화될 것 같다고 했다. 지난 정부처럼 국민의 정부도 냉탕과 온탕을 들락날락하게 되는 것은 아닐지 겁이 난다.

7월 4일. 김 대통령은 미국 필라델피아에서 자유의 메달을 받았다. 수상 연설에서 자신을 사형수로 몰아 죽이려 했던 사람들을 용서한다고 말해 감동을 불러일으켰다. 깊은 종교적 신앙에서 나온 숭고한 결단처럼 들린다. 다만, 아직도 광주학살의 주범들이 공식적으로 사죄하지 않은 오늘의 상황에서 이런 용서 발언이 그 어떤 정치적 계산에서 나왔다면, 그와 함께 고생했던 동지들의 아픔을 역지사지 못한 탓이 아닐까, 특히 그 주범을 반인륜적 범죄를 정당화시키는 것으로 오해할까 염려스럽다.

〉 '햇볕정책' 불신한 북한, DJ 비난 계속

1999년 7월 13일, 오랜만에 이인제 전 의원을 만났다. 그는 1997년 대통령 선거에서 패배했으나, DJ 이후 '3김 체제'가 막을 내리면 한 번 더 대권에 도전할 의지를 갖고 있었다. 3김 정치는 현대판 봉건정치이기도 하고 저질의 붕당정치이기도 하며, 지역감정을 바탕으로 정치 세력을 유지하는 전근대적 정치 세력이기 때문에 21세기에는 전혀 맞지 않는다고 보는 것 같았다. 그렇기 때문에 그에게 새로운 정치적 기회가 올 것으로 보고 있었다. 그가 정치적 내공을 깊이 쌓아간다면 그럴 수도 있겠지. 아직 나이가 창창하니까.

8월 3일 저녁에 새정치국민회의 이만섭 총재권한대행과 남궁진 의원을 만났다. 신당에 들어오라고 하기에 나는 그럴 의사가 없다고 잘라 말했다. 마침 한화갑 전 원내총무도 정당정치 안으로 들어와야 한다고 했지만, 나는 만일 정당정치가 온갖 오염과 부정을 제거하는 일이라면 왜 내가 주저하겠는가라고 반문했다. 만일 DJ가 개혁의 깃발을 높이 들고 이 땅의 모든 평화 세력, 모든 인권 세력, 모든 민주 세력을 규합해 개혁전쟁에 나서자고 한다면 나는 기꺼이 백의종군할 생각이 있다고 말했다.

북한 당국은 제네바 합의문에 들어 있지 않은 미사일 발사와 관련해 미국이 미사일 발사 중단을 요구하며 강력하게 비판한 것에 대해 지난달 26일 공식 담화문을 발표했다. 협박하는 투의 거친 표현도 있으나, 담화문의 행간을 자세히 살펴보면 북한이 대미 관계 개선을 절박하게 바라고 있음을 감지할 수 있다. 사실 북한의 미사일 발사나 위성개발 문제를 해결하려면 북·미 간의 깊은 대화가 필요하다. 이것이 어렵다면 다자간 별도의 대화도 필요한 듯하다.

최근 1980년대 초 주미한국대사관 정보담당 공사(안기부 파견)였던 손장래 예비역 장군이 《대한매일》에 북한과 관련해 흥미롭고도 용기 있는 의견을 내놓았다. 그는 "북한이 '필사즉생'의 정신으로 오늘의 난국과 위기를 극복하고 있다"고 하면서 북한과 역지사지하는 차원에서 상황을 풀어가야 한다고 다음과 같은 의견을 개진했다. 첫째로, 영변 핵 의혹은 1994년 제네바 북·미 합의로 일단 해소된 것으로 본다. 그러나 합의문에서 3개월 안에 이행하기로 한 5개 조처는 5년이 지난 지금까지 이행되지 않고 있다. '북·미 연락사무소 설치, 대사급으로 격상, 경제제재 해제와 지원, 경수로발전소 건설, 중유 공급'이 바로 그것이다. 둘째, 최근 금창리 핵시설은 빈 동굴임이 판명되었다. 셋째, 이른바 '5027 계획'은 유사시 북진하여 민주정부를 세운다는 것으로, 북에는 위협이 아닐 수 없다. 넷째, 미사일 문제는 제네바 북·미 합의문에는 언급되지 않은 사안이다. 그래서 북의 미사일 발사와 판매는 전적으로 주권 행사이므로 미국이 비난할 사안이 아니다. 북의 미사일 수출을 막으려면 미국이 수출에 상응하는 대가를 지급해야 한다.

그의 이 같은 의견은 전혀 새로운 주장은 아니지만, 전 합참 전략기획국장이자 안기부 2차장까지 지낸 고위 정보전문가가 언론에 소신을 이렇게 당당하게 밝힌 것은 평가할 만하다고 나는 생각했다. 사실 1980년대 초 내가 미국 망명 중일 때 그는 워싱턴의 한국대사관에서 근무하며 나에 대해 불쾌한 언급을 한 적이 있었다. 그래서 다소 섭섭하게 생각했던 나는 그의 이 글을 찬찬히 읽으며 오해를 풀었을 뿐만 아니라, 한반도 평화를 생각하는 그에게 고마움마저 느꼈다.

8월 17일, 북한 당국은 외무성 대변인 성명을 통해 이틀 전 김 대통령의 8·15 경축사를 비난했다. 또다시 지난해 4월 베이징 비료회담의 결렬 사실을 언급하며 그 책임을 국민의 정부 탓으로 돌렸다. 성명문을 찬찬히 읽으면서 나는 내내 마음이 편치 않았다. 특히 DJ의 햇볕정책을 국제적 지지를 얻기 위한 '구걸 외교의 수단'이라고 폄훼하고 있다. 햇볕정책을 미국이 데탕트 정책으로 공산권을 붕괴시켰던 이른바 '평화적 이행 전략'의 하나로 규정하며, 국민의 정부가 결국 햇볕 전술로 북한을 붕괴시키려 한다고 비판한 것이다. 이것은 지나친 주장이다. 평양은 대안으로 남북 체제를 서로 존중하면서 서로 먹고 먹히지 않는 통일 방안으로 연방제식 통일 정책을 강조했다. 이런 오해에 대해 DJ 정부는 북한 당국과 하루빨리 진정성 있는 소통의 길을 찾아야 할 것 같다.

성명문은 서해 해상 경계선 문제에 대해 어디까지나 미군과 인민군 간에 협의해야 할 문제라고 못 박았다. 이어 8월 18일에도 성명을 통해 미사일 문제와 관련해 미국과 직접 협의할 용의가 있다고 강조했다. 미국은 바로 이런 평양의 통미 의지를 되씹어볼 필요가 있다.

〉상지대 학생대표들이 건넨 '흰 봉투'

1999년 9월 28일. 김찬국 목사님 부부가 집으로 찾아왔다. 상지대학교 총장 사표를 냈다며, 내가 총장 자리를 맡게 될 것이라고 부인이 얘기를 전했는데, 김 목사님은 옆에서 그저 웃기만 했다. 아마도 이때 벌써 치매가 깊어진 것 같다.

사실 며칠 전 상지대학교 교수협의회 대표로 3명의 교수가 찾아와 총장 추대를 하겠다면서 나의 동의를 구했다. 1993년 문민정부는 출범 초기 부정부패 일소 차원에서 당시 부패사학의 백화점으로 지탄받던 김문기 이사장을 현역 국회의원임에도 단호하게 사법처리했다. 이에 투명하고 원칙 있는 신학자요 민주투사인 김찬국 연세대 부총장이 새 총장으로 영입되었다. 하지만 최근까지 상지대는 김 전 이사장 쪽의 끈질긴 저항으로 위협을 받고 있었다. 그런 와중에 김 총장에게 치매 증세가 나타나면서 집무를 할 수 없게 된 것이다.

이런 어려운 상황에서 내게 총장을 맡으라 하니 선뜻 마음이 내키지 않았다. 그런데 상지대학교로 가면 최근 몇 달 동안 시달려온 집권 여당의 정계입문 압력을 물리칠 수도 있겠다는 생각이 들었다. 특히 대학을 사유물로 여기며 호시탐탐 재단 운영권을 탈환하려고 온갖 편법을 동원하는 김 전 이사장 세력으로부터 상지대학교를 지켜내는 일은 사학비리 척결이라는 시대적 과업으로 보람 있는 일로 여겨졌다. 그래서 나는 상지대학교로 가기로 결심했다.

김문기 전 재단이사장이 '비리사학의 백화점'으로 꼽히며 물러난지 6년이 지났지만 상지대학교는 여전히 옛 재단 쪽의 저항으로 갈등을 빚고 있었다.

그러자 10월 5일 전국교직원노동조합 강원지부 원주·횡성지회에서 '상지대학교 신임 한완상 총장님을 환영하며'라는 성명서를 발표했다. 아직 공식 선출 이전이어서 당황스러웠다. 성명 내용도 분에 넘치는 찬사와 기대를 담고 있어 부담스러웠다. 전교조가 이례적으로 대학 총장 선임에 관한 의견을 낸 데는 사연이 있었다. 김 전 이사장의 복귀를 요구하는 서명 작업에 강제로 동원된 한 전교조 소속 여성 교사가 실적 부진을 걱정하다가 스스로 죽음을 택하게 되었다는 소문이 퍼진 데다 옛 재단의 복귀를 바라는 일부 학생들이 비 오는 날 재단 비리를 비판해온 한 교수를 둘러메고 거리 시위를 한 사건이 터졌다. 이 사건을 전교조는 '백색 테러'로 성토하고 나섰다.

10월 12일, 학교법인 상지학원의 관선 이사회는 나를 상지대학교 4대 총장으로 만장일치로 선출했다. 교수협의회 공동대표 3명, 총학생회장, 노조위원장, 총동문회장으로 구성된 총장후보 추대위원회가 나를 추천하고, 이를 이사회에서 제청했다.

그런데 바로 그날 이른바 '상지대 용공조작 사건'이 터졌다. 지난 1986년 당시 학생들이 재단 비리를 규탄하는 농성을 벌이자, 김 이사장이 금품으로 학교 보직자를 매수해 '가자 북의 낙원으로', '김일성 수령님과 타협하여 통일하자' 등의 불온전단을 뿌리게 하고는 마치 농성학생 100여 명이 이런 전단을 만들어 뿌린 것처럼 조작했던 것이다. 그동안 묻혀 있던 이 사건은 당시 학생과 주임(김황일)이 양심선언을 하면서 일파만파가 되어 국회로까지 비화했다.

10월 13일, 국회 교육위원회에서는 용공조작 사건과 관련된 대학 관계자들의 증언과 녹취 자료가 공개되었다. 의원들은 일제히 김덕중 교육부 장관에게 진상규명에 나서라고 요구했다. 김 전 이사장이 소속된 자민련 일부 의원만 빼고 의원들 모두가 그에 대한 검찰 수사를 요구했다. 앞서 이날 오전 진행된 상지대 관련 청문회에서도 흥미로운 장면이 연출되었다. 김 장관이 사학 설립자를 '사학의 주인'이라고 언급했다가 노무현 의원의 날카로운 지적을 받고 '잘못된 발언'이라며 한 발 물러선 것이다.

마침내 10월 15일, 처음으로 원주 상지대학교 교정에 들어서는 순간 나는 일종의 혁명 열기 같은 뜨거운 분위기를 느낄 수 있었다. 학교 본부 건물에는 엄청나게 큰 걸개그림이 휘날리고 있었다. 바로 내 초상화였다. 어깨가 그만큼 무거워지는 듯했다. 10월 25일 체육관을 가득 메운 채 진행된 취임식에서도 나는 희망과 변화의 기운을 감지할 수 있었다.

취임 일주일쯤 뒤 학생회장단이 총장실을 방문했다. 나는 총학생회의 요구사항을 전달하러 온 것으로 짐작하고 내심 긴장했다. 총학생회장과 두 명의 학생회 간부가 함께 왔는데 모두들 키도 크고 몸집도 건장했다. 그런데 총학생회장은 수줍은 듯 주저하면서 안주머니에서 흰 봉투 하나를 꺼내 건네줬다. 봉투에는 뜻밖에도 1,000만 원짜리 수표 한 장이 들어 있었다. 나는 순간 깜짝 놀라 물었다. "이게 무슨 돈이지요?" 그러자 총학생회장은, 지난 취임식 때 내가 말한 '동고심同苦心의 큰 배움'을 실천하자는 뜻에서, 학생회 간부들이 봉사장학금의 일부를 모아 자기들보다 더 어려운 학생들을 돕기로 했다고 말했다.

나는 잔잔한 감동을 받았다. 20년 넘게 가르쳤던 서울대에서는 전혀 경험해보지 못한 가슴 따뜻한 울림이었다. 순간 나는 총장 집무실 창문 너머로 우람한 치악산의 모습을 보며 혼자 이렇게 중얼거렸다. "관악산 밑에는 일류 대학이 있으나 일류 인간은 없는데, 치악산 밑에는 일류 대학은 없으나 참으로 아름다운 일류 인간이 있구나!"

〉 21세기 북한 첫 신년사에서 '햇볕' 가능성 찾다

2000년 1월 1일. 마침내 크로노스의 시간으로는 21세기 첫 달 첫날을 맞았다. 오늘의 의미를 좀 더 깊고 넓게 성찰하려면 카이로스의 시각에서 우리의 위치를 음미해야 한다. 나와 우리의 삶을 옥죄어온 두 가지 역사적 가위눌림, 바로 식민과 분단의 아픔이 지금도 옥죄고 있다. 21세기가 우리 민족에게 던져주는 역사적 의미는 이 가위눌림으로부터의 해방이다. 카이로스의 의미가 바로 이것이리라.

나는 21세기의 역사 명령으로 한반도에서 냉전종식운동이 활기차게 펼쳐져서 평화와 통일의 길이 마침내 훤하게 뚫리기를 기대하고 고대했다. 또 21세기 역사 호명이 정치민주화의 성숙, 경제민주화의 촉진, 사회민주화의 실천으로 이어지면서 명실 공히 정치·경제·사회 선진국으로 우리가 발돋움할 수 있기를 바랐다. 무엇보다 올해에 김대중 대통령이 남북 관계 개선의 획기적 돌파구를 마련할 수 있기를 갈구했다. 이른바 산업화 세력을 의식해 지나치게 양보하는 일이 없기를 바라는 마음이었다.

마침 북한에서 신년사인 '공동사설'을 발표했다. 나는 북한의 권력 상층부도 21세기의 의미를 깊이 성찰할 수 있기를 바란다. 그런 점에서 공동사설은 다소 실망스러웠다. "당의 영도에 따라 강성대국 건설에서 결정적 전진을 이룩해나가는 총진격해"로 2000년의 의미를 부각시키고 있다. 이 목표를 달성하기 위해 세 가지 중요한 기둥이 있다고 했다. 첫째가 사상이요, 둘째가 총대요, 셋째가 과학이다. 이렇게 주장하면서 그동안 경제적 궁핍으로 인한 '고난의 행군'에서 벗어나서 '구보 행군'으로 나아가자고 했다. 이것은 극단적 대결 자세에서 숨고르기 자세로 바꾸는 것 같기도 하다. 경제 건설에 모든 역량을 쏟아 붓겠다는 의지로 이어진다. "모든 부분에서 실리를 철저히 보장하는 것이 중요하다"고 했다. 이는 이미 1998년 9월 헌법 개정을 통해 부분적으로 허용했던 자본주의 시장경제 개념의 도입이 지속될 것임을 뜻하기도 한다. 이는 남북 간 경제교류와 협력의 물꼬를 틀 수 있음을 시사하는 것 같기도 하다. 게다가 올해(2000년)는 노동당 창건 55돌의 해임을 강조하면서, 통일 정책에서 '선결조건'에 대한 언급이 전혀 없다. 대미, 대일 비난도 자제하고 있어 미국과 일본과의 관계 개선을 바라는 신호로 풀이된다. 나는 조금이라도 긍정적인 북의 메시지에 주목해 김대중 정부가 과감하게 합리적으로 햇볕정책을 실천해내기를 바란다. 특히 경제적 실리를 추구하려는 북한과 역지사지하며 격려해주면 좋겠다.

1월 25일. 올해는 국회의원 선거가 있는 해다. 그런데 정치인과 정당에 대한 국민적 불신이 하늘을 찌르는 듯하지만 쌍방향 통신매체를 일상적으로 활용하는 시민들이 날로 늘어나면서 정치 불신과 무관심에서 깨어나 적극적 정치 참여 쪽으로 나아가는 듯하다. 마침 한 신문사에서 꿈틀거리고 있는 낙천운동과 낙선운동에 대해 시론을 청탁해왔기에 나는 이를 격려하는 글을 써주었다.

시민혁명의 열기가 크게 번지고 있다. 이것이 평화적 국민혁명으로 나아가기를 바란다. 그리하여 4·19의 감격과 6월 항쟁의 감동 못지않은 희열을 체험할 수 있기를 바란다. 도대체 왜 시민단체의 낙천·낙선운동이 지금 일어날 수밖에 없는가.

나는 긴 무관심의 잠에서 깨어난 국민들의 각성이 분노로 이어져 마침내 국가 사회에는 민주화를, 조국에는 평화와 번영을, 국민에게는 기본권 신장을 담보해내는 시민운동으로 성공하기를 기원했다.

3월 5일. 마침 내 생일인 오늘, 교황청의 참회 기사를 읽고 나는 신선한 충격을 받았다. 교황청은 「회상과 화해 ─ 교회의 과거 범죄」라는 문건을 발표했다. 3월 12일 바티칸 미사에서 교황 요한 바오로 2세는 직접 전 세계 앞에 지난날 가톨릭교회가 저질렀던 네 가지 잘못과 범죄를 고해한다고 한다. '첫째, 1095년 교황 우르반의 칙령에 따른 십자군전쟁의 죄악, 1차 원정 때만 유대인과 회교도 7만 명을 학살했던 범죄. 둘째, 중세 종교재판과 고문형, 마녀사냥식 징벌의 죄악. 셋째, 16세기 신대륙에서 자행한 멕시코 원주민 학살의 범죄. 넷째, 나치의 유대인 학살에 침묵했던 잘못'이 그것이다. 그간 서구제국들이 피비린내 나는 침략의 역사를 종교적으로 정당화해준 잘못을 교황이 공식 사과하고 용서를 구하겠다는 것이다. 나는 이런 교황의 용기에 머리 숙여 경의를 표한다.

나는 이 소식을 듣고 개신교 지도자들은 무얼 하고 있나 생각하면서 나 자신 개신교 신자로서 새삼 부끄러웠다. 특히 서구제국주의 확장의 논리와 십자군식 전도운동의 깃발을 높이 들며 무리하게 독선적으로 선교 활동을 밀어붙이고 있는 한국 개신교 근본주의 지도자들이 이번 교황의 고백과 회개에서 배울 수 있기를 나는 진심으로 기도한다.

》 DJ, '베를린 선언'으로 남북정상회담 물꼬

2000년 3월 9일, 김대중 대통령은 '베를린 선언'을 발표했다. 독일을 국빈 방문한 길에 베를린 자유대학에서 '독일 통일의 교훈과 한반도 문제'라는 제목으로 한 연설에서 북한에 대한 대규모 경제 지원을 제안했다.

DJ는 여기서 남북 당국자 간 경제협력을 촉구했다. 당국자들이 직접 나서서 항만·철도 등 사회간접자본을 확충하자고 했으며, 투자보장 협정과 이중과세방지 협정을 맺자고 제의했다. 북한 농업구조 개혁에 도움을 주고 싶다고 했다. 이처럼 구체적인 경제협력을 위해 남북 당국자들이 만나 머리를 맞대고 한반도 냉전종식과 더불어 평화정착에 대해 협의하고 협력할 것을 촉구했다. 그리고 이산가족 상봉 같은 인도주의 사업도 촉구했다. 이 모든 제안을 추진하기 위해, 특히 남북 기본합의서 이행을 위한 특사교환을 제의했다. 참 잘한 일이다.

그런데 3월 15일 〈평양방송〉은 DJ의 베를린 선언에 부정적 반응을 보였다. 아니나 다를까 내가 염려했던 대로 북한 당국은 1998년의 베이징 비료회담 결렬의 분노와 한(恨)을 아직도 씻어내지 못한 듯하다. 특히 베를린 선언에 나오는 몇 가지 표현을 지적하며 '허튼소리'라고 폄하했다. 그러면서도 미묘하게 남북 당국자 간 대화의 문을 닫지는 않았다. 남쪽이 실제 행동으로 긍정적 변화를 보인다면 민족의 운명 문제를 놓고 협상할 용의가 있다고 했다. 백 마디 말보다 한 번의 실천이 더 중요하다고 강조했다. 국민의 정부가 북의 반응을 역지사지로 성찰한다면 남북 당국 간 대화의 물꼬를 틀 수도 있을 것 같다.

북한은 아세안지역포럼ARF에 가입 신청을 했다. 이는 북한 외교의 개방 의지를 분명하게 표명한 것과 같다. 이미 지난해 9월 북한은 백남순 외무상의 유엔총회 참석을 기점으로 외교노선의 변화 조짐을 보여왔다. 올해 들어 북한은 이탈리아와 수교했다. 아세안지역포럼은 동남아국가연합(아세안) 10개국과 한국·미국·일본·중국·러시아 그리고 유럽연합의 의장국이 참여하는 포럼이다. 국가 간 친목과 협력을 도모하고, 나아가 역내 평화와 안정에 기여하려는 다자간 지역안보협조기구다. 역내 정치와 안보 그리고 경제 현안도 논의하는 포괄적 기구다. 여기에 북한이 가입하는 것은 우리 정부로서는 반겨야 할 일이다. 북한은 5월 하순 일본과도 수교를 위한 대화를 재개하려는 것 같다. 이 일에 현 정부가 큰 도움이 되었으면 좋겠다. 이어 5월 24일에는 로마에서 북·미 회담을 재개하려고 한다.

그런데 야당에서는 김 대통령의 베를린 선언이 4월 13일 총선을 겨냥했다며 '신북풍론'으로 몰아가고 있다. 정말 한심하고 부끄럽다. 그러나 좀더 멀리 보면 냉전의 찬바람은 결코 평화의 따뜻한 바람을 이길 수 없다. 꽃샘 찬바람같이 잠시 기승을 부리겠지만, 따뜻한 평화를 바라는 민족과 민중의 희망을 결코 꺾을 수는 없을 것이다.

베를린 선언 이후 국민의 정부는 남북정상회담 추진 행보를 서두르고 있다. 3월 17일에는 박지원 문화관광부 장관과 북의 송경호 아태평화위 부위원장이 남북 특사 자격으로 상하이에서 만났다. 이후 나흘 만에 DJ는 YTN 회견을 통해 국민 다수가 희망한다면 정상회담을 추진할 것이라고 했다. 그리고 바로 다음날인 3월 22일, 남북의 두 특사는 베이징에서 다시 만났다.

마침내 4월 8일에 남북 특사는 베이징에서 정상회담을 위한 남북합의서에 서명했다. 4월 10일에는 정상회담이 6월 12일에 평양에서 열린다고 공식 발표했다. 분단 역사상 두 정상이 만나는 것은 처음 있는 일이다. 햇볕정책을 그토록 비판했던 북이 마침내 '봉남통미'의 정책에서 '통남통미'로 나아가는 정책변경을 한 셈이다. 참 잘한 일이다.

하지만 나는 이번의 남북정상회담에 대해서 낙관할 수 없다고 생각한다. 1972년 '7·4 공동성명'도 전형적인 이데올로기의 허구로 드러나 휴지조각이 되지 않았던가. 1992년 발효된 남북 기본합의서도 그 내용이나 뜻은 얼마나 훌륭했던가. 상대방을 주적으로 삼아 증오·능멸하지 않고 동반자로 본다는 인식의 전환은 곧 냉전해체와 평화통일도 성사될 듯한 부푼 꿈을 갖게 하지 않았던가. 그런데 지난 8년간 그 합의서는 남북의 냉전대결을 조금도 해소하지 못했다.

다만, 나는 이번 정상회담은 지금까지 남북 간 합의서와 근본적으로 다르다는 점에 유의하고 싶다. '7·4 공동성명'은 당시 박정희 - 김일성의 대리인들이 서명한 것이고, '남북 기본합의서'는 총리들이 서명한 문건이다. 그러나 이번에 김대중 대통령과 김정일 국방위원장이 직접 만나 합의문에 서명한다면, 그 역사적 상징성을 넘어 실효성은 비교할 수 없을 만큼 무거울 것이기 때문이다. 최초의 남북정상들 간의 서명이기 때문이다.

〉 남북정상회담을 앞둔 금강산 관광길

2000년 4월 들어 청와대는 6월 13~15일에 평양에서 열기로 한 분단 이후 첫 남북정상회담을 앞두고 각계각층의 의견을 수렴하기 시작했다. 김대중 대통령이 직접 주재하기도 했는데 나도 그런 모임에 초청을 받았다. 그때 대통령께서 나를 지목해 도움말을 청하기에, 나는 몇 가지를 간단하게 정리해 말씀드렸다.

첫째, 북한의 최고 지도자와 성공적인 회담을 위해서는 대통령께서 항상 역지사지, 역지감지하시라고 했다. 상대방의 처지에 서서 상황을 머리로 판단하시고, 가슴으로 공감하시라고 했다. 이러한 자세로 소통하게 되면 상대방도 머리와 함께 가슴도 열 것이라고 했다.

둘째, 상대방과 소통을 위해서는 어떤 사안이든 목전의 정치적 이익이라는 관점에서 고려하기보다는 장기적·역사적 관점에서 판단하는 것이 더 중요하다고 했다. 정치적 고려는 목전의 이익을 주로 보게 되지만, 역사적 고려는 장기적으로 민족의 공동이익과 공동선을 볼 수 있게 될 것이라고 했다.

셋째, 세계적으로 분쟁이 처참하고 치열할수록 그 분쟁을 해결하는 지도자에게는 세계와 역사가 높은 평가와 명예를 안겨다 준다는 사실을 환기시켰다. 남아프리카, 중동 사태, 북아일랜드 등과 함께 남북한도 대표적인 분쟁지역으로서, 지금 냉전의 고도로 남아 있는 한반도는 언제든지 열전으로 악화될 수 있는 위험지역이 아닌가.

넷째, 이번 정상회담의 결과로 남북 연락사무소가 설치되면 좋겠다고 말씀드렸다. 앞으로 정상회담이 성공적으로 이어진다면 남북이 모두 국가연합 단계로 진입하게 될 것이고, 그러면 본격적인 통일 과정이 펼쳐질 수 있을 것이다. 남북의 소통을 좀 더 안정적으로 관리하면서 분단 이래 깊이 축적된 불신에 의한 긴장을 배제하려면 서울과 평양에 각기 연락사무소를 설치하는 일이 중요하다고 했다.

4월 12일에는 박태준 총리가 각계 원로들 20여 명을 총리관저로 초청해 오찬 겸 자유로운 대화를 나눴다. 박재규 통일부 장관과 박지원 문화관광부 장관도 참석했다. 총리께서는 먼저 얼마 전 베이징에서 남북 특사 회담을 하고 온 박지원 장관에게 정상회담을 성사시킨 과정을 설명하도록 했다. 박 장관이 '비사'를 흥미 있게 설명해나갔다. 그런데 주무장관인 박재규 장관은 꿀 먹은 벙어리처럼 가만히 있기만 했다. 보기가 딱했다.

그래서 내 얘기 차례가 왔을 때 정상회담 성사 과정에 청와대 수석이나 주무인 통일부 장관이 직접 참여하지 않고 있는 것에 대한 일말의 불편함을 표시했다. 그러자 박지원 장관은 정상회담에 대한 홍보업무는 문화부 소관이 아니라, 총리실에 정부 홍보를 맡은 부서가 따로 있다고 했다. 바로 그때 박 총리가 그다운 부드러움으로 어색한 분위기를 바로잡아나갔다. "총리가 된 지 얼마 안 돼 총리실 내 언론담당 관료가 누군지도 아직 모르고 있다. 내 불찰이다." 그 덕분에 다시 의견들이 자연스럽게 교환되기 시작했다. 여하튼 나는 이번 정상회담이 DJP에서 DJT(김대중·박태준 연합)로 옮겨진 상황에서 국정이 더 바람직하게 펼쳐지기를 바랐다.

5월 18일, 한국대학총장협의회에서 금강산 관광을 추진하면서 나를 특별강사로 초청했다. 동해시에서 금강산으로 가는 금강호 안에서 하룻밤을 보내면서 '남북 관계의 전망과 통일대비 교육'을 주제로 선상토론회를 열었다. 내가 먼저 '남북정상회담과 남북 관계의 전망'을 주제로 발표를 하고, 최완규 경남대 교수가 통일교육에 대해 발제했다. 진지한 토론회였다. 발제를 마무리하며 나는 "이번 정상회담이 정례화되기를 바란다. 다음 정부도 그 길을 따를 수밖에 없는 그러한 평화의 길을 다지는 정상회담이 되길 바란다"고 강조했다.

그런데 나의 발제에 대해 상당수 회원들은 불편해하는 듯하다. 전·현직 대학 총장인 회원들은 대체로 북한에 대해 보수적 시각을 지닌 이들이다. 그러나 모두가 지성인이기에 첫 정상회담에 대한 기대도 갖고 있었다. 협의회는 마침 경남대 총장 출신인 박 통일부 장관이 조직한 기구여서, 그의 배려로 회원들은 '꿈에 그리던 금강산'을 보게 된 것이다.

5월 19일 아침, 우리는 북한 장전항에 도착했다. 날은 흐렸으나 금강산의 아름다움이 한눈에 들어왔다. 북녘 산하는 인간의 더러운 탐욕의 손에서 철저하게 보호되고 있는 듯, 흐르는 냇물은 처녀수처럼 깨끗하고 맑았다. 구룡폭포 올라가는 길에 북한의 환경보호원 여성이 친절하게 안내를 해주었다. 일행 중 한 사람이 '1993년 봄 리인모 노인을 북의 가족 품으로 보낸 분'이라고 나를 소개하자, 그는 감사의 뜻으로 즉석에서 노래를 불러주었다. 리인모 노인을 칭송하는 노래였다. 그 여성은 헤어질 때 몹시 아쉬워했다. 우리는 세대도 다르고, 이념과 사고도 다르다. 서로 미워하며 분단의 반세기가 흘렀지만, 그것이 우리가 한 핏줄임을 상기시키는 데 방해가 되지 않았다. 반세기 분단의 장벽, 마음의 장벽이 노래하고 박수치는 가운데 저절로 녹아내리는 듯했다.

〉 '사상 첫 남북정상회담' 앞두고 토론에 분주

2000년 4월 25일, 《통일시론》(여름호)에서 나는 리영희 선생, 곽태환 통일연구원장, 서동만 외교안보연구원 교수와 함께 '남북정상회담의 의의와 과제'를 두고 의미 있는 토론을 했다.

여기서 나는 이번 회담에서 두 정상이 '한반도 탈냉전기획단' 같은 기구의 구성에 합의할 것을 제안했다. 왜 이런 기구가 필요한가? 냉전체제의 해체 없이 한반도의 평화와 통일은 실제로 불가능하다. 그런데 그 해체작업은 결코 간단치 않다. 국제적 차원에서, 남북 당국 간에, 남북의 각 체제 안에서 각각 풀어야 할 난제가 만만치 않다. 법 하나 고치거나 폐기한다고 해결될 일이 아닌 것이다. 만약 이번 정상회담이 한반도 냉전 해체로 나아가는 첫걸음이 된다면, 남북의 두 지도자가 나란히 노벨 평화상을 받기에 충분한 자격을 갖출 수 있다. 그렇게만 된다면 온 민족의 광영이요 기쁨일 것이다. 과연 그렇게 될까?

6월 정상회담이 가까워지면서 언론사나 남북 관계 개선에 관심 있는 단체에서 강연이나 원고 부탁이 잦아지고 있다. 나는 이 기회를 적극 활용해 정상회담이 반드시 성공하기를 기원했고 성공할 수 있도록 촉구했다. 마침 5월 15일 《한겨레》 창간 12돌을 맞아 서울교육문화회관에서 서동만 교수와 함께 '냉전벨트를 깨자'는 주제로 나눈 대담에서도 이번 회담의 역사적 중요성을 역설했다.

서 교수는 북한 전문가로서 내가 대학으로 초빙하고 싶은 젊은 학자다. 그는 이제 한반도에서 냉전체제는 유지될 필요가 없다고 확신하고 있다. 북한은 세계적인 탈냉전의 흐름을 타지 못할 뿐만 아니라 그로 인해 경제적 고립의 역풍을 맞고 있고, 남한 역시 엄청난 냉전 유지 비용으로 낮은 복지와 노동생산성 저하를 감내하고 있다고 지적했다. DJ 정부가 생산적 복지를 외칠 것만이 아니라 심각한 반성을 해야 할 대목이다. 그는 냉전의 지속은 결국 국가경쟁력을 떨어뜨릴 뿐 아니라 남북 모두에게 치명적인 전쟁을 부를 수도 있다고 경고했다.

우리는 북·미, 북·일 관계가 정상화되면 한반도를 둘러싼 국제적 냉전벨트 역시 해체될 것이라는 데 의견 일치를 보았다. 특히 군축을 포함한 평화체제의 구축 문제를 현실적이고 합리적으로 다루어야 한다고 생각했다. 서 교수는 상대방의 안보불안을 배려하면서 우리의 안보도 고려하는 '협력안보'가 필요하다고 했다. 그래야만 공포의 균형으로 공포를 더 증가시키는 군비경쟁은 중단될 수 있다고 했다. 즉 강한 쪽에서 먼저 군축에 나서고, 교류협력도 더 적극적으로 추진해야 한다고 나와 서 교수는 주장했다. 그것이 바로 전향적 대북 정책이요, 그래서 햇볕정책이 가장 적합하고 정당한 전향적 대북 정책이라는 데 우리는 합의했다.

서 교수는 이어 남북정상회담까지 하면서 상대방을 반국가단체의 수괴로 규정하는 국가보안법을 그대로 두는 것은 곤란하다고 지적하고 김대중 대통령이 강한 의지를 가지고 이 모순을 풀어가야 한다고 고언했다. 이는 바로 내가 말해온 '냉전의 탈제도화' 가운데 첫 단계이기도 했다.

우리는 대담을 마치면서 이번 정상회담에 대한 주문을 한 가지씩 했다. 서 교수는 정치·군사 문제 해결의 실마리를 잡아야만 한반도가 분쟁의 근원지가 아니라 세계를 향한 평화의 발신지가 되는 계기가 마련될 것이라고 했다. 나는 이번 회담을 통해 정상회담이 상례화된다면 남북은 국가연합 단계로 진입할 수 있게 되고, 정권이 바뀌어도 남북이 함께 통일과 평화의 길로 계속 나아갈 수 있을 것이라고 전망했다.

6월 14일, 김 대통령과 김 국방위원장이 평양에서 한창 회담을 하던 그날에도 나는 팍스코리아나21 연구원이 주최한 개혁포럼에 초청받아 '남북정상회담의 전망'이란 제목으로 강연을 했다. 나는 먼저 DJ 정부 초기 새로운 기대를 걸었다가 지난해 4월 베이징 비료회담의 결렬로 크게 실망했던 북한이 돌연히 남북정상회담에 호응하게 된 변화의 사정을 내 나름대로 설명했다.

'무엇보다 북한 경제의 세 가지 난이 심각하다. 식량난, 에너지난, 사회간접시설의 낙후가 그러하다. 이런 어려움을 강성대국의 깃발 아래 극복하려고 노력해온 평양 당국은 사상강국·군사강국·경제강국의 세 가지 목표를 내세웠다. 북한은 동유럽 공산권과 달리 사상적으로 강력한 군대가 남아 있었기에 쉽사리 붕괴하지 않았다고 자부하면서, 다만 경제대국의 목표는 총력을 기울여 성취해야 할 과제로 보았다. 그래서 남북 경제협력의 길을 모색하게 된 것이다. 더불어 전방위 외교 강화에 나서 이탈리아·오스트레일리아·캐나다·독일과 수교를 추진했다. 그런 와중에 DJ의 베를린 선언에서 남북 경제협력의 단서와 신호를 확인한 것이다. 그간 고약한 위선적 흡수통일 전술이라고 폄하했던 햇볕정책을 평양 당국이 긍정적으로 인식하기 시작한 것이다. 여기에는 중국 정부의 영향력도 무시하지 못한다. 김 위원장은 중국 방문에서 경제협력의 중요성을 새삼 절감하게 되었고, 남북 경제협력을 중국이 긍정적으로 권장했기에 더욱더 남북정상회담에 적극적으로 나오게 된 것이다.'

〉파격의 2박 3일, '6·15 남북공동선언' 낳다

2000년 6월 13일 오전 10시 25분, 평양 순안공항에서 남북의 두 정상이 만나는 '흐뭇한 파격'을 나는 텔레비전 생중계로 지켜보았다. 마침 《한겨레》에서 이 역사적인 장면에 대한 느낌을 글로 남겨달라고 요청이 와 이렇게 적어 보냈다.

마침내 남북 정상이 만났다. '반갑습니다. 보고 싶었습니다'라는 김대중 대통령의 짤막한 인사는 따지고 보면 한 사람의 인사가 아니다. 분단으로 갈라져 억울하게 고통 받아온 칠천만 겨레 모두의 마음을 담아낸 절절한 말이었다. 나는 칠천만의 목소리를 그 짧은 인사말에서 듣는 듯했다. 서울 떠난 지 겨우 한 시간 만에 평양에 내린 김 대통령은 김정일 위원장과 반갑게 만났다. 이 한 시간은 지난 반세기에 걸친 긴 고통의 시간회로를 거친 뒤 비로소 가능했다. 참으로 부끄러운 일이기도 하다. 여기에 만시지탄의 안타까움이 있다.

하지만 나는 이날 북에서 보여준 파격의 만남이 곧 회담의 성과로 이어지길 기대했다. 특히 김 위원장이 비행기 트랩 바로 아래까지 직접 영접을 나와 김 대통령을 기다리고 서 있는 모습은 단순히 전례 없는 정중한 마중

분단 이래 55년 만에 이뤄진 첫 남북정상회담은 2박 3일 일정 내내 파격의 연속이었다.

이라는 의미를 넘어 반세기 냉전의 두터운 담벼락을 깨뜨리는 첫걸음일 수도 있지 않겠나. 그것은 앞으로 남북 관계가 민족당사자 원칙에 따라 착실히 진전될 수 있음을 뜻한다. 또 그것을 뜻해야 한다.

또 한 가지 신기한 모습은, 두 지도자가 순안공항에서 관중 앞을 지나갈 때 "김대중! 김정일!"을 외치는 평양 시민들의 환호소리가 들렸는데, '위원장' 경칭을 붙이지 않았다는 사실이다. 뭔가 의미 있는 변화의 조짐처럼 보인다. 나는 그 외침 속에서 언뜻 백범 선생의 목소리도 함께 듣는 듯했다. 게다가 김 위원장은 의전용 리무진의 상석에 김 대통령을 모시고, 그 옆에 동승해 백화원초대소까지 함께 가며 '비공식 단독 회담'을 하는 뜻밖의 해프닝도 연출했다. 바로 이런 열린 대화, 진솔한 역지사지의 대화가 냉전 불신을 녹이기 시작할 것이다. 과연 그렇게 될까?

6월 14일 밤 11시 20분, 마침내 남북의 두 정상은 공동선언문에 다섯 가지 합의사항을 명시하고 서명한 데 이어 이튿날 아침 '6·15 남북공동선언'을 발표했다.

그 첫 항에는 통일을 민족 자주적으로 이룩하자는 장엄한 선언을 담았다. '남과 북은 나라의 통일 문제를 그 주인인 우리 민족끼리 서로 힘을 합쳐 자주적으로 해결해나가기로 하였다.' 두 국가로 나눠졌다 해도 민족은 하나이니 뭉칠 수밖에 없다는 뜻이 읽힌다. 이는 김영삼 전 대통령이 취임사에서 밝혔던 민족당사자 원칙과도 상통한다. '남쪽의 국가연합과 북쪽의 낮은 단계의 연방제가 서로 공통성이 있다고 인정하고 앞으로 이 방향에서 통일을 지향시켜 나가기로 하였다'는 둘째 합의사항은 혹여 DJ를 색깔론으로 비난해온 냉전수구 세력이 물고 늘어질 여지가 보여 염려되기도 한다. 셋째 항의 이산가족 상봉 상설화는 김 대통령이 의지를 갖고 관철시킨 듯 보인다. '남과 북은 경제협력을 통하여 민족경제를 균형적으로 발전시키고'라고 표현한 넷째 항은 참으로 의미 있는 중요한 합의다. 지금 북한 주민들이 겪고 있는 굶주림은 안보위협보다 더 심각한 위협이기 때문이다. 다섯째 항에는 합의사항들을 빠른 시일 안에 실현할 수 있는 조치에 대한 합의사항이다. 특히 '김대중 대통령은 김정일 국방위원장이 서울을 방문하도록 정중히 초청하였으며 김정일 국방위원장은 적절한 시기에 서울을 방문하기로 하였다'는 대목이 중요하다. '신변안전'을 염려하는 김 위원장 쪽에서는 다소 불안할 수도 있겠지만, 그의 답방은 국가연합제, 나아가 통일의 문을 여는 중대한 전기가 될 것이기 때문이다.

다만, 앞으로 과연 합의사항을 남북이 다 같이 성실하고 신속하게 실천해나갈 수 있을까 하는 일말의 불안감도 떨쳐버릴 수 없었다. 우선 합의내용 가운데 긴장완화와 평화정착의 의제가 빠진 것 같아 아쉬웠다. 2차 정상회담이 서울에서 열리게 된다면, 그때는 군사대립 해소 방안이 반드시 논의되고, 협의되고, 합의되기를 바란다.

또 한 가지, '6·15 공동선언'의 실현을 위해서는 한반도 주변 나라들로부터 확고한 지지를 얻어내야 할 것이다. 중국은, 직전 방문한 김 위원장을 통해 이번 정상회담에 대한 지지를 밝혔다. 문제는 워싱턴이다. 아직은 클린턴 정부가 북핵 일괄 타결 전략을 추진하고 있으며 정상회담에 대해서도 부정적 인식을 갖고 있지 않은 듯하다. 그러나 12월 미 대선에서 공화당의 부시 후보가 당선된다면 강경 대북 정책으로 선회할 가능성이 크고, 그에 맞춰 국내 뉴라이트 세력들도 6·15 공동선언 이행에 심각한 제동을 걸 가능성이 없지 않다. 정말 염려스러웠다.

〉 남남대화가 필요하다

2000년 7월 19일, 청와대는 이른바 '5·17 김대중 내란음모 조작사건 피고인'들을 만찬에 초대했다. 하지만 이날 우리는 1980년 5월의 끔찍했던 비탄을 되새기지는 않았다. 대신 한달 전 평양에서 열린 남북정상회담의 소중한 소회를 김대중 대통령에게 직접 들을 수 있었다.

6월 14일, 김정일 위원장은 북한 최고권력기관인 국방위원회의 위원들을 모두 모아 김 대통령에게 일제히 거수경례를 시켰다고 한다. 오랜 세월 증오해온 '괴뢰집단의 최고지도자'에게, 선군정치와 강성대국을 총칼의 힘으로 추진하고 있는 주역들이 정중하게 인사하는 모습은 일종의 희극 같기도 하다. 누가 상상이라도 했겠는가? 그러나 분단과 증오를 뛰어넘으려면 이제는 서로 존경의 경례를 붙일 수 있어야 한다. 이는 김 위원장의 막강한 장악력을 과시한 셈이기도 하다. 또 정상회담의 위력이기도 하다.

김 대통령은 이날 만찬회의에서 '6·15 공동선언'의 내용면에서는 우리가 득을 보았고 김 위원장은 대내외 선전 효과를 거두었다고 평가했다. 특히 김 위원장이 햇볕정책을 잘 이해하고 있다고 했다. 김 위원장은, 김 대통령께서 미·일의 최고지도자들에게 평양에 직접 가보도록 권고했다는 얘기를 듣고 햇볕정책이 북한을 고립시키거나 옥죄기 위한 국제공조 정책이 아님을 확인한 듯하다. 또한 중국 방문 때도 그는 중국의 최고지도자를 통해서 DJ의 햇볕정책의 의도가 한반도 평화에 있음을 확인한 듯하다. 나는 이 말이 퍽 반가웠다. 2년 전 베이징에서 전금철 책임참사를 만나 햇볕정책을 설명하느라 애썼던 나로서는 정말 흐뭇한 진전이라고 기뻐하지 않을 수 없다.

이날 김 대통령의 이야기 중에서 북이 대남 대응 전략을 바꾼 과정도 흥미로웠다. 심각한 경제난을 극복하기 위해 이른바 '통미봉남책'을 써왔던 평양은 지난 4월 DJ의 '베를린 선언'을 살펴본 뒤 '통남'으로 선회했다고 한다. 역시나 남북의 정치적 성명을 읽을 때는 행간에 숨은 깊은 뜻을 헤아리는 지혜가 필요하다.

두 정상은 남북 경제협력에 대해 가장 적극적으로 대화를 했다. 김 대통령은 군을 동원해서라도 문산과 장단까지 경의선을 복구할 용의가 있으며, 나아가 철원에서 원산까지 철로를 잇고 이를 통해 시베리아를 거쳐 파리까지 갈 수 있는 '철의 실크로드'를 남북이 함께 건설해나가자고 제의했다고 한다. 더불어 김 대통령은 한반도에서 다시는 전쟁이 일어나서는 안 된다는 점을 강조했는데, 놀랍게도 김 위원장은 공동성명에서 듣기 좋은 레토릭보다는 경제적 실리와 성과가 중요하다는 것을 알고 있었다고 했다.

남북정상회담 이후 미 국무부는 북한을 포함한 반미적 국가들에 사용한 부정적 표현을 바꾸려 하고 있다. 대단한 변화다. 북한·이라크·이란·시리아 등을 지목했던 '로그 스테이트'(불량깡패 국가)라는 표현 대신 '스테이트 오브 컨선'(우려 대상국)으로 쓰기도 했다. 북한이 진정 미국과 관계 개선을 원한다면 '관심의 초점이 되는 국가'라는 훨씬 세련된 표현을 써주겠다는 것이다. 여하튼 화해 지향적인 표현의 변화가 실제의 변화를 정직하게 드러낼 수 있기를 바랄 뿐이다.

8월 들어서도 언론에서는 '6·15 공동선언'에 따른 국민들의 여러 반응을 보도하고 있다. 특히 야당은 김 대통령을 좌파로 몰려고 한다. 한 야당 국회의원은 청와대를 지칭해 노골적으로 친북 세력이라고 비난했다. 그렇다면 국민이 선출한 대통령이 친북 인사요, 국민들도 친북 세력이라는 뜻인가? 지나치게 편향된 수구적 논리가 아닐 수 없다. 이들은 평화를 두려워하는 것 같다.

마침 그즈음 한 월간지에 기고한 글을 통해 나는 '남남 대화의 필요성'을 새삼 강조했다. 남북을 비교할 때, 북쪽에서는 '북북 대화'가 절박하지 않다. 최고지도자를 중심으로 똘똘 뭉친 일사불란한 체제이니까. 그런데 남쪽은 열린 민주사회인데도 '남남 대화'가 제대로 이뤄지지 않고 있다. 이 땅의 냉전 세력이 일종의 종교적 근본주의자들처럼 독선적인 닫힌 사고에서 벗어나지 못하고 있기 때문이다.

8월 20일, 김 대통령은 박정희 기념관 건립에 200억 원의 국고보조금을 지원하기로 했다. DJP 체제에서 어쩔 수 없는 결정으로 보이나, 이는 역사적으로 좋은 평가를 받지는 못할 것이다. 박정희 시대의 경제성장이라는 업적도 따지고 보면 이 땅의 가난한 농민과 노동자들 그리고 그들의 딸과 아들들의 피눈물 나는 희생으로 이뤄진 것이다. 군사쿠데타·인권유린·언론탄압·냉전적 억압통치 등등 엄연한 비극적 현실을 역사적으로 책임져야 할 독재자의 기념관이 과연 기념할 무슨 역사적 가치를 전시할 수 있겠는가?

〉백두산 천지에서 부른 우리의 소원

2000년 8월 15~18일, 사흘 내내 온 나라가 울었다. 분단 55년 만에 처음으로 이뤄진 남북 이산가족 상봉의 장면을 지켜보면서 나 역시 눈물을 흘렸다. 이 눈물의 의미는 무엇일까.

먼저 혈육이 살아 돌아온 기적에 대한 진한 감동이다. 지난 50년간 돌아가신 줄 알고 제사까지 지냈던 아버지가, 6·25 때 사라졌던 아들이 홀연히 시퍼렇게 살아 나타났으니 감동의 눈물이 쏟아지지 않을 수 있으랴! 그것은 한의 눈물이었다. 지난 50년간 너무나 억울하게 고통당했던 한이 눈물로 흘러내린 것이었다. 이 눈물의 깊은 의미를 우리가 제대로 깨달아야만 사람 냄새가 나는 인간적인 민족공동체를 만들어갈 수 있을 것이다.

앞서 지난달 5일부터 7박 8일간 우리 언론사 사장단 50명이 방북해 김정일 국방위원장과 새벽까지 건배를 하며 화끈한 대화를 나누는 장면이 도하 신문에 자세히 소개되었다. 그동안 남쪽 언론에서 낙인찍었던 폐쇄체제의 독선적인 김 위원장의 이미지가 왜곡·과장된 것임을 알리는 보도들이 줄줄이 쏟아졌다. 자유분방하고, 소탈하며, 소통이 원활하게 잘되는 지도자라는 인식이 새롭게 생겨났다. 언론이 갖는 이데올로기적 왜곡을 확인하는 듯해 씁쓸했다.

9월 초 백두산 - 한라산 교차관광 합의에 따라 한국관광협의회 중앙회에서 김재기 회장 명의로 백두산 관광 초청장이 왔다. 관광·학술·문화예술·체육 등 각 분야의 주요 인사 110명으로 각각 구성된 남북 여행단이 9월 22~28일 6박 7일간 서로 오가는 일정이다. 나는 통일부 박재규 장관과 통화하면서 전 통일원 부총리로서 이번 여행에 참가하되, 자문위원장을 맡기로 했다. 물론 전체 여행단이 모인 자리에서 추인되었다.

드디어 9월 22일 오후 1시, 우리 비행기는 평양 순안공항에 도착했다. 일행 중에는 지인들도 적지 않았다. 통일부의 신상언 정보분석국장, 조홍규 한국관광공사 사장, 안병욱 가톨릭대 교수, 나춘호 출판문화협회장, 고문익환 목사의 장남인 문호근 예술의전당 본부장, 한국기독교교회협의회 NCCK 백도웅 부총무, 김상현·정진석 의원, 최충욱 한국청소년개발원장, 지은희 여성단체협의회장, 김숙희 YWCA 회장, 이돈명 변호사, 황태연 교수 등등이 함께했다.

순안공항에 내리니 백발의 허혁필 북측 민화협 준비위 부위원장이 우리 일행을 맞았다. 그는 자기 대신 우리를 도와줄 새 일꾼이라며 김영성 부위원장을 소개했다. 호남형의 50대 장년인 그는 평양을 떠난 비행기가 백두산 삼지연으로 날아가는 동안 내 옆에 앉아 햇볕정책과 6·15공동선언의 실현 가능성 등 많은 대화를 나눴다. 어느덧 삼지연 비행장에 도착한 우리는 버스에 나눠 타고 아늑한 소백수 초대소로 향했다.

둘째 날인 9월 23일, 우리는 새벽 일찍 일어나 해 뜨기 전에 정상까지 오르고자 백두산으로 향했다. 이미 세 번이나 올라가 보았던 백두산 정상인데 중국 쪽에 비해 경사가 완만했다. 마침내 정상에서 일출을 보며 우리는 만세를 불렀다. 북한 당국은 우리에게 꼭대기에서 삭도를 타고 천지로 내려가도록 특별한 호의를 베풀었다.

천지에는 이미 아침상이 차려져 있었다. 천지에서 잡은 물고기로 끓인 어죽은 정말 별미였다. 우리는 마치 강강술래 하듯 모두 손에 손을 잡고 기뻐서 노래를 불렀다. 물론 '우리의 소원은 통일'도 불렀다. 가슴속에서 뜨거운 뭉클함이 솟아오르는 듯했다. 자유 시간에는 안내원의 배려로 조홍규 관광공사 사장 등과 고무보트를 타고 천지를 둘러보는 기쁨도 맛보았다. 금강산의 만물상같이 웅장하고도 정교한 봉우리들이 어울려 빚은

남쪽 여행단의 자문위원장을 맡은 필자(오른쪽)와 단장인 김재기 관광협의회장(왼쪽 둘째),
조홍규 관광공사 사장(뒤쪽 가운데) 등 3명은 9월 23일 백두산 정상에서 북쪽 민화협의 특별
배려로 고무보트를 타고 천지를 둘러보기도 했다.

전경은 호수 주변에서는 볼 수 없는 비경이었다. 정말 짜릿한 맛이었다.
정말 민족의 빛을 온몸으로 보고 느끼는 관광觀光이었다.

9월 24일, 김일성 주석의 항일유적지와 보천보지구 등 백두산 주변을
둘러보았다. 일제 파출소의 구치장소가 무척 인상적이었다. 그런데 이날
가벼운(?) 불상사가 두 가지 있었다. 한나라당의 정진석 의원 등 3명이 귀
국 이후를 염려한 듯, 이틀 동안 김 주석의 항일유적지 등 관광 일정에 불
참했다. 또 하나는 남경필 의원(한나라당)이 압록강변으로 내려가 난데없
이 "대한민국 만세"를 외친 것이다. 김영성 부위원장은 이 사실이 최고지
도자에게 보고되면 우리 모두 추방당하거나 연금될 수도 있는 큰일 날 일
이라고 했다. 나는 자문위원장으로서 책임감을 느꼈다. 부끄러웠다. 사과

를 표시했고 당사자인 남 의원에게도 유감을 표명하도록 하겠다고 했다.

그 바람에 40분 남짓 일정이 지체되자 나는 옆에 있는 문호근 본부장에게 "아버님(문익환 목사)이 옥중에서 바로 여기 개마고원과 조국통일을 염원하며 지은 시 '꿈을 비는 마음'을 낭송해달라"고 부탁했다. 그가 눈을 지그시 감고 시를 읊자, 북쪽 안내원들이 특히 감격스러워했다.

이튿날 아침 초대소에서 나는 남 의원에게 조용히 따지듯 물었다. 그는 별생각 없이 한 행동이라고 했다. 나는 젊은 정치인의 가벼움에 적잖이 실망했다. 나라와 민족의 앞날을 과연 정치인들에게만 맡겨도 좋을지 불안한 생각을 떨칠 수 없었다.

〉 김정일 위원장에 직접 편지, 묘향산도 구경

2000년 9월 22일, '백두산 - 한라산 교차관광 합의'에 따라 남쪽 여행단 110명의 자문위원장으로 동행한 나는 백두산 도착 이후 여러 차례 김영성 북측 민화협 준비위 부위원장에게 평양과 묘향산도 들러 갈 수 있게 해줄 것을 요청했다. 특히 팔순에 가까운 이돈명 변호사를 비롯한 원로들은 '언제 다시 오겠느냐'며 나에게 은근히 압력을 넣었다. 즐거운 요청이다. 김 부위원장은 나의 간곡한 부탁이 계속되자 김정일 국방위원장께 우리 일행이 평양을 방문하고 싶다는 뜻을 글로 써달라고 했다. 나는 고민 끝에 모두의 바람을 담아 글을 쓰기로 했다. '6·15 남북공동성명으로 백두산 관광을 하게 된 남쪽 관광단원들이 남북 교류협력의 물꼬가 터져 마침내 한반도의 평화가 이뤄지길 바란다'고 하면서 '민족의 영산인 백두산을 보는 기쁨이 역사적인 도시 평양을 보는 기쁨으로 이어지길 소망한다'는 내용이었다. 25일쯤 편지가 무사히 전달된 듯했고 이윽고 김 위원장이 우리 일행의 평양과 묘향산행을 허락했다는 '낭보'가 우리 쪽 대표인 김재기 관광협의회 중앙회장에게 전해졌다. 그는 무척 놀라는 듯했다.

이로써 백두산 일대만 둘러보고 삼지연 공항에서 돌아올 예정이었던 남쪽 여행단의 교차관광은 평양과 묘향산으로 이어졌다. 그런데 '즐거운 불편함'도 없지 않았다. 우리 일행 중에는 해방 직후나 6·25 때 남쪽으로 넘어온 실향민도 일부 있어서 버스가 달릴 때면 창밖 멀리 고향 쪽을 가리키며 남다른 감회에 젖곤 했다. 거기까지는 좋았는데, 그만 누군가가 그 고향에 두고 온 토지 수만 평을 찾을 수 있을까, 아쉬워하는 말을 했다. 버스에는 북쪽 안내일꾼이 서너 명씩 동승해 있었다. 이들은 대부분 김일성 종합대학을 나온 우수한 젊은 엘리트들로, 실향민 일행의 얘기를 듣고는 얼굴이 언뜻 분노로 붉어지는 듯했다. 나는 순간 당황했다. 애써 참느라 주먹을 꼭 쥐는 한 젊은이의 손에 내 손을 얹고 개의치 말라는 뜻으로 다독거려주기도 했다. 앞으로 남북 사이에 갖가지 교류와 협력이 평화롭게 이뤄지려면 정말 남북 인사들 모두 성숙하게 역지사지의 이해력을 길러야겠다. 서로의 차이를 관용으로 대하는 수련도 해야 할 것 같다.

백두산 일대를 관광할 때는 간혹 주민들이 식량을 구하기 위해 삼삼오오 도보로 오가는 모습을 볼 수 있었다. 그런데 한번은 국회의원 출신인 조홍규 관광공사 사장이 버스 창문을 확 열고는 주민들을 향해 "기호 1번 조아무개!"라고 소리를 냅다 질렀다. 우리 일행이야 악의 없는 그의 익살에 모두 웃었지만, 북쪽 안내일꾼들은 몹시 당황스러워했다. 북녘 주민들을 놀리는 짓으로 보는 것 같았다. 그래서 나는 그들에게 남쪽 국회의원들은 선거 때가 되면 자기 기호를 기억해달라는 뜻으로 종종 그렇게 소리를 질러 선거 홍보를 한다고 설명해줬다. 조 사장은 재치 있고 농담을 잘하는 분이라, 나중에 통일이 되면 좋은 뜻에서 이곳에 와서 출마하겠다는 뜻을 간접 표현한 것이다. 그러나 그 진심을 북녘 인사들은 끝내 이해하지 못하는 것 같았다.

여하튼 남쪽 여행단은 6박 7일간 세 가지 소중한 빛을 보았다. 관광이란 문자 그대로 '빛을 본다'는 뜻이다. 그저 자연경관이나 유적지를 둘러보는 것이 아니다. 첫째로 민족의 영산인 백두산의 웅장함 속에 또 다른 금강산의 아름다움을 발견했다. 둘째로 평양의 옛 모습과 새 모습, 단군릉, 묘향산의 향기 등을 맡고 그 빛을 보았다. 가장 소중한 세 번째 관광은 북한 주민들의 마음의 빛, 즉 같은 민족으로서 조국의 평화와 통일을 바라는 따뜻한 마음을 본 것이다. 그러니 무엇보다 소중한 평화의 빛을 본 셈이다. 그리고 국민의 정부의 햇볕정책이 비로소 햇볕을 보게 되는 듯해서 나는 기뻤다.

이제 북쪽에서 한라산을 보러 제주도로 찾아오는 일이 남았다. 그들도 제주도의 아름다움을 보고 서울에 와서 자연과 유적의 빛을 함께 보게 되길 바랐다. 무엇보다 그들이 한반도의 평화를 바라는 남녘 동포들의 따뜻한 마음의 빛도 함께 볼 수 있기를 바랐다. 우리는 9월 28일 서울로 돌아왔다. 꿈같은 민족여행, 평화여행이었다. 그러나 아쉽게도 북쪽 여행단의 한라단 교차관광은 끝내 이뤄지지 못했다.

〉'노동당 55돌' 남쪽 참관단장으로 두 번째 방북

2000년 10월 4일, 북쪽 민화협(민족화해협의회)에서 '조선노동당 창건 55돌을 맞아 10월 9~14일 평양을 방문해 기념행사에 참관해달라'며 초청장을 보내왔다.

우리는 역사적인 북남공동선언 이행에 이바지할 실천적 방도를 협의하기 위하여 상지대 총장 한완상 선생과 이부영 선생, 김근태 선생, 박형규 선생을 평양에 초청하는 바입니다. 이 기회에 우리의 명절인 조선노동당 창건 기념일도 우리와 함께 뜻 깊게 쇠게 되기를 기대합니다. 방문 경로는 3국을 경유하여 오는 것이 좋겠다고 봅니다. 이미 우리 정부, 정당, 단체 합동회의에서 남측의 여러 정당, 단체, 대표들을 초청한 조건에서 선생들이 평양을 방문하는 데 다른 문제가 없으리라고 봅니다. 우리는 선생들을 따뜻이 환대할 것이며 무사귀환을 보장할 것입니다. 사증 속에 필요한 선생들의 인적사항(이름, 성별, 생년월일, 국적, 민족별, 직위, 거주지, 여권종류, 여권번호)을 민족화해협의회 앞으로 긴급히 보내주기 바랍니다.

나는 이 초청을 받아들여야 할지 확신이 서지 않았다. 6·15 공동선언을 실천하는 일이니 마땅히 가야 하는데, 남북 교차관광으로 백두산을 거쳐 평양을 다녀온 지 2주도 안 되는 이 시점에 또 가는 것이 마음에 걸렸다. 그런데 박재규 통일부 장관이 전화를 해서는 꼭 가달라고 부탁했다. 정부로서는 이번 방북 초청 인사들 중 상당수가 민노당과 민주노총 등 상대적으로 강성인 진보 세력이어서 걱정이 되었나 보다. 그래서 내가 가는 것이 좋겠다고 판단한 듯했다.

10월 9일, 김포공항에 도착해 보니 40여 명의 방북자들이 모였다. 우리 정부로서는 이들에게 뚜렷한 지침을 주지도 않았고 줄 수도 없었다. 공항에는 이미 북쪽에서 보낸 고려항공기가 대기하고 있었다. 그런데 민주노총에서 재판 계류 중이어서 방북 허가를 받지 못한 초청자들도 함께 가게 해달라고 우리 통일부 쪽에 요청하면서 한참을 옥신각신했다. 다른 일행들은 잠시나마 영문도 모른 채 인질처럼 잡혀 있어야 했다. 우여곡절 끝에

2000년 10월 9~14
일, 북한 노동당 창건
55돌 기념행사에 초
청받아 서울 김포공항
에서 고려항공을 타고
열흘 남짓 만에 두 번
째 방북을 했다.

비행기에 막 타려는 순간 백기완 통일문제연구소장과 몇 사람이 나타났
다. 원래 초청자 명단에는 없었는데 아마도 북쪽에서 나중에 따로 초청한
듯하다.

　기내에 올라 맨 앞자리에 앉으니, 북쪽 민화협의 이관익 사무국장이 우
리를 순안공항까지 안내할 책임자라고 인사를 한다. 지난번 백두산 교차
관광 때 만나 구면인 그는 내게 누가 우리 방문단의 대표단장인지 물었다.
나는 모른다고 했다. 실제로 몰랐다. 그러니 비행기 안에서 단장을 선출해
야 할 판이다. 어디선가 김용태 민예총 부위원장이 나를 단장으로 모시자
고 소리 높여 제의했는데 뒷좌석 쪽에서 웅성거리는 소리가 들렸다. 여러
단체의 책임자들이 뒤쪽에 모여 열띤 의논을 하는 듯했다. 한 시간쯤 지나
비행기가 평양 상공에 이를 무렵 누군가 나를 단장으로 선출했다고 발표
했다.

　결국 그렇게 얼결에 단장을 맡게 된 나는 문익환 목사의 부인인 박용길
장로와 함께 제일 먼저 비행기 트랩을 내려왔다. 순안공항에는 수백 명의
환영인사가 나와 꽃술을 들고 우리를 맞아주었다. 벤츠 40여 대가 대기하

고 있었다. 나는 11호차를 타고 숙소에 도착했는데, 김영성 북쪽 민화협 준비위 부위원장이 급히 뛰어와 '단장님인 줄 몰라서 1호차에 모시지 못했다'며 정중히 사과했다. 나중에 알고 보니, 평양 쪽에서는 오종렬 선생을 단장으로 알고 그를 1호차에 배정했던 것이다. 여하튼 나는 단장으로서 우리를 '평화참관단'이라고 소개하기로 했다.

이번 두 번째 평양 방문에는 또 한 가지 작은 혼선이 있었다. 그때 나는 경실련 산하 통일협회 이사장도 맡고 있었는데 북쪽에서는 경실련과 같은 단체인 줄 알고 그쪽으로도 내 초청장을 보냈던 모양이다. 그런데 당시 경실련 사무총장인 이석연 변호사 등은 단오절이나 개천절 같은 남북 공통 명절이면 좋지만 '북한 노동당 55돌 기념행사'에는 참석하지 않기로 결정하고 불참을 통보했다고 한다. 다행히 나는 상지대 총장으로도 초청장을 받았기에 방북에는 지장이 없었다. 하지만 통일협회 회원들은 보수 언론의 비난과 비판을 지나치게 의식한 경실련의 불참 결정을 못내 아쉬워했다.

〉 백기완 선생 누님 상봉을 둘러싸고 심야 거친 말

2000년 10월 9~14일, '조선노동당 창건 55돌 기념행사'에 초청받은 남쪽 참관단의 대표를 맡은 나는 5박 6일간 평양에서 참으로 많은 우여곡절을 겪었다. 그때 방북기는 시사월간지 《신동아》의 그해 11월호에 실리기도 했다. 동아일보사 신동아부의 이 아무개 기자가 평양에서 돌아온 당일인 10월 14일 원주 상지대까지 나를 찾아와 인터뷰한 것이어서 비교적 내용이 생생했다.

그런데 '신동아'의 기자는 대뜸 '북한이 남한 내부를 교란시키려는 통일전선전략 차원에서 이번 참관단을 이용하지 않았느냐'며 처음부터 공격적인 질문을 던졌다.

"전혀 그러지 않았습니다. 남북 정상의 6·15 공동선언을 계기로 북한은 코페르니쿠스적인 변화를 하고 있습니다. 북한은 최고 지도부의 결정이 인민들에게 일사불란하게 미치는 곳이지만, 다원체제인 남한은 그렇지 않습니다. 북한이 이런 남한의 사정까지 배려하는 것은 큰 변화가 아닐 수 없습니다. 이번 참관 내내 6·15 남북공동선언을 반드시 이행하겠다는 북한 당국의 의지를 확인했습니다."

나는 북쪽 민화협에서 이번 초청에 앞서 '참관이 당국 대 비당국 간의 갈등으로 비화되지 않도록 하겠다'는 뜻을 우리 정부에 밝힌 점, 실제로 참관단에게 '정치적인 행사'로 지적될 만한 일정은 전혀 권하지 않아 만경대조차 가지 않았다는 점 등을 강조하며 이렇게 답했다.

남북정상회담 이전과 확연히 달라진 북한의 실상은 곳곳에서 엿보였다. 10월 10일 인민문화궁전의 세 곳에서 노동당 창건 55돌 축하 만찬이 열렸는데 우리는 김영남 최고인민회의 상임위원장이 주관한 메인홀에 참석했다. 김 상임위원장을 비롯해 최태복 최고인민회의 의장, 인민군 참모장 김영춘 차수, 김용순 노동당 비서 등이 주석에 앉았는데, 김 위원장과 김 비서는 "참배는 말고 참관만 하시라"며 이구동성으로 우리가 남으로 돌아간 뒤에 곤란한 일이 생기지 않기를 바랐다.

참관단 대부분이 민주화와 통일운동의 장수들로서 누구보다 신념과 개성이 강한 분들이어서 나는 다소 염려스러웠다. 실제로 일부에서는 김일성 주석의 주검을 안치한 금수산기념궁전에 가자고도 했지만 나는 이번에 우리가 참배를 하게 되면 남북 당국 모두가 곤란해진다는 점을 상기시켜 만류했다.

이번 기념행사는 크게 세 가지였다. 창건일인 10월 10일에는 김일성광장에서 군인과 학생이 열병식과 행진을 했고 대규모 군중 행사도 있었는데 미사일이나 탱크 같은 무기는 등장하지 않았다. 10월 11일 예정이었다가 비가 오는 바람에 다음날 김일성광장에서 열린 햇불행진도 장관이었다. 13일 오후에는 최대 15만 명까지 수용한다는 능라도의 5·1경기장에서 집단체조와 예술 공연을 봤는데 대형 카드섹션이 압권이었다. 전체 4장으로 구성된 공연 중 3장에서는 '6·15 공동선언'을 상징하는 행군도 있었다.

앞서 10월 13일 오전, 나는 백기완 선생의 누님 상봉으로 일행과 헤어져 분주했다. 백 선생은 평양 도착 이래 내내 황해도 은율 고향에 있는 누님을 만나게 해달라고 부탁했다. 단장으로서 마땅히 감당해야 할 수고라 생각하고 나는 여러 번 그 뜻을 북쪽 대표에게 전했다. 그런데 북쪽에서는 지금 노동당 창건 기념행사로 온 나라의 행정력이 평양에 집중돼 있어서, 지역에 가서 사사롭게 특정인을 찾아올 겨를이 없다며 난색을 표했다. 그렇게 진척이 없자 백 선생은 화를 주저 없이 거친 말을 쏟아냈다. 나는 혹여 불상사라도 터질까 봐 불안불안했다. 11일이던가, 새벽 1시쯤 누군가 깨워 숙소 밖으로 나가니 국가보위부 요원들로 짐작되는 이들이 왔다. '내일 인민들이 백 선생에게 돌을 던질 수도 있다'며 단장이 책임지고 백 선생을 자제시키라고 위협했다. 나는 화가 치밀어 항의했다. "지금이라도 그의 누님과 상봉하게 해주시오. 잘못되면 내가 책임질 일이 아니라 그를 특별히 초청한 평양 당국이 책임을 져야 할 것이오!"

10월 12일에는 때마침 미국을 방문 중인 북한 인민군 조명록 차수가 북·미 공동코뮈니케를 발표했다. 클린턴 대통령의 북한 방문도 포함된 세계적인 뉴스이자 희소식이었다. 그래서 내 요청으로 김영성 부위원장은 초대소에 도착하자마자 참관단에게 공동코뮈니케의 내용을 설명해주었다. 무엇보다 내 관심을 끈 내용은 북·미가 한반도 평화체제 구축에 합의했다는 점이었다. 북의 미사일 발사 계획 유보 등 획기적인 대미 정책 전환도 놀라웠다. 그런데 그 순간 뒤늦게 들어온 백 선생이 '배가 고프니 밥 먼저 먹고 듣자'고 외쳤다. 당황을 넘어 화가 난 김 부위원장의 눈빛을 지금도 잊을 수 없다. 나는 그의 손을 꼭 잡고 계속 낭독을 해달라고 요청했다.

그런 소동 끝에 10월 13일에 마침내 그의 누님이 평양에 도착했다. 오전 10시께 시내의 단고기 식당에서 55년 만에 재회한 백 선생과 칠순이 넘은 누님(백인숙)은 서로 껴안고 어린아이들처럼 엉엉 울었다. 감격에 겨워 함께 눈물을 흘리고 서 있던 나는 백 선생이 "한 박사, 좀 나가주세요"라고 할 때에야 깜짝 놀라 급히 방에서 나왔다. 그 뒤부터 백 선생은 순하디순한 어린 양처럼 차분해졌다.

〉 민주동지들과 동행한 'DJ 노벨 평화상 시상식'

2000년 12월 3일, 외교통상부 의전1담당관실에서 김대중 대통령의 노벨 평화상 시상식 초청 인사 안내장을 보내왔다. 앞서 10월 13일 노르웨이 오슬로에 있는 노벨상위원회 군나르 베르예 위원장은 올해 노벨 평화상 수상자로 '김대중'의 이름을 불렀다. 노벨상 제정 100년 만에 한국인 최초의 노벨상 수상자가 탄생하는 순간이었다.

나는 북한 노동당 창설 55돌 잔치에 남쪽 참관단 대표로 참석했던 당시 평양의 만찬장에서 김 대통령의 노벨 평화상 '낭보'를 전해 들었다. 큰 기쁨이 아닐 수 없었다. 민주동지의 한사람으로서 자랑스럽지 않을 수 없었다. 한반도의 '두 김 씨 지도자'가 이 명예로운 상을 나란히 받게 되었다면 더 감동스러웠겠지만, 여하튼 오슬로에 동행하게 된 건 영광이 아닐 수 없다. 이것은 역사의 행운이기도 하다.

12월 8일, 김 대통령 내외 및 100여 명의 수행원과 함께 서울공항에서 특별기(B747)를 타고 노르웨이로 출발했다. DJ가 군사법정에서 사형 구형을 받았을 때 함께 눈물 흘리면서 애국가를 불렀던 동지들 가운데 상당수가 동반해 더 뿌듯했다. 마침내 오슬로 공항에 도착하니 북유럽 특유의 음산한 겨울비가 우리를 맞았다. 수상자나 수여자 모두 평화를 위해 해야 할 일이 많이 남아 있고, 평화의 종점을 향해 끊임없이 멀고 험한 길을 달려가야 함을 깨우치려는 듯했다.

12월 10일, 노벨 평화상 시상식장인 오슬로 시청의 중앙홀은 화려한 궁전 같은 곳이 아니었다. 단상에는 원래 장미꽃 단장을 하는데 올해는 노벨상위원회에서 특별히 DJ의 햇볕정책을 상징하는 해바라기로 꾸며놓았다고 한다. 나는 밝게 웃는 듯한 해바라기를 보며, YS와 그 주변 냉전 강풍론자들을 잠시 아쉬운 마음으로 떠올렸다. 좋은 기회를 놓친 정말 딱한 사람들이라고 생각되었다.

베르예 위원장의 강연은 훌륭한 평화연설이기도 했다. 김 대통령의 수상 이유는 크게 두 가지 그의 공헌 덕분이라고 했다. 첫째는 동아시아에서 민주주의와 인권 향상을 위해 기울인 평생의 노력이요, 둘째는 북한과의 평화와 화해를 위한 헌신이라고 했다. 노벨상위원회는 한 가지 원칙을 항상 굳게 유지하고 있다. '과감한 시도 없이는 얻는 것도 없다'는 원칙이다. 그는 노르웨이 시인 군나르 로알크밤의 시 「마지막 한 방울The Last Drop」을 인용해 첫 시도, 첫걸음이 가장 힘든 일인데 김 대통령은 그것을 해냈다고 했다. 그는 김 대통령의 햇볕정책을 평화 정책으로 높이 평가하면서 연설을 마쳤다.

북한 주민들은 오랫동안 극도로 어려운 상황에서 살아왔습니다. 국제사회는 그들의 굶주림에 무관심할 수 없으며, 북한의 엄청난 정치적 억압 앞에서 침묵을 지킬 수 없습니다. 그러나 다른 한편 북한 지도자들도 남북한 간 화해를 향한 첫발을 내딛게 한 공로를 인정받을 자격을 갖고 있습니다. 세계 대부분의 지역에서 냉전의 빙하시대는 끝났습니다. 세계는 햇볕정책이 한반도의 마지막 냉전 잔재를 녹게 하는 것을 보게 될 것입니다. 시간이 걸릴 것입니다. 그러나 이제 그 과정이 시작되었으며 오늘 이 상을 받는 김 대통령보다 더 많은 기여를 한 분은 없습니다. 시인의 말처럼 첫 번째 떨어지는 물방울이 가장 용감합니다.

이어 베르예 위원장으로부터 노벨 평화상 메달과 상장을 수여받은 김 대통령은 수상 연설을 했다. 그 연설에서 내가 특별히 박수치고 싶었던 대목은 북·미, 북·일 관계 개선을 비롯해 다른 서방국가와 북한의 교류를 강조한 부분이다. DJ는 남북 관계 개선만으로는 한반도 평화를 완벽하게 성공시킬 수 없다고 판단한 것이다. 이는 이른바 교차승인의 완성이자 냉전동맹관계의 해체를 뜻한다.

12월 11일 저녁에는 노벨 평화상 수상 축하음악회도 열렸다. 이날 밤의 절정은 단연 한국이 낳은 세계적인 소프라노 조수미의 축하곡 '금강산'이었다. 초고음에서 끊어질 듯 이어지는 그의 기교 넘치는 목소리는 모두를 신명나게 했다.

다만 옥에 티라고 할까, 그날 모든 공식 일정을 마치고 숙소인 호텔로 돌아가는 길에 우리 일행은 노르웨이 여성 7~8명이 피켓을 들고 시위하는 모습을 보았다. 피켓에는 개를 먹는 한국인에 대한 비난이 적혀 있었다. 다소 놀랐다. 기분도 좋을 수 없었다. 그런데 노르웨이 경찰은 그들을 제지하지 않았다. 적당히 무시하는 듯했다. 그렇게 했기에 오히려 소란스럽지 않았다. 표현의 자유는 부당한 통제가 없을 때는 문제를 일으키지 않는다는 진리를 새삼 깨달은 순간이었다.

12월 13일, 닷새간의 평화순례를 마치고 무사히 귀국했다. 돌아오니 갑자기 우리의 국격이 높이 올라간 느낌이 들었다. 드디어 정치·문화 선진국에 진입하게 되었구나.

머나먼 학벌타파의 길

〉 장모 빈소에서 받은 DJ의 전화, '교육부총리' 축하

2001년 1월 1일. 올해는 한반도에 평화가 착실하게 뿌리내리게 되길 바란다. 지난해 역사적인 남북정상회담에서 낳은 '6·15 공동성언'이 앞으로 남북 관계 개선과 평화정착을 이룩하는 데 실효성 있는 기준이자 마침내 한반도를 평화통일로 이끌어가는 역사적 지침이 되어야 할 것이다.

1월 6일, 나는 MBC TV에 출연해 1시간가량 '평화와 통일'에 관해 강연하면서, 남쪽의 냉전수구 세력에서 나타나는 몇 가지 잘못된 신화적 확신을 지적했다. '북한 불변론'이 그 하나요, '남북 관계 변화의 속도조절론'이 그 둘째요, 정상회담 같은 파격적 관계 전환은 이르다는 '시기상조론'이 그 셋째요, 남쪽의 진보 세력이 북쪽에 너무 많이 퍼주어 김정일 권력을 강화시켜준다는 '퍼주기론'이 그 넷째다. 이런 객관적 근거가 희박한 주장, 곧 신화적 주장은 남북 관계 악화를 통해 국내 기득권을 강화하려는 이데올로기적 주장이라고 설명했다. 그런데 한 달쯤 뒤 이 강연이 큰 시련을 안겨주게 될 줄 그때는 상상조차 못했다.

1월 22일, 북한 김정일 위원장이 상하이를 방문했다. 중국식 국가자본주의의 화려한 모습, 일종의 천지개벽 같은 모습을 직접 자기 눈으로 확인하고 충격을 받은 듯하다. 북한이 살 길은 중국처럼 개방하는 것이다. 그러려면 특히 미국 정부가 쥐고 있는 지렛대를 활용할 수 있도록 남쪽 정부가 적극 권장해야 한다. 즉 미국이 북한의 체제 안전을 확실하게 보장해주는 한편 경제난 해소를 위해 협력하도록 해야 한다.

1월 25일. 뜻밖에 청와대에서 한광옥 비서실장이 전화를 했다. 다음날 점심때 롯데호텔에서 만난 한 실장은 '김대중 대통령께서 한국을 21세기 지식기반사회로 발전시키겠다는 의지가 강하다'며 특히 대학교육의 경쟁력을 키우도록 교육부를 인적 자원을 개발하는 총괄부서로 확대하고, 장관을 부총리로 격상한다고 한다. 곧 새로 생길 교육부총리 자리에 나를 불러내고 싶어 한다고 했다. 나는 고민해보겠다고 답했다. 이런 아이러니가 있나. 8년 전 YS가 내게 교육부를 맡겼다면 문민정부와 관계가 그렇게 꼬이지는 않았을 터였다. 그런데 DJ는 나를 통일 정책이 아니라 교육 개혁에 쓰려고 한다. 물론 교육부도 해볼 만한 큰 도전임이 틀림없다. 다만, 내가 초대 교육부총리가 된다면 수구 냉전 언론과 정치권에서 가만히 있을까. 무거운 마음으로 원주로 돌아왔다.

1월 28일, 수년 동안 치매를 앓던 장모님께서 소천하셔서 장례 준비로 경황이 없는데, 이튿날 아침 9시 20분께 청와대에서 나를 부총리 겸 교육인적자원부 장관으로 임명했다고 발표했다. 오전 10시쯤에는 김 대통령께서 친히 전화를 해서 축하를 해주셨다. 나는 대통령님을 역사의 시각에서 보필하겠다고 대답했다. 오후 3시 청와대에서 임명장을 받은 뒤 곧장 교육부 청사로 가서 '교육인적자원부' 새 명패를 내걸었다.

2001년 1월 29일, 김대중 대통령으로부터 국민의 정부 초대 부총리 겸 교육인적자원부 장관 임명장을 받고 곧바로 서울 세종로 정부중앙청사에서 '교육인적자원부' 현판식을 했다.

　나는 교육부 관료들에게는 개혁에 적극적으로 동참하라고 강조하기 위해 '접시 깨는 것'을 두려워하지 말라고 당부했다. 기존의 잘못된 관행을 극복하기 위해 노력하다가 간혹 접시를 깨는 것은 탓할 일이 아니라고 했다. 무사안일·복지부동하는 관료들은 질책할 것이지만, 개혁과 개선을 위해 힘쓰다가 실수를 한다면 칭찬받을 것이라고 했다. 또 개혁의 주체는 학생·교사·학부모임을 분명히 했다. 이들 주체들을 개혁의 대상으로 변질시켜서는 안 된다고 했다.

　대체로 나의 교육부총리 임명에 대해 진보 단체와 언론은 환영했고, 보수 언론에서는 관망하겠다고 했고, 수구 세력은 비판적이었다. 《조선일보》(1월 30일치)는 내가 임명장을 받을 때 맸던 넥타이의 적벽돌 색깔을 꼬투리 삼아 '사상적 편향'을 드러낸 것인 양 비꼬았다. 상복 차림으로 장모님 빈소에서 문상객을 맞다가 허겁지겁 동생에게 아무 넥타이나 빌려 매고 갔을 뿐인데 말이다.

　야당인 한나라당은 "과거 문민정부 시절 통일부총리로 급진적 통일론과 대북 정책을 펴다 물러난 인물", "향후 국정운영의 기본방향을 대북 문제와 연계해 승부를 걸겠다는 의지의 표현으로 본다" 식으로 비난과 경계심을 드러냈다. 평소 교육문제에 가장 적극적으로 발언해온 《중앙일보》(1

월 30일치) 사설에서 '교육부총리가 먼저 할 일'로 신자유주의 경쟁원리를 적용하라는 주문을 했다. 교육 현장에 사회적 다윈주의Social Darwinism 경쟁을 도입하면 무서운 정글이 될 수 있다는 비극적 사실을 보수 언론은 진정 모른단 말인가! 같은 날 《한겨레》의 사설은 "우리는 한완상 부총리에게 기대를 건다"며 "그를 '급진적'이라고 낙인찍고 예의 '색깔론'을 들먹이며 흠집 내려는 일부 보수 세력의 시각이야말로 시대착오적이라는 비판을 면할 수 없다"고 쐐기를 박았다.

〉사상 검증하듯 몰아치는 국회 논쟁

2001년 2월 1일, 국민의 정부 초대 교육부총리로서 나는 각 정당 대표에게 찾아가 정중하게 취임 인사를 했다. 이회창 한나라당 총재와의 만남은 다소 어색했다. 문민정부에서 감사원장과 통일부총리로서 함께 일한 사이인데도 그는 나를 퍽 경계하듯 맞이했다. 지난날 양심적 대법원 판사로서 그 고매한 인품은 그사이 정치 탁류에 시달려서인지 흐려진 것일까.

2월 5일, 국회 본회의가 열려 간단한 인사말을 한 뒤 국무위원석으로 가는데 앞자리의 한 한나라당 의원이 '창발력이 무슨 뜻이냐'고 물었다. '창조적 발상의 능력'이라는 뜻으로 서울대 교수 때부터 즐겨 사용해온 표현이어서 나는 그저 간단히 창의력이라고 대답했다. 왜 그걸 묻는지 궁금했으나 곧 잊고 말았다.

2월 26일에는 국회 교육상임위원회가 열렸다. 내가 초대 교육부총리로 임명되자마자 한나라당의 분위기는 험악했던 것 같다. 며칠 전 교육상임위 소속인 이재오, 현승일 의원을 점심에 초대했더니 현 의원이 "선배님, 왜 하필 이런 때 교육부총리로 오시느냐"고 볼멘소리를 했다. 이 총재 이하 적지 않은 야당 의원들이 나를 벼르는 것 같다고 했다. 그래서 첫 상임위에서 나는 다소 긴장했는데 야당의 권철현·황우여 의원이 질문을 하긴 했지만 부드럽게 잘 끝났다.

그런데 다음날 2월 27일, 국회 예산결산위원회에서 김용갑 의원은 작심한 듯 나에 대한 공격적 질문을 퍼부었다. 그가 노태우 정권에서 청와대 사회문화수석일 때 나는 서울대 교수로서 따로 만나 '학원 문제'에 대해 의견을 나눈 적도 있었다. 그러나 8년 전 통일부총리 때 그랬던 것처럼 그는 이날도 오후 2시부터 밤늦도록 마치 사상 검증하듯 물고 늘어졌다.

그는 지난해 10월 북한 조선노동당 창건 55돌 기념행사 때 남쪽 참관단이 서울을 떠나면서 '그리운 형제의 명절에 사랑과 축하의 마음을 전한다'는 성명을 발표하지 않았느냐고 따지듯 물었다. 전혀 사실무근이었기에 그런 적 없다고 잘라 부인했더니, 그는 '노동당을 형제로 보느냐'고 시비 걸듯 되물었다. 참관단장으로서 내가 했던 관례적 인사말들을 꼬투리 잡던 그는 내 해명은 듣지 않은 채, 앞으로 국가보안법을 인권 탄압하는 악법으로 가르칠 것인지, 안보교육은 어떻게 해나갈 것인지를 밝히라고 하더니 끝내는 '북한을 주적으로 보느냐'고 물었다. "1991년 12월 노태우 대통령 때 발표된 남북 기본합의서에 벌써 북한을 주적에서 동반자 개념으로 바꾼 내용이 나옵니다." 나는 김 의원을 정면으로 보면서 부드럽되 단호하게 선언하듯 말했다. "좋은 질의십니다. 이때까지 (북한은) 주적이었습니다. 지금도 주적입니다. 앞으로는 주적을 우리의 동반자로 바꾸는 그런 평화의 교육을 할 생각입니다."

그는 다시 '박정희기념관 반대 국민연대 고문'을 맡고 있냐면서 청소년들에게 박 대통령을 극복·청산의 대상으로 교육시킬 것인가를 따져 물었다. "(질문을 해줘서) 고맙습니다. 박 대통령을 사모하고 존경하는 사람들이 십시일반 돈을 내서 기념관을 건립하는 것에 대해 절대로 반대할 리가 없습니다." 나는 고문단의 한 사람으로 다만 국가재정으로 기념관을 건립하는 것은 반대한다고 했다.

또 내 개인 사상과 이념을 탓할 생각은 없으나 자유민주주의를 비판하는 내가 교육부총리로 있는 것은 문제라고 다시 공격하기에, 준비된 답변을 했다.

저는 과거 민주화운동의 일각에 있었던 사람으로서 거기에 대해 편향이라고 생각하지 않으며, 6·15 남북공동선언 이후 도도한 세계사적·민족사적 민족화해와 평화의 물결을 편향적이라 생각하지 않고 자랑스럽게 생각하고, 교육을 하려면 전쟁보다는 평화를 가르쳐야 된다고 생각하며, 싸움보다는 화해를 가르쳐야 한다고 생각하는 사람이기에, 그것이 우리 헌법 정신인 자유민주주의라고 저는 확신합니다.

이날 밤 9시 17분 예결위가 속개되자, 김 의원은 다시 질의에 나서 오후 내내 나와 논쟁을 했던 문제들을 계속 거론했다. 대체로 지엽적인 얘기들이었기에 더 피곤한 노릇이었다.

독재에 맞선 사형수였던 DJ가 대통령이 되고, 6·15 남북정상회담에 이어 공동선언도 나왔고, 그 정신을 전 세계가 높이 평가하는 노벨 평화상까지 받은 새천년에도, 우리의 국회에서는 이처럼 시대착오적인 냉전적 갑론을박을 계속해야만 한다는 말인가. 나는 교육부를 맡았는데도 8년 전 통일부총리 때처럼 냉전용사들의 공격을 받고 보니, 한반도는 아직도 차갑고 무서운 냉전 동토에 갇혀 있음을 더욱 절감하게 된다. 을씨년스럽다. DJP 체제라 해도 김대중 대통령은 이제 노벨 평화상 수상자로서의 긍지를 가지고, 이 차갑고 무섭고, 비이성적인 체제요, 문화요, 의식이요, 종교가 되어버린 냉전체제를 녹이는 일에 더욱 용기 있게 앞장서야 할 것 같다. 아니 앞장서야 한다. 변화를 일이키는 첫 물방울처럼.

⟩ 교총, '창발성'이 북한말이라며 사과 요구

2001년 3월 6일, 조선일보 사주인 방우영 회장과 오찬을 했다. 연세대 총장을 지낸 박영식 전 교육부 장관이 주선한 자리였다. 마침 며칠 전 청와대 비서실장으로부터 《조선일보》에서 공교육 붕괴와 교육이민 등의 문제를 꼬투리 삼아 교육부를 집중적으로 3개월간 공격할 예정이라는 얘기를 들은 참이었다.

방 회장은 어릴 적부터 기독교 가정에서 태어나서 신앙 교육을 받았으나 모범생은 아니었다고 했다. 하기야 방 회장은 '밤의 대통령'이라고 불릴 만큼 막강한 영향력을 휘두르고 있다. 나는 그의 매부인 연동교회 김형태 목사를 좋아하고 그의 열린 신학을 존경한다고 했다. 내가 진보적인 사고와 행동을 한다면, 그것은 내가 마르크시스트이기 때문이 아니라, 내가 믿는 예수님이 참으로 진보적인 분이시기 때문이라고 했다. 부당하게 착취당하여 가난하게 된 사람들, 포로처럼 갇혀 자유를 빼앗긴 사람들, 가난해서 질병에 걸려도 건강을 되찾지 못하는 환자들, 지체 장애인들, 소외된 자들의 아픔을 덜어주시기 위해 예수님이 얼마나 애쓰셨는지를 설명했다. 그런데 분단 현실에서 예수 따르미들이 좌파로, 공산주의자로, 친북세력으로 부당하게 낙인찍혀 억울한 고생을 한다고 했다. 이런 낙인찍음에 조선일보의 역할이 있다고 넌지시 얘기했더니 그는 신문사 운영과 특히 보도, 논평 등에 자기는 관여하지 않는다고 말했다.

나는 그가 한 가지만이라도 올바른 인식을 해주기를 바랐다. 그것은 자유·정의·평화·인권 같은 보편적 가치의 실현을 위해 힘쓰는 지식인들, 종교인들, 학생들을 색깔칠로 통제하는 일에 언론이 나서지 말기를 바란다는 점이다. 또 기독교 신자들, 아직도 여러 점에서 부족한 크리스천의 행동을 좌파로 낙인찍지 않기를 바란다고 말했다.

3월 15일. 보수적인 한국교원단체총연합회(교총)에서 '창발성 교육, 실체는 무엇인가?'라는 보도 자료를 배포했다. 모레 교육부 업무보고 자료에 사용한 창발성이란 용어를 두고, 북한에서 주로 쓰는 개념이니 검증되지 않은 용어를 사용한 데 대해 내가 국민 앞에 해명하고 사과하라는 내용이다. 나는 보고를 받고 실소를 금할 수 없었다. 다만, 그때까지 북한에서 그 용어를 우리보다 더 애용하는지는 전혀 몰랐다. 설사 그렇다 해도, 같은 용어를 쓴다는 것만으로 같은 색깔로 시비한다면, 북한의 국가 명칭과 같은 이름인 '조선'일보의 사상도 이상하단 말인가. 실제로 1950년대 초 이승만 전시내각의 공보처장이었던 김활란 이화여대 총장이 '조선일보'의 제호가 북한의 국호이니만큼 이름을 바꿔야 한다는 안을 국무회의에 상정하기까지 했다. 격론이 벌어졌지만 '일제 때부터 있던 고유명사이므로 조선이면 어떻고 한국이면 어떠냐'는 이승만 대통령의 결론에 따라 그대로 남아 있게 된 것이다.

3월 16일, 교육부 이름으로 '창발성은 국어사전에 등록된 용어로 북한과는 아무런 상관이 없다'는 요지로 간단명료한 해명자료를 내놓았다. 예상대로 언론에서는 이 문제를 진지하게 다루기 시작했다. 지난해 《중앙일보》 홍석현 회장도 자사 월간지 창간 1돌 심포지엄에서 '창발'을 몇 차례 강조한 적이 있다는 기사도 나왔지만, 김용갑 의원은 "북한 용어까지 쓰는 것만 보아도 한 부총리의 친북·좌파적 편향이 명백하게 드러났다. 한 부총리는 국민 앞에 사과하고 교육부총리 직을 물러나라"고 새삼 공격했다. 그의 조건반사적 냉전 반응이 바로 교총의 의도를 잘 대변해준다. 정말 그들 사고의 수준이 한심했다.

3월 17일. 마침내 청와대에서 교육인적자원부의 업무보고를 했다. 나는 '창발성 논란'을 없던 일로 치고 차분히 보고했다. 김대중 대통령께서 보고를 들으시고 격려해주셨다. 교육부에 큰 힘을 실어준 셈이다. 그런데 내 어깨는 더 무거워지는 듯했다. 우선 이 방대한 업무들을 과연 보고한 대로 내가 실천해낼 수 있을지 두려웠다. 또 하나, 대통령의 격려가 수구언론의 반DJ 정서를 더 자극하지 않을까 걱정되었다.

하지만 이런 비난은 두려워할 일이 아니다. 냉철하게, 합리적으로, 점잖게 대응하면 될 것이다. 특히 색깔론적 비난과 비판은 교육의 고유 목적인 창발성 있는 인재, 온정성 있는 인간, 공익성 있는 인물을 길러내겠다는 나의 의지를 오히려 더 굳건하게 세워주었다.

그날 청와대 보고가 끝나고 교육부 직원들이 돌아오는 버스에서 자축의 박수를 쳤다고 한다. 청와대 대변인이 다른 부처 보고보다 더 충실하고 방대해 대통령도 더 많은 시간을 할애해서 격려했다고 칭찬을 했단다. 기획예산처 장관은 대통령께서 나를 너무 밀어준다고 애교 있는 불평을 했다. 그렇지만 결코 안심해서는 안 된다. 교육부가 걸어가야 할 길은 아직도 멀고 험하다. 지뢰밭처럼 위험하다. 이제부터 전쟁터로 들어가고 있는지도 모른다.

〉 이종찬 전 국정원장의 황당한 비난

2001년 6월 18일 아침, 교육부 장관 집무실에 도착하니 비서실 분위기가 심상치 않았다.《월간중앙》7월호에 이종찬 전 국정원장이 나를 비난한 내용이 실렸는데, 지난해 10월 북한 노동당 창건 55돌 기념행사 때 남쪽 참관단 단장이었던 내가 북한 사람들에게 김일성 묘역에 가고 싶다고 했다는 것이다. 문제의 인터뷰 기사를 찾아봤다. "한완상 씨가 북한에서 이런 일이 있었어요. 한 씨가 평양 고려호텔에서 북한 사람들을 만나서 김일성 묘역에 가보고 싶다. 이렇게 부탁했어요. 여기서는 안 가겠다고 그래 놓고 말이지. … 오히려 북한 사람들이 말렸어요. 자기들 입장이 난처하니까." 이어 기자가 김일성 묘역에 가는 것이 문제가 되느냐고 묻자 그는 이렇게 답했다. "거 왜 시신 앞에서 참배하겠다는 뜻이지. 대한민국 사람들이 너무 가볍게 굴어서 탈이야. 대북 문제는 특히 그래요. 딱 버티는 사람이 있어야지. 그런 사람이 부총리나 되고."

나는 기사를 읽고 아연실색했다. 너무 황당해서 헛웃음이 나왔지만 수구 세력 쪽에서는 이를 매카시즘적 색깔론으로 악용할 것임을 나는 직감했다. 단호하게 대처하기로 결심한 나는 비서실을 통해 즉각 기자회견을 준비시켰다. 동시에 이 씨에게 전화했더니 그는 네덜란드에 가고 없었다. 대신 전화를 받은 부인에게 빨리 남편에게 연락해서 거짓을 바로잡아줄 것을 요구했다. 법적 대응을 할 뜻도 비쳤다. 그리고 지난해 10월 평양에 함께 갔던 김종수 신부와 조성우 민화협 집행위원장 등에게 기자회견에 참석해달라고 부탁했다.

기자들 앞에서 나는 먼저 당시 상황을 간단명료하게 설명했다. '평양에서 우리 참관단은 고려호텔이 아니라 봉화초대소에 묵었다. 이 씨는 기초적 사실부터 잘못 알고 있는 것이다. 10월 10일 일행 중 몇 분이 찾아와 금수산 인민궁전을 갈 수 있게 해달라고 부탁했다. 나는 점잖게, 그러나 단호하게 안 된다고 했다. 그 이유는 첫째, 북한 당국이 처음부터 참배가 아닌 참관을 강조했다. 둘째, 남북 간에 지속적인 교류협력을 해내려면 남이나 북이나 예민한 일에는 보다 합리적이고 성숙한 대응을 해야 한다고 생각했다. 셋째, 만일 참관단 중 일부라도 참배를 하게 되면 남남갈등을 조장하게 될 것을 우려했다. 넷째, 북한 당국이 내게 여러 번 여러 사람들의 입을 통해 참관만 하라고 상기시켜주었다. 김영남 최고인민회의 상임위원회 위원장이나 김용순 노동당 대남담당 비서도 그렇게 말해주었다. 나는 그래서 변화하고 있는 북한의 모습을 몸으로 느낄 수 있었다. 다만 고집스럽게 불변하는 것은 남한의 매카시스트들이다.'

나는 사실 이 씨가 꽉 막힌 수구반공주의자는 아니라고 생각해왔다. 그의 집안 내력(항일 독립운동가 우당 이회영의 손자)을 보아도 그렇다. 기사를 보면, 내가 평양에 가기 전에는 김일성 묘역에 안 가겠다고 했다는데, 서울의 누구와도 그런 얘기 자체를 나눈 적이 없다. 거짓말이자 웃기는 소설笑說이다. 어떻게 이런 분이 국정원장을 지냈는지 도무지 믿기지 않는다. 그는 정보와 첩보의 기본적 차이도 모른단 말인가! 그는 또 마지막에 묘한 여운을 남기는 말을 했다. "그런 사람이 부총리가 되고." 그의 모든 거짓 증언들 뒤에는 내가 부총리가 된 것을 아주 못마땅해하는 불편한 심기가 버티고 있었던 것이다.

그런데 그가 마지못해 《월간중앙》을 통해 내놓은 해명자료는 또 한 번 나를 실망시켰다. 그는 A4 용지에 네 가지로 인터뷰의 진의를 요약했는데, 청와대에서 문제 삼지도 않은 김대중 대통령에 대한 내용만 장황하게 설명하고 정작 내가 요청한 정정보도와 관련해서는 말미에 살짝 붙여놓는 '꼼수'를 쓴 것이다. "한편 이종찬 전 고문은 같은 인터뷰에서 한완상 교육부총리가 작년 평양을 방문해 김일성 묘소에 참배하고 싶다고 말하였다고 발언하였으나, 이는 사실 오인에서 비롯된 것임을 인정하고 사전에 《월간

중앙》에 이에 대한 정정을 요청하였고《월간중앙》도 이를 반영키로 하였음을 다시 한 번 말씀드립니다. 이러한 오해에 기초한 발언에 대하여 한완상 부총리께 정중히 사과드립니다."

야당인 한나라당의 비열한 태도도 '역시나'였다. 18일《월간중앙》이 나오자마자 '한 부총리는 맹목적 김일성 숭배주의자인가?'라며 원색적으로 공격했다. 하지만 그들은 '이 전 원장이 한 부총리에게 "말할 수 없이 송구스럽다"고 사과전화를 했다'는 사실이 일제히 보도됐지만 짐짓 외면했다.

다행히 지난해 10월 참관 당시 국정원장이었던 임동원 통일부 장관은 "당시 방북단 중 일부 재야단체 소속 단원들이 김일성 묘역 참배 의사를 밝혔으나, 북한 당국과 한 부총리는 이들의 참배를 만류했다"고 밝혀주었다. 나는 그 진실 표명에 감사했다.

〉 사사로운 청탁을 거절한 뒤 남은 씁쓸함

2001년 10월 14일, 프랑스 파리에서 열리는 유네스코 총회 참석차 출국했다. 15일 총회가 시작할 때 참석자들은 지난 '9·11 미국 세계무역센터와 국방부 항공기 테러'로 희생당한 사람들을 위해 1분간 묵념했다.

그런데 10월 23일에 귀국해서 들으니, 청와대에서 내가 유네스코 총회에 참석하고 러시아를 거쳐 귀국한 것을 못마땅하게 생각한다고 한다. 무슨 사유인지는 잘 모르겠다. 나는 일단 신경을 끄기로 했지만, 신경이 쓰인다. 다만, 재야 시절 누구 못지않게 DJ와 가까이 지냈기에, 2년간 미국 망명생활도 함께했기에 내가 무엇을 소중히 여기는지 DJ가 잘 알 것이라고 믿었다. 교육부총리 임명 전화를 받고 대통령께 "역사적으로 보필하겠다"고 말할 때 나는 '선공후사', 사사로운 이익의 관점은 아예 버리기로 스스로 약속했기 때문이다.

그런데 그동안 몇 차례 사사로운 부탁이 있었다. 지난봄인가, 아태연구소에서 일했던 DJ의 한 측근이 전화를 해서는 20분 정도 시간을 내달라고 했다. 교원성과급 문제로 전교조와 갈등을 빚고 있는 와중이어서 따로 만날 여유가 없다고 했더니 그는 전화로는 말하기 어렵다고 했다. 공익적인 일이라면 전화로 말 못 할 일이 없지 않으냐고 반문했더니, 그는 그때 정치 실세인 ㄱ 전 의원의 부탁이라고 했다가, 주저주저 끝에 '로열패밀리'에 관한 일이라고 했다. DJ의 친인척에게 경기도 지역 한 전문대학의 이사장 자리를 마련해주면 좋겠다고 했다. 나는 교육개혁을 추진하는 현시점에서 들어줄 수 없다고 잘라 말했다. 아마도 나의 매정한 듯한 거절이 그를 불편하게 했을 것이고, 청와대 또한 언짢게 했는지 모르겠다.

그 얼마 뒤에는 또 다른 정치실세가 자신의 지역구인 한 섬마을 초등학교에 컴퓨터 50대를 보내주면 좋겠다고 했다. 나는 그의 부탁을 흔쾌히 받아들였다. 산간 마을이나 외딴섬에서 공부하는 우리 어린이들의 학습능력을 더 높이기 위해 아주 필요한 공익적 조처였기 때문이다.

또 한번은 가을쯤이었다. 기초학문 진작을 위한 회의를 주재하고 있는데 비서실에서 쪽지를 보내왔다. "집무실에 김홍일 의원이 기다리고 있습니다." 회의를 끝내고 와보니, 김 의원이 불편한 몸을 이끌고 와 있었다.

재야 시절 아버지 때문에 너무나 많은 고초를 겪은 그였다. 1980년 가을 우리는 서대문 교도소에 함께 갇혀 있었다. 신군부의 '김대중 내란음모 조작사건'으로 DJ에게 사형 구형이 내려진 그해 9월 10일, 법정에서 교도소 2층 감방으로 돌아오니, 바로 아래층 감방에 있던 그가 내게 외쳤다. "한 박사님, 우리 아버지 어떻게 되셨어요?" 나는 곤혹스러웠지만 사실대로 말해줬다. 그때 눈물로 범벅이 된 그의 얼굴을 나는 지금도 잊을 수가 없다. 내 인생에서 가장 슬픈 메시지를 가장 슬퍼할 사람에게 알려줘야 했던 아픔을 내가 어찌 잊을 수 있으랴.

그때 당한 고문의 후유증으로 병든 김 의원을 보자 나는 한편 반갑고 또 한편 무슨 다급한 일인지 불안했다. 몇 년 전 불의의 사고로 사망한 DJ 측근의 부인이 교육부에 전문대 설립 신청을 했는데 3년 넘게 거부당하고 있다고 그는 하소연하듯 얘기했다.

사실 교육부 취임 직후 보니, 국회의원 등의 요구로 전문대 설립 허가가 남발돼 심각한 부작용이 우려되고 있었다. 그래서 나는 '사익'이 개입될 여지를 철저히 차단하고자 전문대와 4년제 대학 신설을 검토하는 위원회를 새로 구성했다. 그런데 그 부인의 신청도 최근 이 위원회에서 거부된 모양이었다. "이제 한 박사님이 교육부총리가 되셨으니 쉽게 풀릴 것으로 예상했다"는 그의 얘기를 들으며 청와대 쪽의 뜻도 실려 있을 것으로 여겨졌다. 그래서 더 긴장됐지만 나는 결국 거절했다. "미안하지만, 대통령 아들이기에 들어줄 수가 없네." 물론 야속하겠지만 그러나 이렇게 해야 그의 아버지가 역사적으로 떳떳해질 수 있을 것임을 나중에 깨달을 것이다. 그는 두말하지 않고 일어서더니 넘어질 듯 휘청거리며 떠났다. 내 마음속에는 찬바람이 스쳐 지나갔다.

1980년 가을 그의 눈물을, 21년 뒤 오늘은 그의 화난 얼굴을 봐야 하는 내 처지가 순간 처연했다. 꼭 이렇게 살아야 하나를 스스로에게 묻고 있는데 비서실에서 놀라 들어왔다. "부총리님 괜찮겠습니까, 왜 김 의원이 저렇게 화난 듯 떠났습니까. 괜찮겠습니까?" 나는 씁쓸하게 웃었다. 정말 혼자 있고 싶었다.

〉학벌타파 못 이루고 교육부를 떠나다

2002년 1월 2일, 청와대에서 김대중 대통령 주재로 시무식을 한 뒤 교육부 집무실로 돌아와 있는데, 오후 늦게 국정원의 김 아무개 서기관이 인사차 들렀다. 그는 '개각이 곧 단행될 것 같다. 교육부총리 자리를 노리는 분들이 열심히 뛰고 있다'고 전했다. 그 가운데 김 아무개 전 노동부 장관도 열성이라고 한다. 영광은 없고 십자가의 고통만 넘치는 자리인데, 하고 나는 생각했다.

1월 17일, 오후에 짬을 내 분당의 자택에서 폐암 투병 중인 코미디언 출신 이주일 전 의원을 문병했다. 우리의 인연은 그가 정치에 입문하기 전인 1980년대 중반 서울대 연구실로 나를 찾아오면서 시작되었다. 그는 신군부 시절 전두환 장군을 닮았다는 이유만으로 연예인으로서 부당한 차별을 겪었던 억울함을 털어놓았고, 나 역시 미국 망명에서 갓 돌아와 복직한 때였기에 '동병상련'을 나눴다. 그는 이날 병상에서 오는 6월 한·일 월드컵 때 우리 선수들이 승리하는 모습을 꼭 보고 싶다며 그때까지라도 살 수 있도록 국립암센터의 국제적인 폐암 전문의 이진수 박사를 소개해달라고 했다. 그 자리에서 전화로 그의 뜻을 전해주었더니, 그는 어린아이처럼 좋아했다.

그런데 《동아일보》의 교육부 출입 기자가 '나의 방문이 환자를 괴롭히는 일'이라고 비난하는 가십기사를 썼다. 우리 둘의 인간적 관계를 전혀 모르면서, 확인조차 하지 않고 함부로 펜을 휘두르는 기자의 '특권'에 수구 신문의 횡포와 교만을 보는 듯해서 씁쓸했다.

1월 22일, 나는 김 대통령이 주재하는 국무회의에서 교육부 부임 때부터 구상해온 '학벌풍토 타파를 위한 계획'을 보고했다. 그런데 서울대 출신의 경제 관료들이 내 보고를 대학 평준화 정책 도입으로 오해하고 즉각 비판하고 나섰다. 너무 이례적인 일이라 나는 깜짝 놀랐다. 하지만 국무회의는 학술토론 자리가 아니기에 굳이 대응하지 않았다. 상고 출신이라는 이유로 정적들로부터 무수한 '비하'를 경험했던 김 대통령만은 나의 제안에 공감해줄 것으로 생각했다. 대통령은 이날 아침 《대한매일》에서 1면 머리기사로 보도한 '이력서나 입사지원서의 학력란 폐지 방안'에 대해 인적자원개발회의에서 논의해 국가 정책 여부를 결정하라고 지시했다. 대통령은 중립을 지킨 셈이다.

나는 이날 국무회의에서 이처럼 논란이 됐기 때문에 보수 언론들이 내 제안을 '대학 평준화 시도'나 '서울대 폐지론'으로 각색해 선정적으로 다루거나 색깔론 시비를 하지 않을까 염려했다. 예상대로 이튿날 조간마다 국무총리실 출입기자발로 일제히 보도했는데, 대체로 '불쑥', '즉흥적'이라며 절차상의 문제를 꼬집었다. 교육부 출입 기자들은 내가 이미 취임 전부터 했던 구상이자 서울대 교수 시절부터 여러 차례 세미나 등에서 주장했던 사실을 잘 알고 있었는데도 말이다. 《조선일보》는 국정홍보처장의 말을 인용해 '대통령도 내 실책을 지적했다'고 왜곡 보도를 하더니, 그다음 날에는 칼럼을 통해 "교육부가 얄궂은 시민단체들을 앞세워 홍위병식 학벌평준화를 밀어붙인다"며 색깔론을 꺼내들었다.

그런데 1월 24일치 《대한매일》은 1면에서 '학벌타파의 바람이 분다'는 제목으로 내 제안을 뒷받침하는 기사를 크게 보도했다. '시민연대에서 지자체장 선거나 대통령 선거에서도 후보자의 학력 기재를 없애는 캠페인을 벌이기로 했고, 전국교직원노동조합은 대변인을 통해 환영과 지지 성명을 냈으며, 삼성·현대·엘지그룹 등 기업에서도 동참하고 있다'는 내용이었다.

왜 학벌 타파가 한국 교육개혁의 중심과제여야 하는가. 나는 이미 논문을 써내도 충분할 만큼 자료 조사와 연구를 해왔다. 한 가지 예만 들면 관계 국·실장을 통해 역대 정부 각료의 출신 대학 분포를 조사해봤는데, 1962년 박정희 집권 이래 국민의 정부까지 40년간, 각료 616명의 46%인 285명이 서울대 출신이었다. 전두환·노태우 군사정부 때나 문민을 표방한 김영삼·김대중 정부에서나 서울대 지배력은 변함이 없었다. 이 사실만으로도 서울대 학벌은 곧 출세 보장으로, 우리 사회의 권력 또는 지배층에 엄청난 영향력을 발휘하고 있음을 확인할 수 있다.

이런 와중인 1월 29일, 나는 교육부를 떠나게 되었다. 전날 저녁 이상주 청와대 비서실장과 만났더니, 내일 내각 개편을 하는데 자신이 교육부를 맡게 되었다고 했다. 그는 내가 추진해온 교육개혁 방향과 학벌풍토 타파 계획을 이어가겠다고 말했다. 과연 그럴까.

다시 자유인으로 돌아간다는 생각을 하니 홀가분한 기분이 들었다. 다만, '학벌 타파 논란'의 후폭풍 속에서 갑자기 바뀐 모양새 때문에 혹여 정부 안팎의 보수 세력에 의해 내가 밀려났다거나 DJ의 진보 정책 의지에 대한 회의나 비난이 일까 봐 마음이 불편했다. 벌써부터 임기 말 레임덕 현상의 기미가 감지되고 있기에 더욱 우려스러웠다.

적십자의 정신으로, 평화를 향해

13

〉이인제 의원 만나 "노무현 후보 도와라"

2001년 9월 교육부총리에서 물러난 지 반년 넘게 지났다. 존경받는 언론학자이자 서울대 선배인 이상희 교수를 만났다. 상지대학교 총장 자리를 추천했던 그는 이번엔 자신이 이사장을 맡고 있는 한성대학교 총장으로 오라고 권유했다. 한성대학교도 설립자 가족의 불화로 시끄러운 상황이다. 또다시 문제 사학을 맡으라니, 묘한 인연이다. 교수 직선으로 선출돼 10월 15일에 총장으로 취임했다. 상지대학교, 방송대학교에 이어 세 번째 총장직이다.

학교 밖 세상은 12월 대통령 선거를 향해 거칠게 치닫고 있다. 야당인 새천년민주당의 노무현 대선 후보가 당내 반노와 비노 세력으로부터 심각한 협공을 당하고 있다. 이인제 의원이 앞장서 노 후보를 맹공하고 있다. 하기야 국민경선 방식 도입 전까지만 해도 이 의원은 민주당 내 부동의 1위였으나 지난 3월 16일 광주지역 경선에서 지지율 5%에 지나지 않았던 노 후보가 뜻밖의 1위를 하면서 돌풍을 일으키더니 마침내 4월 26일에 서울 경선에서 대선 후보로 공식 선출되었다. 한국 정치사에 특이한 변종으로 등장한 '노풍'은 국민 지지율을 60%까지 끌어올리며 견고해 보였던 여당의 이회창 대세론까지 흔들기 시작했다. 하지만 그 바람은 '노사모' 같은 국민들의 자발적이면서 비주류적인 정치행태에서 나온 것이기에 대선 후보가 된 뒤에도 당내 주류 세력으로부터 견제를 받고 있는 것이다.

나는 노 후보 선출 직후인 5월 초 이인제 의원과 저녁을 함께하며 그의 정치 진로와 한국 민주주의의 앞날에 대해 진지한 대화를 나누었다. 사실 당내 경선 훨씬 전부터 그는 내게 후원회장을 맡아달라고 요청했다. 나는 그를 오랫동안 가까이서 또는 멀리서 관찰해왔다. 1993년 문민정부 때는 나는 초대 통일부 장관, 그는 노동부 장관으로서 함께 일하기도 했다. 이후 경기도지사를 거치며 대통령의 꿈을 키워가던 그는 중도 진보의 시각에서 보수에 맞서며 다양한 국민의 목소리를 듣고자 애썼다. 그런 모습에 호감을 갖고 있었기에 나는 그의 후원회를 돕고 싶은 생각도 있었다. 그런데 광주 경선에서 뜻밖의 패배를 당한 뒤 그는 민주당을 떠나 독자 노선을 구상하고 있었다.

그날 저녁 나는 이 의원에게 노 후보를 적극 밀어주라고 권했다. 비록 마음은 내키지 않겠지만 그의 선거대책위원장을 맡으라고 했다. 일단 노 후보를 대통령으로 당선시켜서 민주정권을 지켜내야 한다고 주장했다. 만약 자신의 꿈을 접어두고 '노무현 정부'의 성공을 위해 헌신한다면, 5년 뒤 나는 기꺼이 그의 후원회를 맡겠노라고 했다. 내 말을 듣고 그는 퍽 불편해했다. 그는 그렇게 할 수 없다고 했다. 박근혜 의원, 정몽준 국민통합21 대표와 손잡으면 이회창 대세론을 분명히 꺾을 수 있다고 믿고 있었다. 하지만 그는 내 제안을 거부했고, 나 또한 그의 요구를 받아들일 수 없었다. 그와 씁쓸한 대화를 마치고 돌아오면서, 양보의 미덕과 그 힘이 보장해주는 더 감동적인 역사의 선물을 미리 꿰뚫어보지 못하는 그의 조급한 야망이 안타까웠다. 마치 YS와 DJ가 1987년 대선 때 그랬던 것처럼 말이다.

11월 들어 노 후보는 정 대표와 힘겨운 단일화 협상을 했다. 민주당 내에서조차 정 대표로 단일화되기를 바라는 상황에서, 노 후보는 자신에게 유리한 국민경선제 대신 정 대표 쪽에서 주장하는 여론조사 방식을 전격 수용했다. 주류 정치인은 도무지 할 수 없는, 살신성인적인 자기 비움의 결단은 그의 지지도를 더욱 높여주어 단일후보로 최종 선출되었다. 그러자 이인제 의원은 민주당을 탈당해 자유민주연합에 입당했다. 그리고 이회창 후보 지지를 선언했다. 참으로 허망한 선택이 아닐 수 없다.

그런데 정몽준 대표는 그보다 더 충격적인 선택을 했다. 대선 바로 전날인 12월 18일 밤 10시 무렵 민주당과의 공조를 헌신짝처럼 내던졌다. 단일후보 지지 철회의 이유가 더욱 한심했다. '만일 미국과 북한이 싸우게 된다면 우리는 (혈맹인 미국을 돕는 게 아니라) 그 싸움을 말려야 한다'는 노 후보의 말을 꼬투리 잡은 것이다. 한반도 평화를 위해 북·미의 무력충돌을 막는 것은 대통령으로서 당연한 일인데. 이는 노 후보를 색깔론으로 낙선시키겠다는 그의 본심을 드러낸 것이다.

12월 19일, 노무현 대통령을 탄생시킨 대선 결과는 참으로 고무적이었다. 그러나 치열한 선거과정에 나타난 정치꾼들의 행태는 진절머리가 났다. 과연 '노무현호'가 거친 한국 정치의 바다를 제대로 순항하게 될까 염려된다. 정권교체가 정치문화의 교체로, 나아가 역사교체와 시대교체로 나아가지 못한다면 우리의 앞날은 잠시 반짝 밝아질 뿐 긴 암흑의 계절이 또다시 올 수도 있으니!

⟩ 노무현 당선인, 미국에 '동등국가 대접' 요구

2003년 1월 계미년 새해를 희망과 염려로 맞았다. 노무현 새천년민주당 후보의 대통령 당선으로 한국 민주화는 더욱 전진할 수 있을 것이라는 희망이 가득하다. 한데 뭔지 모르게 불안하다. 그것은 노 대통령이 예측 가능한 기존 정치인 스타일과 다르기 때문이었다. 나는 그의 당선으로 단순히 정부가 바뀌는 게 아니라 정치문화가 확 바뀌었으면 좋겠다고 생각했다. 특히 제왕적 대통령의 스타일을 극복해주길 바랐다. 다만 염려스러운 것은 그의 당선을 체질적으로 혐오하는 냉전적 주류 세력들의 공격과 비난이 만만찮을 듯하기 때문이었다. 과연 그가 잘 대응해낼 수 있을까 염려된다. 특히 노무현 정부의 통일 정책, 대북 정책 그리고 외교 정책이 어떻게 펼쳐질까 궁금해진다. 그의 주변에 어떤 참모들이 있는지 전혀 모르니 더욱 막막했다.

미국도 한국의 새로운 대통령이 어떤 외교 정책을 내놓을지 궁금해하는 듯했다. 특히 부시 행정부는 우리 새 정부의 대미 정책에 대해 불안해하는 것 같았다. 국내 수구 냉전 세력 역시 나와는 전혀 다른 차원에서 노 대통령의 대미·대북 정책에 관심을 갖고 냉소적으로 대응할 것으로 보였다.

바로 이런 분위기에서 미국 시사잡지 《타임》은 노 대통령 당선인과 인터뷰한 내용을 이렇게 전했다. "대선에서 승리한 후 첫 공적 발언으로 대통령 당선자는 미국이 한국을 미국의 피보호자가 아니라 대등한 국가로 대접해주기를 바란다고 했다. 그는 새 정부가 북한과의 외교적 관계에 대해 미국을 따르기만 하지 않을 것임을 분명히 했다." 나아가 이 회견에서 당선인은 한국이 미국에 고개를 숙일 필요가 없다고 생각한다고 했다. 부시와 그를 지지하는 네오콘 세력은 이 기사를 유쾌하게 받아들이지는 않을 듯했다.

1월 10일, 북한은 핵확산금지조약NPT 탈퇴를 선언했다. 1993년 6월 11일 북·미 회담에서 북의 조약 탈퇴 유보를 끌어냈던 '제네바 합의'가 10년 만에 원점으로 돌아간 것이다. 북한은 당시 합의한 네 가지, 그중에서도 특히 첫 번째 무력 위협과 사용 배제 원칙이 무시당했다고 판단한 것 같았다. 이런 어수선한 분위기에서 부시는 북한을 '악의 축'으로 못 박았다. 부시가 북한을 바라보는 시각은 미국 남부지역 특유의 군사문화주의와 개신교 근본주의 신앙과 무관하지 않다. 북한을 이라크·이란과 함께 '악의 축'으로 낙인찍은 것도 바로 그런 시각에서 비롯되었다. 그렇기에 노 당선인이 DJ의 햇볕정책을 계승한다면 서울과 워싱턴 사이에 미묘한 긴장 기류가 흐를 것 같았다.

이처럼 예민한 시점에 노 당선인은 서울에 모인 600명의 미국과 유럽의 경제지도자들 앞에서 놀라운 발언을 했다. 1월 17일, 그는 미국 정부가 북한 당국과 직접 대화해 한반도의 핵 문제를 해결하도록 촉구했다. 북한의 대미 협상 의지는 진지한 것이며, 북한이 경제개혁을 통해 돌파구를 마련하려는 것도 생존을 위해 불가피한 선택이라고 본다고 했다. 새 정부도 햇볕정책을 계승하겠다는 뜻이 확인된 셈이다. 부시 정부가 틀림없이 불편해하겠지만 당선인의 발언은 적절하고 용기 있는 발언이다.

2월 24일, 영국의 《가디언》은 한국의 새 정부 출범에 즈음해 '한국 대통령, 세계 최초의 인터넷 대통령으로 로그온하다'라는 제목 아래 "한국은 25일 노무현 대통령 취임과 더불어 지구상에서 가장 발전된 온라인 민주주의 국가임을 주장할 수 있게 되었다"고 보도했다. 나는 이 기사를 보며 해방 직후 혼란기에 영국 언론에서 '마치 쓰레기 더미에서 장미꽃이 필 수 없듯이, 한국 사회에서 민주주의가 꽃필 수 없다'고 했던 저주에 가까운 혹평을 새삼 떠올렸다. 그런 우리가 겨우 반세기 뒤에 이처럼 찬사를 받게 된 것이다. 뿌듯한 자긍심을 느끼면서 저 어두웠던 1970년대 유신독재 상황에서 함석헌 선생께서 뜬금없이 던졌던 희망의 메시지도 생각났다. "만약 하나님이 '뒤로 돌아가!' 하고 명령을 내리게 되면 우리는 대번에 정치 선진국 앞자리로 나아가게 될 것입니다."

2월 24일, 오늘은 DJ의 대통령 재임 마지막 날이다. 그런데 공허하고 우울하다. 이 땅의 민주화와 인권, 평화와 정의를 위해 그토록 애썼던 분이기에, 그의 퇴임을 한없이 축하해줘야 하는데 왜 이렇게 우울한가?

민주화를 위해서 용기 있게 싸우는 일은 괴롭고 아플지언정 신명나는 일이다. 그런데 민주주의를 세우고 자라게 하는 일은 더욱더 어렵다는 사실을 지난 10년간 뼈저리게 깨달았다. 그래서 2월 25일, 노무현 16대 대통령의 취임을 나는 마음껏 축하하면서 민주주의가 생활 속에 뿌리내리게 되기를 기원했다.

〉 북한 딸 집서 10년째 생존한 리인모 노인

2003년 9월 22일, 열린우리당의 임종석·송영길 의원과 우상호 중앙위원 등과 함께 방북길에 올랐다. 이들 젊은 정치인들은 정부 승인 아래 남북경제문화협력재단을 추진하고 있다면서 청년경제문화교류단과 북녘역사유적답사단 180명의 명예단장을 맡아달라고 요청했다. 북쪽에서는 사회주의청년동맹과 민족경제인연합회(민경련) 쪽에서 참석한다고 했다. 나는 마침 임 의원의 후원회장이어서 기꺼이 응했다.

인천공항을 떠나 1시간 만에 평양에 도착해 청년호텔에 여장을 푸니 2000년 두 차례 방북 때 낯이 익은 백문길·리호림 선생이 마중을 나와 있었다. 9월 23일 최고인민회의 대의원이 된 리종혁 아태평화위 부위원장이 내 방으로 찾아왔다. 마침 임·송 의원과 우 위원도 내 방에 와 있어 내가 자연스럽게 그들을 리종혁 씨에게 소개했다. 군이 소개하지 않아도 잘 안다며 그가 젊은 정치인들에게 던진 첫마디가 퍽 인상적이었다. "여러분들, 생각은 진보적으로 하되 행동은 보수적으로 하는 것이 좋습니다. … 원래 양극단은 서로 통하는 법이지요." 극좌는 극우를 돕는다는 뜻이니 남북 간 냉전 대결 상황에서 이 말은 우리 모두가 곱씹을 만한 진리의 표현이다. 이른바 적대적 공생관계란 지리를 강조할 것이다.

이날 오후에는 최고인민회의 상임 부위원장인 김영대 민화협 회장을 집무실로 방문해 한 시간가량 자유롭게 의견을 나누었다. 특히 1993년 리인모 북송 직후 핵확산금지조약NPT 탈퇴에 대한 내 유감도 솔직하게 전했다. 6·15 남북공동선언 3년이 지났는데 그 후속 조처가 지지부진한 것도 안타깝다고 했다. 개성공단은 반드시 남북 경제협력사업으로 성공시켜야 한다고 강조했다. 앞으로 중국대륙 횡단철도와 시베리아 횡단철도가 한반도 횡단철도로 이어져서 남과 북이 함께 경제번영과 평화를 이룩할 수 있어야 한다고 강조했다. 그는 내 얘기를 경청해주었다.

24일 오후에는 리인모 노인의 근황을 물으니 식물인간 상태라 해서 그의 모습을 확인하고 싶어 집으로 찾아갔다. 1993년 봄 북송 때는 남쪽에서 시한부 판정을 받았던 그였는데 가족 품으로 돌아와 10년째 살고 있다니 나는 적이 놀랐다. 중학교 교장이라는 그의 딸이 맞아주었다. 1993년 3월 판문점 군사분계선 북쪽에서 아버지를 마중했던 그 딸을 평양에 와 직접 만나니 분단 역사가 일단 정지되는 것 같기도 했다. 이윽고 휠체어를 탄 그가 응접실로 들어오는데 고개를 숙이고 있어 의식이 없는 듯했다. 딸이 큰소리로 "한완상 선생께서 오셨어요"라고 외치자 갑자기 그의 얼굴은 붉어지고 몸도 떨기 시작했다. 한마디 소리도 내지 못하는 팔순 노인의 몸이 갑자기 사시나무처럼 떨며 얼굴은 붉어졌다. 나는 순간 그가 심장마비를 일으킨 건 아닐까 깜짝 놀라 어깨에 손을 얹고 속으로 기도했다.

나는 그가 가족의 품에서 아버지로 할아버지로 사랑과 존경을 받고 있음을 확인했다. 그의 딸이 내게 아버지의 북송을 결정해준 것에 대해 감사하다고 했을 때, 우리 정부의 인도주의 결단을 인정하고 있다는 사실을 확인할 수 있어 뿌듯했다. 그의 북송 결정이 결단코 헛된 일이 아님을 확인할 수 있었다. 하지만 여전히 공고해 보이는 분단 현실에 마음 한구석이 더 무거웠다.

9월 25일. 북쪽은 11월 23~27일에 제주도에서 열리는 민족체육축전에 약 400명의 선수와 임원을 보낼 것이라고 밝혔다. 이날 만찬 때 리종혁 선생을 다시 만나서 나는 김정일 국방위원장이 하루속히 남쪽을 답방해 6·15 합의를 내실 있게 이행해야 한다고 강조했다. 26일 오전에는 평양 시내 상점에 들러 구경했다. 카터 전 미국 대통령이 지난 3월 언론에 기고한 글에서 지적했던 북·미 간의 임박한 전쟁 위기 조짐은 보이지 않았다. 사람들은 저마다 일상적인 일로 그저 바쁘게 사는 듯했다.

10월 23일. 제주도에서 예정대로 민족통일평화 체육문화축전이 열렸다. 분단 이후 첫 순수 민간 차원의 남북체육문화 행사다. 남쪽에서는 김원웅 의원이 공동조직위원장을 맡고, 김영대 민화협 회장이 북쪽 참가단장이다. 중증호흡기증후군(사스) 파동과 미국의 요청에 따른 우리 정부의 이라크 파병 결정 등으로 무산될 위기 속에서도 200명 규모로 축소해 가까스로 이뤄진 이번 행사이니만큼 나는 무사히 성공하기를 바라는 마음으로 제주도에 갔다. 전금철 조선아태평화위 부위원장도 함께 왔는데 2000년 10월 평양에서 만났을 때도 면풍으로 찌그러져 있었던 얼굴이 이젠 정상으로 돌아와 있었다.

나는 이날 오찬 간담회에서 덕담으로, 앞으로 백두산에서 한라산까지 민족 마라톤 축제를 열면 좋겠다고 했다. 남쪽 선수들은 백두산부터, 북쪽 선수들은 한라산에서 출발해 서로 이어 달리면 방방곡곡 민족이 하나 될 것을 바라는 새로운 평화통일의 기운이 조국 강토에 널리 퍼질 것이라고 했다.

〉 '노무현 탄핵'은 반노 아닌 반민주

2004년 3월 12일, 정치적 비극의 날이 왔다. 한나라당, 새천년민주당, 자유민주연합 소속 모두 195명의 의원이 탄핵소추안에 대한 제안 설명도 유인물로 대체한 채 무기명으로 대통령 탄핵 투표에 참가했다. 결과는 193명 찬성에 2명만이 반대했다. 압도적으로 탄핵이 가결되고 오후 3시 소추결의안 정본이 헌법재판소로 송달되었다. 표결 순간 박근혜 의원은 환하게 웃고 있었다. 박관용 국회의장은 신나게 의사봉을 두들겼다. 한국 정치사상 가장 부끄럽고 가장 비열한 순간이었다. 이런 무리한 발의와 처리 과정을 생방송으로 지켜본 시민들의 반응은 격앙 그 자체였다. 강력한 정치 역풍이 불 조짐이 일고 있었다.

언론에서는 소추안 가결 선봉에 나선 '탄핵 5인방'을 크게 부각시켰다. 더불어 탄핵소추안 가결에 협조한 193명을 '갑신공적'이라고 부르기도 했다. 박관용 국회의장, 최병렬 한나라당 대표와 홍사덕 총무, 조순형 새천년민주당 대표와 유용태 원내총무가 바로 5인방이다.

외신들도 이번 탄핵사태를 일종의 미친 짓으로 보고 있다. 3월 15일치 《파이낸셜 타임스》에서는 이렇게 혹평했다. "지난 12일 한국 의회는 집단적 광기에 사로잡혔다. … 산업화된 경제 덕분에 한국이 선진국에 진입했다는 인상을 주지만, 이번 사태는 한국의 민주주의가 아직도 진행형이라는 사실을 드러냈다." 아직 민주화가 멀었다는 사실을 꼬집었다.

나는 이번 탄핵정국 상황이 '친노 대 반노'의 대결 상황이 아님을 강조하고 싶었다. 정확히 말하자면 민주 대 반민주, 부패 대 반부패의 대립이요 갈등이다. 왜 그런가? 지난 대선 때 대구·경북지역에서 이회창 후보 지지율은 무려 76%에 이르렀다. 그런데 같은 지역에서 이번 탄핵을 반대한 국민도 73%에 이른다. 부산·경남에서는 이회창 후보를 65%나 지지했는데 탄핵 반대는 무려 70%에 이르렀다. 그러니 보수적인 시민들조차 '193명의 행동'을 찬성하지 않았다는 뜻이다. 그렇기에 보수는 곧 반노라고 규정해서도 안 된다. 오히려 반민주적 정치인들만이 반노라 할 수 있겠다.

이런 상황에서 윤민석의 노래 '너희는 아니야'가 국민의 마음을 시원하게 또 따뜻하게 위로해주었다. "제발 너희는 나라 걱정 하지마/ 너희들, 나라를 걱정할 자격 없어/ 헌법 제1조, 대한민국은 민주공화국이다/ 모든 권력은 국민으로부터 나온다."

4월 15일, 한국 정치사에서 잊을 수 없는 변화가 또 한 번 일어났다. 결론부터 말하자면 노 대통령의 열린우리당이 국회의원 299명의 반수를 넘는 152명을 당선시켰다. 기존 47명에서 3배 넘게 늘어난 것이다. 자민련은 4명을 당선시켰으나 김종필 총재가 낙선함으로써 제5당으로 밀려났고, 조순형 대표최고위원의 새천년민주당은 제4당으로 몰락하고 말았다. 정당득표율에 따라 전국구 의석을 결정하게 되면서 지역구 단 2석만 얻은 민주노동당이 정당득표율13%를 획득함으로써 10석을 확보해 제3당으로 올라서게 되었다. 정말 놀라운 변화가 아닐 수 없다.

새천년민주당은 노 대통령 탄핵에 앞서는 바람에 처참한 몰락을 겪게 되었다. 그나마 한나라당은 박근혜 대표의 '대국민 사죄 이벤트'의 효과 등으로 121석이라도 차지할 수 있었다. 하나 아쉬운 것은 박 대표가 과거 잘못에 대해 용서를 구할 때 부친의 유신 과오에 대해 진솔한 용서를 구하지 못했다는 점이다.

이번 총신의 또 하나의 이변은 JP(김종필)의 정계 은퇴다. 나는 평소 JP가 애칭처럼 정의Justice와 평화peace를 이루는 경륜 있는 정치인으로 역사에 남기를 바랐다. 특히 박정희 대통령이 3선 개헌을 무리하게 시도할 때 예춘호·양순직·박종태 의원 같은 지조 있는 동지들과 손잡고 정의와 평화의 정치세력을 키워가기를 바랐다. 그때 그들과 함께 끝까지 3선 개헌 반대하면서 그의 경륜과 정치 역량을 키워갔다면 박 대통령도 그렇게 비참하게 죽지는 않았을 것이고, 그 자신도 오늘처럼 허무한 패배를 겪지 않을 수 있었을 것이다.

다만, 열린우리당이 승리에 도취해 보수적인 주류 세력으로 후퇴할 수도 있다는 일말의 불안감을 갖게 된다. 노 대통령과 열린우리당은 국민과 역사 앞에서 더욱 겸손하게 옷깃을 여미며 흔히 집권당이 빠져들기 쉬운 정치적 교만과 폐습에 함몰되지 않기를 바랄 뿐이다. 특히 헌법재판소에서 탄핵소추안을 기각한다면 노 대통령은 반드시 대통령으로서 정치적 권위만은 확실하게 세워야 한다. 앞으로 그의 자유분방한 화법들이 소중한 권위마저 훼손하는 일이 없어야 할 텐데….

〉 노무현 대통령의 자유롭고 인간적인 행사연설

2004년 11월 24일, 청와대에서 뜻밖의 소식이 왔다. 노무현 대통령이 해외순방을 떠나면서 나를 대한적십자사 총재로 추천했다고 한다. 얼마

전 주변에서 나를 국가인권위원장으로 지명할 것이라는 얘기를 전해 들었기에 더 어리둥절했다. 언론을 통해 이윤구 적십자사 총재가 사표를 냈다는 사실은 알고 있었으나, 그때 나는 그가 왜 갑자기 그만뒀는지 속사정을 전혀 알지 못했다. 아무튼 남북 간 평화 증진에 헌신해온 경험을 바탕으로 적십자 활동을 한 차원 높게 추진하라는 뜻으로 일단 받아들였다.

12월 6일, 이세웅 적십자사 부총재와 간부들과 만났다. 내년이 마침 대한적십자사 창설 100돌이어서 이례적으로 국제적십자연맹 총회를 한국에 유치했다고 한다. 세계적인 인도주의 잔치를 치러야 한다고 했다. 다가오는 2005년은 여러모로 역사적인 해이다. 일제가 우리 외교권을 강탈해 간 지 100년이요, 해방과 분단 60돌이 되는 해였다. 그렇기에 내년은 남북관계 개선을 통해 진정한 민족 광복의 새로운 역사가 펼쳐질 수 있는 계기가 마련되어야 하는 해이기도 했다. 그만큼 내 어깨는 무거워지는 것 같았다. 하기야 신나게 무거운 짐이기도 하다.

12월 9일, 전 적십자사 총재인 서영훈 선생께서 나를 위해 오찬을 마련해주었다. 여러 간부들이 참석해 상견례 자리가 되었다. 적십자 중앙위원회에서 만장일치로 총재 추대를 받은 나는 취임식 전날인 12월 15일 개성공단 방문으로 총재로서의 첫 공식 행사에 참석했다. 남북 당국자 합의에 의해 추진된 개성공업지구에서 첫 제품 생산을 기념하는 뜻깊은 자리였다.

이때만 해도 정동영 통일부 장관은 북한 당국에는 일종의 기피인물이었다. 그것은 다소 터무니없이 억울한 대접이었다. 그가 통일부 장관으로 임명된 지 며칠 되지 않아서 베트남에 억류되어 있던 탈북자 수백 명이 한국에 비행기 편으로 이송됐는데 이에 북한 당국은 격노했다. 전임 장관 때 추진된 일이었으나, 날벼락은 정 장관에게 떨어진 격이 되었다.

개성공단 행사장은 초겨울 날씨로 을씨년스러웠는데 북쪽 당국자들의 표정도 쌀쌀하기만 했다. 특히 북쪽 대표인 주아무개 선생은 민망할 정도로 정 장관을 무시해 나까지 퍽 불편했다. 개성 시내로 들어가 주암여관에서 오찬을 할 때도 주석에 정 장관 자리는 없었다. 그런데 식사를 다 마칠 무렵 북한 당국자 한 분이 다가와서 대뜸 '총재님 오늘 불쾌하셨지요'라고 살갑게 인사를 했다. 나는 그가 북한의 실세 조직에 속한 인사임을 직감했다. 오늘 주 선생의 태도만이 북한 당국의 판단이라고 생각하지 말라고 했다. 너무 상심하지 말라는 뜻이다. 그래서 서울로 돌아오는 길에 나는 차 안에서 정 장관에게 전화로 이런 북한 당국의 다른 태도를 전하며 위로했다.

12월 28일 오후, 노무현 대통령이 후보 시절부터 공약한 '청소년 특별회의'가 구성돼 나는 의장 자격으로 청와대 만찬에 참석했다. 만찬 시간 30분 전에 대통령 내외가 김근태 보건복지부 장관과 정동채 문화관광부 장관과 청와대 비서진을 대동하고 내가 대기하고 있던 소회의실로 왔다. 김 장관은 나더러 "어느 동맹국도 민족보다 나을 수 없다"는 역사에 길이 남을 명언을 남겼으니 부럽다고 덕담을 했다. 노 대통령은 1990년대 초반쯤인가 내가 서울대 교수 시절 한 신문에 쓴 칼럼을 통해 '정치적으로 큰 위기를 당한 자기에게 용기를 줬다'며 새삼 감사의 인사를 전해 당황스러웠다.

노 대통령은 만찬장으로 옮기며 짧게 10분 정도만 얘기하겠다고 했다. 그런데 만찬장에 들어서자 호기심과 열정으로 가득 찬 수백 개의 젊은 눈이 대통령 일행을 맞았다. 대통령은 원고 없이 즉석 축하 인사를 시작하더니 신이 난 듯 20분 넘게 계속 아슬아슬한 말씀을 이어갔다. 그러자 내 옆자리에 앉아 있던 대통령 부인께서 대통령 다리를 살짝 치고는 나직한 목

2004년 12월 청와대에서 청소년 특별회의 대표들과 함께한 노무현 대통령 부부.

소리로 "이제 정리하시지요"라고 말했다. 그런데 놀랍게도 대통령은 "청와대 야당인 영부인께서 내 말이 길다고 이제 끝내라고 하시는데"라며 웃어넘기고는 10분 정도 더 얘기를 했다.

　나는 참 못 말리게 독특하신 분이요, 참으로 따뜻하게 고집 센 인간적인 대통령이구나 하는 생각이 들었다. 이런 행사에 얘기를 지나치게 길게 하시는 DJ나 얘기를 너무 간단하게 하시는 YS에 견주어 노 대통령은 정말 비관례적으로 자유롭게 말씀하시는 비주류 대통령이구나 하는 느낌이 들었다. 젊은이들은 너무나 좋아했다. 기념사진을 찍을 때 서로 더 대통령 가까이 서고 싶어 했다. 대통령도 젊은 열기에서 기를 받는 듯했다. 내 기분도 따뜻해졌다. 한마디로 '노무현'은 대통령이 되기에는 너무나 인간적인 분 같구나 하고 생각했다.

》용천역 폭발사고 복구현장 이례적 답사

2005년 1월 1일. 역사적인 을유년이 밝았다. 을사늑약 100돌과 대한적십자사 100돌이 맞물려 있는 해다. 국가의 외교권이 강탈당한 때 한국의 인도주의 운동이 탄생했다는 것은 역설이면서도 희망의 빛이기도 하다. 올해는 광복과 분단 60돌이 되는 해이기도 하다. 이런 때 대한적십자 운동을 총책임 맡은 나로서는 어깨가 무거웠다.

1월 13일, 조선민주주의인민공화국 적십자회 중앙위원회 장재언 위원장 이름으로 '비료 50만 톤을 5월 이전에 지원해달라'는 전통문이 왔다. 그러나 통일부를 비롯한 우리 정부 쪽과 협의가 원활하지 않아 지원 결정은 계속 미뤄지고 있었다. 그런데 4월 15일에 북쪽에서 뜻밖의 전통문이 왔다. 지난 4월 13일에 강원도 고성군 해금강 북한지역으로 넘어온 우리 어선 황만호를 선원과 함께 인도주의와 동포애의 원칙에서 우리 쪽에 넘겨주겠다는 내용이었다. 나는 즉각 장 위원장에게 최근 북쪽에도 심각하게 번지고 있는 조류인플루엔자 퇴치에 필요한 약품과 장비를 전달해주겠다는 답례의 편지를 보냈다. 5월 16~19일에 6·15 공동선언 5돌 기념으로 개성에서 열린 남북 차관급 회담에서 마침내 비료 문제가 풀렸다. 우리 쪽에서 비료 20만 톤을 보내주기로 합의했다.

6월 7일, 현대아산이 정몽헌 회장 기념 묘소에서 여는 추모식에 초청을 받아 금강산으로 갔다. 마침 금강산 관광객 100만 명 돌파 기념으로 KBS TV의 '열린 음악회'도 온정각에서 열렸다. 6월 8일, 예상대로 북한 대표로 나온 리종혁 조평통 부위원장과 단둘이 만나 남북 관계의 교착상태에 대한 솔직한 의견 교환을 했다. 그 자리에서 나는 그동안 정동영 통일부 장관이 국회에서 한 대북 관련 발언을 모두 정리한 자료를 보여주며 그에 대한 북한 당국의 오해와 불신을 풀 것을 설득했다.

6월 21일, 나는 적십자 대표로 북한의 고려항공 편으로 평양으로 향했다. 지난주 평양에서 '6·15 통일대축전'이 성공적으로 마무리된 데다, 대통령 특사로 간 정 장관과 김정일 위원장의 면담도 성사된 덕분에 가능해진 방북이었다. 마침 같은 기간 서울에서 열리는 '제15차 남북장관회의'의 북쪽 대표단이 타고 온 고려항공기를 이용한 것이다.

이날 저녁 고려호텔에서 북한 적십자의 장 위원장이 주재한 환영 만찬이 열렸다. 우리는 초면이었으나 전통문으로 이미 여러 차례 만난 것과 같은 친밀감을 서로 갖게 되었다. 그래서 소통이 잘되었다. 마침 동갑이기도 했다. 부산 출신인 그는 거구였으나 따뜻한 느낌을 주었다.

6월 22일 오전에 북한 적십자위원회 사무실을 방문했다. 장 위원장은 지난해 용천 폭발사고 때 우리 정부와 민간단체가 긴급구호품과 자재장비 등 337억 원 가량의 복구물품을 신속하게 지원해준 데 대해 다시 한 번 감사를 표시했다. 6월 23일, 장 위원장은 내 요청대로 용천 복구현장 답사를 하게 해주었다. 날이 흐리다가 비까지 오는데 헬리콥터를 타보니 너무 낡아서 겁이 날 정도였다. 한 시간쯤 지나 무사히 용천 지역에 도착했다. 폭발사고 때 여러 학생과 교사들이 희생된 초등학교를 찾아갔다. 우리 일행을 3·4학년생들이 노래와 춤으로 맞아주었다. 너무 고마웠으나 미리 예상을 못한 일정이어서 선물을 준비해 오지 못한 게 아쉬웠다. 과자라도 몇 상자 가져왔어야 했는데….

이어 북한 당국은 복구지역에 살고 있는 현지 주민의 집을 직접 볼 수 있게 해주었다. 참으로 파격적인 일이다. 방 2개, 부엌 한 칸의 작은 공간이었는데 부엌에는 서울에서 보낸 '린나이 버너'가 놓여 있었다. 유치원생 딸과 함께 우리를 맞은 여주인은 복구가 잘되어 예전보다 더 좋은 집에서

2005년 6월 23일, 남북적십자 간 교류협력에 관한 합의서에 서명을 했다.

살고 있다며 고마워했다.

다시 헬기로 평양으로 돌아온 우리는 밤 10시께 북적 대표들과 호텔 회의실에서 '남북적십자 간 교류협력에 관한 합의서'를 검토했다. 나와 장위원장은 기분 좋게 이 합의서에 서명했다. 합의 내용은 크게 세 가지다. 하나는 금강산 이산가족 면회소 착공을 빠른 시일 내에 진행한다. 둘째는 북한 적십자 종합병원 현대화에 필요한 의약품 및 의료 장비를 성의껏 단계적으로 지원한다. 연 1회 의료진 교류도 한다. 셋째, 남북적십자 청소년 단원 간 우정의 나무심기 행사를 금강산에서 식목일에 연례적으로 한다. 이로써 남북 간 인도주의 협력의 물꼬가 터지게 된 것이다.

이 합의서는 곧 남북장관회담에서 뒷받침이 되어주었다. 8월 26일부터 화상상봉을 포함한 이산가족 상봉 행사를 하고, 면회소 건설을 위한 측량과 지질조사를 7월 중으로 끝내기로 했다. 또 8월 중에 남북적십자 회담을 열어 한국 전쟁 실종자의 생사 확인 등 인도주의 문제도 협의하기로 했다.

8월 24일에 서울로 돌아오면서, 대체로 6·15 남북공동선언보다 구체적이고 진전된 합의 내용에 만족스러웠다. 설사 남북 간 돌발적인 상황이 발생한다 해도 인도주의적 소통력으로 남북 대화를 지속시켜 합의를 실천하게 해야 한다는 소명감으로 새삼 어깨가 무거웠다.

〉 통일염원 담아 금강산 면회소 첫 삽

2005년 7월 13일, 남북 적십자사 실무진은 개성에서 만나 이산가족들의 시범 화상상봉에 관한 합의서를 만들어냈다. 광복 60돌인 올해 8월 15일을 계기로 쌍방 각기 100명씩 화상상봉 후보자를 확정하고, 상봉시간은 가족 당 1시간으로 정했다. 첫 원격 만남을 통해 조금이나마 더 많은 이산가족이 대화할 수 있는 길이 열린 것이다.

7월 19일에는 대북지원용 자전거 기증식을 했다. 주민등록번호를 통한 행정 정보화가 잘돼 있는 남쪽과 달리, 북쪽에서는 이산가족을 찾기도 쉽지 않을뿐더러 교통수단이 열악해 사람을 찾아가기가 쉽지 않은 형편이라고 했다. 그래서 북한 적십자를 통해 자전거를 보내기로 했다.

제15차 남북장관회담 합의에 따라 8월 23~25일 제6차 남북적십자회담을 한 데 이어 8월 29~30일에 마침내 금강산에서 이산가족 상봉 행사가 열렸다. 상봉단 단장 자격으로 실무진을 이끌고 29일 금강산에 도착하니 북쪽 적십자 대표단이 마중을 나왔다. 이날 저녁 만찬 때 남북 이산가족들은 감격의 단체상봉을 했다. 정말 순간순간 감동과 눈물이 강처럼 흐르는 마당이었다. 이튿날에는 개별상봉으로, 호텔방에서 가족끼리만 회포를 풀

2005년 8월 31일 금강산에서 열린 남북이산가족 면회소 착공식. 필자와 장재언 조선적십자회 중앙위원회 위원장(오른쪽 세 번째) 등 남북 적십자사 회원들과 현정은 현대그룹 회장(왼쪽 세 번째)이 첫 삽을 떴다.

수 있도록 특별히 배려했다. 과연 얼마나 진솔한 소통을 할지는 모르지만, 외부의 눈을 의식하지 않고 서로 속내를 풀어낼 수 있기를 바랐다.

그 시간 북한 적십자위원회 장재언 위원장과 따로 만난 나는 그에게 이렇게 말했다. "깊은 강물은 소리 없이 흐릅니다. 얕은 개울물은 시끄럽게 소리 내며 흐르기 마련이지요. 신뢰가 깊을수록 서로 소리 내지 않더라도 깊은 소통을 해낼 수 있습니다. 이 깊은 신뢰의 소통 흐름을 누구도, 어느 밖의 세력도 멈출 수 없지요."

8월 31일, 금강산이 햇볕을 받아 금강석처럼 반짝이는 화창한 날, 오전 11시 이산가족 면회소 착공식이 진행되었다. 전국 각 지역 적십자 지사장과 중앙위원들, 그리고 서영훈 전 총재도 참석했다. 나는 삽으로 세 번 모래를 퍼 던지면서 속으로 "냉전시대여 잘 가라!" "평화여 빨리 오라!" "적십자 인도주의여 활짝 꽃피어라!"라고 외쳤다.

북한적십자 장 위원장의 착공사는 강렬한 민족통일 의지를 담고 있었다. "우리는 금강산 면회소 건설을 통해 하나가 되려는 우리 민족의 강렬한 의지는 그 무엇으로도 막을 수 없다는 것을 다시금 보여주어야 할 것입니다. …외세가 강요한 나라의 분열은 장장 60년 세월 흩어진 가족·친척들의 가슴속에도 쓰라린 고통과 아픔만을 남겨놓았습니다. 이제 더는 외세에 자기의 운명을 농락당하지 말고 우리 민족끼리 힘을 합쳐 통일의 그 날을 하루빨리 안아와야 합니다. 곧 터지게 될 착공의 발파 소리는 갈라진 혈육을 서로 찾고 부르며 응어리졌던 흩어진 가족·친척들의 가슴을 후련하게 풀어주면서 온 겨레의 자주통일 염원을 담아 삼천리 강산에 메아리가 되어 울려 퍼질 것입니다."

그런데 이날 저녁 나는 남쪽 참가단 몇 분을 만찬에 초대했다. 여기서서 전 총재가 여운형·김규식·손정도·김일성 등 민족지도자들을 평가하면서 존칭을 붙이지 않았다. 그 얘기를 듣던 북쪽의 여성 봉사원이 "김일성 수령님이라고 존칭을 붙이지 않았다"고 정색하며 반발을 하고 나섰다. 우리로서는 당혹스럽고도 어이없었다. 북한이 컬트국가임을 새삼 일깨워주었다. 정말 소통하기 힘든 상대다. 그러나 이럴수록 더 인내심을 갖고 역지사지하며 소통해야 할 것 같다.

11월 11일 오전, 삼성동 코엑스에서 '제15차 국제적십자연맹 총회'가 개막했다. 우리는 주최국으로서 올해 내내 꾸준히 총회를 준비해왔다. 14일까지 총회를 연 데 이어 11~18일에는 연맹과 국제적십자위원회 대표가 함께하는 대표자회의를 했다. 181개 나라 적십자 대표와 유엔을 비롯한 각종 국제기구 대표 등 1,000명 가까이 참가했다. 북한도 조선적십자 국제담당 부위원장을 단장으로 한 대표단 8명을 보내왔다. 남북 대화가 아닌 국제회의와 관련해 북한 대표가 이렇게 많이 서울에 온 것은 처음이었다.

이번 총회 기간에 1,000년 이상 숙적 관계로 있던 팔레스타인과 이스라엘의 적십자 대표가 인도주의 정신에 따른 양해각서를 체결했다. 그리고 이번 총회에서 두 적십자가 국제적십자연맹에 가입할 수 있는 길이 열린 것이다.

애초 주최국으로서 귀한 손님들을 '효율성과 따뜻한 손님 대접'의 정신으로 잘 모시겠다고 공언했는데, 계획대로 잘 진행된 총회는 성공적으로 막을 내렸다. 회의가 공식적으로 끝날 때 모든 참가국 대표들은 공동사회를 맡았던 나에게 이례적으로 기립박수를 보내주었다. 한국 적십자사는 물론이고 젊은 자원봉사자들에게도 아낌없는 감사의 박수를 쳐주었다. 인도주의 선진국에 확실하게 들어선 한국의 위상을 확인시켜준 흐뭇한 순간이었다. 열흘간의 피로가 한순간에 날아가 버린 듯 상쾌했다.

〉 남북열차 시범운행, 경의선 타고 북으로

2007년에 들어 북핵 문제 해결에 커다란 진전이 있었다. 2월 13일 6자회담에서 이른바 '2·13 합의'라는 새로운 이정표가 마련된 것이다. 북핵 시설의 폐쇄와 봉인을 필두로 테러지원국 명단 제외와 중유 지원, 북·미와 북·일 관계 정상화, 북핵 시설 불능화 등 5단계 합의사항에 한반도와 주변 당사국들이 서명한 것이다. '행동 대 행동'의 원칙을 준수하도록 요청하고 있는 이 합의가 제대로 실행된다면 한반도의 안정과 평화는 파격적으로 진전될 것이다. 무엇보다 남북 관계와 북·미 관계가 동시에 향상될 수 있기를 기대해본다.

나는 '2·13 합의'가 1994년 10월 클린턴 행정부 시절의 '북·미 제네바합의'와 같은 역사적 의미와 무게가 있다고 본다. 몇 가지 점에서는 더 실효성 있는 문건일 수도 있다. 무엇보다 다자간의 합의여서 제네바 합의보다 깨뜨리기가 쉽지 않을 듯하다. 그리고 실무집단에서 논의한 내용을 전체회의로 이관해 더 확실하게 정리하도록 했다. 최종 단계에서 한반도 평화체제 구축과 동북아의 안정과 평화를 연계하는 실무그룹을 가동하기로한 것은 참으로 잘된 일이다. 이대로 이행된다면 우리 민족에게는 평화와 통일의 길이 열릴 수 있을 것이다.

5월 17일 남북열차 시범운행이 이뤄졌다. 남쪽 경의선 열차는 낮 12시 18분, 북쪽 동해선 열차는 12시 21분 각각 군사분계선을 넘어 남과 북을 향해 달렸다. 이재정 통일부 장관과 권호웅 북한 내각책임참사 등과 함께 나는 경의선 열차에 탑승했다. 일제가 대륙침략을 위한 물류 기간선으로 설치한 경의선이 이제 민족의 평화와 번영을 실어 나르는 동맥이 될 수도 있겠다 생각하니 감회가 벅찼다.

개성에 도착해 자남산 호텔에서 북쪽 대표단과 오찬을 했는데, 권 내각 참사가 내게 건배를 제안하면서 뜻밖의 인사를 했다. "우리는 한 총재 선생을 잊을 수 없습니다. 세 가지를 항상 기억하고 고맙게 생각합니다. 첫째는 '어느 동맹국도 민족보다 나을 수 없다'는 소신을 높이 평가하고, 둘째로 「아~ 40년의 짝사랑」이라는 글을 기억합니다. 셋째로 리인모 노인을 가족 품으로 돌려보내 주신 것 잊지 않고 있습니다."

특히 「40년의 짝사랑」은 서울대 교수 시절인 1985년 《월간조선》 신년호의 권두시론으로 쓴 글이다. 한·미 관계 40돌을 되돌아보면서 비판적으로 쓴 글인데 이를 북쪽 엘리트들이 탐독했다니 나로서는 깜짝 놀라지 않을 수 없었다. 아무튼 꿈같은 하루, 짧지만 긴 여운을 남긴 평화순례 여행이었다.

바로 다음날인 5월 18일, 나는 '세계의 화약고' 중동지역으로 또 다른 평화순례에 나섰다. 터키 이스탄불에서 열린 '제7차 유럽지역 적십자회의'에 참석한 뒤 팔레스타인과 이스라엘의 적십자사를 방문했다. 이미 두 적십자사로부터 공식 초청을 받았다. 두 나라의 인도주의 협력을 약속한 협약을 지난해 서울 총회에서 두 적십자 총재가 한 만큼, 나는 이 협약이 제대로 실행되는지 궁금했다. 이번 여행에 이것을 점검하고 싶었다. 그래서

17박 18일간의 짧지 않은 여정에 나선 것이다.

5월 23일, 예루살렘 주재 국제적십자위원회ICRC 사무실을 시작으로 팔레스타인의 수도 라말라에서 그곳 적신월사 유니스 총재와 회의를 하고 제2도시 나블루스의 지사를 방문했다. 나는 유니스 총재와 함께 가면서 삼엄히면서도 오만한 이스라엘군의 검문을 여러 번 직접 겪어야 했다. 2년 전 서울에서 열린 국제연맹 총회 때 두 나라 적십자 사이에 맺은 교류협력 양해각서가 사실상 이행되지 않고 있는 것 같았다. 나는 5월 28일에 이스라엘 적십자사MDA 본사를 방문해 의사 출신인 노암 총재를 만나 양해각서의 불이행 문제를 지적했다. 그러자 그는 한적이 자신과 유니스 총재를 한국으로 초청해서 새로운 협력을 구축할 수 있으면 좋겠다고 했다. 5월 30일 요르단의 암만에서는 적신월사에서 주는 최고 훈장을 받기도 했다. 하지만 6월 4일에 서울로 돌아온 뒤에도 한반도의 분단보다 더 뿌리 깊은 중동 지역 분쟁의 고통을 확인한 까닭에 한동안 가슴이 답답했다.

7월 16일에는 황장엽 박사를 점심에 초대했다. 이른바 '주체사상의 최고 이론가'로서 북한 최고인민회의 외교위원장을 지낸 거물 망명객이지만 적십자인의 눈으로는 그 역시 한 사람의 이산가족임에 틀림없기에 적십자인으로 그를 위로하고자 마련한 자리였다. 물론 한두 시간에 서로 마음의 문을 열고 대화할 여유는 없었지만, 그의 심경의 한 자락을 엿볼 수 있었다.

남쪽으로 온 이래 그의 주변에 수구 냉전 세력들만 보인다고 했더니, 그는 슬픈 표정으로 이렇게 말했다. "정말 여기서 내가 하고 싶은 일은 서울대 같은 곳에서 똑똑한 학생들에게 초기 마르크스주의, 인간적 마르크스를 가르치는 것입니다." 역시 그의 내면 깊은 곳에는 학자다운 모습이, 학자로 살고 싶은 열정이 시퍼렇게 살아 있구나 하는 생각이 들었다. 후기 마르크스와 계급환원주의자 마르크스 또는 프롤레타리아 유혈혁명을 선동하는 마르크스가 아닌 휴머니스트 마르크스를 가르치고 싶다는 뜻이다. 나로서는 그에게 도움을 줄 수 없어 안타까웠다. 씁쓸한 마음으로 헤어졌다. 내내 밖에서 기다리던 서너 명의 안전요원에게 둘러싸여 떠나는 그의 뒷모습이 몹시 처연해 보였다.

〉탈레반과 인질석방 협상, 적십자사가 큰 힘

2007년 7월 19일, 한국의 분당 샘물교회 단기선교봉사단 23명(남자 7명, 여자 16명)이 아프가니스탄 수도 카불에서 170km 떨어진 가즈니주 카라바그 지역을 통과하다 탈레반에 의해 납치되는 돌발사건이 발생했다. 우리 정부와 온 국민은 물론 전 세계가 촉각을 곤두세웠다.

애초 노무현 정부는 유엔을 통해 탈레반과 협상을 시도하려 했다. 하지만 테러리스트와는 절대로 협상하지 않는다는 부시 미국 행정부의 강경 방침을 한국인인 반기문 사무총장도 어찌할 수 없는 상황이 계속되었다. 아프가니스탄 정부 역시 해결할 능력도 의지도 보이지 않아 우리를 더욱 초조하게 만들었다. 요구한 탈레반 수감자 석방이 이뤄지지 않자 납치 세력은 7월 25일 봉사단을 이끈 배형규 목사를 살해한 데 이어 닷새 뒤에는 인질 1명(심성민)을 죽여 그 주검을 공개했다. 우리는 모두 전율했다.

대한적십자사 총재로서 나는 정부와 별도로 구조 활동에 나섰다. 사건 당일 국제적십자위원회ICRC에 긴급 편지를 보내 인질들의 조속한 석방과 그들의 안전을 위해 최선을 다해달라고 요청했다. 7월 30일, 위원회는 총재 이름으로 한국 인질 석방을 위해 다각적인 노력을 기울이겠다고 약속했다. 국제적십자위원회는 1987년 이래 중동 전역에서 산하 1,170명의 직원이 이미 인도주의적 위기관리를 위한 중립적 촉매자로서 활약하고 있는 유일하게 신뢰할 수 있는 인도주의 국제기구였다. 유엔 중재조차 불가능한 상황에서 나는 청와대 안보실장의 유희인 장군(공군)에게 위원회가 중재역을 할 수 있음을 알렸다.

8월 5일 일요일 오후 3시 무렵, 김만복 국정원장이 전화로 도움을 청해왔다. 국제적십자위원회를 통해 우리 정부와 탈레반 사이의 직접협상 장소를 제공해줄 수 있는지, 탈레반에서 위원회에 우리 제안의 진의 여부를 확인할 때 적십자사가 접촉선을 연결해줄 수 있는지 물었다. 나는 즉시 국제협력팀으로 하여금 아프간 현지의 적십자위원회 직원인 브루스와 소통하도록 지시했다. 캐나다 출신인 브루스는 언론에 절대로 누출해서는 안 된다는 주의와 함께 위원회와 탈레반 간의 접촉선은 계속 유지되고 있다고 전해왔다. 나는 카불 소재 국제적십자위원회 대표단장인 레토 스토커 씨에게 우리 정부와 탈레반의 직접협상을 위한 중립적 장소를 제공해줄 수 있는지 문의했다. 이날 저녁 7시 45분 스토커 씨한테서 회신이 왔다. 위원회, 한국 정부, 탈레반 3자가 참여하는 조건에서 대화 장소를 찾아보겠다고 했다. 또 탈레반과의 접촉 결과와 내용을 카불 주재 한국대사관에 지속적으로 알려주겠다고 약속했다. 정말 반가운 소식이었다.

드디어 8월 11일, 국제적십자위원회는 우리 정부와 탈레반의 직접대면협상 사실을 세계 언론에 공개했다. 가즈니에 있는 아프가니스탄 적신월사 지사 건물을 중립적 장소로 제공한 위원회는 양쪽의 협상이 원만히 진행될 수 있도록 모든 편의를 제공해주었다. 본 협상에 앞서 관련 당사자들은 신변 보장에 사전 합의했다. 특히 인질들이 한국의 가족에게 안부를 전할 수 있도록 우리 적십자사의 편지를 탈레반 쪽에서 수용해줄 것을 요청했다.

8월 13일, 스토커는 대면협상의 진전에 따라 우선 여성 인질 2명이 석방

된다고 알려왔다. 나는 즉시 제네바의 적십자위원회 본부와 스토커, 그리고 그의 동료 직원들에게 감사 인사를 전했다. 드디어 8월 28일, 협상이 타결되었다. 아프간 파견 한국군의 연내 철수와 이후 개신교 선교단 파견을 중지한다는 등 5개항의 합의를 조건으로 19명의 인질 전원 석방 결정이 공표되었다. 8월 29일에 3차에 걸쳐 12명이 풀려난 데 이어 8월 30일에는 남은 7명도 두 그룹으로 나뉘어 모두 살아 돌아왔다.

이처럼 협상이 극적으로 성공하기까지 국제적십자위원회의 인도주의적 중재 결단이 가장 결정적인 힘이 되었다. 또 용기 있게 직접 대화에 나서 자국민의 생명을 지켜낸 노무현 정부의 노력도 대단했다.

다만, 2명의 희생은 가슴 아픈 일이다. 이런 비극은 일부 대형교회의 무모하고 잘못된 선교 정책, 또는 확장주의적 선교 경쟁에서 나온 것인 만큼 교회 스스로 철저하고 그리고 처절하게 반성해야 할 것이다. 이 기회에 제국주의 확장에 편승해 제3세계로 뻗어갔던 구미 기독교 복음화 운동의 껍데기만을 모방하려는 한국 교회 전반의 선교 열풍을 이제는 차분히 참회해봐야 한다. 선교는 자기를 비우고, 탐욕을 내리고, 독선을 초극하면서 남에게 평화와 공의를 나눠주고 함께 키워가는 거룩한 일이다. 기독교가 아닌 모든 것을 인정하지 않는 오만한 전도 행위가 결코 아니어야 함을 교회 지도자들부터 깨달아야 한다.

생명은 이데올로기나 체제나 종교보다 더 소중한 가치가 아닌가. 언론에서는 우리 적십자사의 숨은 수고와 헌신을 제대로 알지도 못했고 우리도 알리지 않았다. 나는 오히려 그 알려지지 않음이 인도주의가 갖는 힘이라고 믿는다. 병든 세계와 사회를 조용하면서도 착실하게 치유하는 '사회의사'의 삶을 따르고자 애써온 내 삶이 오늘만큼은 스스로도 뿌듯하다. 그러나 평화를 향해 가는 순례 길은 아직도 멀기만 하구나.

|부록|

대담

(2013)

정전 60주년, 한·미 동맹 유지하며
한·중 관계 강화 균형 맞춰야*

〉MB 정부 대북정책은 50점… 미국까지 실패하게 만들어

❖ 18대 대선에서 민주통합당 문재인 전 후보에게 힘을 보태셨는데 결과를
평가한다면.

한 완 상 ┃ '멘붕(멘털 붕괴·낙담해 정신을 차리지 못함)'에 빠져 고생하는 많
은 국민들께 위로 드린다. 멘붕이 개인의 정서적 불안정이나 좌절이라면
크게 걱정할 필요가 없지만, 역사와 구조의 좌절로 보기 때문이다. 이럴
땐 남을 탓하기보다는 냉철하게 반성해야 한다. 보수 세력은 어떻게 승리
할 수 있었나. 이명박 정부의 실정이 속속 국민에게 알려지면서 새누리당

---

* 이는 《경향신문》 신년기획 대담 "2013년을 말한다" 중 한완상 전 부총리와의 대담으로
서, 2013년 1월 3일 게재되었다. 질문은 이중근 정치부장이, 정리는 손재민 기자가 담당
했다.

박근혜 전 후보와 지지 세력에게 '이러다간 보수의 집권이 불가능하겠구나' 하는 두려움이 생겼다. 상대 후보를 친북 좌파라고 색깔론으로 몰고 싶은 충동에서 벗어나지 못했고 실제로 그렇게 했다. 이명박 정부는 지난 5년간 종북 좌파라는 문화적 딱지를 붙이기 위해 언론 세력을 재편했다. 지상파를 완전히 장악했고, 케이블에 종편 진출을 허락했다. 조·중·동(조선일보·중앙일보·동아일보)이라는 사회정치적 의제를 설정하는 종이신문이 강화됐다. 그래서 그만큼 상대방에 대한 공격이 효과적이었다. 이게 보수의 승리 전략 중 하나였다.

➡ 민주당의 대응과 캠페인은 어떻게 평가하나.

한 완 상 ┊ 민주당은 4월 19대 총선 때 무사만루 찬스를 만들어줬는데, 안타 하나 못 쳐서 무산됐다. 친노(친노무현)·비노·반노 세력들 간의 아름답지 못한 내출혈이 당내 경선 과정에서도 드러났다. 심지어 일부 친노 쪽도 문재인 후보를 공격했다. 그런 게 국민에게 별로 호감을 못 줬다. 단일화 과정에서 감동적 요인이 없었고 오히려 국민을 피곤하게 했다. 문재인 후보의 실수는 마지막 단일화 문안을 놓고 줄다리기하면서 통 크게 양보하지 않은 것이다. 나는 (문재인 후보 지지모임인) 담쟁이포럼 대표로서 '양보해야만 이길 수 있다'고 했지만 그게 안 됐다. 당이 지리멸렬했는데, 48%라도 얻은 것은 문재인 씨가 가진 인품 덕분이다.

➡ 이명박 정부의 대북정책을 평가해달라.

한 완 상 ┊ 점수로는 50점을 주고 싶다. 대개 60점이면 낙제점이지? 이명박 정부가 인수위 시절 통일부를 없애겠다고 해서 전직 통일장관들이 모여서 걱정한 적이 있다. ABC^Anything But Clinton(빌 클린턴 전 대통령이 한 것 빼고 어떤 것도 한다는 정책 기조)를 편 미국 조지 부시 행정부를 잘못 모방한 것이다. '노무현 것 빼고 다 한다'는 식으로 나왔다. 하지만 부시 2기 정부는 클린턴의 대북정책으로 돌아갔다. 참고하려면 총체적으로 봐야지 일부만 봤다. 통일부를 없애려 했던 논리가 '퍼주기' 주무부처라는 거였다. 하지만 퍼주기는 없었다. 장독에 쌀이 꽉 차 있으면 쌀 몇 톨을 준다 해서 퍼주기는 아니다. 되나 말로 줘야 퍼주기다. 남북협력기금을 모두 퍼주어도 전체 예산 대비 0.3% 정도다. 설령 퍼주었다 해도 남북 간 평화 조성기금으로 보면 되지 않나.

MB(이명박 대통령)의 가장 큰 잘못은 '인내도 정책이다'라고 한 것이다. 무엇을 인내한다는 것인가. 바로 북한이 붕괴하기를 기다리는 것이다. YS 때도 그런 가정을 갖고 있었다. 당시 북한을 고장 난 비행기에 비유해 비행기가 공중을 돌고 있어 위험한데, 선택은 연착륙이냐 경착륙이냐 두 가지 중 하나라고 했다. 이런 터무니없는 가설을 갖고 문민정부가 5년간 대북정책을 했다. 이번 정부는 그때보다 심각하다. 어떻게 하면 북한을 붕괴시킨 뒤 흡수할까만 궁리했다. MB 자신만 실패한 게 아니고 미국도 대북정책에 실패하게 만들었다. 이제 오바마가 MB 말 들었다가 대북정책에 결과적으로 실패했구나 생각하면서 새로운 구상을 하고 있는 것 같다.

➡ 김대중, 노무현 정부의 화해·포용정책은 남북 관계를 진전시켰나.

한 완 상 ⏐ 잘못한 것도 있다. 김대중 정부 때, 출발부터 남북 관계를 잘할 수 없게 돼 있었다. 대선 과정에서 DJP(김대중·김종필) 연합을 시도할 수밖에 없었다. 이념적으로 DJ의 철학과 반대인 수구 냉전 세력과 연합했다. 당시 총리, 외무장관, 통일장관, 비서실장의 면면으로 남북 관계를 평화지향적으로 과감하게 끌어갈 수 없었다. 말은 햇볕정책이지만 암흑정책으로 갈 가능성이 많았다.

첫 2년간 북한은 햇볕정책을 더 교사스러운 흡수통일책으로 오해했다. 1998년 4월 베이징에서 남북 차관급 비료지원 회담이 결렬됐다. 이산가족 상봉을 하면 비료를 주겠다는 선후 논리 때문이었다. 북한은 이어 대포동 미사일을 쏘고 헌법을 개정해 김정일이 국방위원장에 취임하면서 강경하게 나왔다. DJP라는 한계 때문에 자기 철학대로 정책을 펴지 못했다.

그렇게 2년 세월을 보내면서 햇볕정책의 국제적 효과를 보는 데도 한계를 보였다. 클린턴 정부 후반기 매들린 올브라이트 국무장관과 조명록 차수의 교환 방문 뒤 클린턴 대통령이 평양에 가려 했는데 부시 행정부 출범을 앞두고 결국 가지 못했다. 1998년 비료회담만 잘 풀렸어도 햇볕정책이 국제적으로 꽃필 가능성이 더 컸는데 그렇게 되지 못한 것이 안타깝다. DJ가 뒤늦게 집권 3년차에 이것을 깨닫고 보수적 인사들을 방출했는데, 이미 늦었다.

☞ 노무현 정부의 평화번영정책은 어떻게 보는가.

한 완 상 ｜ 노무현은 보수진영에 빚진 것 없이 대통령이 됐다. 후보 시절에는 '미국 사람들에게 굽실굽실하지 않겠다, 한·미 관계는 호혜평등관계'라고 하다가 취임 직후 미국을 방문해 해괴한 말을 했다. 미국인들을 기분 좋게 해주려 했는지 모르지만 '만약 여러분들이 도와주지 않았다면 나는 북한의 정치수용소에 있었을지도 모른다'고 했다. 일관성이 없었다.

자주적인 발언을 하다가 반공적 발언도 해서 초기에는 햇볕정책이 빛을 발하지 못했다. 선先핵포기론에서 나중에는 '동시 추진'으로 또 입장을 바꿨다.

그러나 그 후 본격적으로 햇볕정책을 펼치면서 2007년 10·4 선언을 도출했다. 하지만 이것도 너무 늦었다. DJ는 임기 중반에 해도 국제적 효과를 내기에 늦었는데, 노무현은 임기 말에 했다. 10·4 선언은 (2000년 김대중 대통령과 김정일 위원장의 정상회담 결과인) 6·15 선언보다 더 각론적이고 구체적이다. 북한 최고지도자 공식 문서로 '통남'한다는 것을 처음으로 밝힌 셈이다. 휴전협정 서명에 이승만 대통령이 참여하지 않았다. 우리는 전쟁의 가장 큰 피해자이면서 평화체제 논의에 들어갈 수 없게 돼 있었다. 그런데 10·4 선언은 평화체제의 두 주요 당사자를 남북한으로 하고, 그다음에 3자 또는 4자로 한다고 했다. 휴전체제를 평화체제로 만드는 데 북한이 '봉남'에서 '통남'으로 바꾼 획기적 문건이다. 노 대통령은 이 문건을 만들고 넉 달 뒤 퇴임했다. 새로 들어온 이명박 정부는 그걸 휴지 조각으로 만들었다. 그러니 노무현 정부도 햇볕정책을 반짝반짝 빛나게 하지 못하고 부분적으로만 성공시킨 셈이다.

➥ 북한 김정은 노동당 제1비서 체제가 1년을 맞았다. 김일성·김정일 체제와 비교한다면.

한 완 상 ┃ 김정은 제1비서는 아버지보다 할아버지를 더 본뜨려고 하려는 것 같다. 스타일뿐만 아니라 본질을 배우려 하고, 할아버지와 심리적으로 동일시하는 것 같다. 할아버지는 아버지보다 더 인자하고 스케일이 컸다. 할아버지 소망을 단순하게 말하면 '기와집에 비단 옷 입고 이밥에 고깃국 먹이는 것'이다. 얼마나 평이하고, 국민을 편안하게 해주는 얘기인가. 한마디로 경제 얘기다. 김정은이 이번 신년사에서 말한 게 경제가 어렵다는 걸 시인한 것이다. 경제적으로 풀려 하다 보니 막히는 게 남북 관계와 북·미 관계다. 남측, 미국과 긴장·대결 관계를 종식시켜야 할아버지 꿈을 이룰 수 있겠구나 하는 뜻으로 보였다. 김정은은 1년 만에 성공적으로 이끌고 있는 것 같다. 할아버지와 아버지가 못한 위성 발사에 성공했다. 1년 만에 군부와 국민들의 신뢰를 얻은 것 같다. 고모부 장성택 씨, 고모 김경희 씨의 후견도 든든하고, 권력 기반을 1년 내에 상당히 장악한 것 같다. 그래서 여유 있게 경제회복 쪽으로 초점을 바꾸려는 것 같다. 신년사에서 그는 과학기술의 힘으로 하겠다고 했다. 그것은 내부적 자원이고 외부적 자원은 남북 관계와 북·미 관계의 개선에서 나온다. 미국과 관계 개선을 못하고는 '이밥에 고깃국 먹는 꿈'을 실현하기 어려운 것이다. 북한이 고깃국이 아니라 나물국이라도 제대로 먹이려면 미사일과 핵 개발에 드는 비용을 민생으로 전환하는 것이 바람직하다.

➥ 한국과 미국은 북한을 어떻게 대해야 하나.

한 완 상 ㅣ 이제 '퍼주기' 때문에 북한이 인공위성, 핵실험을 한다는 얘기를 할 수 없게 됐다. 오히려 지난 5년간 미국과 한국이 줄기차게 북한에 강경하게 대응한 정책이 북한으로 하여금 역설적으로 더 강경하게 나오게 했다는 점, 즉 압박정책이 실패했다는 비판에 대해서 심각하게 성찰해야 한다. MB 정부는 북한을 목 조르고 고립시키면 항복할 거라고 봤는데 그렇게 되지 않았다. 미국은 MB의 대북정책 내용, 철학에 동의하지 않으면서도 어쩔 수 없이 지켜보며 지지해줬다. 그런 정책이 총체적으로 실패한 것이다. 어떻게 하면 북한을 중국처럼 스스로 개방과 변화의 길로 나가도록 할 수 있는가 하는 것이 중요하다. 그러려면 북한 당국의 가장 큰 두려움을 해소해줘야 한다. 그 두려움은 러시아나 중국, 일본에서 오는 게 아니라 미국에서 온다. 미국 핵잠수함은 항상 태평양, 심지어 서해 근처로도 올 수 있기 때문이다.

〉박근혜 정부, 새로운 접근을… 과감히 평화 지향으로 가길

➡ 박근혜 정부는 대북정책을 어떻게 하는 것이 좋을까.

한 완 상 ㅣ DJ, 노무현은 미국에 '당신들이 북한과 좋은 관계를 가져야 문제가 풀린다'고 얘기했다. 하지만 다른 보수 대통령들은 북한을 옥죄어서 붕괴시켜야 한다고 했다. 박근혜 정부는 실패한 강경정책을 계승하지 말아야 한다. 당근과 채찍을 효율적으로 구사해야 한다고 하지만 우리는 실제로 당근도 채찍도 제대로 써본 적이 없다. YS 때 미국은 일괄타결 같은 당근을 통해 북한이 원하는 것을 다 주고 우리가 원하는 것을 얻자는 입장이었다. 당시 정부 내 냉전수구 세력들은 끝까지 반대했다. YS는 민주투사로서 대통령이 돼 클린턴과 호흡을 맞출 수 있었음에도 클린턴 정부의 일괄타결을 반대했다. 북·미가 만날수록 질투를 느끼고 미국을 뒤에서 잡아끌었다. 당시 주한 미국대사였던 레이니가 내 친구여서 잘 안다. 1994년 제네바 합의에는 경수로라는 참 좋은 당근이 들어 있었다. 경수로를 가동해도 사용후연료가 원자폭탄을 만드는 플루토늄이 별로 추출되지 않는다. 건설 과정에서 북한이 필요한 중유를 주기로 했다. 제네바 합의에는 북·미 간 관계 정상화 조항까지 들어가 있다. 하지만 합의에 담지 않았던 미사일과 우라늄 농축 문제로 합의가 깨졌다. 북한은 제네바 합의를 위반한 적이 없다고 항상 주장하고 있다. 그런데 이쪽은 중유 지원도 중단하고, 북·미 관계 정상화는 근처에도 못 갔다. 그게 과연 당근을 준 것인가. 그나마 YS 정부는 당근 주는 것에도 반대했다. 결국 제네바 합의도 휴지 조각이 됐다. 그렇다고 채찍을 제대로 쓴 것도 아니다. 또 심각한 채찍을 쓸 수도 없다. 6·25 전쟁을 통해 가공할 경험을 했기 때문이다. 보수진영도 남북 간 무력충돌을 한다고 하면 안 된다고 한다. 그렇게 엉거주춤하다가 남북 관계는 망가졌다.

이제 총체적으로 새로운 접근을 해야 한다. 남북 관계를 개선하려는 기본자세는 역지사지다. 박근혜 정부는 적어도 DJ, 노무현 정부가 미국에 대해 했던 것보다 더 깊이 역지사지하면 좋겠다. 오히려 보수정부가 그런 점에서 더 잘할 수 있을 것이다. 박근혜 대통령 당선인이 아버지 유신체제의 유산을 털어내고 MB의 5년간 정책을 다 극복해서 DJ, 노무현보다 훨씬 더 평화지향적으로 나갈 수 있다. 박 당선인은 '종북 좌파'라고 욕먹을 일이 전혀 없으므로 과감하게 평화지향으로 나갈 수 있지 않겠나.

•➔ 박근혜 당선인은 김정일 위원장과 만난 적도 있지 않나.

한 완 상 ┃ 내가 정부 안팎에 있을 때 북한 요직자들에게서 '장군님(김정일)이 박근혜 씨를 만나고 싶어 하는데 어떻게 그렇게 할 수 없느냐'는 얘기를 여러 번 들었다. 두 사람은 2002년 결국 만났다. 이제 박근혜 씨가 대통령에 당선됐으니 그때 김정일과 나눈 얘기를 복기해볼 필요가 있다. '유훈통치'를 존중하는 북한 체제가 바라는 게 뭔지 박 당선인은 잘 알고 있을 것이다. 두 사람만 나눈 얘기가 있을 것이다. 박근혜 씨가 민주당보다 냉전수구 세력으로부터 공격받는 것에서 더 자유로우니까 더 과감하게 할 수 있다. 그러면 반대한 48%도 그의 과감한 평화정책에 박수를 칠 것이다.

➡ 남북 관계 개선을 위해서는 5·24 조치(2010년 3월 천안함 사건 이후 대북 교류 중단조치)를 풀어야 하는데, 그러자면 결국 천안함·연평도 문제가 해결돼야 하지 않나.

한완상 | 5·24보다 더 쉬운 게 금강산 관광 재개다. 김정일 위원장이 살아있을 때 현정은 현대그룹 회장에게 잘못했다고 얘기했다. 북한의 하나님 같은 사람이 현대 회장에게 사사롭게 얘기했겠는가. 공적인 기구의 장에게 '우리가 잘못했고, 재발 방지를 위해 힘쓰겠다'고 했으면 공식 사과로 받아들여도 된다. 이명박 정부가 그걸 안 한 것은 냉전적 협량함이다.

박근혜 씨는 통 크게 할 수 있다. 강원도 고성 지역의 망가진 경제도 좀 살려내야 하고, 북한도 정신 차려서 다시는 그런 짓을 안 하게 해야 한다. 천안함 문제를 기술적 차원에서만 보지 말고, 이 문제로 중국·러시아·북한이 한편이 되고 있기에 남북 관계를 냉전적 3각동맹 대립으로 악화되지 않는 차원에서 지혜롭게 이끌어야 한다. 박근혜 정부가 천안함 문제만 다루는 특사를 보내서 이 문제를 지혜롭게 풀어볼 필요가 있다. 미국도 이 문제를 공론화하는 걸 바라는 것 같지 않다. 천안함의 진실은 나도 잘 모르지만 의문을 표하는 상당수 전문가와 국민이 있다. 이데올로기 차원이 아니라 민족복리, 공존공영의 차원에서 경제적 측면을 볼 필요가 있다. '개성공단 덕분에 우리도 도움 되고, 당신들도 도움 되지 않느냐' 그렇게

하면서 푸는 것이다. 김정은 입장에서는 박근혜 당선인이 자신의 아버지
와 대화를 깊이 한 사람이니 만나보고 싶어 할 것이다. 그걸 공식회담으
로 하면 시끄러운 만큼 키신저 전 미 국무장관이 중국과 관계 정상화를 하
기 위해 조용한 외교를 한 것을 본받을 필요가 있다.

➡ 남북 관계를 무엇을 통해 어떻게 이끌어가는 것이 좋은가.

한완상 | 이번 대선 과정을 보면 남북 관계가 부각되지 않았다. 주로 경
제문제였다. 경제문제 차원에서 남북 관계를 봐야 한다. 경제·민족 공동
체 차원에서 남북 관계 개선을 추진해서 국가연합 단계로 진입할 수 있
다. 그것은 구체적으로 남북 간 경제공동체로 나타나야 한다. 10·4 선언
은 6·15 선언의 총론적 합의를 각론적, 실용적 사업으로 제시하고 있다.
실무진을 구성해 북한과 10·4 선언의 경제적 협력 프로젝트를 더 효과적
으로 실천 가능한 프로그램으로 만드는 일을 해야 한다. 그 일을 인수위
때부터 고민했으면 좋겠다. 5년 전 MB가 통일부를 폐지하려 해서 실패했
던 것과 달리 남북 관계에서 현실 가능성이 있는 것을 만들어야 한다. 나
는 개성공단 같은 걸 철원에 만드는 것을 제안한다. 그 공단에 북한 노동
자가 오고, 경쟁력을 상실한 우리 중소기업이 진출할 수 있다. 그것이 금
강산 관광과 이어지고 원산까지 철도도 이어진다면 시베리아로 뻗어나가
기도 쉽다. 시베리아 가스를 가져와야 에너지 문제 해결에 도움이 된다.
휴전선이 단순히 이념적, 지리적 단절뿐만 아니라 우리 청년들로 하여금
뻗어나가는 문화적·학문적 기세, 창조적 기운도 막고 있다. 철도로 가면
물류비용이 배나 비행기보다 절약된다. 문재인 씨가 대통령이 되면 이런
것을 하려 했다. 박근혜 씨라도 그것을 해주면 좋겠다. 신정부가 이런 것

을 내놓으면 중소기업을 살리려고 하는구나 하는 인식을 국민에게 줄 수 있다.

〉 인구 8,000만 · 소득 2만 달러, 남북 협력하면 세계 5대 강국

➠ 북한인권 문제는 어떻게 하나.

한완상 ㅣ 남북 관계가 악화되면 남북 모두 인권 상황이 악화된다. 남북 관계에는 적대적 공생관계가 있다. 남북 양 체제의 강경 세력, 즉 북의 군부 세력과 남의 냉전 수구 세력이 상대방에 대해 공격적 정책을 취하면 남북 관계가 악화된다. 희한하게 남북 관계가 악화될수록 양측 강경 세력의 기득권은 강화된다. 양 체제에서 자기 기반을 강화하려면 남북 관계를 악화시키면 된다. 그들은 남북 관계가 나빠야 정치 장사가 잘된다고 생각한다. 양 체제 속에서 강경정책으로 지배력을 강화하게 되면 인권은 체계적으로 훼손되게 마련이다. 권력기반을 공고히 하려는 세력들이 존재하기 때문에 인권이 악화될 수밖에 없다. 이런 한반도 특수상황을 무시하면 인권 논의가 엉뚱한 데로 간다. 적대적 공생관계를 우호적 상생관계로 전환시켜야 한다. 북한에서는 합리적 테크노크라트가 힘을 얻도록 해야 하고, 남쪽은 합리적 개혁주의자가 힘을 발휘해야 한다. 합리적 대화를 많이 할 수 있게 되면 인권 문제는 구조적으로 줄어들 것이다. 그게 북한인권 문제에 접근하는 기본 원칙이다.

문제는 박정희 정권에서 인권 유린이 일어날 때 보편적 잣대로 비판하지 않던 사람들이 갑자기 북한 인권을 보편적으로 봐야 한다고 주장하는 것이다. 인권이 보편적인 잣대인 것은 맞다. 그것은 언제 어디서나 비판해야 한다는 뜻이다. 그런 점에서 통합진보당도 성찰해볼 일이다. 경향신문이 북한인권 문제를 제기하는 것은 이해가 된다. 그런데 민주 세력이 인권 탄압을 당할 때 침묵했던 사람들이 지금 북한 인권을 지적하는 것은 잘못이다. 나는 북한에 정치범수용소가 있다고 생각한다. 특히 생존권적 인권 문제가 심각하고, 보건 분야는 굉장히 심각하다. 다만 이걸 북한을 비난하는 차원에서 악용하는 경우 남북 관계 개선에 도움이 안 되기 때문에 속으로는 부글부글 끓어도 침묵하는 것처럼 보일 뿐이다.

➥ 올해는 정전협정 60주년, 한·미 동맹 60주년이 되는 해다. 한·미 동맹과 한·중 관계는 어떻게 될 것으로 보나.

한완상 ｜ 우리가 한·미 간 혈맹을 강조했을 때는 중국이 우리에게 적성국일 때였다. 지금 역사가 바뀌어 미국, 일본 시장을 합친 것보다 중국 시장이 더 커졌다. 이 같이 변화한 상황에서 중국과의 관계를 무시하고 한·미 혈맹관계를 계속 강조하는 것은 성찰해볼 일이다. 한·미 관계는 합리적으로 돈독해야 한다. 그런데 부시가 일방주의적 외교정책을 강행했을 때 세계 여러 나라들은 불편해했다. 우리까지 그 나라들, 특히 중국과 불편해질 필요는 없다. 민주주의 가치를 실천하려는 정치·사회 선진국으로서 미국과의 관계 강화와, 미국의 일방주의적 외교와 협력하는 것은 구분해야 한다. 물론 중국도 우리를 불쾌하게 하는 게 한두 가지가 아니다. 가령 동북공정이나 대국주의의 교만 같은 게 있다. 그럼에도 한·중 관계는 더욱 돈독하게 할 수밖에 없다. 한·미 관계와 한·중 관계는 균형을 유지해야 한다. 남북 관계나 한반도 주변 4강과 외교관계를 박근혜 정부는 절대 MB처럼 해서는 안 된다. 정치적으로는 아버지 유산을 극복하고, 남북 관계와 외교는 MB를 극복해야 한다. 박근혜 씨가 복이 있다고 보는 것은 따라해서는 안될 반면교사의 두 기둥이 너무 뚜렷하게 존재하기 때문이다. 이 반면교사들이 국정 운영에 도움이 될 것이다.

➡ 외교 면에서 박근혜 당선인에게 주문하고 싶은 것이 있다면.

한 완 상 ｜ 한반도와 동북아의 국제적 위상이 단군 이래 가장 높아졌다. 한반도를 중심으로 G1(미국), G2(중국), G3(일본)가 다 있다. 진보개혁적인 오바마도 미국의 아시아 회귀를 이야기한다. 동북아가 안정으로 가느냐 불안정으로 가느냐, 갈등으로 가느냐 평화로 가느냐는 한반도에 달렸다. 섬을 놓고 중·일이 다투는 것은 작은 일이다. 동북아에서 신냉전 3각 동맹 대립구도가 형성될 조짐이 보이는 게 가장 우려스럽다.

박 당선인은 냉전시대에 존재했던 북방 3각과 남방 3각 동맹이 다시 세력을 결집하는 조짐을 잘 인식했으면 한다. 다행히 미트 롬니(공화당 후보) 대신 오바마(민주당 후보)가 당선돼 속도는 늦춰지겠지만, 미국이 아시아 귀환을 정책으로 삼는 한 우려는 상존한다. 천안함 사건에 대한 조사결과에 동의하지 않은 나라에 중국, 러시아가 있다. 북·중·러는 과거 냉전 3각동맹의 핵심이다. MB가 천안함 문제를 다루면서 국제정치와 역사의 큰 시각에서 다루지 못한 측면이 있다. 북방 3각동맹은 이미 해체됐는데 이 사건을 계기로 다시 결속할 조짐이 보인다. 세계적인 냉전체제가 해체된 뒤 한반도에 냉전구도가 남아 있는 것도 가슴 아픈데, 그걸 존속·강화시키는 국제적 냉전 틀이 다시 꿈틀거리는 것이 더 불길하다. 천안함 사건을 미시적 차원에서 보는 것도 좋은데 그 차원을 넘어서야 한다.

우리는 남북 관계만 잘되면 G5가 될 수 있다. 인구 8,000만 이상 국가 중 1인당 소득 2만 달러 되는 나라는 전 세계에 미국, 일본, 독일 등밖에 없다. 남북한 인구를 합하면 8,400만 명이다. 우리가 정치·경제·문화적으로 선진국이 될 가능성을 보이는 지금 냉전 3각동맹이 부활하는 것만은 반드시 막아 한반도가 동북아 평화·번영의 중심이 되어야 한다.

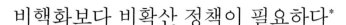
비핵화보다 비확산 정책이 필요하다*

지금 한반도의 봄은 위험하다. 과거에도 그랬다. 김영삼 정부가 출범한 직후인 1993년 3월 북한은 한완상 통일부총리가 취임하자마자 핵확산금지조약에서 탈퇴했다. 그다음 해 3월 북한의 서울 불바다론 위협에 이어 미국 항모 배치 등 군사력 증강으로 한반도는 전쟁 임박의 위기상황으로 치달았다. 2003년 2~3월에는 노무현 정부의 출범을 전후해 북한이 영변

---

* 이는 《한겨레》 대담으로서, "비핵화보다 비확산 정책 필요, 북·미 간 농구외교 만들어가야"라는 제목으로 2013년 3월 5일 게재되었다. 사회 및 정리는 강태호 기자가 담당했다. 도널드 그레그 전 주한 미 대사는 1968년 한국을 첫 방문한 뒤 1973~1975년 미 중앙정보국 한국 책임자로 부임했고, 1989년부터 1993년 초까지 주한 미 대사를 지냈다. 1990년대 이후부터는 뉴욕 코리아소사이어티 회장으로 남북 양쪽을 오가며 북핵 문제 해결에 힘썼다. 한반도 문제 전문가이자 원로로서 여전히 핵심 현안에 대한 발언을 멈추지 않고 있으며 현재 미 태평양 세기연구소 이사장을 맡고 있다. 그는 김대중 도서관이 "김대중과 그레그: 한미 관계에 대한 재조명과 북핵 위기 20년"이라는 주제로 2013년 3월 4일 개최한 국제학술회의에 참석하기 위해 서울에 왔다.

핵시설에서 플루토늄 재처리를 강행하자 이에 맞서 이라크 침공을 앞둔 미국이 또다시 북폭을 검토하면서 한반도에 선제공격용 스텔스 전폭기 등 군사력을 증강 배치했다.

〉 '선先핵해결' 입장 취한다면 남북 관계는 MB 때로 회귀할 것

그 레 그 ⏐ 40년 전 미 중앙정보국 한국 책임자로 한국에 왔다. 그때는 지금과 너무나 달랐다. 박정희 대통령 이후락 정보부장 등.

한 완 상 ⏐ 이후락과는 많은 문제가 있었을 텐데.

그 레 그 ⏐ 어쨌든 그는 내가 떠나기 전에 나보다 먼저 그 자리서 쫓겨났다(웃음). 얘기를 시작하기 전 묻고 싶은 게 있다. 내가 비망록을 써서 곧 출간할 예정인데 제목을 'Pot Shards(도자기 조각들)'이라고 붙였다. 한국말로 어떻게 번역하면 좋겠나? 내 나름대론 힘들여 지은 제목인데 사람들에게 말해주면 "도대체 뭔 말이야?"라고 다들 한마디씩 한다(웃음). 서울에서 대사로 있을 때 우연히 인부들이 땅을 파고 있던 공사장에서 아주 오래된 훌륭한 도자기 조각을 발견했다. 어떻게 이 조각들이 사라지지 않고 남았을까 생각을 하게 됐는데 역사에 대한 기억들도 그런 것이다.

➠ 3차 핵실험 뒤 한미합동군사연습의 와중에 유엔의 추가제재가 겹쳐지면 북한이 군사적 도발로 나올 것이라는 전망이 있는데 또 다시 전쟁의 먹구름이 몰려오고 있는 건 아닌가.

한 완 상 ︱ 지난해 12월 12일 장거리 로켓 발사에 이어 올해 12일 3차 핵실험을 했다. 북은 이런 성과들로 매우 고무돼 있을 것이다. 김정은 체제의 권력기반은 강화됐기에 보다 더 위협적인 정책을 취할 수도 있다. 불행 중 다행은 이러한 일들이 이명박 정부의 끝자락에 터져 나왔기에 전쟁 상황으로 가지는 않을 것이라는 점이다. 박근혜 정부가 과거 이명박 정부가 했던 정책과 결별하고 명확히 선을 긋는 정책을 보여준다면 안심할 수 있지만, 지금 정부의 대북정책을 전혀 모르기 때문에 불확실성이 커지고 있다. 다만 두 가지가 우려된다. 미국 중심의 유엔 제재가 더 강화되고 특히 미국과 중국이 공조해서 북한을 옥죄고 고립시키면 북한은 더욱 도발하고 싶은 충동에 빠질 것이다. 중국이 미국의 요구에 따라 북한에 공급해온 에너지와 곡물을 중단하게 된다면 군사적 선택을 할 가능성이 크다. 또 하나 오바마 정부가 북한이나 중국을 겨냥해 한국을 미사일 방어체제 MD에 편입시킨다면 북한은 더욱 비이성적으로 나올 수 있다.

그 레 그 ︱ 그 질문에 답하기 전에 나는 오히려 질문을 하고 싶다. 누가 그렇게 얘기하고 있는가? 아직은 전쟁으로까지 갈 가능성은 낮다고 본다. 지금은 무대에 새로운 배우들이 등장하려는 중요한 시점이다. 이들은 아직 말을 하지 않고 있는데 이들이 어떻게 말할지가 정세에 큰 영향을 끼칠 것이다. 그 배우 가운데 하나가 존 케리 국무장관이다. 지난해 3월 뉴욕에서 열린 세미나에서 케리 당시 상원외교위원장과 리용호 북한 외무성 부상이 이끄는 북한 대표들을 함께 만났다. 리 부상은 그때 정부를 대표해 왔다며 새로운 세대의 북 지도부는 미국과 싸우기를 원치 않는다고 직접 케리에게 말했다. 케리는 이렇게 답했다. "미국에게 영원한 적은 없다. 나는 베트남전에서 싸웠고 부상당하고 훈장을 받았다. 그러나 그들과 친구가 되기 위해 적극적으로 노력했다. 북한과도 화해하고 싶다. 우리가 서로의 목표들에 합의한다면 그럴 수 있다고 본다." 그는 국무장관이 된 뒤 다시 버지니아 대학에서의 연설에서 미국에게 영원한 적은 없다며 똑같은 표현을 썼다. 민주주의가 우선돼야 하지만 미국은 외교적 관여정책을 추구할 필요가 있다고 강조했다.

위치는 다르지만 케리와 마찬가지로 이제 무대에 오른 박근혜 대통령은 비슷한 상황에 있다. 이제 어떻게 말할 것인가가 매우 중요하다. 나는 미 중앙정보국 책임자로 있을 때부터 서강대를 다니던 박근혜를 알고 지냈다. 지난 2002년 월드컵 개막식에서 지금의 박근혜 대통령을 만나 북한에 갔다 온 걸 축하한다고 했다. 모친인 육영수 여사가 문세광의 총탄으로 목숨을 잃었음에도 그가 이렇게 말한 걸 기억한다. "희망을 갖고 미래로 나가야지 아픈 기억의 과거로 가서는 안 된다." 중동방문을 마친 케리 장관이 아시아 정책에 집중하게 됐을 때 박 대통령과 함께 공동의 보조를 취할 수 있기를 바란다.

➡ 북은 미국의 적대시 정책의 포기 없이 협상은 없다고 말하고 있다. 미국이 평화 회담에 나오지 않는다면 이제 자신의 길을 가겠다고 한다. 핵무기 보유로 가겠다는 것인가, 아니면 북한이 요구하는 담판에 미국이 응한다면 핵포기 협상도 가능하다는 것인가?

한 완 상 ㅣ 북은 지난 1월 국방위원회 성명을 통해 "미국과의 문제를 해결하려면 힘으로 해야지 말로는 안 된다"고 강조했다. 세 번에 걸친 핵실험으로 핵탄두화가 가능한 수준까지 왔으며 그에 대한 자긍심을 갖게 됐다. 북이 핵을 가진 지금 단계에서는 비핵화로 접근하는 건 상황상 적절치 않다. 북이 미국과 국제사회와 비핵화를 위한 협상은 하지 않을 것이다. 핵무기를 갖고 있으니 팔고 싶을 테고 미국은 결사적으로 막을 것이다. 당면 문제는 비확산이 될 수밖에 없다. 박근혜 정부는 받아들이기 어렵겠지만 지금이야말로 미국은 공식적이든 비공식적이든 북한의 핵무기 보유라는 현실을 인정하고 비핵화보다 비확산이 더 중요하다는 판단에 따라 새로운 접근을 해야 한다.

미국도 몇 년 전부터 비확산을 더 강조했던 것으로 안다. 지난 2월 15일 테드 카펜터 미 케이토 연구소 부소장이 《워싱턴포스트》에 기고한 칼럼("핵을 보유한 북한과 사는 법을 배워라")에서 기존 정책이 실패했다며 매우 흥미 있는 주장을 했다. 비핵화보다는 비확산이라는 현실적 접근이 필요하며 1970년대 중국과의 관계 정상화에 나선 닉슨, 1990년대 베트남과 적대관계를 해소해 적성국 베트남을 우방국으로 만들었던 클린턴처럼 그러한 대담한 평화정책을 통해 북한이 국제사회에서 책임 있게 행동할 수 있도록 해야 한다는 것이다.

대담한 접근을 해야 한다. 새로운 평화 전략을 통해 북·미 관계 정상화를 통해 핵을 가진 북한이 핵을 포기할 수 있도록 유도하는 단계적 접근의 새로운 현실적합한 정책이 나와야 한다. 그동안의 대북정책은 비핵화든 비확산이든 강경정책은 모두 실패했다. 그 사실을 확실하게 합리적으로 인정할 때가 됐다. 베트남에 참전했던 케리 신임 국무장관은 적임자다. 적성국을 우방국으로 바꿔가는 외교적 돌파구를 열어가야 한다. 올해가 휴전 협정 체결 60주년이다. 전쟁을 너무 오래했다. 이제 끝낼 때가 된 것 아닌가. 오바마와 케리가 휴전체제를 평화체제로 가는 길을 열어갈 수 있기를 바란다.

) 로드먼에 건넨 '콜미' 메시지, 북이 오바마에 손 내민 것

그 레 그 ｜ 국방위원회의 그 성명은 북한은 한 목소리로 말하지 않는다는 걸 보여주는 좋은 예다. 비유하자면 방울뱀이 위협을 받았을 때나 공격을 하려고 할 때 꼬리를 흔들며 소리를 내는 것과 같다. 미국과 한국의 정책이나 대응이 그런 과장된 목소리에 의해 좌우되는 것은 바람직하지 않다. 그런 발언의 이면에 있는 메시지를 이해하는 것은 도움이 된다.

북을 방문하고 온 미 프로농구NBA팀 시카고 불스의 스타였던 데니스 로드먼이 〈ABC〉 텔레비전에서 북에서 어떤 메시지를 가져왔는가라고 묻자 김정은 제1위원장은 계속해서 오바마 대통령에게 전하라며 '전화를 해달라(콜미)'라고 말을 했다고 답했다. 이제 강경파들은 끝났다. 로드먼은 악동으로 알려져 있지만 매우 똑똑한 인물이다. 김정은은 시카고 불스의 또 다른 스타였던 마이클 조던의 열광적인 팬이다. 오바마 대통령도 농구광이다. 북도 그걸 안다. 북이 오바마에게 손을 내민 것이다. 2008년 2월 뉴욕 필하모니오케스트라의 평양 공연과 같은 성공적인 교류가 계속돼야 한다. 공식 농구팀을 서로 보내 미·중 관계의 출발이 된 핑퐁외교 이상으로 북·미 간에 농구외교를 만들어갈 수 있다.

오바마 행정부의 전략적 인내 정책은 완전히 실패했다. 미국의 가장 영향력 있는 외교 칼럼니스트이자 앵커인 파리드 자카리아, 제네바 핵협상 미국 쪽 대표인 로버트 갈루치, 오바마 1기 대북정책 특별대표인 스티븐 보스워스, 전 국방장관으로 클린턴 행정부의 대북정책 조정관이었던 윌리엄 페리 등 거의 모든 외교정책 전문가 및 전직 한반도 정책 담당자들이 한목소리로 그렇게 말하고 있다. 한때 공화당원이었지만 지금은 민주당의 정책을 전적으로 지지하는 나 역시 오바마 1기의 대북정책에 매우 실망했다. 이제 손을 내밀어 대화를 해야 하는 정책 전환의 기회가 왔다.

➥ 그럼에도 지금 미국은 유엔에서의 제재 강화 이외에 어떤 적극적인 대응도 하지 않는 듯하다. 재정적자 삭감 등 국내 문제와 이란 핵 등 중동 문제가 우선시되고 북한 문제는 무시되고 있다는 생각마저 드는데.

한 완 상 ㅣ 오바마 1기의 정책은 그냥 실패가 아니라 전적으로 실패했다. 1993년 김영삼 정부 초대 통일부총리 당시 북한은 고장 난 비행기라는 인식이 팽배했다. 경착륙으로 추락한다면 난민의 대량 발생으로 인한 재앙이 우려됐기 때문에 어떻게 연착륙시킬 것인가라는 시각에서 접근했다. 이명박 정부 역시 북의 붕괴라는 시나리오에 빠졌고 결국 실패했을 뿐만 아니라 미국의 대북 정책까지도 실패하도록 만들었다. 북한 체제를 어떻게 볼 것인가에 대해선 여러 시각이 있지만 지도자를 신적인 존재로 떠받드는 신정 체제적 성격이 강한 건 분명하다. 북을 궁지로 몰면 몰수록 그들은 애국심을 고취시키며 희생정신으로 스스로를 무장한다. 고립은 북한을 폭발적으로 비이성적인 방향으로 변질시킬 뿐이다. 냉전적 증오심으로는 북한 문제를 해결할 수 없다. 핵 보유로 북한 주민들이 자부심은 커졌을지 모르지만 배는 더 고픈 상황에 처해 있다고 한다면 따뜻한 가슴으로 그들을 지원할 필요가 있다. 새로운 포용의 방식으로 북한을 끌어안아야 한다.

그 레 그 ㅣ 지금 미국에서는 누구도 북한 붕괴론과 같은 그런 말을 하지 않는다. 오바마 1기의 정책 우선순위를 보면 대북정책은 아프간, 이라크 전쟁의 마무리, 의료보험 감세 문제 등을 둘러싼 공화당과의 싸움 등에 밀려 6~7위 정도로 낮았다. 국가안보회의의 아시아 책임자는 중국 전문가였고, 상당기간 대북 정책을 전담하는 고위 당국자도 없었다. 흑과 백의 단순 논리로 북한을 보는 한 북한을 악마화하는 건 쉬운 일이고 국내정치적으로도 여론의 지지를 얻기 쉽다.

북한에게도 미국은 못 믿을 나라다. 2000년 북의 조명록 차수가 워싱턴을 방문하고 뒤따른 올브라이트 국무장관이 답방을 하면서 북·미 공동커뮤니케에 합의했으나 아들 부시 대통령이 이를 폐기시켜버렸다. 케리 국무장관이 최근 이란과의 핵 협상이 유용했다면서 이란과 더욱 장기적이고 포괄적인 합의에 도달하기를 기대한다고 밝혔듯이 신뢰를 쌓아야 한다. 이란과의 협상에서 이런 중요한 반응이 나온 것은 오바마 2기가 과거와는 달리 이것은 되고 저것은 안 된다는 식이 아니라 전제조건 없는 대화를 시작했기 때문이다. 북한과의 협상은 이스라엘 문제가 얽혀 있는 이란보다 훨씬 쉽다.

‣ 중국은 안보리 제재는 '적절한 수준'이어야 하고 한반도 문제의 근원적 해결에 나서야 한다고 강조하는데 중국이 건설적 역할을 할 수 있나? 천안함 사건을 둘러싸고는 미·중이 갈등했는데 지금의 북핵 위기에서는 적극적 협력이 가능한가?

그 레 그 ┃ 미국의 몇 안 되는 중국 전문가인 뉴욕 대학교 법대의 제리 코언 교수는 중국이 미국과 협력하려고 할 때 손을 잡아야 한다고 말하고 있다. 미국의 아시아정책에서 중국과의 협력은 최우선 순위가 돼야 한다. 중국은 지금 댜오위다오(센카쿠) 섬을 둘러싸고 일본과 군사적 충돌이 우려될 정도로 심각한 갈등을 빚고 있다. 일본은 독도 문제에서 한국과 갈등하고 있다. 이런 상황에서 북한의 핵보유가 일본의 우파 강경 세력을 자극해 핵무장으로 가는 것을 우려하고 있다. 그런 점에서 중국은 북한의 핵개발 저지에 더 큰 관심을 보일 것이다.

한 완 상 ┃ 중국은 미국이 오바마 행정부에서도 중국을 여전히 포위·봉쇄하려는 경향이 있다는 의구심을 갖고 있다. 오바마의 아시아 중시 전략이 중국 견제와 봉쇄로 가고 있다는 우려를 해소해야 한다. 오바마 2기에 들어 케리 국무장관이 중동을 첫 방문지로 선택했는데 중국에 먼저 갔어야 한다고 본다. 오바마 대통령이 올해 내에 중국을 방문하는 게 전적으로 필요하다. 그가 베이징 방문길에 평양에 간다면 북의 핵위협을 크게 줄일 수 있을 것이다. 중국도 북한을 안전하게 관리할 수 있는 계기가 될 것이며 박근혜 정부의 남북 관계 개선에도 큰 도움이 될 것이다.

거듭 말하지만 올해가 휴전협정 60주년이다. 아들 부시 대통령도 2기에 들어서는 한국 전쟁을 종식시키겠다는 의지를 보였고 남북은 이미 2007년 정상회담에서 미국 중국이 참여하는 종전선언에 공동노력하기로 합의했다. 노벨 평화상 수상자인 오바마 대통령이 평양에서 김정은 제1위원장을 만나 한반도에서의 전쟁을 종식시키겠다는 결단을 내린다면 역사적인 평가를 받게 될 것이다. 지난 1989년 조지 부시 대통령과 고르바초프 소련 공산당 서기장이 몰타 정상회담에서 냉전 종식을 선언했지만 한반도가 냉전의 분단상태로 남아 있는 한 세계 냉전체제는 끝나지 않은 것이다.

〉 케리 국무장관이 직접 나서 박근혜와 공동보조 필요

•• 그레그 전 대사는 과거 박근혜(대통령)를 높이 평가한 바 있고, 한 전부총리는 박근혜 후보 당선자의 한반도신뢰프로세스 공약에 대해선 기대를 표명한 바 있는데.

그 레 그 │ 지난해 한국은 두 명의 매우 훌륭한 후보가 나와 놀랄 만한 선거를 치렀다. 유신헌법으로 독재자의 길을 갔지만 한국의 경제발전에 관한한 아버지 박정희 대통령을 존경한다. 코리아 소사이어티 회장으로 있을 때 북을 방문하고 온 박근혜(대통령)를 뉴욕으로 초청해 컬럼비아 대학교에서 연설 등을 들었는데 아버지의 지적 능력과 어머니의 따스함을 물려받았다고 생각한다. 북한에 대해선 매우 어려운 선택을 해야 하겠지만, 미국과의 동맹관계와 안보에 대한 확고한 자세를 보인 걸 높이 평가한다. 3·1절 경축사에서 공동번영의 미래를 열어가기 위해 일본에 과거사 문제에 대한 책임 있는 태도를 촉구하는 단호한 입장을 밝힌 것도 좋은 출발이다. 아웅산 수치, 힐러리 클린턴, 마거릿 대처 등 본능적으로 여성 정치인으로서의 강인함과 잠재력이 있다고 본다. 남성우월주의적 경향이 강한 한국에서 첫 여성대통령으로서의 역할을 기대한다. 그러나 시간이 필요하다. 너무 일찍 지나치게 밀어붙여서는 안 된다.

한 완 상 │ 남북 간의 신뢰조성을 위해 가장 우선적으로 해야 할 일은 기존 남북 간의 합의 박정희 대통령 당시 합의했던 1972년의 7·4 공동성명, 남북 기본합의서도 물론이지만 두 정상이 합의한 것이라는 점에서 6·15 공동선언과 10·4 정상선언을 반드시 이행하겠다는 약속을 먼저 해야 한다. 북에서 지도자의 뜻은 절대적이다. 남북 기본신뢰는 여기서 출발한다. 앞으로 있을 통일부 업무 보고에서 박 대통령이 이를 밝혀야 하며 실무 협상에 들어가자고 제안해서 경제협력문제부터 풀어가야 한다. 이 같은 정상 간 합의에 대한 신뢰회복이 모멘텀이 될 수 있다. 핵 문제 해결 뒤 협상이라는 입장을 취한다면 이명박 정부로 돌아가는 것이다. 내가 이런 주장을 한다면 종북 좌파로 비난받을 수 있겠지만, 박 대통령은 전혀 그럴 가능성이 없다. 그만큼 자유롭다. 지난 2002년 북한 방문 당시 박근혜 전 한나라당 대표가 북과 합의한 내용을 봐도 △ 6·25 전쟁 당시의 행불자 생사확인, △ 이산가족 상설면회소 설치, △ 동해선 철도 건설, △ 김정일 답방, △ 남북 축구 시합 등이 있다. 외신들이 대통령 취임에 즈음해 박근혜 대통령의 과제를 독재자의 유산과 북한의 핵위협이라는 두 개의 거대한 장애물을 극복할 수 있을 것인가라는 질문을 던졌다. 이 문제를 극복하며 평화체제를 구축해낸다면 한국의 첫 여성대통령이자 성공한 대통령으로서 노벨 평화상을 받을 수도 있을 것이다.

➥ 김정일 국방위원장 사망 이후 북한의 정책방향을 보면 김정은 제1위원장의 파격적 행보 등 인민생활 우선의 온건 개혁 쪽인 것으로 보였으나 핵실험 등 초강경의 선군정책을 고수해 혼란스러운데 김정은 제1위원장을 어떻게 평가하는가.

그 레 그 ｜ 2009년 김정은이 거론되기 시작했을 때 조 바이든 부통령에게 편지를 써 그를 초대하라고 제안했었다. 공화당으로부터 조롱이 섞인 공격을 받을까 두려워해 이뤄지지 못했다. 북은 위계질서를 철저히 따진다. 내가 여러 번 북을 방문했지만 전직 대사였기 때문에 결코 김정일 위원장을 만날 수 없다고 했다. 로드먼이 공개적으로 김정은 제1위원장을 만난 건 파격이다. 그런 위계질서를 깼다. 김정일 위원장 사망 당시 조문을 간 이희호 여사에게 매우 예의바른 태도를 보였고, 개방적이고 똑똑한 인물이다. 또 누구도 러시아를 언급하지 않고 있는데 김정은 제1위원장에게 러시아는 깊은 인상을 남겼다. 러시아가 70억 달러의 북한의 대러시아 부채를 대부분 탕감하기로 한 것은 외부 세계가 그에게 준 첫 긍정적인 조처이자 가장 큰 선물이었다. 일본과는 달리 러시아의 역할을 무시해서는 안 된다.

한완상 ㅣ 개방적인 태도는 스위스에서 살며 서구식 교육을 받은 경험에서 우러나오는 것이다. 은둔형 지도자로 나서길 꺼려했던 김정일과는 달리 북한 주민들에게 '이밥에 고깃국'을 먹도록 하겠다는 할아버지 김일성의 '자애롭고 너그러운' 지도자로서의 이미지를 모델로 삼았기에, 대담한 경제 개방 정책을 취할 가능성이 있다. 오바마가 직접 대화에 나선다면 그가 핵문제를 해결하겠다는 결단을 내릴 수도 있다고 본다.

'박근혜 독트린', 역사적 행운을 놓치지 말라*
오바마의 '아시아로의 귀환'에 길잡이 돼야

김 민 웅 | 여전히 건강하시니 반갑다. 우선 현재 한반도 상황에 대해 진단해보자. 정말 위험한 것인가? 아니면 위험한 것처럼 보이는 것일 뿐인가? 동북아 전체 관련 지역에 각기 새로운 정부가 들어서면서 한반도에 평화의 길이 보이나 싶었는데, 최근 상황을 보면 불안한 정도가 더 높아지는 것이 아니냐는 우려가 든다. '설마 뭐 별일이야 있겠어?'라는 분위기도 있지만 '이거 아닌 거 같다'는, 위험에 대한 민감함도 높아지는 것 같다. 특히 언론에서 북한의 대응에 대해 보도하는데, 이것이 '정치적 수사'라는

---

* 이는 《프레시안》 대담으로서, 2013년 4월 7일 게재되었다. 정리는 이재호 기자가 담당했다.

북한의 3차 핵실험으로 촉발된 한반도 안보 위기가 날이 갈수록 악화되는 시기에, 지난 1993년 1차 북핵 위기 당시 통일부 장관이던 한완상 전 적십자 총재와의 대담을 통해 현 상황은 겉으로는 안보 위기지만 노력에 따라서는 현상 타개의 기회가 된다는 점과 그 방안을 논의했다. 대담은 4월 3일 오후 한완상 전 총재의 자택에서 김민웅 성공회대 교수, 박인규 프레시안 대표와 함께 진행되었다.

차원에 머무른다 하더라도 과거와는 달리 상당히 거칠다는 것을 느낄 수 있다. 이건 예전과 좀 다르지 않나 하는 생각이 든다.

더 중요한 것은 한반도 문제에서 관건을 쥐고 있는 것은 미국인데, 미국에서 평화적 해법을 위한 제안도 거의 나오지 않고 있다는 점이다. 그러니 이런 상황이 제대로 관리가 될 수 있는지에 대한 고민도 깊어지고 있다. 오늘의 문제는 과거에 뿌리가 있다. 현실적 대안을 내놓는 것과 함께, 현안에 대해 역사적으로 되돌아보는 일도 필요한 시점이다.

한완상 ┃ 개인적으로 건강한 편이다. 그러나 한반도의 건강은 심상치 않게 보인다. 남북 관계에 항상 노심초사했던 사람으로서 현 상황이 안타깝다. 그렇지 않아도 올해는 정전 60주년이다. 우리는 정전 상태를 너무 오래 끌었다. '한국 전쟁'이라는 열전의 시기 3년까지 보태면 총 63년이다. 이제는 이렇게 너무 긴 전쟁을 끝내야 할 때가 됐는데 최근에 더 악화되는 것 같아서 가슴이 아프다.

역사적 성찰이 필요하다고 했는데 20년 전 이맘때, 1993년 부총리 겸 통일부 장관 취임한 뒤 김영삼 대통령에게 과감하고 새로운 패러다임으로 대북 정책을 펼치자고 건의했다. 취임사에도 이런 사항들을 강조했다. 그런데 말로만 하면 아무 소용이 없으니, 실제로 추진한다는 증거를 보여주기 위해 당시 장기수로 복역했던 리인모 씨 북송 문제를 거론했다. 리인모 씨 북송 문제는 전 정권인 노태우 정부 때 남북 간 현안의 하나였다.

당시 남북 간 현안은 크게 세 가지가 있었다. 첫 번째는 북한 핵 사찰 문제, 두 번째는 팀스피릿 훈련 재개, 마지막으로 리인모 씨 북송 문제였다. 노태우 정부가 북방정책을 추진한다고 하면서 나름의 성과를 거뒀음에도 이 세 가지 현안으로 인해 남북 관계가 악화됐다. 그 시기에 문민정부가 출범했다. 그래서 과감한 패러다임 전환을 제시한 것이고 실행에 옮기려고 한 것이다.

이 중 북한에 심정적으로 가장 중요한 것이었던 리인모 북송문제를 꺼내 든 것이다. 당시 3월 11일 오후에 리인모 씨를 북한으로 보내겠다고 결단을 내렸는데 바로 다음날인 3월 12일 오전 10시에 북한이 핵확산금지조약NPT을 탈퇴했다. 충격이었다. 뭔가 돌파구를 마련하려는 순간, 북한의 NPT 탈퇴가 악재로 터지면서 상황이 뒤엉켜버리고 말았다.

그런데 만 20년이 지난 오늘, 상황은 그때보다 더 악화됐다. 김대중·노무현 정부 10년 동안 그나마 노력해서 이뤄놓은 성과들도 홍수에 휘말려 떠내려가는 것 같지 않은가?

김민웅 ㅣ 상황이 아무리 나쁘다 해도 전쟁이라는 대재앙은 어떻게든 막아야 한다는 건 우리 모두가 원하는 바일 것이다. 그런 점에서 돌이켜 보면, 그래도 당시 문민정부가 대북 관계를 풀기 위한 의지가 강력했고, 그것에 대한 하나의 표시로서 리인모 씨 송환이 결정된 것 아닌가. 아무리 북한과 관계가 좋지 않아도 평화적으로 풀어야 한다는, 그런 의지가 결국 남북정상회담이라는 틀까지 짜려는 쪽으로 이어진 것 아니었나?

한완상 ㅣ 문민정부 초기엔 그랬다. 하지만 문민정부의 내각이나 집권당 전체가 그랬던 것은 아니었다. YS를 대통령으로 만들려고 도와줬던 분들 가운데 나와 비슷한 생각을 가진 몇몇만 그렇게 생각했다. 북한의 NPT 탈퇴만 없었더라면 새로운 패러다임으로 남북 관계를 가져가야 한다는 생각을 어떻게든 확장시킬 수 있었을 것이다. 그런데 그런 사태가 터지니까 YS 정부의 출범을 굉장히 불안하게 생각했던 사람들, 특히 '어떠한 동맹도 민족을 우선할 수 없다'는 등의 내용이 담긴 취임사를 보고 우려했던 사람들이 '이제 북한에 대응하고 공격할 수 있는 흐름이 생겼구나'라는 생각을 하게 됐다. 그래서 그들이 힘을 얻어서 새로운 대북정책을 좌절시키는 일을 줄기차게 해왔다. 평화적인 해법에 대한 역공이 시작되었던 것이다.

당시는 지금처럼 국민들이 '전쟁이 일어날 수도 있다'고 심각하게 생각하지도 않았다. 그런데 또 어떤 면으로 보면, 1994년 클린턴 대통령이 영변의 핵 시설을 정면 폭격하려는 움직임을 보였을 시기의 국민적 불안감보다는 지금이 낮은 것 같기도 하다.

김민웅 | 지금은 이중적인 구조가 있는 것 같다. 북한의 대응이 상당히 강력한 느낌을 주고 있다는 점과, 한국의 국제적 가치나 역량이 높아진 상태에서 전쟁은 가능하지 않을 것이라는 전망이 엇갈리게 겹쳐 있다. 불안과 희망이 애매하게 교차되는 불확실한 상태다. 어느 쪽으로 상황이 기울지 사실 딱 부러지게 말하기 어렵지 않은가? 그런데 실질적으로 그때는 김영삼 정부가 구체적인 행동을 하겠다는 의지를 표명했으니까 그나마 전쟁에 대한 불안감이 국민적으로 확대되지 않았던 것 아닌가?

한완상 | 당시 YS 정부 내에 새로운 대북정책을 추진할 만한 구조적인 힘은 없었다. 하지만 북한의 김일성 주석이 YS의 대통령 취임사를 읽고 대화를 해야겠다는 생각을 가졌다고 한다. 클린턴 정부가 협상을 제시하기 전에 이미 김일성 주석은 남측 정부와 일괄 타결할 생각을 했다. 이렇게 보는 데에는 근거가 있다.

그것이 어떤 징조로 나타났느냐 하면, NPT 탈퇴 선언으로 남북 관계가 교착관계에 빠졌음에도 김일성 주석이 한반도 평화와 관련한 10대 강령을 4월 말에 발표하고 이어 5월 25일경 부총리급 인사로 특사교환을 제안했다. 강성산 총리가 제의했던 통지문을 보면 '남한에도 새 정부가 들어섰으니 남북 간 현안을 포괄적으로 다룰 수 있게 됐다'라고 되어 있었다. 여기서 '포괄적'이라는 표현을 주목할 필요가 있다.

또 '핵문제'라는 말을 쓰지 않았지만 남북 간 기본합의서에 비핵화 선언이 있다. 남북 간 합의된 기본 합의서와 비핵화 선언을 위시한 이 문제도 남한 정부와 논의하면서, 최고위의 의중을 정확히 알고 있는 통일을 전담하는 부총리급으로 특사를 교환하자고 했다. 이것은 총리 회담의 대안이었다. 1991년 총리 회담으로 남북 기본합의서까지는 만들었지만 아무것도 이루어진 것이 없었고, 노태우 정부 마지막에 세 가지 현안으로 남북 관계가 악화되기만 했다. 이제는 포괄적으로 하자, 최고위의 의중을 제대로 아는 사람을 특사로 해서 문제 해결하자, 이렇게 북쪽도 나름대로 돌파구를 찾는 의지를 보였던 것이다.

그런데 문제는 어디에 있었는가. 나는 YS의 의중을 알았지만 YS는 내의중을 몰랐던 것 같다. 안타깝지만, YS와 그 주변 참모들은 남북 관계를 새로운 패러다임으로 끌고 가자는 것을 불안하게 생각했다. 그래서 북쪽의 제안을 잡아서 문제를 풀 수 있는 추진력이 떨어졌고 날이 갈수록 취임사 정신에서 이탈하게 됐다.

김 민 웅 | 결국 위기 해결에는 최고 결정권자의 생각이 중요하다는 것을 확인하게 된다. 그런데 그때 그런 어려운 상황이 조성되었다 해도, 남북 정상회담을 통해 문제를 풀자는 것까지는 일정한 궤도가 만들어진 것으로 보이는데?

한 완 상 | 김일성 주석의 돌연한 사망으로 무산되기 했지만, 1994년의 남북정상회담은 김영삼 정부가 주도적으로 추진한 것이 아니라 미국 전 대통령 카터의 공헌이 크다. 카터가 남북 상황을 보니 전쟁이 날 것 같이 보였던 거다. 클린턴도 북한의 핵시설이 있는 영변에 정밀 폭격을 하겠다 며 작심하고 강경한 태도를 보이니 카터가 막아야겠다는 생각을 했던 것 은 잘 알려져 있는 사실이다. 그 때 마침 레이니가 주한 미 대사였다. 레이 니, 카터 둘 다 한반도 평화에 대한 의견이 같았다.

당시 레이니가 참으로 현명했다. 8군 사령관이었던 개리 럭 장군과 긴 밀한 소통, 네트워크를 만들어 의견을 수렴했다. 그때 럭 장군 또한 판단 을 잘 했다. 럭 장군은 만약 북한 핵시설에 정밀 폭격을 하면 평양은 전면 전으로 나올 것이라고 판단했다. 우선 럭 장군은 전면전이 발발하면 개전 후 며칠 사이 최소 100만 명 이상이 죽는다고 예상했다. 이건 클린턴으로 서는 감당이 안 되는 것이었다. 군사비용은 1,000억 달러, 경제 손실은 1 조 달러가 될 것이라고 내다봤다. 결국 클린턴이 이런 비싼 전쟁을 왜 정 밀 폭격을 하면서까지 해야 하는지에 대한 생각을 갖게 된 것이다. 이러 면서 카터가 북한을 방문하는 것을 원치 않았던 클린턴도 입장을 전환 했다.

1994년의 남북 정상회담은 레이니와 카터가 기본적인 추진 동력을 만 들어 냈다. 사실 그때 클린턴은 아주 미온적이었다. 게다가 카터가 방북 한다고 하니까 청와대에서 한국에는 오지 말라고 하기까지 했다. 그럼에 도 카터는 한국에 왔다. 남쪽에서는 냉대를 받다시피 하고 북으로 갔던 카터는 귀국 길에 YS에게 북한 김일성과 정상회담에 대한 합의를 보고 왔 다고 전했다. 그제야 YS가 깜짝 놀라면서 정말 좋아했다고 한다.

그러니까 당시 정상회담이 내부의 기획을 통해서 체계적으로 추진되어

갔던 것은 아니다. 그런데 카터의 '평화적 개입'으로 정상회담 합의가 이뤄진 것이다. 그렇게 한참 분위기가 올라가고 있는 판에 김일성 주석이 사망했다. 이 사안을 잘 정리했으면 좋았을 텐데 당시 북한에 조문을 가나 마나를 두고 이른바 '조문 파동'이 터졌다. 상중에 있던 북으로서는 남쪽의 조문 파동으로 격앙해버리고, 상황은 파국으로 치달았던 것이다.

) 20년 전과 지금은 닮은 듯 다르다

김 민 웅 | 듣고 보니 참 아슬아슬한 고비들이 이어졌다는 생각이 든다. 엎치락뒤치락이다. 남북 관계의 특징이란 것이, 잘 풀릴 수 있는 길이 있다고 하더라도 생각할 수 없는 복병이 있게 마련이고, 그럼에도 또 쉽게 무너지는 것은 아닌 것 같다. 또 하나는 내부에 남북 관계를 평화적으로 풀겠다는 동력이 설사 약하거나 없다 하더라도, 워낙 한반도 문제라는 것이 국제적 규정력이 압도하기 때문에 제3의 평화적 개입이 가동된다면 나름대로 활로가 열릴 수 있다고 본다. 평화에 대한 의지를 끌어내는 누군가의 역할이 계속 축적되면 희망을 가질 수 있다는 느낌이 드는 것이다.

　그런 의미에서 그때와 지금을 비교해보면 성과와 실패가 혼재돼 있기는 하지만 20년 동안 북한과 굉장히 많은 대화와 접촉이 축적되어오지 않았는가? 국제관계도 달라졌고.

한 완 상 | 우선 북핵을 보는 시각이 달라졌다. 그때 미국이 염려했던 것은 북한이 '사용후 핵연료'를 이용해 핵무기를 만들 수 있는 플루토늄을 얼마나 추출하는가였다. 비핵화 문제에 초점이 맞추어진 것이다. 즉 핵무

기를 개발하지 못하도록 하는 데 초점을 뒀다. 그런데 지금은 북한이 사실상 핵 보유국가라고 인정할 수밖에 없는 상황이 됐다. 아무리 국제사회나 미국이 북한을 핵 보유국가로 인정 안 한다고 하더라도, 현실은 인정할 수밖에 없는 상황이 된 것이다. 종국적으로는 비핵화를 추구해야 하겠지만, 지금의 단계에서는 일단 비핵에서 비확산으로 갈 수밖에 없게 됐다.

또 하나는 이 문제를 풀기 위한 국제적인 평화적 개입의 가능성도 달라졌다. 20년 전만 하더라도 중국이 어떻게 이 문제에 대응할지에 대해 우리 자신이 별로 인식하지 않았다. 미국이 국제원자력기구IAEA를 어떻게 움직이느냐, NPT체제를 어떻게 지키느냐 등의 문제가 중심이었지 중국이 여기에 어떻게 대응할지에 대해서는 전혀 생각이 없었던 시기였다.

김 민 웅 ｜ 그렇다. 게다가 중국도 남한에 대한 지렛대가 없었다.

한 완 상 ｜ 당시 한중 국교가 정상화된 지 1년밖에 안 됐었다. 서로 경제적인 의존도가 어느 정도 심화될지 예측도 못 할 단계였으니까. 그런데 20년이 지난 후 중국은 G2의 자리를 확실히 굳혔다. 여기에 미국 대외정책의 변화도 크게 달라진 점 중 하나다. 미국은 2011년 말부터 소위 '아시아로의 귀환Pivot to Asia'을 언급하며 대외정책의 중심을 유럽이 아닌 아시아로 옮긴다는 정책을 세웠다. 이에 따르면 — 공화당이냐 민주당이냐에 따라 다르지만 — 민주당은 대중국 견제를 위한 포위망을 전제로 하면서도 포용과 협력의 입장도 취할 것이다. 이제는 누구도 부정할 수 없으리만치 중국이 가진 경제적 파워가 엄청나기 때문이다.

이런 상황에서 중국이 한반도 전쟁위기를 극복하고 평화, 안정을 가져오는 데 대단히 중요한 변수가 됐다. 지금은 미·중이 어떻게 공조해서 한반도 문제를 해결하느냐가 관건이 된 셈이다. 공조 방식에는 두 가지 방법이 있다. 하나는 북에 대한 제재를 세게 가하는 방법이 있고, 나머지 하나는 대화 공간을 만드는 방법이 있는데 지난 한 달간은 중국이 미국과 제재를 하는 쪽으로 공조를 했다. 그러니까 북한이 불쾌하고 불안해했다. 북의 고강도 대응은 그 불안의 표출이다.

중국에 대한 북한의 신뢰는 불안정한 측면이 있다. 북한은 2006년 김정일 위원장이 후진타오의 요청대로 남방순회를 하고 상하이를 보면서 자신들도 그렇게 하겠다고 생각하고 돌아갔다. 북한의 경제개방 계획의 미래에 대한 기대가 극적으로 높아진 것이다. 그런데 실천하는 과정에서 김정일 위원장이 임명한 신의주 경제개발특구의 책임자 양빈을 중국이 감옥에 넣으니까 북·중 관계가 냉각되고 말았다. 당시 중국의 행동을 이해하기는 어렵지만, 신의주 특구에 미국 자본까지도 수용하겠다는 식이었으니 이것이 혹 동북 3성에 대한 북한의 전진기지 마련이라고 본 것이 아닌가 하는 생각도 든다. 사실 잘 따지고 보면 이때 김정일 위원장의 신의주 특구 기획은 오히려 미국에 보내는 메시지의 의미가 컸다는 느낌이다.

결국 북·중 관계가 속으로 곪아가면서, 2007년 10·4 남북정상회담 때 북한이 평화회담 주체를 3자 혹은 4자로 하자는 이야기까지 거론하게 된 것이다. 주체를 3자로 하자는 얘기는 남과 북, 그리고 미국은 결코 뺄 수 없으니 결국 중국을 뺄 수 있다는 얘기다. 그만큼 북한은 중국에 대해 내심 불만과 경계심이 있었다. 그러다가 5~6년 이후 현재 상황이 발생했다. 북한에 대한 제재를 추진하는 데 이번에는 G2가 힘을 합치는 것을 보고 북한 엘리트, 특히 김정은 제1비서는 2006년 당시 아버지의 마음을 역지사지한 것 같다.

김 민 웅 | 20년 전과 지금의 차이가 좀 있는 것이, 예를 들자면 김영삼 정부 때는 북한에 김일성이라는 절대적인 정치적 안정을 보장하는 힘이 존재했다. 김정일 위원장도 김일성 이후의 북한체제를 빠르게 안정시키면서 김대중 대통령과 만났다. 이런 요소들이 남북 관계의 안정성에 기여를 했던 부분이 있다. 그런데 이번에는 김정은 정권이 출범한 지 얼마 안 되었다는 점에서 정권 초기의 취약성이 존재한다고 보인다. 그런 점에서 미국은 지속적인 자극을 통해 북의 대응 능력을 시험해보려 하고 김정은 정권이 '우리를 만만하게 보지 마라'는 수준으로 가는 상황이다.

한반도 정정 불안이 이렇게 쌓이는 것은 결코 좋지 않다. 남이든 북이든 안정적으로 체제를 이끌고 가면서 평화정착의 힘을 만들어내는 일이 요구되는 상황이다.

한 완 상 | 1993년 1차 핵위기 때 김일성이라는 중심인물이 있기 때문에 안정적이라고 하셨는데, 1993년 2월 25일 김영삼 정권 취임사 보고 감동했다는 김일성 주석이 NPT 탈퇴를 선언한 것을 보고 당시 정세를 김일성보다는 군부가 장악했다고 봤다. 물론 김일성에게는 군부를 장악한 김정일이 있었던 것은 사실이다. 이미 그때 권력의 중심축이 이동하고 있기는 했지만 체제의 안정성은 확보하고 있었다는 것이다.

그런데 20년 후인 지금의 김정은이 얼마나, 어느 정도 북한을 장악하고 있는지 모르겠다. 확실히 이야기할 수 있는 것은 지난해 12월 12일 장거리 로켓 발사와 2월 12일 핵실험, 이 두 가지가 김정은의 리더십을 공고화시키는 데에는 영향이 있었다고 본다. 김정은 체제가 이 두 차례의 실험을 통해 북한 주민들의 지지를 받으면서 강경한 발언도 나오는 듯하다.

우리가 주목해야 할 것은 강경한 발언 그 자체가 아니라 그 발언이 어떤 맥락에서 나왔는가이다. 미국은 이번 훈련을 통해 북한이 가장 두려워하는 핵과 관련한 신新무기 세 가지를 선보였다. 괌에서 발진한 B-52 폭격기는 신무기는 아니지만 김일성 주석이 살아 있을 때도 이에 대한 북의 공포심이 대단했다고 알려져 있다. 1976년 판문점 미루나무 도끼살인 사건 당시 미군 장교의 죽음에 분노한 키신저는 핵무기를 탑재한 B-52를 휴전선 부근까지 보낸 적이 있다. 이틀 후 김일성은 미국에 대해 사과성명을 냈다. 이례적이었다. 그만큼 위협적인 무기다. 그런데 그 무시무시한 폭격기가 날아왔고, 스텔스 폭격기인 B2가 미국 본토에서 한반도 영공에 진입했다. 또 F-22 전투기는 일본의 가데나嘉手納 기지에서 한반도로 출격했다.

그런데 무기의 성능도 성능이지만, 그 출격지가 매우 주목된다. 미국의 최첨단 폭격기와 전투기들이 괌에서, 미국 본토에서, 그리고 일본의 미군 기지에서 날아왔다. 미국은 북한을 비롯해서 전 세계에 대해 '우리는 어디서든 발진할 수 있고 짧은 시간 내에 목표지점을 타격할 수 있다'는 것을 보여준 것이다. 미국은 글로벌 체제를 새로운 무기로 관리할 수 있다고 자신의 역량을 과시한 것이다. 이것은 북한에 대단한 공포심을 불러일으킬 수밖에 없다. 이 공포심 앞에서 김정은 제1비서가 과잉 대응을 하는 것이 아닌지 싶기도 하지만 그런 맥락을 파악하는 일은 현 사태의 해법을 찾는데 일차적으로 필요한 시선이다.

김민웅 ㅣ 마땅히 그래야 할 것이다. 그런데 현재 한국에서는 북한이 반발하는 맥락을 '역지사지'를 통해 판단하는 시도 자체를 '종북'이라고 낙인찍는다. 방금 말씀하신 시선의 문제는, 그로써 북의 행동 방식을 옹호하거나 정당화하는 것이 아니라, 그 행동의 동기를 보다 과학적으로 인식하자는 것 아닌가. 그래야 해법도 정확히 나올 것이다. 개인적 갈등과 대립에서도 상대의 대응에 깔려 있는 심리적 동기나 상황적 요인을 객관화시켜보려는 노력 없이 문제를 해결할 수 없는데, 유독 남북 관계만큼은 그런 접근이 차단되어 있다면 날이 갈수록 갈등이 깊어질 것만 같다.

한 완 상 ㅣ 우리나라 사람이야 반공교육을 철저히 받지 않았나. 사이버 해킹도 북한이라고 생각하는 경향이 있으니까 안타깝기는 하지만 어느 정도 이해는 된다. 그런데 최근 희망의 조짐이 보이는 것이 미국 척 헤이글 국방장관과 존 케리 국무장관의 발언이다. 이들은 이번에 미국이 신무기를 공개한 것은 북한의 핵 위협에 대한 방어적 성격인 동시에 남한의 대북 강경대응에 대해서도 경고하는 것처럼 언론에 흘리고 있다. 미국이 강력한 군사력으로 남한을 보호할 테니 남쪽이 북에 대해 공격적으로 대응한다든가 또는 핵무기 개발은 꿈도 꾸지 말라는 경고다.

김 민 웅 ㅣ 남쪽의 대응이 강경해지지 않도록 한다는 점에서는 희망적이라고 볼 수 있겠다. 본질적으로 북의 반발을 일정하게 누그러뜨리면서도 여전히 신무기 과시의 정당성을 확보하고, 그와 동시에 남쪽도 관리하는 방식이다. 미국의 지배전략이 가지고 있는 특성 아니겠는가.

〉 한반도, 전쟁의 소용돌이로 빠져드나

김 민 웅 ㅣ 그런데 이는 결국 상황의 주도권은 미국에 있다는 이야기가 되는 셈인데 그 주도권의 성격이 문제라고 여겨진다. 북한 내부의 취약성을 극복하기 위한 목적과 핵 탑재가 가능한 스텔스 폭격기로 정밀 공격당할 수 있다는 두려움 등이 북한의 반발 강도를 높이고 있다고 보면, 미국은 긴장도를 떨어뜨리는 쪽으로 그 주도권을 발동해야 할 텐데 아니지 않은가?

파거의 경험상 시기적으로 놓고 보면 한반도 상황에서 가장 우려하는 것이 5, 6월 국지적 충돌이다. 이런 시기적 변수와 현재의 긴장 분위기가 겹쳐지면 만만치 않은 상황이 될 것으로 우려된다.

또 전쟁이라는 것은 뭔가 미리 준비해서 체계적으로 일어나기도 하겠지만, 작은 우발성이 큰 전략의 틀과 맞물려 점화되면 감당이 안 되는 것 아니냐. 이전과 다른 것이 지금은 위기가 발생했을 때 실질적으로 이용할 수 있는 안전장치, '핫라인'이 없다는 것이다. 위기 시 발동시켜야 할 핫라인 장치들이 하나하나 해체되어왔다. 북한이 3일 개성공단 관련 조처도 여기에 포함되는 사례로 보인다. 이렇게 되다보면 결과적으로 대화의 공식, 비공식적 통로 자체가 소멸되고 말 텐데, 이것이 우발적 충돌에 평화적 해법을 선택할 수 있는 가능성을 사라지게 하는 시스템으로 가고 있는 것 아닌가 하는 생각이 든다.

한 완 상 ㅣ 현재 상황을 꼭 그렇게 비관적으로만 볼 필요는 없다고 본다.

김 민 웅 ㅣ 비관적으로 보겠다기보다는 이러한 상황이 계속 쌓여가고 있는데 여기에 제동을 거는 힘이 보이지 않고 있다는 점에서 희망적 관측을 할 만한 요소가 과연 어디에 있을까 여쭙는 것이다.

한 완 상 ㅣ 그래도 한두 가지 좋은 징표가 있다. 북한이 이전과 달리 다소 강하게 나오는 것에 대해 사회심리학적으로 보면 도발의 의지를 보인다기보다는, 최악의 상태가 오지 않기를 바라기 때문에 나오는 겉보기의 강경대응이라고 할 수도 있다. 그런 까닭에 4월 말이 지나면 사태가 호전될 가능성이 있다. 이번 군사훈련이 4월 말까지로 예정돼 있는데 너무 길다. 하지만 이 훈련이 끝날 때까지 북한은 좀 거친 반응을 계속 보일 것이다. 훈련이 끝나면 조금 다른 국면이 전개될 것으로 본다. 물론 4월 내내 북한은 개성공단을 관리하면서 개성공단에 들어가는 생산 원료 물자를 실은 차량도 못 들어가게 할 것이다. 언제까지 못 들어가게 할지 지켜봐야겠지만.

또 하나 면밀하게 읽어야 할 것은 김정은이 당 중앙위원회 전원회의를 하면서 경제개발과 핵무기 개발을 병진하겠다고 한 사실인데 이것은 상당히 이례적이다. 과거 김일성, 김정일 정권 때는 상상하지 못했던 논리적이고 대담한 발언이다. 왜 그러냐 하면, 김정은은 핵개발을 하면 국방비가 싸게 든다는 논리를 내세웠다. 즉 군비를 줄여 살림살이를 펴도록 하겠다는 것이다. 핵개발과 경제 발전을 상호 보완적 관계로 제시한 것이다. 핵무기 개발이 북한의 경제에 압박을 가하는 것이 아니라 그 반대라는 이야기다.

원래 북한이 핵을 이야기할 때의 논리는 '미국과 협상을 해보니 말로는 안 되더라. 핵무기를 만들어야겠다. 핵무기를 만드는 원료 정도가 아니라 아예 무기가 있어야 저 사람들이 우리말을 존중해준다'는 것이었다. 미국을 협상테이블로 끌어들이기 위해 가장 유리한 방법을 개발해낸 것이 핵개발이었다.

여기에 우리와 서방은 '왜 북한 인민들을 굶겨가면서 핵개발 하느냐'라는 논리로 맞섰다. 그런데 이번 김정은의 발언은 우리의 이런 논리를 완전히 뒤집어버린 것이다. 북한 인민들을 잘 먹여 살리기 위해라도 국방비 아끼려고 핵개발을 한다는 식으로 말이다. 재래식 무기 개발로 드는 비용을 줄여 이걸로 북한은 안전보장도 하고 경제문제도 동시에 푸는 선택이라는 것이다. 이것이 4월 이후 남북 관계가 나아질 것을 예고해주는 또 하나의 시표라고 할 수 있다.

김 민 웅 ∣ 그 메시지를 좀 더 깊게 해독해보자면, 그래서 '현재 김정은 체제는 전쟁을 하고자 하는 것은 아니다, 김정은 체제는 경제적 안정과 발전을 원하고 있다, 그 과정에서 불가피하게 국제정세의 불안요인이 풀리지 않기 때문에 핵무기 프로세스를 가동을 하고는 있지만 가동 자체가 목적은 아니다'라고 말해도 되나? 결국 그러면 안전보장의 문제를 최대한 해결하는 지점에서 동북아시아의 경제권에 적극 참여할 의사가 있다고 내다본다면 그것이 고리가 돼서 국제관계에서 여러 가지 평화적 해법을 만들어낼 수 있는 실마리가 발견될 수 있을 것 같다.

한 완 상 ∣ 우리 사회에서는 잘 주목하고 있지 않지만, 김정은은 국민을 통합시키기 위한 문화적, 이데올로기적, 정치적인 통합력을 보여주는 '지혜'가 있다. 우선 할아버지의 이미지를 계승해서 인민들에게 쌀밥과 고깃국을 먹게 하는 소망을 자기가 이룩하겠다는 경제 분야의 목표가 있다.

　다음으로 자기 아버지인 김정일의 이미지 계승이다. 김정일은 군부를 확고하게 장악했다. 이렇게 군을 장악하는 능력을 김정일에게 이어받고 싶은 것이다. 김정은은 이 위기를 통해 그 두 가지, 경제와 정세안정을 얻으려고 한다.

　이게 결국 북한이 계속 지향해왔던 것인데, 남한이나 미국과 협상할 때의 궁극적 목적은 항상 평화체제수립이었다. 이게 핵심이다. 평화체제 만들면 안전보장이 따라오지 않나. 그리고 경제발전의 토대로 만들고 말이다. 정전체제를 평화체제로 만들고 미국과 국교를 정상화까지 가려는 것이다. 이걸 잘 파악해야 대북 관계의 기준과 지침이 만들어질 수 있다.

핵 비확산 문제에 대해 미국은 북한과 협상을 하지 않을 수 없다. 핵 원료를 만드는 것은 힘으로 옥죄는 것이 가능하지만, 비확산의 문제로 넘어가면 얘기가 달라진다. 관리범위가 확장되고 통제불가능의 상태가 될 수도 있기 때문이다. 미국으로서는 이것을 가장 우려한다. 김정은은 5월이 되면 미국의 우려와 자신들이 가지고 있는 입지를 활용해서 적극적으로 상황을 협상 국면으로 몰고 갈 것이다.

김민웅 ㅣ 그렇게 되면 좋은데 염려가 되는 사항이 있다. 미국으로서는 협상이 불가피하다면 그전에 상대방의 협상력을 최대한 떨어뜨려야 할 것이다. 북한으로서는 그러면 그럴수록 자신들의 군사적 위협의 능력수준을 극대화하려 할 것이다. 협상 전에 이 수위를 서로 어떻게 조절하면서 풀어나갈 것인지가 주목되는 고강도의 '긴장된 과도기'를 거치고 있다는 느낌이다.

또 한국 전쟁은 통상 3년이라고 했지만 전체 기간은 37개월, 휴전 협상만 25개월을 했다. 휴전협정 기간에 전투를 일단 멈춘 것이 아니라, 전투는 더욱 치열했다. 협상 이전에 협상력을 높이기 위해서였다. 그걸 보면 결국 각자가 협상력을 최고로 높이기 위한 군사적 긴장이 고조되는 시기가 있다는 것을 알 수 있다. 이 유형이 여기에도 똑같이 적용된다고 확언할 수는 없지만 가능성이 높다고 본다. 상대의 협상력을 줄이기 위한 과정에서 분쟁이나 희생이 일어날 수도 있다. 이렇게 될 경우 그다음 단계인 협상으로 아예 가지 못할 수도 있다. 그래서 평화적 개입의 노력이 필요하지 않겠는가 라는 생각이 든다. 누군가는 주도권을 쥐고 평화적 개입을 해야 할 텐데 어떻게 하면 좋겠는가.

한완상 | 협상 원칙과 신뢰문제라고 생각한다. 클린턴부터 오바마까지 20년 동안 민주당이 한반도 문제를 해결 못한 가장 중요한 이유는 미국 내 정치 환경에 있다. 미국 내 공화당이 이제는 굉장히 원시화가 됐다. 미국 정치가 후퇴해서 근본주의, 원리주의적인 대결이 돼버렸다. 미국의 국제적 위상이 위기에 처해 있는 국면에서 거의 옛날 한국 정치문화 수준으로 퇴행하고 있는 것이다. 그런 상황에서 민주당 현 정부가 공화당 눈치를 안 볼 수가 없다. 오바마 1기 때는 하나도 진전 못 하고 한반도 정책은 MB한테 다 맡겨버리지 않았나. 이른바 '전략적 인내' 5년에 북한은 로켓 쏘고 핵실험에 성공했다. 이제는 햇볕정책이 핵무장을 강화했다고 말하기 어려워졌다. 퍼줘서 핵무기가 만들어진 것이 아니라, 대결주의만 강화한 결과다.

그런데 오바마가 이제 2기에 들어왔다. 자신의 역사적 유산을 생각해야 할 단계다. 오바마가 마틴 루터 킹 목사, 만델라 전 남아공 대통령 수준까지는 못 가더라도 노벨 평화상까지 받은 사람이라면 최소한 북한 문제에 있어서는 북한의 강경책을 강자의 입장에서 포용하면서 문제를 풀어나갈 필요가 있다. 오바마는 존 매케인 공화당 후보와 대선에서 맞붙었을 때 '쥔 주먹을 펴게 하겠다'고 했는데 지금 북한에 대해서는 과감하게 악수를 하지 않고 대결적 관점에서 상호주의적인 입장에서만 말을 하고 있다. 그러면서도 스텔스기는 북한에 대한 공격신호가 아니라 북의 도발에 대한 방어라고 하면서 평화적 접근의 제안을 내놓지 않고 있다. 신념을 갖고 해야 할 필요가 있다. 그러면 북한과 협상이 확 트일 것이다.

북한의 벼랑 끝 강경책의 핵심은 대화하자는 것이다. 북한을 베트남과 중국처럼 대해달라는 것이다. '우리도 중국과 베트남처럼 개발해보자' 이런 말이다. 지난 3차 핵실험 이후 카펜터라는 사람이 워싱턴포스트에 칼럼을 썼는데 '핵 갖고 있는 북한을 어떻게 다룰 것인가' 라는 주제였다. 그는 '북한의 핵이 부인할 수 없는 게 현실이라면 비확산으로 가야 하는데 그러자면, 해법을 선택하는 방식이 달라야 한다'고 주장했다. 방식은 과거의 사례를 들었다. 지난 1971년 닉슨이 마오쩌둥을 만나 핑퐁외교를 했다. 당시 반공주의자인 닉슨이 중국을 인정한 것이다. 이를 통해 오늘날의 미·중 관계를 정상화시켰고, 이 미·중 관계 정상화가 소련과 대결에서 대단히 큰 전략적 자산이 됐다는 것을 생각해야 한다는 것이다. 다음으로 1996년 클린턴이 미국과 전쟁을 치렀던 베트남을 우방으로 만들면서, 동남아시아에 대한 미·중 간 영향력 경쟁에서 유리한 고지를 차지했던 것을 언급했다. 이처럼 오바마는 닉슨이나 클린턴의 결단과 비슷한 방식으로 북한을 미국의 우방으로 만들어야 한다는 것이다. 그렇게 한다면 동북아시아에서 미국의 영향력은 비약적으로 증대될 것이라는 얘기다.

박 인 규 ┃ 일전에 정세현 전 통일부 장관도 그런 지적을 했었다. 미·중 간 균형에서 북한을 미국 쪽으로 끌어들이면 미국에 엄청난 자산이 될 것이라는. 즉 미·북 간 관계정상화가 미국에도 대단히 유리한 전략적 결과를 가져올 수 있다는 것이다.

김 민 웅 ┃ 맞다. 사실 북한은 미국에 전략적으로 이득을 주겠다는 신호를 계속 보내온 것이 아니었나. 어찌 보면 이전의 북한을 떠올리면 상상할 수 없는, 친미적 국가로서의 태도를 보일 수도 있다. 물론 여기서 친미란 종속적 친미와는 다른, 미국과 상당히 친한 나라가 될 가능성이다. 그렇게 되면, 미국으로서는 대중 관계에서 자신에게 우호적인 한반도의 두 세력을 획득할 수 있는 게 아닌가. 우리는 그걸로 대중국 관계에서 지렛대의 기능성을 얻게 될 것이고, 일본과의 관계에서도 엄청난 변화를 꾀할 수 있다.

한 완 상 ǀ 오래전부터 나도 그랬고 카펜터도 최근 바로 그런 이야기를 해왔다. 그나마 김대중 노무현 정권에서 북한과 미국의 관계를 좋게 하라고 했는데 그것도 정권 초기부터 기틀을 확고히 잡고 신념을 가지고 하지는 못했다. 김대중 정부 시절에는 금융위기를 해결해야 했고, 노무현 정부 시절에는 부시의 강경한 군사적 대외정책이라는 여러 상황적 요인이 있기는 했다. 그러나 이에 비해 박근혜 대통령은 역사적으로 운이 좋은 사람이다. 당장 시급하게 발등에 불이 떨어질 판인 국내적 위기 현안이 있는 것도 아니고 미국 정부가 고강도의 압박정책으로 한반도를 불안하게 하고 있는 것도 아니다. 미국이 60년 된 정전체제를 평화체제로 만들 수 있는 것을 역사적인 업적으로 생각할 수 있도록 권고하고 자극을 주기에 가장 좋은 입장에 서 있는 사람이 박근혜 대통령이다. 국내 보수 세력도 이러한 박근혜 대통령의 선택에 대해 반발하지 않을 것이다.

김 민 웅 ǀ 박근혜 대통령에게 보내는 제안에 관해서는 잠시 뒤 조금 더 정리해보도록 하자. 아까 말씀하신 대로 북한이 미·중, 미·베트남 같은 형태로 자신들과 미국의 미래를 설정하고 있다는 점이 매우 중요해 보인다. 신의주에도 금융 특구를 만들어 미국의 금융자본을 들여오겠다는 의지를 천명하지 않았나. 원산의 미군기지조차 가능성까지 흘렸던 상황도 있었다. 북한의 특구에 미 금융자본이 들어오면 미국에게 북한은 공격대상이 아니라 보호해야 할 대상으로 전환된다. 한반도 냉전체제를 근본적으로 깨는 엄청난 변화다. 그런데 북이 이런 전략을 구사했지만 미국이 이걸 잡아서 활용하지 않았고, 결국 평화체제로 전환되지는 못했다.

지금 우리는 보통 이 상황을 '핵문제'로 바라보고 있는데 그게 아니라 '평화체제로 가야 한다는 것'을 다시 한 번 확인한 것 같다. 중요한 말씀이다. 사실 핵무기를 만들었던 세계 여러 나라들과 달리 북한 핵무기 관련 정책은 특별한 조건이 있었다. 핵보유 국가 모두가 다 핵 보유의 영구성을 주장했는데 북한은 미국과의 안전보장만 이루어지면 핵 포기할 수 있다는 조건부 핵무기였다. 이것은 핵무기 역사상 이례적인 선언이었다. 물론 지금은 어떤지, 앞으로 어떻게 될지 모르겠다. 이미 핵보유국가가 된 상태에서 이것이 단지 협상력으로 존재하고 폐기될지, 아니면 그대로 갈지 말이다. 하지만 이때까지 협상은 늘 그래왔었다. 지난 시기에 미국은 이 과정의 의미를 전혀 살리지 못했던 것 같다.

한 완 상 ㅣ 2007년 2·13 합의, 10·4 합의가 됐을 때 김정일 위원장은 바로 그런 생각을 했을 것이다. 잘만 하면 비핵화와 함께 평화체제를 만들어낼 수 있겠다, 라는 기대 말이다. 그때까지만 하더라도 평화체제를 먼 미래의 일로 보기는 했지만 그래도 그쪽으로 가는 길이 보장만 된다면 핵을 내려놓겠다는 생각을 갖고 있었는데 그 기회를 놓친 것이다.

1991년인가 남북기독자협의회 때, 남북이 유엔에 동시 가입하던 그 기간에 북한 유엔 대표부 대사를 지냈던 한시해가 나한테 이렇게 말했다. '북한하고 미국하고 관계가 좋아지는 쪽으로 미국 친구들에게 설득 좀 해달라'고. 그때가 1991년 5월로 기억하는데 그런 마인드를 북한의 지도자가 생각하고 있을 것이다. 세계 최강국과 친해지는 것은 당연히 여러모로 북에게 이롭지 않겠는가.

지금 북한은 '우리 이미 핵 가졌으니까 비핵 이슈 날아갔다. 비핵화 논의는 지금 적절치 않다. 단지 비확산에 대해서 협의를 할 수 있다. 이 협의의 기준은 아시아와 한반도의 평화와 안정이다'라고 했다. 이것은 정전협정에서 평화협정으로 가는 협상을 핵보유국의 위치에서 하겠다는 의미다. 북으로서 가장 절박한 현실 문제는 정전협정을 평화협정으로 바꾸는 평화회담인데 그것을 위해 핵개발을 했다는 것을 간접적으로 인정한 것이다.

〉5월 한미 정상회담에서 박 대통령이 오바마 설득해야

김민웅 ┃ 핵무기가 협상용의 의미 이상으로 발전되지 않도록 할 수 있다는 이야기가 된다. 당연히 그 과정에서 핵무기 폐기와 비핵화가 달성되어야 할 것이다. 그렇다면, 결국 이 문제를 풀기 위한 큰 그림이 안 그려져 있다는 것이 가장 문제라고 본다. 60년 된 정전협정을 평화협정으로 바꾼다는 그림이 있다면 모든 것은 거기에 수렴되는 과정으로 들어갈 텐데. 평화협정체제로의 전환이라고 하는 이 과정을 어떻게 관리할 것인가가 최대의 과제로 보인다. 그런데 아까 말씀하신 대로 박근혜 정부는 그 국내외적인 위치상 잘만 하면 평화체제로 넘어갈 수 있는 기여를 할 수도 있을 것 같다. 박근혜 정부에 대한 제안의 차원에서, 어떤 로드맵을 설정해야 할까?

한 완 상 | 국제정치에 대한 큰 그림을 그려야 한다. 미국의 '아시아로의 귀환Pivot to Asia' 정책에 한국과 일본만 들어가 있다. 여기에 중국이 들어가도록 우리 정부가 적극적으로 의견을 개진해야 한다. 5월에 방미하는 박근혜 대통령이 오바마를 만나면 우선 '아시아로의 귀환'은 참 잘한 결정이라고 말해줘야 한다. 그런데 동북아시아의 중심은 한국·중국·일본이라고 할 수 있을 테니 여기에서 중국을 뺐다는 것은 미국의 대외 정책 큰 그림에서 결격 이유가 된다고 알려줘야 한다.

한반도의 안정과 평화체제로 가는 데 중국과 미국이 갈등을 하면 한반도의 평화는 당연히 오기 힘들다. 우리 역사를 돌아보면 한반도 주변의 강대국이 서로 땅을 갈라 먹으려고 싸울 때 우리는 항상 갈라지고 불안했다. 강대국의 대리전쟁을 하다가 지금 한반도가 이렇게 됐는데 이걸 회복하기 위해 평화체제를 만들자는 것이다. 여기서 중요한 것은 중국을 아시아 정책에서 중심으로 삼아 협력체제를 만들라고 미국한테 이야기해야 한다는 것이다. 워싱턴과 베이징의 사이가 좋아야 남북 간 관계가 좋아진다는 것을 강조해야 한다. 그리고 그것은 곧 미국에게 동아시아의 평화 주도권을 강화하는 구조가 만들어지는 것을 뜻한다고 설득해야 한다.

북한도 생각할 바가 있다. 이른바 통미봉남通美封南 정책에 대한 수정이다. 이 정책은 사실 2007년 10·4 선언으로 끝난 것이다. 북한은 미국·중국과 좋아지려면 남측과도 좋아져야 한다. 일본과 관계 정상화도 필요하고. 변화된 국제정세 위에서 사고해야 한다.

김 민 웅 | 여기서 하나 짚어볼 것은 교차관계 불균형의 문제다. 냉전 종식 이후 우리는 중국, 러시아와 관계를 정상화했는데 북한은 미국, 일본과 여전히 국교가 공식적으로 단절되어 있다. 동아시아 교차승인의 구조가

불균형한 상황이 지속되는 것은 결국 북의 고립을 강제화하는 것이자 한반도 불안정 요인이 증폭되는 것이다. 이 문제와 평화협정체제가 함께 풀려나가야 동아시아 평화의 기본구조가 만들어지지 않겠는가.

한원상 | 그렇지 않아도 바로 그 교차승인의 국제관계를 만드는 일의 중요성을 얼마 전 방한했던 도널드 그레그와 나누었다. 그가 주한 미 대사했을 때가 노태우 정권 때다. 노태우 정부에서 가장 칭찬받을 만한 일이 북방정책인데, 이 정책이 사실 아버지 부시와 고르바초프가 탈냉전을 하면서 그 여파로 한반도에 들어온 것이다. 그레그가 다리 역할을 했다고 하더라. 교차승인의 출발점이 사실 여기서 만들어졌던 것이다. 그런데 그 다음이 이어지지 못했다.

그 사실을 알고 지난 3월 초 그레그가 서울에 왔을 때 내가 물었다. 서울과 베이징, 서울과 모스크바는 관계 정상화되고 잘 되는데 평양과 워싱턴, 평양과 도쿄는 왜 안 된 거냐고. 그랬더니 그레그가 제대로 답변을 못하더라.

묻는 김에 하나 더 물었다. 왜 1992년 가을에 팀스피릿 훈련을 재개하기로 결정했냐고(당시 남북대회 진전을 위해 중단하기로 약속했던 팀스피릿 훈련이 석연치 않은 이유로 재개됨으로써 남북 관계가 악화되고, 이듬해 북한이 NPT를 탈퇴하는 주요한 계기 중 하나가 됐다) 당시 청와대 안보수석을 했던 분한테 물었더니 남북 협상 시 팀스피릿 훈련은 향후 할 수도 있고 하지 않을 수도 있는 옵션 중에 하나였다고 대답하는 것이었다. 그건 남북 협상의 원리상 말이 되지 않는 이야기였다. 그런데 그레그는 당시 국방장관인 딕 체니였고 그가 팀 스피릿 재개를 결정했다고 말했다. 결국 네오콘을 비롯한 미 공화당의 매파들은 한반도 상황의 안정을 바라지 않는다는 얘기다.

그래서 미국의 전통적인 보수 세력, 즉 남북 관계가 악화되어야만 이득을 보는 세력들의 힘을 다시 생각하게 됐다.

그런 힘들이 작용하지 못하도록 미국 정부가 노력해야 하고 우리도 그 걸 미국에 설득해야 한다. 북한이 미국, 일본과 관계 정상화하면 동북아 시아의 평화와 안정은 필연적으로 올 수밖에 없다. 핵문제는 그냥 계속 너 먼저 핵 포기해라 하는 식이 아니라, 이런 구조와 맥락 속에서 풀어나 가는 것이 답일 것이다.

김 민 웅 ㅣ 말씀을 들으면서 정리해보자면 두 가지로 압축이 될 것 같다. 하나는 평화협정의 큰 그림을 그리는 것이다. 이는 곧 한국 전쟁 이후 미 국과 북한의 관계를 정상화시키는 초석이 되는 것이라고 본다. 또 하나는 이렇게 동북아시아의 교차승인관계가 불균형하게 되어 있는 것 자체가 아까도 언급했지만 북한을 고립시키겠다는 의지를 표명하는 것과 마찬가 지 아닌가. 따라서 이 부분을 풀면 자동적으로 교차관계의 불균형이 만들 어내는 긴장과 대립을 해소할 수 있는 국제관계망이 생겨난다. 결국 미국 으로서는 '평화협정과 교차승인의 균형을 토대로 하는 아시아로의 귀환' 이라는 것을 중심에 세우면 동아시아의 정세는 일변할 것이다. 그러니 이 두 가지를 하나의 궤도 위에 올려 그림을 그려주는 것이 중요할 것 같다.

한 완 상 ㅣ 박근혜 대통령이 오바마를 설득할 때 중요한 것이 있다. 한중 관계 20년 동안 양국의 경제관계가 강화됐다, 우리에게 미·일 시장을 합 친 것보다 중국 시장이 더 커지고 있다. 결국 중국과 우리의 총체적 관계 가 돈독하게 되어야 남한의 경제적 안정과 평화, 한반도의 군사적 안정과 평화가 올 수 있다, 그러니 이 점을 고려해달라. 이렇게 박 대통령이 오바마에게 설득해야 한다. 북한과의 적대적 긴장은 이를 해친다는 점도 아울러 강조해야 하는 것이다. 즉, 미국이 중국과의 안정적 관계를 만들어나가는 것은 우방인 한국의 안정에도 긴요하고 그 안정은 결과적으로 미국에 필요한 동아시아의 안정적 기반의 강화에도 크게 도움이 되는 쪽으로 이어진다는 논리를 펴는 것이다. 여기에서 중간 고리로 북한을 평화체제 안으로 끌어들이는 노력이 반드시 필요하다고 해야 한다.

나아가 미국이 우리에게 MD 시스템에 들어오라고 하지 말라는 것도 포함되어야 한다. 우리가 거기 들어가는 순간부터 중국과 군사적 대치관계가 된다. 이렇게 되면 당장 경제인들부터 중국 시장을 걱정할 것이다. 그러니까 미국은 한국을 MD 체제로 편입시키려고 하지 말라고 말해야 한다. MD 시스템은 중국 봉쇄, 압박 전략이다. 박 대통령은 '우리를 도와서 한반도의 평화가 이루어지면 미국으로서는 중국과 싸울 이유도 없고 러시아를 견제할 필요도 없다. 그렇게 해서 남은 힘을 중동 문제를 푸는 데 집중할 수 있어 도움이 될 것'이라고 미국을 설득해야 한다.

미국으로서는 제일 골치 아픈 게 이란과 북한의 핵개발이 어떻게 연계되고 상호 강화될 것인지의 가능성 문제다. 북한과의 관계가 해결되면 이 문제는 자동적으로 풀려나간다.

〉 '초당적' 협력이 필요한 때, '박근혜 독트린'을 만들자

김민웅 ㅣ 위기의 성격을 이야기했고 이것이 위험강도가 높은 것 같지만 잘하면 길이 풀릴 수도 있을 것 같다는 희망과 전망도 세워봤다. 그리고 이를 통해서 그려야 할 그림이 확실해지면 그 그림으로 이 모든 위기상황의 해법을 수렴해보자는 이야기로 정리됐다. 그럼 이것을 하기 위한 동력을 만들어내는 것이 필요한데, 지금 보면 박근혜 정부 내에 그런 의지를 가진 사람이 있을 것이냐의 문제가 있을 것이다.

또 하나는 국내정치 지형의 문제다. 한반도 평화는 민족 생존의 문제이기 때문에 다른 건 몰라도 이 문제만큼은, 한반도 문제를 평화적으로 해결하는 문제만큼은 박 대통령이 진보·보수를 아울러서 지혜를 구하고 평화체제로 전환시키는 동력을 만드는 것이 필요하지 않나. 그렇다면 진보 진영도 박근혜 정부에 대한 평가나 자세와는 별도로, 이런 문제에 적극적으로 협력해서 풀어야 할 의지를 가져야 하지 않나 하고 생각한다.

여태까지 남북 관계를 위해 애써왔던 모든 힘이 모아져서 큰 그림을 그리는 일에 적극 협력하고 그림을 구체화시키는 길이 열렸으면 한다. 이런 점에서 보자면 한반도 평화 정책과 관련해서 박근혜 정부를 정말 도울 수 있는 지식과 경험, 동력은 민주진보진영에서 나올 수 있다는 점을 박 대통령이 인식할 수 있으면 좋겠다. 대통령 본인이 인식의 지평을 완전히 바꾸어야 할 것 같다.

한 완 상 | 박 대통령이 지금까지 국내정치를 할 때 쓰는 방식을 쓰면 어렵다고 본다. 대외정책, 한반도 정책, 대중, 대일, 대미정책 등을 구상하고 실천하는 데 있어 수첩만 바라보면 곤란하다. 통합적으로 인재를 모아야 한다는 김 박사의 말에 전적으로 찬성한다. 진보진영에서도 한반도 정전체제를 평화체제로 만드는 데 힘을 모아야 한다. 이와 더불어 평화협정체제를 만들기 위한 우리 사회 내부의 세력화가 생겨야 한다. 밑바닥으로부터 올라오는 흐름이 있어야 한다는 뜻이다. 박 대통령도 밑바닥에서 올라오는 여론이 정부를 비판한다고만 생각하지 말고, 그 흐름을 받아들여서

정책화할 수 있는 능력을 가진 사람을 청와대나 내각에서 구성해야 할 필요가 있다.

박 대통령 자신도 남북 관계에서 신뢰 프로세스를 하겠다는 건데 정작 이를 위한 태스크포스TF가 없는 것 같다. TF를 청와대나 통일부에 세워야한다. 신뢰 프로세스의 시작은 정상끼리 합의한 것부터 시작해서 남북 간모든 합의를 존중하고 실천하기 위한 실용적 대화 구축을 해야 한다. 더군다나 북한은 할아버지-아버지로 이어져 온 세습 정권이기 때문에 김일성, 김정일이 선언한 것은 최고의 수준에서 신성하게 보는 측면도 있다. 즉, 그쪽에서는 선대가 만들어 놓은 합의에 대한 이행을 더 강조할 수 있다는 것이다. 6.15 선언과 10.4 선언, 우선 이 두 가지라도 실천하는 각론적 실무회담 추진반을 하나 만들어야 한다. 이게 곧 신뢰프로세스의 실제적 가동이다.

이런 환경을 조성하기 위해서 해야 할 실무적인 조치는 5·24 조치 해소, 금강산 관광 재개 등이 될 것이다. 이러면서 동시에 정상회담을 실천하는 실무 대화 추진반을 만들어야 한다. 국민적 지혜를 모아서 박 대통령 임기 5년 동안 정전협정 종식시키고 평화협정 체제를 만들어서 글로벌탈냉전을 이뤄야 한다. 한반도의 대결상태가 종식된다면 그것이야말로 냉전 종식의 마침표가 될 것이니까.

1989년 아버지 부시와 고르바초프가 몰타에서 탈냉전을 선언했지만 그것은 아직 미완이었다. 글로벌 탈냉전의 마지막 도장을 찍는 세계사적 일을 박 대통령이 중심이 돼서, 오바마 대통령을 끌어들여서 해야 한다. 한반도 평화체제 확립은 전 세계에 냉전이 사라졌다는 것을 확인하는 도장이다. '박근혜 - 오바마 선언' 혹은 시진핑까지 함께, 즉 남북한과 미·중까지 함께 평화체제 선언을 하는 거다.

김 민 웅 | '박근혜의 평화체제 독트린'이라는 형태로?

한 완 상 | 바로 그거다. 1993년 통일원 장관 취임 후 제일 하고 싶었던 것이 한반도 탈냉전 선언이었다. 이른바 '김영삼 독트린'이다. 이걸 하려고 대통령에게 보고했는데 뜻대로 되지는 않았다. 그래서 접게 됐다. 그런데 이게 나중에 햇볕정책으로 이어지더라. 김대중 대통령의 노벨 평화상 수상을 보면서 '그때 잘했으면 YS가 받았을 텐데' 하는 생각이 들었다.

1993년 5월 부총리 특사 제의에 포괄적으로 문제를 해결, 비핵화 선언 남북 합의서, 최고위급 실무자 대화 등등을 거치면서 내가 당사자로 지목됐다. 그래서 함부로 나서질 못한 측면도 있었다. 내가 나섰다면 사실 보수진영에서도 가만히 있지 않았을 것이고. 진보진영 인사는 그런 점에서 국내 정치와 이념의 지형상 상대적으로 불리하다.

김 민 웅 | 그런 면에서 박근혜 대통령은 굉장히 유리한 것 아닌가?

한 완 상 | 그렇다.

김 민 웅 | 이것이 실현되기 위해서 박 대통령이 신경 써야 할 것들은 뭐가 있을까? 김대중 대통령의 경우에는 보수 세력의 공격을 신경 써야 했었는데, 박근혜는 아니다. 그런 차원에서라도 어떻게 하면 일을 잘 해낼 수 있을까?

한 완 상 | 지금은 바른 말 해줄 수 있는 사람, 쓴소리 할 수 있는 사람이 필요하다.

김 민 웅 ︱ 적어도 그걸 위해 남북 간의 교착과 위기 상태를 해결하는 문을 따는 조치 정도, 일을 좀 풀 수 있는 사람은 없나?

한 완 상 ︱ 안타깝지만 주변에 별로 그런 사람 없는 거 같더라. 청와대에서 하는 원로 모임 보니까 뉴라이트 쪽 사람들만 불러서 듣더라. 듣고 싶은 이야기만 듣는 것 같다. 근데 박 대통령이 지금까지의 행동방식을 보면, 위기에 빠진다는 위험을 느낄 때 그 반대로 확 돌아서는 순발력은 대단한 것 같다. 지난 선거 때도 경제민주화 같은 야권의 성과물을 자신의 자산으로 그대로 가져가지 않았나.

박 인 규 ︱ 본디 위기란 위험과 기회가 함께 있는 상황이라고 한다. 지금까지의 말씀을 정리해보면 최근 수개월 동안은 한반도의 긴장이 계속 고조되는 위험 상황이지만 우리가 잘 대처하기만 한다면 한반도의 항구적 평화체제 수립이라는 수십 년 묵은 과제를 해결할 수 있는 절호의 기회라는 생각이 든다. 문제는 누가 현 상황을 깨는 주도자가 될 것이냐는 것이다. 1994년에는 카터가 그 역할을 했지만 김일성의 사망으로 기회를 놓쳤다. 이번에는 오바마인가, 아니면 한국의 박근혜인가. 두 분의 말씀은 박근혜 대통령이 주도적으로 해야 한다는 건데, 과연 북·중이 앞에 말한 큰 그림을 보고 대담한 발상을 추진할 수 있는지 우려스럽다. 오히려 한 전 총재가 걱정한 것처럼, 북한의 핵 위협을 막아달라며 미사일 방어망을 비롯한 미국의 군사력에 의존하면서 남북 관계 악화는 물론이고 미·중 간 대결의 인질이 되지는 않을까 하는 걱정이 앞선다.

김 민 웅 ︱ 보수 세력에 너무 기대를 하지 말라는 이야기인가? (일동 웃음)

한 완 상 ㅣ 내가 걱정하는 것은 두 가지인데 첫 번째로는 박 대통령이 지금까지 우리가 제안한 것을 소화할 만한 확고한 자신의 가치관이 있느냐는 것이다. 위기에 몰렸을 때 순발력 있게 유턴하는 것은 할 수 있는데 처음부터 '이건 내 가치관이다, 신념이다' 라고 밀어붙이는 것에 대해서는 좀 염려스럽다.

두 번째로는 오바마가 염려스럽다. 1기 때는 재선 때문에 못했다고 이해할 수 있지만, 아무리 그렇다고 해도 MB가 한 이야기를 어떻게 저렇게까지 받아들일까 싶었는데 이게 계산된 행위일 수도 있다는 생각도 들었다. 남북 관계에 대해서는 MB의 말을 들어주며 FTA를 통해 미국에 유리한 쪽으로 얻어내겠다고 생각한 것 같다. 그런데 역사적인 유산을 걱정해야 할 집권 2기가 도래한 상황에서도 그런 식으로 접근하려고 하는 것 같아 걱정된다.

미국은 시퀘스터(자동예산삭감) 때문에 국방비에 영향을 받는다. 그래서 한국이나 일본에 주둔하는 미군의 군사비용을 해당국에 넘기려고 할 것이다. 또 어떻게 하든지 중국이나 한국에 무기를 팔려고 할 것이다. 부가가치가 가장 높은 장사니까. 그래서 긴장을 적절하게 유지하면서 박 대통령에게 무기 사달라고 부탁할 가능성도 높다. 일본과 한국의 국방예산을 많이 채택하도록 유도하는 쪽으로 박 대통령을 설득하고 박 대통령도 거기에 동조하면 우리가 계속 끌려가는 상황이 될 수 있다.

김 민 웅 ㅣ 사실 최근의 상황도, 미국의 군수산업이 요구하는 바를 충족시키기 위한 군사적 긴장의 지속적 창출전략과 맞물려 있지 않은가? 무기체제의 증강이라는 방식으로 전쟁체제가 더 강화되는 쪽으로 가지 않도록 해야 할 것이다. 설득의 논리를 좀 더 구체적으로 제안할 필요가 있을 것 같다.

한 완 상 | 기본적으로 오바마의 역사적 유산은 평화라고 박 대통령이 크게 평가해줘야 한다. 또 그런 점에서도, 박 대통령이 오바마에게 일본과 우리와 귄계기 독도와 위안부, 역사 문제로 갈등이 생기면 미국의 대외정책인 아시아로의 귀환에도 결함이 생긴다고 강하게 말할 필요가 있다. 한국에 극우 세력이 북한을 미워한다고 해서 일본 극우 세력을 좋아하는 게 아니라는 것을 알아야 한다고 말해야 한다. 한·일 간 역사적 문제는 심각한 문제고 만약 이런 상황이라면 중국을 포위한다는 구상의 한·미·일 구축은 더욱 안 된다. 이걸 이야기할 수 있어야 한다고 본다. 동아시아의 구성원 모두를 끌어안을 수 있는 평화정책의 수립이 오바마 정부의 세계사적 기여라는 점을 적극 설파해야 한다.

케네디 딸을 주일 대사로 보낼 것 같다는 외신 보도를 봤는데, 케네디 딸 정도면 미국에서는 상징적인 거물이다. 영국이나 중국쯤에 보내야 할 인물인데. 이 인물을 일본에 보내는 미국의 결정을 보며 우리는 대체 뭔가 싶다. 이런 걸 보면 미국정부가 우리를 너무 홀대하고 무시하는 것이다. 우리 입장에서 미국에 불만도 표현해야 한다.

이번에 박 대통령이 방미할 때 좋은 참모를 데려가서 오바마와 이야기할 때 이런 이야기들을 강력하게 주장해야 한다고 본다.

김 민 웅 | 대통령 본인에게 큰 그림이 있고 그림에 맞는 사람을 앉혀야 하는데 현실을 보면 좀 걱정이 된다. 그래도 박인규 대표가 압축했듯이 한반도 상황이 위험도가 높아지고 있다고 해도 잘 돌파하면 위기가 기회가 될 수도 있지 않겠는가.

한 완 상 ｜ 역대 우리나라 대통령 가운데 이승만 대통령을 빼고 모든 대통령이 남북 관계와 관련해서는 역사에 남는 일을 하고 싶어서 대체로 통일에 기여하고 싶은 생각이 많았던 것 같다. 박정희 대통령도 7·4 공동선언을 만들지 않았나. 어디까지가 정말 진심인지까지는 모르겠지만 남북 관계 개선이라는 치적을 남기고 싶어 했다. 그런데 안 됐지. 진보적인 두 대통령도 사실 수구 세력의 반대로 크게 평화기반을 다지지 못했다. 김대중 대통령은 그나마 정상회담을 하기는 했지만.

역설적이게도 역사적 행운이 박근혜 대통령에게 찾아온 것 같다. 본인이 잘 생각하기에 따라서 평화 통일이라는 역사적 위업의 성취 기회가 박 대통령에게 있는 것이 사실이다. 박 대통령은 주변에 아버지를 맹목적으로 따랐던 냉전 수구 세력들의 이야기를 참고는 하시되 귀를 기울이지는 마시고, 전 세계적인 평화체제, 탈냉전을 통한 전 세계의 안정과 평화를 위해 한반도의 평화가 굉장히 중요하다는 것을 인식하고 이를 이루어달라고 당부하고 싶다.

오늘날 세계의 중심이 동북아시아로 모여 있다. 미국과 중국의 힘이 이곳에 집중되어 있고 일본과 러시아도 가세해 있다. 이 한복판에 우리가 있다. 남북이 사실상의 통일 상태를 이룩해서 서로 자유롭게 이동하고 국가연합단계까지 진입해서 통일의 효과가 나오면 우리는 세계의 G4가 될 수 있다는 벅찬 상상이 되지 않는가? 8,000만 인구에 1인당 국민소득 2만 달러 넘는 나라가 미국·일본·독일밖에 없지 않나. 이런 절묘한 역사의 기회를 놓치지 않았으면 한다. 박 대통령 재임 기간에 결정적 계기를 만들 수 있다. 신념과 자신을 가지면 충분히 가능하다. 다만 오바마 대통령이 중국으로 하여금 북한에 대한 압박을 강화하는 쪽으로 공조를 취할 가능성에 대해서는, 박근혜 대통령이 이 지역의 평화를 최우선의 가치와 목표로 놓고 우리의 경제적·군사적 안정을 위해 보다 단호한 태도로 의사를 표명할 필요가 있다.

김 민 웅 ｜ 위기가 증폭되고 있는 시기에 어떻게 보면 우리 나름만의 장밋빛 기대를 하고 있는지도 모르겠다. 하지만, 현실에 비관해도 미래에 대한 의지를 낙관적으로 만들어가는 것이 이 시대의 한계를 밀고 나가는 태도가 아닌가 한다. 박근혜 정부가 들어서는 것을 반대했던 진보진영이 오늘의 현실에서 박근혜 정부의 평화정책에 힘을 보태겠다면, 대통령이 이를 어떻게 받아들일지 궁금하다. 한반도의 평화는 진보 보수를 떠나 모두의 생존과 미래가 걸려 있다. 전쟁의 먹구름을 뚫고 평화의 햇살이 환히 비치기를 우리 모두 간절히 바라고 있지 않은가.

오늘 긴 시간 동안 감사하다.

한 완 상_

진보적 자유주의자, 평화순례자. 모든 극단주의를 배격하고, 남북한의 관계에서도 극우와 극좌 양 극단의 정치사상을 배제하며 모두가 승리하는 상생 발전으로 나아가야 함을 전파하고자 한다.

서울대학교 사회학과를 졸업하고 미국 에모리 대학교에서 사회학 석사와 박사 학위를 받았으며 유니온 신학교에서 신학을 공부했다. 서울대학교 문리대 교수(1970~1976/1984~1993), 부총리 겸 통일원 장관(1993), 방송통신대학교 총장, 상지대학교 총장, 부총리 겸 교육인적자원부 장관(2001~2002.1), 한성대학교 총장, 대한적십자사 총재(2004.12~2007) 등을 역임했다. 교수 시절부터 15년간의 공직생활을 거치는 동안 일기를 써오면서 당시에 일어난 현대정치사를 꼼꼼히 기록했다.

주요 저서로『민중과 지식인』,『예수 없는 예수 교회』,『한국 교회여, 낮은 곳에 서라』,『다시 한국의 지식인에게』,『현대사회와 청년문화』,『지식인과 허위의식』,『우아한 패배』,『바보 예수』등이 있다.

한반도는 아프다
적대적 공생의 비극
ⓒ 한완상, 2013

지은이   한완상
펴낸이   김종수
펴낸곳   도서출판 한울
편집   김경아 · 김정현
초판 1쇄 발행   2013년 9월 30일
초판 2쇄 발행   2013년 12월 10일

주소   413-756 경기도 파주시 파주출판도시 광인사길 153(문발동 507-14) 한울시소빌딩 3층
전화   031-955-0655
팩스   031-955-0656
홈페이지   www.hanulbooks.co.kr
등록번호   제406-2003-000051호

ISBN   978-89-460-4768-6   03340 (양장)
        978-89-460-4797-6   03340 (반양장)
* 책값은 겉표지에 있습니다.